Streiten um das Staatsfragment

STIFTUNG BUNDESPRÄSIDENT-THEODOR-HEUSS-HAUS
WISSENSCHAFTLICHE REIHE 1

DEUTSCHE VERLAGS-ANSTALT • STUTTGART

Streiten um das Staatsfragment

THEODOR HEUSS UND THOMAS DEHLER
BERICHTEN VON DER
ENTSTEHUNG DES GRUNDGESETZES

Mit einer Einleitung von
Michael F. Feldkamp

Bearbeitet von Patrick Ostermann und
Michael F. Feldkamp
Herausgegeben von Thomas Hertfelder und
Jürgen C. Heß

DEUTSCHE VERLAGS-ANSTALT • STUTTGART

Bildnachweis:
Stiftung Bundespräsident-Theodor-Heuss-Haus / Familienarchiv Heuss:
Rückseite Umschlag (4), S. 8 unten
Friedrich-Naumann-Stiftung/Archiv des deutschen Liberalismus, Gummersbach:
Rückseite Umschlag (Dehler sitzend im Parlamentarischen Rat)
Landesbildstelle Württemberg, Stuttgart: S. 8 oben
Ullstein Bilderdienst: Rückseite Umschlag (Dehler beim Unterschreiben des
Grundgesetzes; am Rednerpult)

Die Deutsche Bibliothek – CIP-Einheitsaufnahme

Streiten um das Staatsfragment : Theodor Heuss und Thomas
Dehler berichten von der Entstehung des Grundgesetzes / mit einer
Einl. von Michael F. Feldkamp. Bearb. von Patrick Ostermann und
Michael F. Feldkamp. Hrsg. von Thomas Hertfelder und
Jürgen C. Heß. – Stuttgart : Dt. Verl.-Anst., 1999
(Wissenschaftliche Reihe /
Stiftung Bundespräsident-Theodor-Heuss-Haus; 1)
ISBN 3-421-05220-4

© 1999 Deutsche Verlags-Anstalt GmbH, Stuttgart
Alle Rechte vorbehalten
Typografische Gestaltung: Martina Gronau
Satz: Steffen Hahn GmbH, Kornwestheim
Druck und Bindung: Friedrich Pustet, Regensburg
Printed in Germany

ISBN 3-421-05220-4

Inhalt

Vorwort 9

Einleitung 13

1.	Theodor Heuss	»Föderalismus« (1. Juli 1948)	43
2.	Theodor Heuss	Neugliederung der Länder (2. August 1948)	47
3.	Theodor Heuss	Bonn (1. September 1948)	51
4.	Theodor Heuss	Von den Grundrechten (20. September 1948)	55
5.	Thomas Dehler	Die politischen Aufgaben in Bonn (25. September 1948)	59
6.	Thomas Dehler	Gegen ein Staatsfragment (2. Oktober 1948)	62
7.	Theodor Heuss	Die Präambel (11. Oktober 1948)	64
8.	Thomas Dehler	Bayern in Bonn (16. Oktober 1948) . . .	68
9.	Theodor Heuss	Über das Vorläufige ... (16. Oktober 1948)	71
10.	Theodor Heuss	Die Finanzgewalt im Bundesstaat (22. Oktober 1948)	75
11.	Theodor Heuss	Bonner Sorgen (20. November 1948) . .	79
12.	Theodor Heuss	»... des föderativen Typs« (27. November 1948)	82
13.	Thomas Dehler	Der Endspurt in Bonn (4. Dezember 1948)	86
14.	Theodor Heuss	Nach der ersten Lesung (11. Dezember 1948)	91
15.	Thomas Dehler	Die Gefahren für Bonn (31. Dezember 1948)	95
16.	Thomas Dehler	FDP fordert Präsidialregierung (15. Januar 1949)	100
17.	Thomas Dehler	Das rechte Maß (22. Januar 1949)	104

18.	Theodor Heuss	Nach der zweiten Lesung (22. Januar 1949)	108
19.	Theodor Heuss	Um die Termine (29. Januar 1949) . . .	112
20.	Thomas Dehler	Der Kompromiß in Bonn (12. Februar 1949)	115
21.	Theodor Heuss	Wer legitimiert? (12. Februar 1949) . . .	120
22.	Thomas Dehler	Der Bund und die Länder (19. Februar 1949)	123
23.	Theodor Heuss	»Wahlfreiheit« (19. Februar 1949)	128
24.	Theodor Heuss	»Der Volkstag« (26. Februar 1949)	132
25.	Thomas Dehler	Staat und Kirche im Grundgesetz (5. März 1949)	135
26.	Theodor Heuss	Die Denkschrift der Besatzungsmächte (5. März 1949)	139
27.	Thomas Dehler	Der deutsche Staat im Werden (12. März 1949)	143
28.	Thomas Dehler	Das Grundgesetz und die Wirtschaft (19. März 1949)	148
29.	Thomas Dehler	Bonn und das Handwerk (26. März 1949)	152
30.	Theodor Heuss	Politische Gespräche (26. März 1949) .	157
31.	Thomas Dehler	Die Lage in Bonn (2. April 1949)	160
32.	Thomas Dehler	Die Schuld Bayerns (2. April 1949) . . .	163
33.	Theodor Heuss	Prestige (9. April 1949)	168
34.	Thomas Dehler	Die Kirchen und die Politik (13. April 1949)	171
35.	Thomas Dehler	Dr. Hans Ehard und Bonn (13. April 1949)	176
36.	Thomas Dehler	Das Besatzungsstatut (21. April 1949) .	180
37.	Thomas Dehler	Frühling in Bonn (30. April 1949) . . .	184
38.	Theodor Heuss	Abschluß-Arbeit (3. Mai 1949)	188
39.	Thomas Dehler	Die Finanzgewalt im Bunde (7. Mai 1949)	191
40.	Theodor Heuss	Vor vier Jahren (7. Mai 1949)	196
41.	Theodor Heuss	Der Ausklang in Bonn (14. Mai 1949)	199
42.	Thomas Dehler	Wir Franken sagen »Ja« zum Grundgesetz (21. Mai 1949)	202
43.	Theodor Heuss	Bonn und Paris (21. Mai 1949)	208
44.	Theodor Heuss	Die nächsten Schritte (28. Mai 1949) . .	211

45.	Theodor Heuss	Das Tauziehen (4./5. Juni 1949)	214
46.	Theodor Heuss	Der Mythos vom Wahlrecht (11. Juni 1949)	217
47.	Thomas Dehler	Wahltermin: 14. August »Ein fataler Start der neuen Demokratie« (18. Juni 1949)	221
48.	Theodor Heuss	Präludien zur Bundeswahl (20. Juni 1949)	224
49.	Thomas Dehler	Ein Nackenschlag (25. Juni 1949)	227
50.	Thomas Dehler	Die Einheit Deutschlands (2. Juli 1949)	230
	Beigabe: Theodor Heuss	Das ABC des Parlamentarischen Rates (23. Mai 1949)	234

Anmerkungen. 239
Editorische Notiz 315
Quellen und Literatur 317
Personenindex 325

Von September 1948 bis Mai 1949 tagte der Parlamentarische Rat in der Pädagogischen Akademie in Bonn. Der von Theodor Heuss und Thomas Dehler mehrfach beschworene »Mann auf der Straße« beobachtete das Geschehen am Fenster des Tagungsgebäudes.

Vorwort

Wer im Rückblick, aus dem Abstand eines halben Jahrhunderts, die Liste jener 65 Männer und Frauen durchmustert, die zwischen dem 1. September 1948 und dem 8. Mai 1949 im »Parlamentarischen Rat« in Bonn das Grundgesetz für die Bundesrepublik Deutschland ausgearbeitet haben, mag sich wundern, wie wenige der dort verzeichneten Namen heute noch präsent sind. Die uns noch bekannten Persönlichkeiten, Konrad Adenauer etwa, Carlo Schmid, Jakob Kaiser, Theodor Heuss und Thomas Dehler, sind uns vor allem deshalb ein Begriff, weil sie später, in den jungen Jahren der Bundesrepublik, hohe politische Ämter innehatten. Ob man diesen Befund als späten Reflex der spärlichen öffentlichen Aufmerksamkeit interpretieren kann, die die Arbeit am Grundgesetz in den Jahren 1948/49 gefunden hat, sei dahingestellt. Sicher jedoch ist, daß die Skepsis und Reserve weiter Bevölkerungskreise gegenüber den Bonner Bemühungen manchem Verfassungsvater – und wohl auch den wenigen Verfassungsmüttern – ein Dorn im Auge gewesen war.

So ist es wohl kein Zufall, daß zwei besonders profilierte Mitglieder des Parlamentarischen Rats, Theodor Heuss und Thomas Dehler, den Versuch unternommen haben, neben der mühsamen Arbeit an dem Verfassungswerk publizistisch für dessen öffentliche Anerkennung einzutreten. Daß bei dem einen dabei stärker journalistische Profession und sprachliches Stilgefühl, bei dem anderen etwas mehr die politische Passion eine Rolle gespielt haben mag, ist wohl weniger wichtig als vielmehr die Tatsache, daß beide Politiker ihre über acht Monate während Arbeit am Grundgesetz in zahlreichen Kolumnen, Leitartikeln und Essays kontinuierlich kommentiert und uns auf diesem Weg einen fortlaufenden Zyklus vorzüglicher Quellen zur Entstehung des Grundgesetzes überlassen haben. Der vorliegende Band macht diese Quellen erstmals im Zusammenhang zugänglich und ordnet sie in kommentierter Form in ihre historischen Kontexte ein.

Die Beschränkung auf Texte von Heuss und Dehler ergibt sich zum einen aus dem eben skizzierten Befund. Zwar haben sich auch andere Mitglieder des Parlamentarischen Rats – etwa Carlo Schmid (SPD), Hermann Höpker Aschoff (FDP), Gerhard Kroll (CSU) – publizistisch zur Entstehung des Grundgesetzes geäußert, allerdings waren dies in der Regel Einzelbeiträge zu bestimmten Aspekten der Verfassungsarbeit oder, wie bei Höpker Aschoff, wissenschaftliche Abhandlungen zur Klärung verfassungsrechtlicher Detailprobleme. Zum andern besteht kein Zweifel, daß sich mit Heuss und Dehler – jeder auf seine Weise – zwei besonders begabte Rhetoriker und Stilisten aus der Mitte der verfassunggebenden Versammlung zu Wort gemeldet haben. Manche Kolumne wird somit zu einem politisch-historischen Lesevergnügen, während es für den Fachmann nicht ohne Reiz ist zu verfolgen, wie die im Parlamentarischen Rat artikulierten Positionen in rhetorisch und stilistisch transformierter Form in eine breitere, nicht spezialisierte Öffentlichkeit getragen wurden. Die Beiträge sind also eindringliche Dokumente eines rhetorischen Bemühens und Werbens um das öffentliche Interesse für die Probleme einer demokratischen Verfassungsgebung, und sie sind zugleich – auch wenn für Heuss und Dehler das Interesse am demokratischen Wiederaufbau deutlich vor der Parteiräson rangierte – Dokumente der liberalen Position, wie sie die fünf Vertreter der FDP-Fraktion im Parlamentarischen Rat verfochten haben.

Wer die in diesem Band zusammengestellten Kolumnen im Licht einer nunmehr fünfzig Jahre währenden Geschichte der Bundesrepublik liest, wird feststellen, daß manche der Probleme, um die man damals heftig gerungen hat, heute kaum noch die Gemüter erregen und somit eher von historischem Interesse sind: Die umstrittene Frage des „Elternrechts" und das damit zusammenhängende Problem der Einrichtung von Bekenntnisschulen etwa haben schon in den siebziger Jahren rasch an Brisanz verloren. Anders liegen die Dinge bei der Grundsatzdebatte um den provisorischen Charakter des neu zu schaffenden Staates, bei jener Auseinandersetzung um das »Staatsfragment« also, in der Theodor Heuss und Thomas Dehler mit großem Nachdruck Position bezogen haben: Daß hierbei keineswegs um eine staatsrechtliche Spitzfindigkeit gestritten wurde, sondern um ein Problem von eminent praktischem Gewicht, haben die Kontroversen um die Modalitäten der deutschen Vereinigung in den Jahren 1989/90 gezeigt.

Eine dritte Gruppe von Themen, die wir bei Heuss und Dehler verhandelt finden, zeichnet sich durch ihre unverminderte, ja erst seit 1989 wieder verstärkt hervortretende politische Aktualität aus – so die Frage nach den Kompetenzen von Bund und Ländern in der Finanzverwaltung, nach dem Länderfinanzausgleich oder nach der Legitimität der eigentümlichen Konstruktion des Bundesrats, die heute unter dem Stichwort »Exekutivföderalismus« erneut zum Gegenstand ordnungspolitischer Kontroversen geworden ist. Die Dokumente zeigen, wie deutlich manchem wachen Beobachter schon bei der Ausarbeitung des Grundgesetzes die Probleme vor Augen standen, die nach einem halben Jahrhundert wieder die Gemüter bewegen.

Bei der Auswahl und Kommentierung der Dokumente haben sich Herausgeber und Bearbeiter von dem Ziel leiten lassen, dem Leser im Licht der überlieferten publizistischen Beiträge von Theodor Heuss und Thomas Dehler einen möglichst aspektreichen Überblick über die Arbeit am Grundgesetz, ihre Schwierigkeiten und Fortschritte, zu bieten. Daß die vorgelegten Quellen »parteilich« sind, der Überblick also in der Brechung der liberalen Perspektive erfolgt, liegt auf der Hand und ist, wenn man bei der Lektüre diesen Umstand in Rechnung stellt, nicht von Nachteil: Gerade die engagierte Stellungnahme läßt den aktuellen Problemgehalt der Verfassungsarbeit plastisch vor Augen treten.

Von insgesamt 76 journalistischen Texten, die uns aus der Feder von Theodor Heuss und Thomas Dehler aus der Zeit zwischen Juli 1948 und August 1949 vorlagen, haben wir insgesamt 50 Beiträge ausgewählt, die das jeweilige Profil und die spezifischen Standpunkte der beiden Politiker deutlich werden lassen; maßgeblich für die Auswahl waren ferner der thematische Bezug – nicht alle Kolumnen, die etwa Heuss für die Rhein-Neckar-Zeitung schrieb, befaßten sich mit dem Bonner Verfassungswerk – sowie das Bestreben, Redundanzen zu vermeiden. Bei Artikeln, die an unterschiedlichen Druckorten oder in verschiedenen Varianten erschienen sind, haben wir uns für den Erstdruck entschieden. Die Kommentierung orientiert sich nicht primär an den Maßstäben einer historisch-kritischen Edition, sie dient vielmehr der Einordnung und Erläuterung der in den Texten gelieferten Information, auch der Entschlüsselung der vielen Anspielungen, die sich einem zeitgenössischen, politisch interessierten Leser noch ohne weiteres erschlossen haben.

Die Herausgeber sind denjenigen zu Dank verpflichtet, ohne die der vorliegende Dokumentationsband nicht zustande gekommen wäre: An erster Stelle Frau Dr. Monika Faßbender, der wir die Anregung zu dem Projekt verdanken, sodann dem Vorstand und dem Beirat der Stiftung Bundespräsident-Theodor-Heuss-Haus, die das Projekt befürwortet haben, endlich Herrn Ulrich Volz, der für die Deutsche Verlags-Anstalt das Buch mit Geduld auf den rechten Weg gebracht hat. Vor allem aber gilt unser Dank den beiden Bearbeitern, Herrn Dr. Patrick Ostermann und Herrn Dr. Michael F. Feldkamp: Sie haben sich mit hohem Sachverstand und großem Impetus den Mühen der Kommentierung unterzogen und somit dafür gesorgt, daß die Dokumente des Streitens um das Staatsfragment dem Leser nach fünfzig Jahren wieder zugänglich sind und das historische Interesse zu fesseln vermögen.

Stuttgart und Amsterdam, im Januar 1999

Thomas Hertfelder *Jürgen C. Heß*

Einleitung

von

Michael F. Feldkamp

Schon in den Jahren 1948/49 war aufmerksamen Zeitgenossen aufgefallen, daß der Parlamentarische Rat trotz seiner großen Bedeutung für den demokratischen Wiederaufbau Westdeutschlands nicht die nötige Anteilnahme der deutschen Öffentlichkeit zu erhalten pflegte.[1] Vor diesem Hintergrund dürfen die publizistischen Beiträge, die uns aus der Feder der beiden prominentesten liberalen Mitglieder des Parlamentarischen Rats, Theodor Heuss und Thomas Dehler, überliefert sind, als beredte Zeugnisse eines Bemühens gelten, den Bürger über die schwierige Arbeit am künftigen »Bonner Grundgesetz« zu informieren und dabei zugleich liberale Grundüberzeugungen in der Öffentlichkeit zu vertreten. Freilich unterscheiden sich Dehlers Beiträge, die überwiegend in parteiinternen Informationsdiensten und Zeitschriften der FDP erschienen sind, oftmals in ihrem kämpferischen und engagierten Ton von den geradezu feuilletonistischen, mit feiner Feder verfaßten Leitartikeln[2] von Heuss. In der Parteipresse wurde der politische Gegner eben klarer ins Visier genommen und schärfer attackiert als in einer überparteilichen Tageszeitung, die um einen großen Leserkreis bemüht war. Insofern stehen die dargebotenen Beiträge von Dehler, der gerne polemisierte,[3] und Heuss, der lieber umsichtig abwägte,[4] komplementär einander gegenüber und runden das Bild über liberale Politik im Parlamentarischen Rat ab.

Theodor Heuss – Verfassungsexperte, aber kein Jurist

Der prominenteste liberale Politiker im Parlamentarischen Rat war der Honorarprofessor der Technischen Hochschule Stuttgart und Mitherausgeber der *Rhein-Neckar-Zeitung*, Theodor Heuss.[5] Am 31. Januar 1884 in Brackenheim / Württemberg geboren, war Heuss nach dem Besuch des humanistischen Gymnasiums in Heilbronn und dem Studium der Nationalökonomie 1905 an der Universität München als Schüler von Lujo Brentano zum Dr. rer. pol. promoviert worden; noch im gleichen Jahr wurde er Redakteur bei der von Friedrich Naumann in Berlin herausgegebenen Wochenzeitung *Die Hilfe*. 1912 wechselte Heuss als Chefredakteur zur *Neckarzeitung* in Heilbronn und übernahm daneben ab 1913 die Schriftleitung der Halbmonatsschrift *März*, bis er 1918 als Geschäftsführer des *Deutschen Werkbundes* und Redakteur der Wochenschrift *Deutsche Politik* nach Berlin zurückkehrte. Sein politisches Engagement konzentrierte sich zunächst auf die Kommunalpolitik: 1920 wurde Heuss in die Bezirksversammlung von Berlin-Schöneberg gewählt, 1929/30 gehörte er der Berliner Stadtverordnetenversammlung an. Von 1920 bis 1933 betätigte er sich als Dozent (»Studienleiter«) für Politik (neuere Geschichte, Verfassungswesen und Parteikunde) an der von Naumann mitbegründeten Deutschen Hochschule für Politik in Berlin. 1924 zog er erstmals als Abgeordneter für die Deutsche Demokratische Partei (DDP) in den Reichstag ein, wo er bis 1928 den Wahlkreis 3 Württemberg und erneut von 1930 bis 1932 den Wahlkreis 31 vertrat. Im März 1933 kam Heuss auf Reichswahlvorschlag der Deutschen Staatspartei, die 1930 aus einem Zusammenschluß der DDP mit dem Jungdeutschen Orden hervorgegangen war, ein drittes Mal in den Reichstag. Obwohl er am 23. März 1933 aus Parteiräson zusammen mit seinen vier Fraktionskollegen der Deutschen Staatspartei für das »Gesetz zur Behebung der Not von Volk und Reich« (Ermächtigungsgesetz) gestimmt hatte,[6] wurde Heuss durch die nationalsozialistischen Machthaber noch im gleichen Jahr aus allen Ämtern entlassen. Heuss war nun bis 1936 verantwortlicher Schriftleiter der Wochenschrift *Die Hilfe* und überlebte im »Dritten Reich« als »freier« Schriftsteller. Seine Beiträge für die *Frankfurter Zeitung* 1940 bis 1943 veröffentlichte er meist anonym oder unter dem Pseudonym »Thomas Brackheim«. Nachdem bereits im Mai 1933 zwei seiner Schriften der von den Nationalsozialisten initiierten Bücherverbrennung anheimgefallen waren, wurde seine 1939 erschienene Biographie des Architekten Hans Poelzig 1941 auf Veranlassung Hitlers mit Verkaufsverbot belegt.[7]

Noch während des Zweiten Weltkriegs kehrte Heuss Berlin den Rücken, um die beiden letzten Kriegsjahre zurückgezogen in dem Dorf Handschuhsheim bei Heidelberg zu verbringen. In seiner südwestdeutschen Heimat wurde er bald nach der Kapitulation der deutschen Wehrmacht am 8. Mai 1945 bekannt als Vertreter des Sammlungsgedankens bürgerlicher Kräfte und gründete am Dreikönigstag 1946 mit Freunden die Demokratische Volkspartei für Württemberg-Baden (DVP). Überhaupt stand Heuss in den folgenden Jahren im Mittelpunkt der um einen demokratischen Aufbau des politischen Lebens bemühten Kräfte im deutschen Südwesten. Schon im September 1945 erhielt er von den Besatzungsmächten – zusammen mit dem Sozialdemokraten Hermann Knorr und dem Kommunisten Rudolf Agricola – die Lizenz für die in Heidelberg erscheinende *Rhein-Neckar-Zeitung*. Von dort war der Weg zurück in die politische Verantwortung nicht weit: 1945/46 war Heuss Kultusminister im ersten Kabinett des württemberg-badischen Ministerpräsidenten Reinhold Maier (DVP). Im Juni 1946 wurde er Mitglied der Verfassunggebenden Länderversammlung in Württemberg-Baden, im September in den ersten Landtag von Württemberg-Baden gewählt und zugleich Vorsitzender der DVP in der amerikanischen Besatzungszone. Bald nahm Heuss auch seine 1933 abgebrochene Lehrtätigkeit wieder auf: 1948 berief ihn die Technische Hochschule Stuttgart zum Honorarprofessor für politische Wissenschaften und neuere Geschichte. Am 12. Dezember 1948 schlossen sich die in den Ländern unterschiedlich benannten liberalen Parteien in Heppenheim zur Freien Demokratischen Partei (FDP) in Westdeutschland und Berlin zusammen – mit Heuss als ihrem ersten Vorsitzenden. Im Parlamentarischen Rat 1948/49 trat Heuss zum letzten Mal als Parteipolitiker hervor, bevor er am 15. September 1949, wenige Tage nach seinem Einzug als Abgeordneter in den ersten Deutschen Bundestag, in die für ihn anscheinend maßgeschneiderte Rolle des ersten Bundespräsidenten der Bundesrepublik Deutschland schlüpfte, die ihm den geradezu liebevollen, von ihm selbst aber ungeliebten Beinamen »Papa Heuss« einbrachte. Für zwei Amtsperioden (seine Wiederwahl erfolgte am 17. Juli 1954) blieb Heuss bis 1959 Bundespräsident. Am 12. Dezember 1963 starb er in Stuttgart.

Bei seinen Aktivitäten im Parlamentarischen Rat beschränkte sich der 64 Jahre alte Heuss nicht nur auf eine sehr bald unverzichtbar gewordene Mitarbeit im Grundsatzausschuß, der einen ersten Entwurf der Grund- und Menschenrechte vorlegte. Als Vorsitzender der nur aus fünf Mitgliedern bestehenden DVP/FDP-Fraktion galt es, entsprechend seinen ohnehin vielfältigen politischen Interessen auch zu anderen Abschnitten des Grundgesetzes Stellung zu beziehen. Gerne wurden Heuss und seine Fraktion bei Abstimmungen in den Ausschüssen von den Fraktionsführern der CDU/CSU und SPD als Beschaffer einfacher Mehrheiten umworben, auch wenn zwischen der CDU/CSU und der SPD das »Gentlemen's Agreement« bestand, daß es ohne die Zustimmung der jeweils anderen großen Partei kein Grundgesetz geben würde.

Im Ältestenrat und in den seit Oktober 1948 einberufenen interfraktionellen Besprechungsgremien des Parlamentarischen Rates schätzte man Heuss wegen seiner verbindlichen und vermittelnden Art als Mann des Ausgleichs. Heuss saß ferner im Wechsel mit den liberalen Politikern Thomas Dehler, Hermann Höpker Aschoff und Hermann Schäfer im interfraktionellen Fünferausschuß, der einen Kompromiß zwischen den großen Parteien herbeiführte.[8] Als Heuss den Parteifreund und Finanzexperten Höpker Aschoff in den Siebenerausschuß entsandte – dort sollte die Forderung der Alliierten nach einer Länder- statt einer Bundesfinanzverwaltung umgesetzt werden –, klagte umgehend der Vertreter der CDU/CSU Theophil Kaufmann, daß die CDU/CSU ihre Positionen hätte durchbringen können, wäre Heuss selbst gekommen.[9] In der Tat hat die FDP und insbesondere der »irenische«[10] Heuss wiederholt in dem Augenblick erfolgreich gewirkt, wo die Positionen der großen Parteien festgefahren waren oder persönliche Angriffe ein Zusammenkommen der zerstrittenen Politiker zu verhindern schien.[11] Das war selbstverständlich um so eher möglich, als das karikierende Urteil des politischen Beraters der amerikanischen Militärregierung in Deutschland, James K. Pollock, »every leading German has a constitution in his pocket«[12] gerade für die FDP nicht zutraf. Freilich hatten die Liberalen – wie auch die CDU/CSU – keine in sich geschlossenen Verfassungspläne vorgelegt; allenfalls gab es verfassungspolitische Richtlinien der FDP, etwa die in der britischen Zone vom 27. August 1947 sowie die kurzerhand von der LDP unterbreiteten, unverbindlichen Vorschläge für »ein Verfassungs- und Besatzungsstatut für Westdeutschland« vom 22. August 1948.

Carlo Schmid (SPD) faßte Heussens Vermittlerrolle in seiner »Parlamentarischen Elegie« vom Januar 1949 treffend in Hexametern zusammen; dort heißt es im Anschluß an eine Charakterisierung des Zentrumsabgeordneten Johannes Brockmann über Heuss:

»Doch noch fehlt eines, das Werk zu vollbringen, das Brockmann
 uns anspann
Nestor selbst könnte es nicht so, dazu braucht's Theodor
 Heuss.
Wallend weht ihm das Haar im Silberschimmer der Weisheit,
 Und seines Basses Gewalt gibt ein dreifaches Gewicht
Jeglichem Wort; so erdrückt es den Kampfmut des wildesten
 Streithahns,
Selbst Held Süsterhenn senkt müd sein geschlagenes Haupt.
Weise verteilt der Heuss seine Gaben, das Ja und das Nein, daß
 Keinem schwelle der Kamm, und bis zum letzten Tag
Zucke das Zünglein der Waage und jeglicher merke: es siege
 Schließlich der, dem der Baß Theodors endlich sich neigt.
Traun, das wird dann ein Fest sein im Zelte des Siegers!
 Doch Theodor
Geht zu dem der verlor, und ein spendendes Wort
Lehrt ihn, daß alles auf Erden ja wechsle, daß morgen ein Tag sei,
Der, was sich heute versagt, bringen könnte – vielleicht ...«[13]

Aber nicht nur als Vermittler wurde Heuss geschätzt, sondern – obwohl kein studierter Jurist – auch als Verfassungsexperte. Vor dem Hintergrund seiner jahrzehntelangen Erfahrung als politischer Berichterstatter und seiner Tätigkeit als Reichstagsabgeordneter, aber auch aufgrund seiner engen Beziehung zu seinem Mentor Naumann, der Mitglied der Weimarer Nationalversammlung 1919 war, und endlich auch dank seiner soeben erschienenen Studie zur Nationalversammlung 1848/49[14] zählte Heuss neben den Juristen Ludwig Bergsträsser (SPD), Heinrich von Brentano (CDU), Hermann von Mangoldt (CDU), Walter Menzel (SPD) oder Carlo Schmid (SPD) zu den ausgewiesenen Kennern der deutschen Verfassungsgeschichte. Heuss trug somit, wie Schmid in seinen Erinnerungen 1979 resümierte, »viel zum Gelingen« des Grundgesetzes bei; die »Berichte über seine Erfahrungen in Zeiten des Kaiserreichs und der Weimarer Republik« hätten, so Schmid weiter, »manche theoretische Frage als zurechtfrisiertes Scheinproblem entlarvt.«[15]

Thomas Dehler: Die FDP ist nicht das »Zünglein an der Waage«

Thomas Dehler[16], am 14. Dezember 1897 in Lichtenfels in Franken geboren, war 13 Jahre jünger als Heuss. Dehler wurde 1916 als Kriegsfreiwilliger am Alten Gymnasium in Bamberg die Befähigung zum Übertritt an die Hochschule bescheinigt, ohne eigens eine Reifeprüfung abzulegen. Nach seiner Teilnahme am Ersten Weltkrieg von 1916 bis 1918 studierte er Rechtswissenschaften an den Universitäten in Freiburg im Breisgau, München und Würzburg. 1924 wurde Dehler zum Dr. iur. et rer. pol. promoviert, begann sich für die Deutsche Demokratische Partei zu engagieren und begegnete noch im gleichen Jahr auf dem Nürnberger Parteitag der DDP erstmals Theodor Heuss, von dessen »Strahlungskraft seiner kultivierten Persönlichkeit« er sich stark beeindruckt zeigte.[17] Von 1924 bis 1939 war Dehler als Rechtsanwalt, zunächst in München und seit 1926 in Bamberg, tätig. Im August 1939 ging er zur Wehrmacht, wurde aber schon im Mai 1940 wegen »Wehrunwürdigkeit« entlassen, weil er mit einer Jüdin verheiratet war, wiederholt Juden als Anwalt vertreten und überdies in der Weimarer Zeit einer Freimaurerloge angehört habe. Dehler nahm daraufhin wieder seine Anwaltstätigkeit auf. Nach dem Zweiten Weltkrieg wurde er Landrat, trat im gleichen Jahr die Stelle des Generalstaatsanwaltes für das Bamberger Oberlandesgericht an und begann sich wieder für den sich neu formierenden Liberalismus zu engagieren. Von 1946 bis 1956 war er Landesvorsitzender der FDP in Bayern, als der er am 30. Juni 1946 in die bayerische Verfassunggebende Landesversammlung gewählt wurde; dem bayerischen Landtag gehörte Dehler von 1946 bis 1949 an, danach bis zu seinem Tod im Jahr 1967 dem Deutschen Bundestag. In Adenauers erstem Kabinett wirkte Dehler von 1949 bis 1953 als Bundesminister der Justiz, ein Amt, das er mit dem ihm eigenen Temperament ausfüllte; daß er im Herbst 1953 im zweiten Kabinett Adenauer nicht mehr vertreten war, ging nicht zuletzt auf die Initiative von Theodor Heuss und dem Präsidenten des Bundesverfassungsgerichts, Hermann Höpker Aschoff zurück.[18] Danach bekleidete er bis 1957 das Amt des Fraktionsvorsitzenden und von 1954 bis 1957 das Amt des Bundesvorsitzenden der FDP. Dehler starb am 21. Juli 1967 in Streitberg / Oberfranken.

Im Parlamentarischen Rat war Dehler – wie auch Heuss – Mitglied des Hauptausschusses. Er äußerte sich hier über nahezu alle Bereiche des Grundgesetzes, zumal er als Mitglied des am 1. November 1948 begründeten Allgemeinen Redaktionsausschusses mit der zu beratenden Materie hervorragend vertraut war. Dieses Gremium, dem ferner Heinrich von Brentano (CDU) und Georg August Zinn (SPD) angehörten, hatte die Aufgabe, die Ausformulierungen der einzelnen Grundgesetzartikel durch die Fachausschüsse des Parlamentarischen Rates auf ihre Rechtssprache zu überprüfen und gegebenenfalls zu verändern, ohne jedoch substantielle Änderungen vorzunehmen.[19] In zahlreichen Hauptausschußsitzungen griff Dehler in die Diskussion ein, begründete die Positionen des Redaktionsausschusses oder trug seine eigene politische Überzeugung vor. Stärker als Heuss arbeitete Dehler konzeptionell. Als erkennbar wurde, daß in der Bundesrepublik Deutschland ein Verhältniswahlrecht eingeführt würde, entwickelte er umgehend Konzepte für die Stärkung der zukünftigen Bundesregierung.[20] Ähnlich wie Heuss wehrte sich Dehler mit Vehemenz gegen Versuche, die bedeutsame und auch im Parlamentarischen Rat anerkannte inhaltliche Arbeit der FDP auf die Rolle des »Zünglein an der Waage« zu reduzieren. Dies nämlich widersprach zutiefst dem Selbstverständnis und den Leistungen der liberalen Politiker im Parlamentarischen Rat. Wo sie konnte, hatte die FDP keinen Augenblick gezögert, »einen Nagel fest einzuschlagen«.[21] Darüber hinaus war es, wie in einer Erklärung der FDP-Fraktion Ende März 1949 ausdrücklich bemerkt, Voraussetzung für den erfolgreichen Abschluß des Grundgesetzes, daß »innerpolitisch [...] eine so große Mehrheit für das Grundgesetz im Parlamentarischen Rat gefunden werden [muß], daß dessen Annahme auch in zwei Dritteln der deutschen Länder gewährleistet ist«.[22] Somit bedurfte es der FDP als Mehrheitsbeschafferin allenfalls noch in den Fachausschüssen, nicht aber mehr bei den Abstimmungen im Plenum.

Die FDP-Fraktion im Parlamentarischen Rat

65 Abgeordnete – darunter vier Frauen – zählte der Parlamentarische Rat; unter diesen waren viele bereits in der Weimarer Republik politisch tätig gewesen. Hinzu kamen fünf Berliner Vertreter, die angesichts des Viermächte-Status' der Stadt nur als »Gäste« teilnehmen durften. CDU/CSU und SPD konnten jeweils 27 Abgeordnete entsenden, die FDP war mit fünf, Zentrum, Deutsche Partei (DP) und KPD jeweils mit zwei Abgeordneten vertreten. Der Parlamentarische Rat wählte den langjährigen Kölner Oberbürgermeister und

Vorsitzenden des Preußischen Staatsrates, Konrad Adenauer (CDU), zu seinem Präsidenten, während den vermeintlich einflußreicheren Vorsitz im Hauptausschuß der Fraktionsvorsitzende der Sozialdemokraten, Carlo Schmid, übernahm.

Heuss wurde gleich zum Vorsitzenden der FDP/DVP-Fraktion gewählt, die sich als Partei in den drei westlichen Besatzungszonen allerdings erst im Dezember 1948 aus Liberal-Demokratischer Partei (LDP), Demokratischer Volkspartei (DVP) und Freier Demokratischer Partei (FDP) zur FDP zusammenschloß. Der Fraktion gehörten außer Heuss (Württemberg-Baden) und Dehler (Bayern) noch Hermann Höpker Aschoff (Nordrhein-Westfalen), Max Becker (Hessen) und Hermann Schäfer (Niedersachsen) sowie als beratendes Mitglied der Berliner Vertreter Hans Reif an.[23] Mit Ausnahme von Becker, einem früheren Mitglied der Deutschen Volkspartei, waren alle anderen FDP-Abgeordneten während der Weimarer Republik Mitglieder der DDP bzw. Deutschen Staatspartei gewesen – hier zeigt sich ein Moment ausgeprägter personeller und politischer Kontinuität von »Weimar« zu »Bonn«.

Die Wahl von Heuss zum Fraktionsvorsitzenden der FDP im Parlamentarischen Rat war unumstritten. Heuss galt als ein Mann, dessen Wort Gewicht hatte. Ausgerüstet mit einer »gefühlsmäßigen Sprachgewalt«[24] genoß er unter den liberalen Politikern jene unumstößliche Autorität, die auch beim politischen Gegner geachtet wurde. Dabei verlor sich Heuss nie in kleinlichen Details – so wichtig sie freilich waren –, sondern hatte immer die großen politischen Leitlinien im Blick.

Kein »Staatsfragment«!

Schon in den ersten Jahren nach der bedingungslosen Kapitulation der deutschen Wehrmacht am 8. Mai 1945 erkannten hochrangige Persönlichkeiten der amerikanischen und britischen Besatzungsmächte, daß Deutschland schrittweise seine Souveränität zurückerhalten müsse. Auf Grund eines Befehls der Aliierten wurden daher in der britischen Besatzungszone der Zonenbeirat und in der amerikanischen Besatzungszone der Länderrat gegründet. Diese Gremien verfügten zwar über keine Legislative und Exekutive, konnten aber immerhin den jeweiligen Militärverwaltungen beratend zur Seite stehen. Das gleiche galt für den 1947 in Frankfurt einberufenen Wirtschaftsrat des Vereinigten Wirtschaftsgebietes, der den Zusammenschluß der amerikanischen und britischen Besatzungszone (»Bizone«) besiegelte. Im Frühjahr 1948 war es wiederum den Vereinigten Staaten und Großbritannien zu verdanken, daß auf der Londoner Außenministerkonferenz der Westmächte, nach zähem Ringen um eine Zustimmung Frankreichs, konkrete Pläne für die Gründung eines deutschen Weststaates verabschiedet wurden; der erste Schritt zur »Trizone« war getan.

Die Militärgouverneure in Deutschland, Lucius D. Clay (USA), Pierre Koenig (Frankreich) und Sir Brian Robertson (Großbritannien), übermittelten die Ergebnisse der Londoner Außenministerkonferenz (»Londoner Empfehlungen«) am 1. Juli 1948 den Ministerpräsidenten der elf Länder der drei Westzonen im amerikanischen Hauptquartier in Frankfurt, und zwar in Form von drei Texten, die wenig später nur noch als die »Frankfurter Dokumente« bezeichnet wurden. Während die Militärgouverneure im Dokument Nr. II und III zur Neuumschreibung der Ländergrenzen[25] und zum zukünftigen Besatzungsstatut[26] scharf und unzweideutig Stellung nahmen, ermächtigten sie in Dokument Nr. I die deutschen Ministerpräsidenten, bis zum 1. September 1948 eine Verfassunggebende Versammlung einzuberufen. Wörtlich hieß es: »Die Verfassunggebende Versammlung wird eine demokratische Verfassung ausarbeiten, die für die beteiligten Länder eine Regierungsform des föderalistischen Typs schafft, die am besten geeignet ist, die gegenwärtig zerrissene deutsche Einheit schließlich wieder herzustellen, und die Rechte der beteiligten Länder schützt, eine angemessene Zentralinstanz schafft und die Garantien der individuellen Rechte und Freiheiten enthält«.[27]

Die Ministerpräsidenten hatten in ihrer ausgearbeiteten Stellungnahme zu den Frankfurter Dokumenten, den »Koblenzer Beschlüssen« vom 10. Juli 1948, die von den Alliierten geforderte Verfassunggebende Versammlung sowie eine Verfassung für Westdeutschland zunächst abgelehnt. Sie fürchteten, mit einer umfassenden Staatsgründung die Spaltung Deutschlands zu begünstigen, erklärten sich jedoch bereit, für ein »Staatsfragment« ein »provisorisches Grundgesetz« durch ein parlamentsähnliches Gremium, einen »Parlamentarischen Rat«, verfassen zu lassen.

Erst nach langwierigen Verhandlungen gingen die Militärgouverneure auf die Bedingungen der Ministerpräsidenten ein. Der hessische Ministerpräsident Christian Stock machte in seiner Rede zur Eröffnung des Parlamentarischen Rates am 1. September 1948 darauf aufmerksam, daß die Deutschen ihre Grundgesetzarbeit eben nicht auf Grund eines »Diktats« der Alliierten, sondern nach bilateralen »Vereinbarungen« aufgenommen hätten.[28] Selbstverständlich mußte auch er einsehen, daß die Alliierten die Arbeit an einem Grundgesetz überhaupt erst ermöglicht hatten. Eine grundsätzliche Ablehnung der Frankfurter Dokumente und der darin formulierten Verfassungspläne durch die Ministerpräsidenten war letztlich undenkbar; somit gab es im Kampf der Ministerpräsidenten um die »Weststaatlösung« keine wirkliche Alternative für Deutschland. Den Verhandlungsspielraum aber hatten die Ministerpräsidenten immerhin vollständig ausgeschöpft.

Nicht nur auf der Koblenzer Ministerpräsidentenkonferenz vom 8. bis 10. Juli 1948, sondern auch noch auf dem von den Ministerpräsidenten im August 1948 nach Herrenchiemsee einberufenen Sachverständigenausschuß wurde die Frage nach der Errichtung eines »Staatsfragments« diskutiert. Nach Vorstellung der SPD sollte das Grundgesetz »Organisationsnormen« beinhalten, die »mehr als ein gewöhnliches Gesetz, aber weniger als eine Verfassung« sein und als »Organisationsstatut« bezeichnet werden sollten.[29] Die CDU/CSU wandte dagegen ein, daß, gleichgültig ob man den Zusammenschluß der Länder »Staatsfragment« oder »Staat« nennen würde, dieser in seinen Grundelementen nichts anderes sein könne als ein funktionsfähiger Staat.[30]

Nachdem der Fraktionsvorsitzende der SPD, Carlo Schmid, in der ersten Plenardebatte des Parlamentarischen Rates am 8. September 1948 den provisorischen Charakter des Grundgesetzes hervorgehoben und die Abfassung eines »Organisationsstatuts« mit einer »zeitlichen Begrenzung« propagiert[31] hatte, beklagte Heuss, daß solche Forderungen wohl nur entstehen konnten, weil »das Pathos der freien Entscheidung« fehle und »nur ein Teil-Deutschland« im Parlamentarischen Rat vertreten sei.[32] Da die Versammlung dieses Pathos nun einmal entbehrte, forderte Heuss, eine Wendung von Friedrich Hölderlin aufgreifend, das Plenum dazu auf, seine Arbeit in einer Gesinnung der »heiligen Nüchternheit«[33] aufzunehmen: »In welcher [Gesinnung] können wir denn beginnen? Verzeihung, ich komme aus Württemberg; infolgedessen darf ich aus unserem großen Vorrat an Dichtern einen kurz zitieren und sagen: Wir wollen beginnen in der Gesinnung, die Hölderlin mit dem Wort ›heilige Nüchternheit‹ bezeichnet. Ein sehr merkwürdiges und tiefes Wort, die Nüchternheit ›heilig‹ zu nennen, als sei diese etwas Sakrales. Wenn ich das auf uns beziehe: wir sind gegenüber der Wirklichkeit illusionslos geworden, wir alle, diese Generationen, sind durch die Schule der Skepsis hindurchgegangen. Aber wenn wir nur illusionslos sind und wenn wir nicht ein Stück Glauben auch für diesen inneren Beruf mitbringen, dann verliert unser Handwerk von seinem Beginn an seine innere Würde.«[34] Die Wahl der Abgeordneten des Parlamentarischen Rates war nach Heuss legitimiert, auch wenn es sich bei deren Wahl durch die Landtage um eine »Behelfskonstruktion« handelte. Heuss betonte ferner: »[...] strukturell wollen wir etwas machen, was nicht provisorisch ist und gleich wieder in die Situation gerät: Heute machen wir etwas und morgen kann man es wieder ändern, und übermorgen wird eine neue Auseinandersetzung kommen.« Die Kernaussagen der Rede von Heuss im Parlamentarischen Rat hatte Dehler noch einmal für den Informationsdienst des FDP-Landesverbandes in Bayern zusammengefaßt. Darin führte er die Vision vor Augen, daß das Verfassungswerk sich erfüllen kann, »wenn das deutsche Volk mit seiner Hilfe wieder Macht über sich gewinnt«.[35]

Als sich Heuss am 25. September 1948 gemeinsam mit den übrigen Abgeordneten in der Tageszeitung *Die Neue Zeitung* mit einem Foto vorstellte, bezeichnete er bereits die zentrale Aufgabe des Parlamentarischen Rates damit, »zu dem ewigen Spannungsproblem zwischen Recht und Macht einen Lösungsbeitrag zu schaffen«. Heuss fügte hinzu: »Die äußere Macht ist verspielt, die moralische muß gewonnen werden«. Dehler lehnte in der gleichen Ausgabe das von der SPD geforderte »Staatsfragment« entschieden ab und sehnte »ein starkes politisches Instrument« herbei, »das geeignet ist unserem ganzen Volke in einer ›Bundesrepublik Deutschland‹ wieder Macht über sich selbst zu geben«[36].

Über die Schaffung eines »provisorischen Grundgesetzes« für den deutschen »Rumpfstaat«[37] waren sich die Abgeordneten – abgesehen von denen der KPD – einig. Lediglich über den Grad des provisorischen Charakters gingen die Meinungen auseinander. Heuss und mit ihm die FDP-Abgeordneten hatten darunter verstanden wissen wollen, daß es bei der Arbeit des Parlamentarischen Rates um den Aufbau der staatlichen Organe, die Verteilung der Zuständigkeiten und die Festlegung der politischen Legitimierung gehe – und somit eben doch um die Ausarbeitung einer »Verfassung«. Mit dem farblosen, geschichtslosen und deswegen zugleich unbelasteten Begriff »Grundgesetz«[38] nahm man dieser Verfassungsarbeit jenes »Geschichtspathos«, das eine solche Rechtssetzung eigentlich für sich in Anspruch hätte nehmen können. Doch angesichts fehlender Legitimation der Abgeordneten durch direkte Volkswahl – Ausdruck eines Mangels an Volkssouveränität im besetzten und geteilten Deutschland – mußte die Konstituierung einer frei gewählten und in ihrer Arbeit von Fremdeinflüssen unbeeinträchtigten Nationalversammlung für spätere Zeiten aufgehoben werden.[39]

Dehler glaubte, wenigstens für die Grundgesetzarbeit die »Souveränität des deutschen Volkes in Anspruch« nehmen zu können. Er war nicht bereit, mit der Gründung eines »Staatsfragmentes« auf den Willen jener Rücksicht zu nehmen, die keine Verfassung, sondern nur ein »Grundgesetz«, die keinen Bundespräsidenten, sondern ein Direktorium aus Bundestags- und Bundesratspräsident wollten, die es überdies vorzogen, auf ein Besatzungsstatut zu warten,[40] von dessen Härte und Unnachgiebigkeit gegenüber deutschen Wünschen das Frankfurter Dokument Nr. III eine Kostprobe gab. Die »volle deutsche Souveränität« war für ihn vielmehr ein unverzichtbares politisches Postulat.

Keiner der Verfassungsväter entkam dem Antagonismus, daß im Zustand der Besatzung eine freie Verfassung nicht gestaltet werden könne: Dieser Zustand mußte ge- und ertragen werden.[41] Aber, so fragte Heuss mit Recht, mußte der Charakter des Vorläufigen und Provisorischen so stark heraus gearbeitet werden, daß dieser rechtlich problematische Zustand in Deutschland auch noch in einem Grundgesetz »lebendig erhalten« werde?[42]

Dehler muß aufgeatmet haben, als er endlich im März 1949 das »Werden« eines deutschen »Staates« konstatieren konnte.[43] Die Entschiedenheit, mit der besonders die Liberalen alles Provisorische und Staatsähnliche abgelehnt hatten, trug nun ihre Früchte. Der Streit um das »Staatsfragment« bot der FDP die Chance, sich zu profilieren. Es war mehr als nur ein Streit um Worte, es ging um das Selbstbewußtsein des westdeutschen Staates, das genügend gefestigt sein mußte, um zukünftig den »propagandistischen Unterstellungen«[44] aus dem stalinistischen Osten sicher begegnen zu können und auch von den Besatzungsmächten im Westen nicht alles hinnehmen zu müssen.

Die Präambel

Die Beratungen über die Präambel und die Grund- und Menschenrechte wurden zunächst im Ausschuß für Grundsatzfragen aufgenommen. In diesem Ausschuß saßen neben Heuss u.a. Hermann von Mangoldt (CDU), Ludwig Bergsträsser (SPD), Anton Pfeiffer (CSU), Helene Weber (CDU) und Carlo Schmid (SPD). Die prominentesten Mitglieder des Parlamentarischen Rates fanden sich somit hier zusammen. Die hochkarätige Besetzung mit Verfassungsrechtlern, Fraktionsführern und dem Homme de Lettres Heuss war nicht zufällig, galt es doch – anders als bei den juristisch spitzfindigen Diskussionen in anderen Ausschüssen – bei der Formulierung der Grundrechte, politische Grundhaltungen sowie Werte und weltanschauliche Fragen in eine angemessene Form und Sprache zu bringen. Zudem war sehr frühzeitig deutlich geworden, daß die Präambel eine programmatische Vorrede zum Grundgesetz und damit zu einer der politisch besonders interessanten Aufgaben des Parlamentarischen Rates werden würde.[45]

So wollte die SPD in der Präambel deutlich machen, daß in Westdeutschland aufgrund der Anordnung der Militärgouverneure und in der sowjetischen Besatzungszone das Recht auf Selbstbestimmung eines Volkes, wie es in der Atlantik-Charta vom 14. August 1941 niedergelegt sei, nicht ausgeübt werden könne. Der Sozialdemokrat Georg August Zinn zog daraus den Schluß, daß »das Grundgesetz nur als räumlich, zeitlich und historisch befristet und darüber hinaus als Provisorium anzusehen« sei, war doch die »Unabhängigkeit einer deutschen staatlichen Institution im Augenblick durch fremde Besatzungsmächte beschränkt«.[46] Andere Ausschußmitglieder wiederum befürworteten Formulierungen, die eine Einbindung des Verfassungswerks in die deutsche Geschichte vornahmen. Bis zum 15. Oktober 1948 einigte sich der Ausschuß für Grundsatzfragen immerhin auf einen ersten Präambelentwurf, der im wesentlichen auf Formulierungen von SPD-Abgeordneten zurückging. Der Entwurf begann mit dem Verweis auf die Geschichte und sprach von »nationalsozialistischer Zwingherrschaft«, von »Krieg und Gewalt«. Es wurde betont, daß dem deutschen Volk zwar »das unverzichtbare Recht auf freie Gestaltung seines nationalen Lebens geblieben« sei, aber durch »fremde Mächte« »die Ausübung dieses Rechtes schweren Einschränkungen unterworfen« sei. So habe denn der Parlamentarische Rat, »um eine den

Aufgaben der Übergangszeit dienende Ordnung der Hoheitsgewalt zu schaffen«, das Grundgesetz beschlossen.[47] Freilich fiel an dieser Präambel die starke Betonung der Zerstörung der demokratischen Ordnung durch den Nationalsozialismus und der Besetzung durch »fremde Mächte« auf; die Alliierten bedauerten folglich diesen allzu deutlichen Vorbehalt gegenüber ihrer Präsenz in Deutschland.

In der Öffentlichkeit wurde der Präambelentwurf überwiegend vernichtend beurteilt. Durch spitzfindige Formulierungen habe der Ausschuß die Mitwirkung der Länder an dem Zustandekommen des Parlamentarischen Rates ignoriert und damit zugleich den föderativen Charakter des zukünftigen Weststaates verleugnet. Die Verfasser, so meinte die Presse ferner, würden durch den deutlichen Hinweis auf die Vorläufigkeit das Grundgesetz zur bloßen »Übergangsbestimmung« degradieren und damit die Autorität des Grundgesetzes von vornherein erheblich beschränken.[48]

Dieses hat auch Heuss so empfunden. Die »innere Würde des Staates nicht zu kränken«[49] war eines seiner großen Anliegen während der gesamten Grundgesetzberatungen. Dies durfte am wenigsten durch unglückliche oder provokante Formulierungen in der Präambel geschehen. In der Plenarsitzung am 20. Oktober 1948 beklagte er sich denn auch über den Präambelentwurf des Grundsatzausschusses. Er hob an, daß »wir, wie wir Deutschen nun einmal sind, die Geschichte etwas zu pedantisch und systematisch angefaßt haben«.[50] Heuss vermißte das »Sakrale« und jenes feierliche »Pathos«, das gerade einer Präambel gut anstände. Zur Überraschung der Abgeordneten legte er daher einen eigenen, wesentlich moderateren Präambelentwurf vor, in dem er deutlich machte, daß das deutsche Volk »in diesem Grundgesetz die verfassungsmäßige Rechtsordnung seines staatlichen Lebens für die Bundesrepublik Deutschland neu geformt [hat]. Seine berufenen Vertreter, denen beratend die Abgeordneten von Berlin zur Seite standen, sind sich bei dem Werke der von der Machtlage erzwungenen Beschränkung ihrer freien Entscheidung bewußt gewesen. Sie haben bei der Durchführung ihres Auftrags sich als stellvertretend auch für jene Deutschen empfunden, denen die Mitwirkung an dieser Aufgabe versagt war. Mit ihnen gemeinsam halten sie an dem unverzichtbaren Recht fest, dieser Regelung die freie Gestaltung des nationalen Gesamtlebens folgen zu lassen. Das Volk in den anderen deutschen Ländern bleibt aufgefordert, den Beitritt zur Bundesrepublik Deutschland zu vollziehen und in gemeinsamer Entscheidung und Verantwortung die nationale Einheit und Freiheit zu vollenden.«[51]

Statt – wie der alte Präambelentwurf – von »Besatzungsmächten« zu sprechen, formulierte Heuss vorsichtiger, sprach von der »Machtlage« und stellte neben den Begriff »Grundgesetz« bewußt den der »verfassungsmäßigen Rechtsordnung«, um, wie seine Begründung lautete, »ein größeres Pathos hineinzubringen«.[52] Zwar setzte sich der Präambelentwurf von Heuss nicht durch, doch ging die Formulierung, daß die Abgeordneten bei ihrer Arbeit »stellvertretend auch für jene Deutschen empfunden [haben], denen die Mitwirkung an dieser Aufgabe versagt war«, in modifizierter Form in die Präambel von 1949 ein und wurde erst nach der Wiedervereinigung 1990 gestrichen.

Der Grundrechtskatalog

Die Militärgouverneure forderten in den Frankfurter Dokumenten vom 1. Juli 1948, daß die Verfassung die »Garantien der individuellen Rechte und Freiheiten« enthalten solle. Zu Recht: Denn gerade die Grundrechte waren im »Dritten Reich« nicht zuletzt auf dem Verordnungsweg, also mit »legalen« Mitteln, ausgehebelt und mit Füßen getreten worden. Deswegen wurde nun die feste Verankerung und der Schutz der Grundrechte im Grundgesetz zu einem ureigenen Ziel der Alliierten.

Bereits der Entwurf des Verfassungskonventes von Herrenchiemsee enthielt einen Grundrechtskatalog, der anders als jener der Weimarer Reichsverfassung nicht am Ende der Verfassung stand und auch nicht wie beim Verfassungswerk der Frankfurter Paulskirche von 1849 separiert wurde, sondern den Auftakt des Grundgesetzes bildete. Mit dieser Anordnung erhielten die Grundrechte geradezu den Charakter von »deklamatorischen, ja politisch-agitatorischen Dekorationen«[53]. Dabei durfte es nicht bleiben. Heuss plädierte folglich dafür, zwischen solchen Grundrechten zu unterscheiden, die eine Zielsetzung und ein allgemeines Bekenntnis der politischen Moral der Demokratie waren und jenen, die unabdingbare, also einklagbare Rechtstitel formulierten. Selbstverständlich wußte Heuss als Kenner der Verfassungsgeschichte, daß die Tradition, Grund- und Menschenrechte in den Verfassungen zu verankern, von den »Gesinnungen der Aufklärungsperiode geliefert wurde« und somit erst 150 Jahre zuvor begründet worden war.[54]

Die Aufnahme eines Grundrechtskataloges war im Parlamentarischen Rat unumstritten, jedoch gab es Meinungsverschiedenheiten über die Bereiche, die darin Aufnahme finden sollten. Der Ausschuß für Grundsatzfragen setzte sich mit der Forderung der CDU/CSU nach konfessionellen Schulen, der Festlegung des Elternrechts und mit Naturrechtsfragen ebenso auseinander wie mit den Wünschen der SPD und KPD nach einer Festlegung auf eine Sozial- und Wirtschaftsordnung, wie sie in Ansätzen bereits die Weimarer Reichsverfassung kannte. Spöttelnd blickte Heuss auf die »wagemutigen Theoretiker«, die trotz der »weltwirtschaftlichen Verworrenheit« der Nachkriegszeit glaubten, die wirtschaftlichen Grundlagen für die nächsten Jahre festschreiben zu können. Solche Hoffnungen tat Heuss als »Wunschbilder« ab.[55] Die verfassungsmäßige Normierung einer bestimmten Sozial- und Wirtschaftsordnung damit zu begründen, daß andernfalls der Arbeiter »enttäuscht« werde, konnte Heuss am wenigsten akzeptieren.

Tatsächlich verzichtete der Grundsatzausschuß schließlich auf die Festschreibung einer Sozial- und Wirtschaftsordnung mit dem Hinweis, daß man sich diese für die spätere Verfassung aufheben würde. Gerne wurde auf diesen Verzicht verwiesen, um Eingaben aus dem Parlamentarischen Rat wie aus der Bevölkerung zur Aufnahme weiterer Grundrechte ohne größere Diskussion abzuweisen. Noch im März 1949, lange nachdem der Grundsatzausschuß wirtschafts- und sozialpolitische Festlegungen abgelehnt hatte, bezog Dehler zur Problematik »Grundgesetz und die Wirtschaft« deutlich Position. Er sah »naive« Dilettanten sowie »Doktrinäre und Weltverbesserer« am Werk, die seinerzeit in den Länderverfassungen wie in Hessen weitgehende Sozialisierungsnormen und Mitwirkungsrechte der Betriebsräte oder wie in Bayern die Festlegung auf eine Planwirtschaft vorschreiben wollten. Für Dehler war die Wirtschaftsordnung mit dem Recht, Beruf, Arbeitsplatz und Ausbildungsstätte frei zu wählen (Artikel 12 des Grundgesetzes), ausreichend festgelegt.[56] Der Parlamentarische Rat schuf mit dieser Bestimmung ein in sozialer und wirtschaftlicher Hinsicht »offenes« Grundgesetz.

Gleichberechtigung von Mann und Frau

Der Grundsatz der Gleichberechtigung der Geschlechter war bereits Bestandteil der Weimarer Verfassung von 1919 gewesen.[57] Eine Erklärung zur Gleichberechtigung von Mann und Frau im Grundgesetz war denn auch unumstritten. Gleichwohl rief die Frage der Gleichberechtigung von Mann und Frau eine übermäßig heftige Reaktion in der Öffentlichkeit hervor.

Die Formulierung des Artikels zur Gleichberechtigung von Mann und Frau wurde zunächst dem Entwurf von Herrenchiemsee entnommen und darüber hinaus im Licht der nationalsozialistischen Vergangenheit mit dem Zusatz ergänzt: »Niemand darf seiner Abstammung, seiner Rasse, seines Glaubens, seiner religiösen oder politischen Anschauung wegen benachteiligt oder bevorzugt werden«.[58] Die Diskussion darüber konzentrierte sich im Ausschuß für Grundsatzfragen im wesentlichen auf die Frage, ob dem Gleichheitsgrundsatz auch die soziale Komponente – also etwa die Forderung nach gleichem Lohn für gleiche Arbeit – beigefügt werden sollte. In Vorschlägen von KPD und SPD wurde angesichts des sich abzeichnenden Wandels der Stellung der Frau in der Gesellschaft empfohlen, den Satz aufzunehmen: »Frauen und Jugendliche haben für gleiche Tätigkeit und gleiche Leistung Anspruch auf gleiche Löhne«.[59] Dieser Zusatz wurde indes mit der Ablehnung der sozialen und wirtschaftlichen Grundsätze im November 1948 wieder gestrichen. Auch ein Formulierungsvorschlag der Abgeordneten Friederike Nadig (SPD), »Männer und Frauen sind gleichberechtigt«,[60] wurde mit dem Hinweis auf Widersprüchlichkeiten zum geltenden Familienrecht des Bürgerlichen Gesetzbuches abgelehnt. Stattdessen ergänzte man aber den Passus »Niemand darf [...] benachteiligt werden« um die Formulierung »wegen seines Geschlechts«.

Ausgehend von einer Presseerklärung der SPD-Abgeordneten Elisabeth Selbert wurde die Diskussion um die Gleichberechtigung im Hauptausschuß am 18. Januar 1949 durch eine einseitige Berichterstattung stark aufgeheizt. Heuss hatte deswegen den Vorzug der Formulierung, keiner dürfe wegen seines Geschlechts benachteiligt werden, unterstrichen und die Meinung des Ausschusses dahingehend zusammengefaßt, daß eine tatsächliche und konsequente Gleichberechtigung den Schutz der Frauen und Mütter untergraben und sich für die Frauen nachteilig auswirken könnte.[61]

Zu Recht stellte Helene Weber (CDU) in der dritten und letzten Lesung des Grundgesetzes im Plenum am 8. Mai 1949 heraus, »daß die Gleichberechtigung der Frau im Grundsatz eigentlich kein Streitpunkt« war.[62] Es war lediglich eine Formulierungssache, die aber in der Öffentlichkeit einen, wie Dehler meinte, geradezu »männermordenden Streit um die Gleichberechtigung von Mann und Frau« hervorrief und mit dazu beitrug, so Dehler, »das Wesentliche in den Hintergrund treten zu lassen: wie man diesen in Armut und Schwäche entstehenden Staat wirksam und handlungsfähig macht, wie man ihm Würde und Autorität verschafft, wie die deutsche Demokratie eindrucksvoll wird«.[63]

Kultur- und Kirchenfragen

Dehler zufolge verstellten neben der Frage um die Gleichberechtigung der Geschlechter auch die »Forderungen des bündlerischen Föderalismus und der mit ihnen parallel gehenden kirchen- und schulpolitischen Tendenzen« den Blick auf die wesentliche Arbeit am Grundgesetz, einen handlungsfähigen Staat zu errichten.[64] Unter dem Bereich der kirchen- und kulturpolitischen Fragen wurden eine Reihe von Einzelproblemen subsumiert, von denen die Frage des Elternrechts zu den umstrittensten Themen im Parlamentarischen Rat gehörte. Auf ihrer Klärung beharrte die CDU/CSU ostentativ, obwohl man wiederum – wie bereits zuvor bei der Frage der Sozial- und Wirtschaftsordnung – auf die Festlegung einer »Lebensordnung« verzichten wollte. Nach den Vorstellungen der CDU/CSU sollte das Recht der Eltern über das Recht des Staates auf die Erziehung und Ausbildung der Kinder gestellt werden. Konkret war daran die Forderung geknüpft, den Eltern das Recht auf die freie Wahl der Schulform zu ermöglichen, was wiederum bedeutete, daß der Staat außer dem staatlichen Schulwesen auch Privatschulen garantierte und damit auch sogenannte Bekenntnisschulen in kirchlicher Trägerschaft zugelassen werden mußten.

Die kontroverse Behandlung des Elternrechts im Ausschuß für Grundsatzfragen veranlaßte Präsident Adenauer am 14. Dezember 1948, Vertreter der beiden christlichen Konfessionen mit Fraktionsführern und weiteren prominenten Abgeordneten des Parlamentarischen Rates in Bonn zusammenzuführen. Hier erklärte Schmid (SPD), daß der Parlamentarische Rat einen christlichen Staat nicht schaffen könne. Die Kirchen jedoch verwiesen auf das »Naturrecht der Eltern« und forderten jene Rechtspositionen wieder ein, die sie vor 1933 besessen hatten, zumal der Parlamentarische Rat doch betont hatte, daß das Deutsche Reich 1945 nicht untergegangen, sondern nur »desorganisiert« sei. Konsequenterweise erstrebte die katholische Kirche auch die Anerkennung des Reichskonkordats von 1933.[65] Hierbei schwebte den Kirchenvertretern und auch CDU/CSU-Abgeordneten jene Lösung der Bayerischen Verfassung vom 2. Dezember 1946 vor, in der die Fortgeltung des bayerischen Länderkonkordats von 1924 ausdrücklich erwähnt war.[66]

Das Konkordat zwischen dem Deutschen Reich und dem Heiligen Stuhl war am 20. Juli 1933, also kurz nach der nationalsozialistischen »Machtergreifung« durch Adolf Hitler, abgeschlossen worden. Der NS-Staat hatte darin der Kirche das Recht zugesichert, eigenständig kirchliche Stellen zu besetzen – insbesondere Bischofsstühle und theologische Fakultäten an den staatlichen Universitäten. Zum anderen aber enthielt das Konkordat auch eine Vereinbarung über den im vorliegenden Zusammenhang viel entscheidenderen Punkt eines konfessionsgebundenen Religionsunterrichts. Während Vertreter der katholischen Kirche gegenüber dem Parlamentarischen Rat die völkerrechtliche Verbindlichkeit des bilateralen Vertrags herausstellten, machte namens der FDP insbesondere Dehler geltend, daß das Konkordat als eine Vereinbarung mit einem verbrecherischen Regime hinfällig sei.[67] Darüber hinaus sollte die Schulfrage wie auch die Kulturhoheit zukünftig Angelegenheit der Länder bleiben.

Hinsichtlich der kulturellen Frage, zu denen die Eltern- bzw. Schulfrage zählte, war deswegen der von Adolf Süsterhenn (CDU) eingebrachte und von Heuss sofort unterstützte Vorschlag, die in der Reichsverfassung von 1919 getroffene Regelung in das ohnehin nur provisorische Grundgesetz zu übernehmen, ein tragfähiger Kompromiß, der auch von vatikanischen Kreisen begrüßt wurde. Die einschlägigen Artikel der Reichsverfassung von 1919 umfaßten insbesondere den Schutz der Freiheit des Bekenntnisses und der freien Religionsausübung, die Anerkennung der kirchlichen Selbstverwaltung, den Schutz der kirchlichen Vermögensrechte, die Sonntagsruhe sowie die Garantie der Anstaltsseelsorge.

Daß dennoch evangelische und katholische Kirchenvertreter sowie Abgeordnete von CDU/CSU, DP und Zentrum von ihren Forderungen nach einer umfassenden Verankerung des Elternrechts nicht abließen, veranlaßte Dehler im April 1949 zu einem scharfen

Beitrag im Informationsdienst des FDP-Landesverbandes Bayern. In polemischer Zuspitzung nannte er beispielhafte Christen beider Konfessionen, die den Widerstand gegen die Terrorherrschaft Hitlers mit ihrem Leben hatten bezahlen müssen und stellte ihnen wenig rühmliche Kirchenvertreter aus der Zeit »zwischen dem 20. Juli 1933 und – sagen wir 20. Juli 1944« gegenüber.[68] Damit setzte Dehler die Zufälligkeit zweier Daten in provozierender Weise in einen Zusammenhang, der weder dem Reichskonkordat noch dem gescheiterten Attentat auf Adolf Hitler gerecht wurde. Mit einer kaum zu übertreffenden Deutlichkeit wehrte sich Dehler schließlich gegen Äußerungen des bayerischen Landesbischofs Meiser, der noch wenige Jahre zuvor gegenüber dem »Führer« den Tod »großer« Nationalsozialisten als »Verlust« »wertvoller Mitarbeiter« betrauert habe und nun glaube, »der Liberalismus, diese große Gegenkraft des Nationalsozialismus, sei die Todsünde unserer Zeit«.[69]

Erst in den Schlußverhandlungen zum Grundgesetz (Mai 1949) wurden im Sinne der CDU/CSU die Weimarer Artikel über Religionsfreiheit und Religionsgesellschaften (siehe Artikel 140 Grundgesetz) und die Beibehaltung der sogenannten Bremer Klausel (Artikel 141 Grundgesetz) beschlossen, wofür der SPD im Gegenzug eine Bundesfinanzverwaltung, wie sie den Sozialdemokraten vorschwebte, zugestanden wurde. Nun dürfe, so Dehler, keiner mehr sagen, das Bonner Verfassungswerk sei »gottlos«[70], vielmehr sei doch »unter maßgeblicher Mitwirkung« der FDP-Fraktion eine »der geschichtlichen Entwicklung des Zusammenlebens des Staates und der Kirchen in Deutschland« entsprechende Lösung gefunden worden.[71]

Bayern und der Föderalismus

Im Frankfurter Dokument Nr. I vom 1. Juli 1948 hatten die Alliierten die Schaffung einer föderativen Regierungsform für den westdeutschen Staat gefordert.[72] Als sich abzeichnete, daß der Parlamentarische Rat sich für eine Finanzverwaltung in der Hand des Bundes entscheiden würde, veröffentlichten die alliierten Militärgouverneure am 22. November 1948 ein Memorandum, in dem sie einen bis dahin geheimgehaltenen Anhang zu den Londoner Empfehlungen bekanntgaben, der u.a. die alliierten Vorstellungen zum Föderalismus deutlicher herausstellte.[73] Auch wenn die dort gewählten Formulierungen vielfach wenig konkret blieben, lehnten alle Parteien dieses Memorandum als eine Einmischung, ja sogar – unter Anspielung auf den Friedensvertrag von Versailles 1919 – als ein »Diktat der Alliierten«[74] ab.

Die im Memorandum geforderte Länderfinanzverwaltung und das umfassende Mitspracherecht der Länder in der Zweiten Kammer kamen im wesentlichen Wünschen der bayerischen CSU, aber auch Teilen der CDU entgegen. Entsprechend fühlte sich der bayerische Ministerpräsident Hans Ehard (CSU) ermutigt, stärkeren Einfluß auf das Geschehen im Parlamentarischen Rat zu nehmen. Er versuchte nicht nur die CDU auf seine Seite zu bringen oder den bayerischen Abgeordneten der christdemokratischen Union seine Position einzuschärfen, er hatte mit Erfolg – unter geradezu konspirativen Bedingungen[75] – im Oktober auch die SPD für sein Modell eines Bundesrates als einer Vertretung der Länderregierungen gewinnen können. Diese Kehrtwende der SPD-Fraktion, den zuvor »mit Leidenschaft« geforderten, von der wahlberechtigten Bevölkerung zu wählenden Senat aufzugeben und nun die Schaffung eines Bundesrates zu ermöglichen, kam nicht nur für Adenauer, sondern für die meisten Mitglieder des Parlamentarischen Rates »völlig überraschend«.[76]

Für Dehler boten die wiederholten Einmischungsversuche des bayerischen Ministerpräsidenten Gelegenheit, sich in sehr scharfer Form gegen Bayern und den dort propagierten Föderalismus zu wenden. Mehrfach warf er der CSU vor, ihre überzogenen föderalen Vorstellungen nur aus Angst davor einzubringen, Stimmen an die Bayernpartei zu verlieren. Am 16. Oktober 1948 konstatierte Dehler, daß der Föderalismus es nicht leicht haben werde, »wenn er in Bonn die Stellung und den Einfluß der Länder stärken will, weil nur ein wahrhafter Bund der Länder die organische deutsche Einheit sichere«. Denn durch die Frankfurter Dokumente werde der Föderalismus ein »Gebot der Siegermächte«, die dabei eben ihr eigenes »Sicherungsstreben« in den Mittelpunkt ihrer Politik stellten und nicht etwa deutsche Interessen. Deswegen hielt Dehler es für zweifelhaft, mit der »Rückendeckung«[77] durch die Alliierten einen derart übertriebenen Föderalismus einzufordern, wie es seiner Meinung nach die bayerische CSU tat.

Aber damit nicht genug der Dehlerschen Kritik an Bayern. In seinem Silvesterartikel 1948 ging er noch einen Schritt weiter: »Bayern ist dagegen, weil es dagegen ist, weil es um jeden Preis dagegen sein will, mag man in Bonn beschließen, was man will. [...] Bayern will seine Eigenart bewahren, die anderen wollen sie ihm nehmen, deswegen ist es dagegen«. Von Ehard wegen dieses Vorwurfs zur Rede gestellt, erklärte Dehler, daß der »Ton« vielleicht schärfer ausgefallen sei »als es objektiv gerechtfertigt war«, aber es sei ihm darum gegangen, »die Gemüter aufzurütteln«[78]. Kein Zweifel: Dehler wollte provozieren und zum Nachdenken anregen.

Ungeachtet dieses Eingeständnisses entwarf Dehler, der hinsichtlich der Finanzverwaltung bereit war, eine Verwaltung durch die Länder im Auftrage des Bundes (Auftragsverwaltung) zu akzeptieren, in der Person des bayerischen Ministerpräsidenten geradezu ein Feindbild und stritt schließlich den Ministerpräsidenten der Länder das Recht ab, sich zum Grundgesetz überhaupt zu äußern.[79] Da die Ministerpräsidenten den Parlamentarischen Rat einberufen hatten, der Parlamentarische Rat im Hauptausschuß Ländervertreter als Teilnehmer de facto zuließ und Adenauer sich sogar ausdrücklich bemühte, die Ministerpräsidenten in die Arbeit am Grundgesetz einzubinden, stand Dehler freilich mit solcher Ansicht isoliert da. Immerhin sollten die Ministerpräsidenten den Grundgesetzentwurf den Landtagen schließlich zur Ratifizierung vorlegen.

Die scharfe Kritik Dehlers an der CSU und Ministerpräsident Ehard war den Abgeordneten des Parlamentarischen Rates bekannt. Nicht nur Heuss nahm Dehler in seinem ABC des Parlamentarischen Rates mit den Versen aufs Korn:

»Wie darf denn dauernd Bamberg München so betrüben?
Der Dehler muß sich doch devot in Demut üben.«[80]

Der Fraktionsvorsitzende der CDU/CSU, Anton Pfeiffer (CSU), schlug aufgrund des Zerwürfnisses zwischen FDP und CSU in seiner Fraktion am 4. April 1949 vor, daß sich einige Abgeordnete von CDU/CSU und SPD »zu einem Abendessen und einer Flasche Wein zwanglos treffen sollen, um sich auf diese Weise zusammenzufinden und die FDP auszuschalten«[81]. Das waren freilich parteitaktische Überlegungen. Diese standen möglicherweise auch dann Pate, als nun umgekehrt auf Betreiben Adenauers die CSU weder im interfraktionellen Fünfer- noch im Siebenerausschuß vertreten war, »da alle Widerstände gegen eine Einigung immer von dieser Seite gekommen seien«.[82]

»Regierung auf Zeit«

Aus der vehementen Ablehnung des von der SPD geforderten »Staatsfragments« und dem Ruf nach einem starken Staat leitete Dehler seine wiederholt vorgetragene Forderung nach einer starken demokratischen und handlungsfähigen Regierung ab. Ihm schwebte die Schaffung einer Regierung vor, die bei der Ausübung der Regierungsgeschäfte unabhängig vom Parlament agieren sollte. Eine solche Regierung durfte nur zeitlich begrenzt handeln, da sie sonst zu mächtig werden konnte. Dehler hatte diesen Vorschlag selbst als »Präsidialregierung«[83] bezeichnet und damit freilich unweigerlich Erinnerungen an die umstrittene Kanzlerschaft Heinrich Brünings (Zentrum) von 1930 bis 1932 hervorgerufen. Im Parlamentarischen Rat operierte er daher auch mit dem Schlagwort »Regierung auf Zeit«. Damit wurde anders als bei dem Begriff »Präsidialregierung« nicht so sehr auf eine geradezu uneingeschränkte Regierungsgewalt, sondern stärker auf deren klare zeitliche Begrenzung abgehoben.

Für Dehler war die Vorstellung von einem »schattenhaften«, zur »dekorativen Figur« verkommenen Bundespräsidenten und einer vom Parlament abhängigen Regierung unerträglich.[84] Auch das konstruktive Mißtrauensvotum hielt Dehler zunächst für überflüssig, da die Regierungskrisen der Weimarer Republik keineswegs durch Mißtrauensvoten, sondern meist durch das Auseinanderfallen der jeweiligen Regierungskoalition herbeigeführt worden seien.[85] Ein abschreckendes Beispiel bot ihm auch die IV. Französische Republik, deren Nationalversammlung eine derart starke Position im Verfassungsgefüge hatte, daß Frankreich von einer Regierungskrise in die nächste stolperte.

Auf die Schaffung einer starken »Regierung auf Zeit« legte Dehler noch einmal gesteigerten Wert, nachdem er auch seine eigene Partei nicht von den Vorzügen eines Mehrheitswahlrechts hatte überzeugen können. Ein solches Wahlrecht hätte in einem Parlament klare Verhältnisse geschaffen, bei denen eine Regierungspartei sich nicht auf wechselnde Koalitionspartner einzustellen brauchte. Erst spät begrüßte Dehler das konstruktive Mißtrauensvotum, weil es die Regierungsgewalt gegenüber dem Parlament stärkte.[86] In diesem Sinne konstatierte Dehler mit Freude, wie die »Lex Höpker Aschoff«, im Finanzausschuß zunächst gegen die Stimmen der SPD abgelehnt, nun in der dritten Lesung des Hauptausschusses angenommen wurde. Dieser spätere Artikel 113 des Grundgesetzes regelte, daß die Erhöhung von Ausgaben des Bundes der Zustimmung der Bundesregierung bedürfen. »So läßt sich regieren«, kommentierte Dehler geradezu leidenschaftlich den persönlichen Erfolg seines Parteifreundes Höpker Aschoff, der bereits während der Weimarer Republik für eine solche Regelung eingetreten war.[87]

»Aus Zwang und Diktat wächst noch kein freier Staat«[88]

Mit dem Frankfurter Dokument Nr. I vom 1. Juli 1948, in dem die Ministerpräsidenten von den Alliierten beauftragt wurden, eine Verfassung ausarbeiten zu lassen, stand die Tätigkeit des Parlamentarischen Rates unter dem Einfluß der Alliierten, zumal diese sich eine Genehmigung des Grundgesetzes vorbehielten.

Zu Recht zeigte sich Heuss schon am 1. Juli 1948 in seinem Beitrag »Föderalismus« besorgt über die »unsicheren Ausdrücke« im Frankfurter Dokument Nr. I.[89] Was sollte es heißen, wenn von einer Verfassung die Rede war, »die für die beteiligten Länder eine Regierungsform des föderalistischen Typs« schaffte, »die [...] die Rechte der beteiligten Länder schützt, eine angemessene Zentralinstanz schafft [...]«?[90] Die Alliierten nahmen denn auch in Presseerklärungen Stellung zur Arbeit am Grundgesetz, wenn sie glaubten, daß ihre Vorstellungen nicht oder nur unzureichend berücksichtigt würden. Ferner hatten die Alliierten am 22. November 1948 dem Parlamentarischen Rat ein Memorandum übermittelt, das zwar eine Reihe von Einzelpunkten enthielt und deswegen auch als »Diktat« empfunden und abgelehnt wurde, aber in wesentlichen Fragen wiederum nicht präziser war als die Londoner Dokumente. Allerdings lehnten die Alliierten entschlossen die im Finanzausschuß verabschiedete Bundesfinanzverfassung ab.[91] Eine Länderfinanzverwaltung und auch die von der CDU/CSU als Kompromiß vorgeschlagene Auftragsverwaltung fand keine Mehrheit. Insbesondere die FDP und ihr Finanzexperte Höpker Aschoff hielten zur Schaffung eines einheitlichen Wirtschaftsraumes in den drei westdeutschen Besatzungszonen eine bundeseinheitliche Finanzpolitik für unerläßlich.[92]

In einem weiteren Memorandum vom 2. März 1949 wurden die Alliierten dann doch deutlicher. Jetzt unterbreiteten sie nicht nur Grundsätze, sie legten den Bonner Abgeordneten erstmals ausformulierte Grundgesetzartikel vor. In diesen Artikeln sprachen sie sich erneut für eine Länderfinanzverwaltung aus, lehnten darüber hinaus einen Finanzausgleich ab und forderten ferner, daß die Vorranggesetzgebung des Bundes zugunsten der Länder eingeschränkt werde. Für Heuss und auch für Dehler war unerheblich, ob die Amerikaner, Franzosen oder Briten[93] und ob die Außenminister, Militärgouverneure oder irgendein Referent[94] dieses Memorandum verfaßt hatten. Für sie war von größerer Bedeutung, daß eigene deutsche Interessen sich nicht den alliierten Zielvorgaben unterordnen sollten. Solange diese Vorgaben den eigenen entsprachen, wurden sie freilich nicht »als Bindung« empfunden. Wenn aber alliierte Weisungen unvereinbar mit dem »Gewissen« der Abgeordneten war, fiel es Dehler allerdings schwer, mit einem solchen »Partner zu diskutieren«.[95] Es sei der »Tod des parlamentarischen Gedankens«, wenn die Abgeordneten ihr Mandat nicht frei und ungebunden ausüben könnten. Die Ablehnungen der Grundgesetzentwürfe durch die Alliierten am 2. und 25. März 1949 hatten in der Öffentlichkeit hämische Freude hervorgerufen und dem Parlamentarischen Rat den Ruf eingebracht, die Alliierten hätten ihm die »Schularbeit als ungenügend zurückgegeben«.[96] Daß diese ihre eigentlichen Absichten erst sehr spät in den Memoranden mitteilten, statt gemeinsam mit den Frankfurter Dokumenten, hielt Dehler – vorsichtig ausgedrückt – für eine »schlechte Technik«.[97] Keine Verfassung der Welt, so resümierte er am 2. April 1949, hatte Freiheiten und Rechte »in solchem Maße« gewährt wie der Entwurf zum Grundgesetz.[98] Die Alliierten hätten also allen Grund, endlich von ihren Forderungen abzurücken.

»Der Mythos vom Wahlrecht«[99]

Schon bei Aufnahme der Grundgesetzarbeit verständigten sich die Abgeordneten des Parlamentarischen Rates darauf, das Wahlrecht, einschließlich eines Wahlsystems und eines Wahlverfahrens, nicht im Grundgesetz festzulegen, sondern ein eigenes Wahlgesetz zur ersten Parlaments- und Bundespräsidentenwahl zu erlassen. Auch die Alliierten und die Ministerpräsidenten nahmen diese Entscheidung zunächst widerspruchslos hin.

Das Wahlrecht wurde in einem eigenen Ausschuß beraten, bevor man es im Hauptausschuß und im Plenum diskutierte. Vorsitzender des Ausschusses für Wahlrechtsfragen war der FDP-Abgeordnete Max Becker. Die schwierigste Aufgabe des Ausschusses bestand in der Entscheidung zwischen einem relativen Mehrheitswahlrecht, einem absoluten Mehrheitswahlrecht und dem Verhältniswahlrecht. Der Unterschied zwischen beiden Mehrheitswahlrechtssystemen liegt darin, daß bei einem relativen Mehrheitswahlrecht ein Kandidat in ein Parlament gewählt ist, der in einem Wahlgang die meisten Stimmen erhält. Demgegenüber ist bei der absoluten Mehrheitswahl derjenige gewählt, der mehr als 50 Prozent der Stimmen in einem Wahlkreis erhält. Ein Mehrheitswahlrecht begünstigt also ein Zweiparteiensystem und schafft dadurch eine verhältnismäßig stabile Regierung, da die kleineren Parteien kaum eine Chance haben, ihre Kandidaten in ein Parlament wählen zu lassen. Das Verhältniswahlrecht hingegen ermöglicht allen im Volk vorhandenen politischen Richtungen gemäß ihrem Stimmenanteil eine entsprechende Vertretung im Parlament.[100]

Während die SPD sich in einem ersten Entwurf für ein Wahlsystem nach dem Verhältniswahlsystem aussprach, schlug für die FDP der Ausschußvorsitzende Becker ein absolutes Mehrheitswahlrecht in Anlehnung an die Wahlgesetze des Kaiserreichs vor. Diesem wiederum setzte die CDU/CSU ein Wahlgesetz mit einem relativen Mehrheitswahlsystem entgegen – jedes der drei Wahlrechtsmodelle fand also seine Befürworter. Während die Ausschußmitglieder das relative Mehrheitswahlsystem und das Verhältniswahlsystem nur mit knapper Mehrheit ablehnten, wurde der FDP-Vorschlag sogar deutlich überstimmt. Erst Ende November 1948 zeichnete sich nach interfraktionellen Gesprächen eine Koalition von SPD, FDP und Zentrum ab, die bereit war, ohne die CDU/CSU-Fraktion einen Wahlgesetzentwurf mit einem Verhältniswahlrecht zu verabschieden.[101] Auf der Grundlage eines SPD-Entwurfes erarbeitete Becker einen Wahlgesetzentwurf, der am 24. Februar 1949 im Plenum in erster Lesung gegen die Stimmen von CDU/CSU und DP verabschiedet wurde.

Dehler, der Anhänger eines Mehrheitswahlrechts war, forderte nach dem Zusammengehen der FDP mit der SPD um so engagierter sein bereits geschildertes Konzept einer »Regierung auf Zeit«. Heuss dagegen, ein Anhänger des Verhältniswahlrechts, hatte noch am 11. Juni 1949 die auch im Parlamentarischen Rat verbreitete Unterscheidung eines »guten« von einem »schlechten« Wahlrecht verurteilt und es als »Mythos« bezeichnet, wenn das Verhältniswahlrecht für das Scheitern der Weimarer Republik verantwortlich gemacht würde.[102] Entsprechend wandte sich Heuss in der Plenarsitzung am 10. Mai 1949 aus Sorge vor einem Zweiparteienstaat entschieden gegen ein Mehrheitswahlrecht.[103]

Am 4. Februar 1949, also noch vor Verabschiedung des Wahlgesetzentwurfes im Plenum[104], verständigten sich die Ministerpräsidenten mit dem Parlamentarischen Rat darauf, daß die Ausarbeitung des Wahlgesetzes – vorbehaltlich der Zustimmung der Alliierten – in die Kompetenz des Parlamentarischen Rates falle.[105] Zur großen Verwirrung erklärten die Alliierten jedoch am 2. März 1949, daß das Wahlgesetz »dem Grundgesetz nicht angeschlossen werden« könne. Allenfalls zogen sie in Betracht, »daß der Parlamentarische Rat die Anzahl der Abgeordneten und die Zuweisung dieser Abgeordneten in jedes Land bestimmen« sollte. Die Ministerpräsidenten aber sollten in ihren Landtagen die entsprechende Landesgesetzgebung vorbereiten. Für die individuelle Landesgesetzgebung dürften sie freilich Vorschläge des Parlamentarischen Rates berücksichtigen.[106]

Ungeachtet dieses Memorandums setzte der Parlamentarische Rat seine Arbeit am Wahlgesetz fort. Am 14. April 1949 billigen die Militärgouverneure dem Parlamentarischen Rat zu, die Anzahl der Abgeordneten, die Aufschlüsselung der Sitze auf die Länder und das Wahlsystem festzulegen.[107] Erst im Mai 1949 – am 3. und 5. Mai im Wahlrechtsausschuß, am 9. Mai im Hauptausschuß und endlich am 10. Mai in zweiter und dritter Lesung im Plenum – verabschiedete der Parlamentarische Rat gegen die Stimmen der CDU/CSU ein Wahlgesetz, das ein Verhältniswahlrecht vorsah.[108]

In einer Erklärung vom 28. Mai 1949 beanstandeten die Alliierten, daß das Wahlgesetz nicht mit der von den Ministerpräsidenten geforderten Zweidrittelmehrheit beschlossen worden sei und der Parlamentarische Rat unzulässigerweise mit der Festlegung eines Wahltermins seine Kompetenz überschritten habe. Dabei hatten die Alliierten selbst noch 20 Tage zuvor das Grundgesetz genehmigt, in dem es u.a. hieß, daß für die Wahl des ersten Bundestages, der ersten Bundesversammlung und des ersten Bundespräsidenten der Bundesrepublik das vom Parlamentarischen Rat zu beschließende Wahlgesetz gelte (Artikel 137 Grundgesetz). Insbesondere die FDP verkündete nun öffentlichkeitswirksam, daß bereits der erste Verfassungsbruch vorliege, wenn sich jetzt die Ministerpräsidenten mit dem Wahlgesetz beschäftigten. Nachdem die Ministerpräsidenten am 15. Juni 1949 das Wahlgesetz zum ersten Bundestag verabschiedet und darin die Anzahl der über Listen zu vergebenden Mandate vergrößert sowie die vom Parlamentarischen Rat zuvor abgelehnte Fünf-Prozent-Sperrklausel nun eingeführt hatten, sprach Dehler von einem »fatalen Start der neuen Demokratie«.[109]

*

Mit ihren publizistischen Beiträgen zur Arbeit des Parlamentarischen Rats hatten Heuss und Dehler weniger die pressewirksame Selbstdarstellung oder gar reißerische Vermittlung der eigenen Anschauung im Auge als vielmehr die Erziehung der Bürger zur parlamentarischen Demokratie. Anders etwa als die engagierten Beiträge von Paul Wilhelm Wenger im *Rheinischen Merkur*, der mehrfach von Adolf Süsterhenn interne Informationen erhielt,[110] dienten die Beiträge der beiden Liberalen nicht dazu, Vertrauliches aus dem Parlamentarischen Rat in die Öffentlichkeit zu tragen. Für Sensationsmacherei oder das mediale Spektakel waren die regional begrenzte *Rhein-Neckar-Zeitung* und erst recht der *Informationsdienst* der bayerischen FDP wohl auch ungeeignet. Vielmehr sollten in den Berichten die wesentlichen verfassungspolitischen Ziele der Liberalen in die parteiinterne und die allgemeine Öffentlichkeit hineingetragen werden.

Als Präsident Adenauer das Grundgesetz am vierten Jahrestag der bedingungslosen Kapitulation verabschieden wollte, nutzte Heuss bereits am 7. Mai 1949 die Gelegenheit, auf die Ambivalenz dieses Datums hinzuweisen.[111] Die in dieser Kolumne formulierten Gedanken auch für seine Plenarrede am 8. Mai 1949 zu verwenden, bot sich geradezu an. Umgekehrt mögen manche Entscheidungen der FDP-Fraktion, deren Sitzungsprotokolle nicht überliefert sind, in die Berichte von Heuss und Dehler eingeflossen sein. Somit erhalten die hier veröffentlichten Artikel heute, nach 50 Jahren, einen hohen Quellenwert und ergänzen die Protokolle der Ausschuß- und Plenarsitzungen des Parlamentarischen Rates in fruchtbarer Weise.

Gerade in der Zusammenschau zeigen die Beiträge von Heuss und Dehler, wie sich liberale Politik an den Grundlagen des zukünftigen Staates rieb und fortentwickelte. Dabei verdeutlichen die unterschiedlichen und im Laufe der Bonner Verhandlungen modifizierten Stellungnahmen, etwa zum Wahlsystem oder zum konstruktiven Mißtrauensvotum, auch die Heterogenität der liberalen Positionen im Parlamentarischen Rat. Nicht zuletzt aber sind die Artikel auch Beleg für die Bandbreite der von Heuss und Dehler behandelten Themen. Heussens Beiträge zur Finanzverfassung und zum Wahlrecht zeigen, wie intensiv er sich auch mit solchen Fragen beschäftigt hat, die in Ausschüssen beraten wurden, denen er nicht angehörte. Bei den Finanzen vertrat er selbstverständlich die Grundgedanken des Parteikollegen und Finanzexperten Höpker

Aschoff, während er beim Wahlrecht auf Ideen seines Mentors Naumann zurückgriff.

Einmal mehr sind Heussens Leitartikel Beleg für sein hohes Sprachempfinden. Bereits im Ausschuß für Grundsatzfragen monierte er wiederholt das »Saudeutsch«, dessen sich die Abgeordneten bei der Ausformulierung einzelner Grundgesetz-Artikel befleißigten.[112] Seine Bemühungen um angemessene Formulierungen charakterisierte Heuss jedoch selbst bescheiden als die eines Übersetzers auf der Suche »nach der richtigen Vokabel«.[113] Anders begegnet Dehler dieser Frage. Seine heftigen Angriffe gegen den bayerischen Ministerpräsidenten Ehard fanden ihre Fortsetzung im Plenum des Parlamentarischen Rates, wo er für die im Eifer gemachte Bemerkung, die Abgeordneten der CSU hätten die Arbeit im Parlamentarischen Rat »sabotiert«, am 8. Mai 1949 von Präsident Adenauer einen Ordnungsruf erhielt.[114] Für eine Ablehnung des Bonner Grundgesetzes durch die CSU-Abgeordneten am 8. Mai 1949 im Parlamentarischen Rat und am 19./20. Mai 1949 im Bayerischen Landtag konnte Dehler schlichtweg kein Verständnis aufbringen und glaubte, in der bayerischen Geschichte der letzten 100 Jahre, besonders auf dem Weg zur Reichsgründung, bedenkliche Parallelen erkennen zu können.[115]

Es gibt Bereiche und Ereignisse im Parlamentarischen Rat, die in der Publizistik der beiden liberalen Politiker nur beiläufig Erwähnung finden. So wurde die SPD von Dehler nur einmal scharf angegangen, nachdem er unmittelbar zuvor auch die CDU und CSU kritisiert hatte. In dieser Kritik bezeichnete Dehler Carlo Schmid als einen »Utopisten«, der meine, »in den Reihen der Sozialdemokratie« ein »demokratisches, freiheitliches Wollen erfüllen zu können«. Er prognostizierte ferner, daß Schmid vom Parteivorstand der SPD »restlos an die Wand gedrückt« werde, in einer »Partei der Disziplin und der Apparatur«, die in »vielem [...] das Vorbild der Nazizeit!« gewesen sei.[116] Auch auf die »Krise«, die sich im Dezember 1948 um Adenauers Verhandlungsführung mit den Alliierten zusammenzog (»Frankfurter Affäre«),[117] ging Dehler kaum ein. Allenfalls charakterisierte er in diesem Zusammenhang das Verhältnis des Parlamentarischen Rates zu den Alliierten als einen »wunden Punkt«.[118] Obwohl vor allem bei Abgeordneten der CSU der Eindruck entstanden war, daß sich die FDP in vielen Fragen auf die Seite der SPD stellen würde, ist nicht zu verkennen, daß die Liberalen mit Kritik an Adenauer äußerst sparsam umgegangen sind. Auf diese Weise wurden 1948/49 schon im Parlamentarischen Rat wichtige Grundlagen für die spätere Freundschaft der beiden bundesrepublikanischen Spitzenpolitiker Adenauer und Heuss gelegt.[119]

Der FDP im Parlamentarischen Rat hat man eine »Schlüsselstellung«[120] zugesprochen. Diese entsprach in der Tat dem Selbstverständnis der Fraktion, die auch bei dem heftigsten Parteienstreit immer unterstrich, daß es im Parlamentarischen Rat um das »Interesse Deutschlands« gehe.[121] Mit Erfolg setzten sich die FDP-Abgeordneten als Vermittler und »ehrliche Makler«[122] ein. Diesem Selbstverständnis verpflichtet stellte Heuss selbst in jenen großen Debatten, in denen er sich zum Wahlrecht, zu Kirchenfragen oder zur Gleichberechtigung pointiert äußerte, wiederholt die Mahnung in den Vordergrund, über alle sachlichen Gegensätze hinweg die Einigung Deutschlands nicht aus den Augen zu verlieren. So sind auch seine Bemerkungen im Schlußplädoyer am 8. Mai 1949 zu verstehen: »Die formalistischen, die Literaten-Demokraten wissen und werden beweisen, daß wir hier wesentliche Dummheiten gemacht haben. Sie belehren uns, daß eine Entscheidung der Demokratie in ihrer Natur auf Mehrheit und Minderheit, also auf Sieg und Niederlage abgestellt ist. Es darf hier in diesem Hause keiner besiegt worden sein.«[123] Solche Bemerkungen kennzeichneten Heuss einmal mehr als einen staatsmännischen Parlamentsredner.

Kaum einer der Abgeordneten des Parlamentarischen Rates hat die Entstehung des Grundgesetzes publizistisch derart intensiv begleitet wie die beiden liberalen Abgeordneten Theodor Heuss und Thomas Dehler, in deren Kommentaren sich zwei geradezu diametral entgegengesetzte Charaktere der FDP-Fraktion spiegeln. Dennoch vermitteln die hier zusammengestellten Texte in den großen politischen Leitgedanken, die offensichtlich immer wieder auf Heuss zurückgingen, ein weitgehend geschlossenes und einheitliches Bild von liberaler Politik im Parlamentarischen Rat. Diese Politik war anfangs von Heussens Sorge bestimmt, die unsicheren Formulierungen der Londoner Außenministerkonferenz könnten die staatliche Neuordnung und Zukunft Deutschlands in die falsche Richtung lenken[124], und sie war am Schluß von Dehlers Zuversicht gekennzeichnet, daß eine politisch und wirtschaftlich gefestigte Bundesrepublik Deutschland »das unerlöste Deutschland« an sich ziehen und retten werde. »Der Tag wird kommen«, bekräftigte Dehler seine Ansicht am 2. Juli 1949, ohne daß die Situation Zweckoptimismus erfordert hätte[125] – und er sollte recht behalten.

THEODOR HEUSS

»Föderalismus«

Eine Betrachtung vor Durchführung der
Londoner »Empfehlungen«
Neuformung staatlicher Einheiten

1. Juli 1948

Die Londoner »Empfehlungen«,[1] in denen mit unsicheren Ausdrücken auch über den Weg zu einer staatsrechtlichen Neuordnung Deutschlands, oder was man so nennen mag, die Rede ist, bringen bei uns wieder das Gespräch über den Föderalismus in Bewegung. Dort, wo es ernsthaft geführt werden will, kommt es nur stockend in Gang. Denn die Überlegungen verfangen sich rasch in den Zuständigkeitsfragen, und die noch offenen wirtschaftspolitischen Gesamtregelungen, wenn es derlei wieder einmal geben wird, stellen immer wieder neue Probleme.

Rascher laufen die Worte, die in das Begriffsspiel Bekenntnisse legen wollen. Solche Töne hört man vor allem aus dem bayrischen und niedersächsischen Raum.[2] Da erhält das Wort Föderalismus einen seltsam pathetischen, einen polemisch abschirmenden Akzent: in dem »Bündischen« ruhe die geistige und historische Eigentümlichkeit des politischen Wesens der Deutschen. Und man kann dann erleben, daß das deutsche Mittelalter bemüht wird, mit seiner Vielheit an Territorialgebilden – diese Sorte von Romantikern und Geschichtsphilosophen übersehen dabei, daß es sich um Lehensordnung und um erstarrendes Ständewesen, um keine deutsche, sondern um eine epochale Angelegenheit handelt. Derlei Hinweise soll man ganz auf der Seite lassen. Auch sonst empfiehlt sich Vorsicht, wenn man in die Geschichte greift. Aus dem Gespräch etwa mit einem gebildeten Amerikaner können sich die ärgsten Mißverständnisse ergeben. Denn in der Frühgeschichte der Staatenbildung gab es drüben auch eine Gruppe, die sich für den Föderalismus verstritt; sie stand unter der Führung des Alexander Hamilton[3], der einer der interessantesten und facettenreichsten Männer der Zeit war. Aber sein Ziel war das gerade Gegenteil dessen, was bei uns das Wort landläufig zu decken hat. Denn er wollte den »Bund«, die Mitte, die gesetzgeberische und exekutive Kraft der Bundes-Organe stärken, er war also, Herausgeber des *Federalist*[4], das, was man heute bei uns einen Unitarier, gar einen Zentralisten nennen würde.

Praktisch führt uns das Gespräch aber auch nicht sehr viel weiter, wenn wir bei den Staatsphilosophen des Föderalismus, bei Proudhon[5] oder Konstantin Frantz[6] oder bei den früheren russischen Denkern[7] Rat holen, die auf der »gegenseitigen Hilfe« ein Sozial- und Staatssystem aufbauten – es mag anregend und tröstlich sein, daß in allen Völkern solche Lehre ihre Verkünder fand (wie *alle* die Sprecher der autoritären Gewalt und Staatsomnipotenz besaßen). Unsere Aufgabe ist realistisch. Sie muß sich auch von den Vorstellungen trennen, mit denen die Bismarcksche[8] Zeit eine Generation erfüllt hat und die noch – gegen den Willen von Hugo Preuß[9] – den Duktus der Weimarer Grundschrift[10] bestimmt haben. Denn jene Lösung ruhte auf der hegemonialen Tatsache des großen preußischen Staates. Und Preußen ist nicht mehr. Natürlich bleibt es wichtig, bestimmte seelische und geschichtliche Kontinuitäten nicht gewaltsam zu zerreißen; es ist sowieso genug zerrissen. Aber noch törichter müßte es sein, aus einer gewissen Sentimentalität heraus Formen des Gewesenen galvanisieren[11] zu wollen. Landschaftliche, landsmannschaftliche Heimatseligkeit mit rechtlich-politischen Ansprüchen heute herauszuarbeiten ist sinnlos geworden, da mit dem ungeheuren Geschichtsvorgang der millionenhaften Binnenwanderung das überkommene Sozial- und Stammesgefüge zerschlissen ist. Die Londoner Empfehlungen eröffnen die Möglichkeit, die Neuformung staatlicher Einheiten zu überdenken. Der Phantasie wurde damit viel Spielraum gegeben. Sie soll vorsichtig bleiben. Mit der Stammesromantik oder mit dem Rückgriff auf politische, zumal dynastisch bestimmte Zusammenhänge ist es nicht getan. Aber es dürfen Verwaltungstraditionen so wenig verkannt werden wie Wirtschafts- und Verkehrszusammenhänge mißachtet, wie sie im Zeitalter der Industrialisierung gewachsen sind.

Nun ist dies deutlich: Deutschland wird ein »Bundesstaat« sein. Der Begriff hat in der staatsrechtlichen Literatur einen sicheren Platz, aber er deckt in der Wirklichkeit mannigfache Lösungen. Als »Idealtypen« mit einer gewissen rationalen Verfestigung gelten dabei die USA und die Schweizer Eidgenossenschaft. Aber gerade auch bei ihnen wird deutlich, daß die Elemente der Gemeinsamkeit in den letzten hundert, fünfzig Jahren dichter und reicher geworden sind, einfache Folge der technisch-ökonomischen Entwicklung und der verwaltungszentralisierenden Wirkung, die von dem Überstehen der beiden Weltkriege ausging. Was da notwendig wurde, lebt sich zum Teil in die Bedingtheit der Gemeinschaft ein und ist post bellum nicht einfach wieder abzustreifen. Dieser Hinweis soll andeuten, daß es sich nicht darum handeln kann, mit starren Theorien den Zuständigkeitskatalog in Verfassungsparagraphen einzusperren, sondern ein Gefühl für die notwendige Elastizität zu bewahren.

Die Schwierigkeit: die Besatzungsmächte haben wohl im gleichen verständigen Stil begonnen, als sie die Elemente einer deutschen Eigenbeweglichkeit in Wirkung setzten, bei der Gemeinde, beim Kreis – aber schon auf der Landesebene und dann im zonalen Maßstab differierten Anschauung, Zielsetzung, Verfahren. Das ergab – auch innerhalb der westlichen Zonen – im Ausgang keinen einheitlichen Rhythmus: der Wechsel von lockerem und straffem Zusammenschluß, von Eigenentscheidung und fremder Einwirkung hat verschiedene Gewöhnungen verursacht, auch bei den Deutschen, ohne daß sich diese des Tatbestandes sehr deutlich bewußt wurden. Hier war man froh, die zentralistischen Methoden los zu sein, die vom Nationalsozialismus ins Unleidliche gesteigert waren, dort behielt man sie, in der Finanzfrage etwa unter Berufung auf Erzberger[12], als selbstverständliche Gegebenheit bei. Das muß nun koordiniert oder neu gedacht werden. Und dabei kann es keine quasi-föderalistischen Illusionen geben: in den Kernfragen der Finanzpolitik, der Wirtschaftspolitik, der Sozialversicherung bedarf es der einheitlichen Grundauffassung und ihrer Durchführung. Da kann es kein innerdeutsches Gefälle geben – sonst wäre alle Mühe um einen brauchbaren Lastenausgleich umsonst. Der bedarf einfach des großen Rahmens. Mit den Matrikularbeiträgen[13] der Glieder nach Kopfzahl kommt man auch nicht weiter – der Hinweis etwa auf das übervölkerte landwirtschaftliche Schleswig-Holstein und der Vergleich mit Hamburg mag genügen! Und ein weiteres: für die Manipulation der Währung sind wesenhaft zwei Faktoren: die Relation zwischen Handels- und Zahlungsbilanz und der ausgeglichene öffentliche Haushalt. Die erste Frage fällt auf lange hin aus: wir besitzen keine Auslandsguthaben mehr, und auch bei dem

Begriff der Handelsbilanz gerät man einstweilen ins Stottern – es sind ja alle Maßstäbe verloren gegangen. Um so entscheidender ist das Gewicht, das auf einer umfassend gedachten und kontrollierten Finanzgebarung ruht. Es muß gewiß die Form gefunden werden, die auch den Untergliederungen des öffentlichen Gesamtwesens Eigenentscheidung und damit Verantwortung in Initiative *und* Sparsamkeit zuweist.

Solche Betrachtungen sind nur die Präludien zu einem Thema, das uns in den kommenden Monaten alle noch oft beschäftigen wird. Die Vorfrage, wer denn eine »Verfassung« oder eine bloß zweckhafte Rechtsordnung als Zwischenform zu beraten haben wird, enthält schon ein Stück weit die Antwort; sie ist nicht bloß technischer Natur.

Rhein-Neckar-Zeitung, Nr. 75 vom 1. Juli 1948, S. 4

THEODOR HEUSS

Neugliederung der Länder

2. August 1948

Die Optimisten und die Phantasiebegabten unter den Deutschen haben das Dokument II der Londoner Empfehlungen[1] mit einer gewissen Genugtuung gelesen. Denn darin war deutlich geworden, daß die Militärzonen, hinter denen sich staatsrechtliche Bildungen mit einem gewissen Autonomieanspruch zu entwickeln begannen, doch nur als Provisorium mit all den unleidlichen Zufälligkeiten zu nehmen seien. Der Sieger hatte das offenbar selber eingesehen, daß ein gesamtdeutscher Föderativstaat ausgewogenere Gebietsgrößen fordert, als sie sich jetzt darstellten: Zumal die drei Länder der französischen Zone[2] entbehrten auf die Dauer gesehen einer genügenden Tragfähigkeit. Die Aufforderung, Vorschläge zur neuen Begrenzung zu machen, konnte in solchem Sinne eine wohltätige Wirkung auslösen. An Überlegungen, zu einer »Neugliederung« zu kommen, hatte es nach 1919 auch nicht gefehlt, in der Zeit der Reichsreform-Diskussion[3] um 1930 kam sie zu bestimmten Konkretisierungen. Der Artikel 18 in der Weimarer Verfassung[4] bot ja auch die rechtliche Möglichkeit, plebiszitär, vom Volkswillen her, Umgestaltungen einzuleiten. Der Hannoversche Versuch, sich mit diesem Instrument aus dem früheren preußischen Staatsverband abzusprengen, ist freilich mißglückt;[5] die Propaganda griff nicht zur Mehrheitsbildung durch.

Die mißtrauischen Pessimisten betrachten das Dokument II als ein Danaergeschenk[6]: es sei recht dazu angetan, (und das sei vielleicht, nicht bei allen Beteiligten ganz bewußt, ein Nebenziel), die deutsche Streitsucht anzufachen.[7] Wie könnte, ja wie müßte das Einvernehmen der verantwortlichen Ministerpräsidenten gefährdet sein, wenn der eine für »sein Land« das und das haben will, auf das der andere nicht glaubt verzichten zu können, wenn er nicht vor der Geschichte als Minderer des Vaterlandes dastehen will. Es scheint, über alle pazifistischen und europäisch-föderalistischen Bekenntnisse hinaus in der durchschnittlichen Menschennatur etwas drinzustecken, daß »man« lieber größer als kleiner wird. Die Gefahr einer partikularistischen Zanksucht ist ganz gewiß vorhanden. Der südbadische Staatspräsident Dr. Wohleb[8] hat, gegen seinen südwürttembergischen Amtskollegen und Parteifreund Bock[9] sich wendend, ihr schon einen ziemlich verletzenden Ausdruck gegeben, als er vor ein paar Tagen gegen die »rücksichtslose Geschäftstüchtigkeit«[10] der Schwaben polemisierte. Gespräche solcher Art sind aber nicht auf die CDU beschränkt. Die sozialdemokratischen Politiker in Hamburg und Schleswig-Holstein sehen das staatliche Schicksal des unteren Elbebezirkes mit verschiedenen Augen und führen eine hier ironische, dort pathetische Unterhaltung über das Wesen einer »Stromlandschaft«.

Vielleicht nun ist es gut, daß die Schwierigkeiten nicht so sehr *zwischen* den Parteien liegen, als in ihnen selber beheimatet sind. Denn damit ist immerhin eine Chance gegeben, daß der ganze Fragenkreis in eine parteipolitische Neutralisierung geführt werde. Der Ausschuß der Ministerpräsidenten, der das Grenzenproblem zugeteilt erhielt,[11] wird allerlei Statistik über Verkehr, über Gewerbe- und Agrar-Erzeugung, über Siedlungsdichte, Einzugsgebiet, Autarkie und Ergänzungsbedarf auf dem Beratungstisch liegen haben. Wir zweifeln nicht daran, daß mancher unter dem Tisch auch die Parteien-Wähler-Statistik bei sich haben wird, um gelegentlich hineinzuspicken: Wie würde sich dies, wie jenes für mein Bedürfnis nach Mehrheitsbildung oder Mehrheitssicherung auswirken? Das ist aber nicht der rechte Standpunkt.

Sie wird nur dann glücklich vorankommen, wenn sie in freier Unbefangenheit ergriffen und begriffen wird. Ihre Lösung soll und muß auf demokratische Weise erfolgen, das heißt, sie darf sich nicht im Stile von Vergewaltigungen vollziehen. Doch muß man darauf achten, daß nicht unter Berufung auf die Demokratie Krähwinkeleien und Zerrbilder entstehen. Die Gefahr wird dann vermeidbar sein, wenn sich alle Beteiligten darüber klar sind, daß es sich nicht um eine niedersächsische oder hessische oder württemberg-badische Angelegenheit dreht, sondern daß es sich um einen *deutschen* Auftrag, um einen Vorschlag für das Gesicht eines föderativen *Deutschland* handelt.

Wir wissen nicht, wie die zunächst dazu berufenen Männer technisch zu prozedieren gedenken, und haben nicht die Absicht, ihnen ungefragt biedere Ratschläge zu erteilen. Nur soviel scheint ausgemacht: Wenn man schon an die Sache geht, soll man beherzt sein und sich nicht mit der »langen Bank« einlassen, auf der die Geschichte so viel Platz hat. Denn auf einmal könnten die Dinge, unter außenpolitischer Einwirkung, einen drängenden, einen bedrängenden Charakter bekommen; im halbfertigen Zustand davon überrascht zu werden, könnte verhängnisvoll sein. Die Gesinnung möge sich freihalten von der Stammes-Romantik, wie von einem doktrinären Rationalismus.

Zur ersten rechnen wir die Anregungen, mit denen man sich schon nach 1918 auseinandersetzen konnte, die Siedlungsgrenzen der »klassischen« deutschen Stämme für die Hoheitsbezirke herauszuholen. Das Verfahren ist an sich, wenn auch etwas unscharf im Termin, jubiläumsreif: Es sind jetzt eintausend Jahre her, seit Otto I.[12] die in der Karolingerzeit denaturierten Stammesherzogtümer wieder zu tragenden Stützen des Reiches gemacht hat, freilich in der Verbindung mit einer robusten Familienpolitik. Aber *dies* Jubiläum kann man auf sich beruhen lassen. Denn das Miteinander von Schwaben und Franken, von Bayern und Franken, von Westfalen und Sachsen oder Franken hat über Reibungen hinweg doch auch ein Ineinander geschaffen. Und dies: wir stehen erst im Beginn, im allerersten Beginn der Auswirkung der ungeheuersten Binnenwanderung der Geschichte. Wie wird sie die menschliche Struktur der Aufnahmeheimaten beeinflussen? Die Sentimentalität heimatkundlicher Schullesebücher oder das Nachbarschaftsressentiment, das etwa noch zwischen dem ehedem viel glänzenderen Augsburg und dem später zur breiteren Wirkung kommenden München vorhanden ist oder doch immer wieder gepflegt wird, kann keine Basis für ein staatliches Denken bilden.

Man soll auch nicht – der und jener ist dabei – kunstvoll untersuchen, wie man den gewerblichen Charakter branchenmäßig ausbalancieren könne; das geschieht ganz naiv und tauft sich »soziologische Strukturanalyse«. Die Naivität liegt darin, daß sie irgendwie noch mit einer staatlichen Sonderwirtschaftspolitik rechnet, die es in den entscheidenden Faktoren der Handelsverträge und der sozialrechtlichen Grundgesetzgebung ja gar nicht mehr geben darf! Die wirtschaftspolitischen Überlegungen dürfen eigentlich über das Problem der Verkehrslage, Nahrungsmittelzulieferung in Handelsgewächsen und derlei gar nicht hinausgehen. Denn sonst kommt ein Unsinn heraus. Bestimmte Standortgegebenheiten sind zu berücksichtigen. Das ist alles.

Man wird der Erkenntnis dienen, daß Flüsse und Ströme im Grunde *immer* schlechte Grenzen zwischen Staaten gebildet haben, auch zwischen Verwaltungen; denn Täler sind eine Einheit, zumeist auf *beiden* Ufern gleich besiedelt. Historische Tatbestände, die gegen diese Logik sprechen, sind hinzunehmen. Aber dort, wo ihre mögliche Korrektur im Auftrag der Londoner Empfehlungen sich ergibt, mit klarer Einsicht vorzunehmen. Und auch das andere: Die Staaten sollen für die Durchführung eines Finanzausgleiches zwischen Land und Gemeinden genügend groß gemacht werden, um leistungsfähig zu sein. Das läßt den Gedanken, die alte Kurpfalz als Land wiederherzustellen, jedem so völlig sinnlos erscheinen, der weiß, daß schier alle industriestarken und ehedem steuerkräftigen Städte dieses gedachten Bezirkes heute in Trümmern liegen. Wenn man also ohne peinlichen Rechenmaßstab nach Gebilden sucht, die keine *zu* starken Größenunterschiede aufweisen – der Hegemonialstaat hat keinen Raum und keine Aufgabe mehr –, dann kommt man freilich noch zu dem Sonderfall der beiden Hansestädte. Es gibt Meinungen, die lebhaft dafür plädieren, sie in ihren Nachbarländern aufgehen zu lassen, gemäß dem Schicksal, das Lübeck durch Hitler erfuhr.[13] Der Stadtstaat widerspreche der bundesstaatlichen Gesamtkonzeption. Das ist ein zweifelhaftes Theorem: Der Kanton Basel-Stadt fühlt sich in der Eidgenossenschaft, soweit uns bekannt, keineswegs als ideologischer Fremdkörper. Man wird diesen Komplex gewiß nachdrücklich erörtern und man wird für Schleswig-Holsteins Bedürfnis, die Hamburger Finanzquellen, *wenn* sie einmal wieder fließen werden, in die ziemlich bedrängte Notlage abzuleiten verstehen. Meine persönliche Auffassung anerkennt die Eigentümlichkeit der Bremischen und Hamburgischen Sonderstellung: beide Städte besitzen ihren gesamtdeutschen Auftrag, und sie haben ihn auch erfüllt.

Rhein-Neckar-Zeitung, Nr. 89 vom 2. August 1948, S. 2

THEODOR HEUSS

Bonn

1. September 1948

Der Parlamentarische Rat tritt heute[1] in einer eigentümlichen Atmosphäre zusammen. Er soll eine Verfassung entwerfen, wenn man darunter den Aufbau der staatlichen Organe, die Verteilung der Zuständigkeiten, die Festlegung der politischen Legitimierung versteht. Das ist seine Aufgabe. Aber es soll dann doch keine »Verfassung« sein.[2] Denn in diesem Begriff steckt ein Geschichtspathos, das man mit voller Bewußtheit vermeiden will, zum einen, weil es dem angeordneten (oder zugelassenen) Vorgang nicht entspricht, zum anderen, weil man das Wort einer Rechtssetzung aufbewahrt wissen will, die nicht bloß ein Teil-Deutschland umfaßt und deren »Volkssouveränität« nicht kontingentiertes Stückwerk ist. Der Verzicht auf eine Volkswahl[3] hat diese Haltung noch markiert; er legte sich ja auch technisch nahe, denn eine Wahlbewegung, die den politischen Sinn auf die staatlichen Grundprobleme hätte hinlenken sollen, wäre, zudem als Improvisation, unmöglich gewesen in einem Zeitpunkt, da die Wirkung des Geldschnittes[4] die Phantasie (und nicht bloß die Phantasie) beherrscht. Man wird gut tun, die Jahrhunderterinnerung, den Maigang des deutschen Volkes zur Frankfurter Paulskirche[5], heute auf der Seite zu lassen; sie ist nicht als Ermunterung, aber doch auch nicht als Warnung angemessen.

Aber es scheint wichtig und angebracht, den Rang der Aufgabe, die bescheiden gefaßt ist, vor dem Bewußtsein des Volkes, vielleicht auch vor dem eigenen, nicht noch mehr zu drücken. Zu dieser Bemerkung veranlaßt uns ein munterer Aufsatz[6] in der *Wirtschaftszeitung*[7], der seine Ironie über die »Herren vom Chiemsee«[8] rieseln läßt und sie auch für die Männer von Bonn in Vorrat hält, wenn sie die Geschichte nicht ganz anders auffassen. Es ist ein bißchen billig, den berühmten Mann auf der Straße zu interviewen, um von ihm zu erfahren, daß ihm die Gespräche der staatsrechtlichen Experten völlig wurscht seien – dem sind nämlich auch die Finessen der Bismarckschen[9] Regelungen und die Konstruktionen etwa des Weimarer Reichsrates Hekuba[10] gewesen. Bonn wird dort die Aufgabe gestellt, die »administrativ-technischen Vorkehrungen« für eine Sozial- und Wirtschaftspolitik zu treffen, der dann dies gelingt: »Die Armut zu lindern, die Arbeitslosigkeit zu bannen, den Hilflosen die nackte Existenz zu sichern usf., usf.«. Ja, ist das nicht eine höchst erstaunliche Anmutung, die im Hintergrund bereits die Erkenntnis bereit hat: sie haben, Gefangene verjährter Ideologien, versagt, versagen müssen, weil sie, irgendwie in staatsrechtliche Thesen verliebt, an der Not des Volkes vorbeisahen. So geht das nicht. Der Mann selber, der das schrieb,[11] schreibt zu farbig, um ein primitiver Etatist zu sein, der an »administrativ-technische Vorkehrungen« gegen eine Weltproblematik glaubt; solcher Glaube würde auch nicht in die publizistische Landschaft passen, wo er verkündet wurde – was soll also das Ganze? Daß »die Wirtschaftler« sich für klüger halten als »die Politiker«, ist ein schier verstaubtes Vorurteil ihrer Eigenbewunderung.

Die politischen und sachlichen Schwierigkeiten des Unterfangens in Bonn bleiben groß genug. Sie liegen ganz natürlich im Verhältnis zu den Besatzungsmächten, die formal als Einheit fungieren, aber, wie jeder weiß, auch ihre im einzelnen recht unterschiedlichen Auffassungen besitzen über das, was eine zweckentsprechende deutsche Demokratie vorstellen könne.[12] Man erinnert sich: es gab Stimmen, die ein »Besatzungsstatut« als eine Art von Vorgabe forderten, wenn nicht gar als Vorlage, damit die deutschen Rechtsschöpfer ungefähr den Raum kennen, in dem ihnen relative Bewegungsfreiheit gegeben sei.[13] Wir haben diese Auffassung nicht geteilt. Der Auftrag würde auch ideell von Anbeginn verdorben, wenn ein Schielen nach den fremden Vorschriften oder ein unfruchtbares Protestieren die Arbeit charakterisieren würde. Man muß schon anzufangen suchen mit dem »Als ob« … als ob wir frei wären, den Aufbau der staatlichen Dinge nach einer besten Einsicht vorzuschlagen. Dabei mag manches Illusionäre passieren, manches Verkennen der Lage, das gerne ein Weltmuster produzieren möchte. Doch wird, das ist zu denken, genügend Realismus vorhanden sein, der den bekennenden Bombast so gut ablehnt wie die kleingläubige Resignation. Mit beidem ist der Forderung des Tages nicht gedient.

Herrenchiemsee hat keinen »Entwurf« produziert, der Beratungsunterlage sein könnte.[14] Die Berichterstattung war zu knapp, um ein gutes Bild zu vermitteln, wie dieser, wäre er bezweckt gewesen, hätte ausfallen können. Dem Bonner Gremium sollte nicht irgendwie vorgegriffen werden. Das ist politisch sehr verständig, technisch ein Nachteil, denn der Ansatzpunkt der Sachberatung muß nun erst geformt werden. Einige Mitglieder des Parlamentarischen Rates haben als staatsrechtliche Regierungsexperten auch an dem vorbereitenden Konklave teilgenommen.[15] Wir halten das wegen des sachlichen Zusammenhanges für einen Gewinn, vorausgesetzt, daß nicht Repetitionen, sondern Abkürzungen die Folge des zweiten Mandates sind.

Daß die Beauftragung der Abgeordneten durch die Landesparlamente erfolgte,[16] war technisch gegeben, darf aber nicht zu einem Trugschluß führen. Sie stehen in Bonn nicht als Träger eines Landesmandates, sondern in einem *deutschen* Auftrag. Das verlangt eine Haltung, die weiter, freier und unbefangener sein müßte, als sie in manchem Vorspiel – Territorialfragen – von dem einen und anderen eingenommen wurde. Daß ein partikularstaatlich betontes Denken dem Einzelland ebenso schlecht bekömmlich sein müßte wie jenes Europa-Gerede kindisch ist, das einen Bruchteil Deutschlands gleich als Vollteil Europas anspricht und interpretiert, bedarf kaum einer breiteren Darlegung.[17] Die Sonderlage der Bonner Verhandlungen wird vermutlich aber mit darin liegen, daß in wichtigen Fragen eine geschlossene Parteien-Antwort nicht zur Verfügung steht. Vor dem Problem der Neubegrenzung der Länder ist das ja schon für alle Gruppen von überprovinziellem Charakter sichtbar geworden. Hier ist nur dies zu wünschen (wie auch in anderen Stücken), daß nicht die künstliche Errechnung eines Parteivorteiles oder das Manipulieren mit der Konfessionsstatistik den nüchternen Sachentscheid trübt.

Einige der Leute von Bonn haben schon vor bald dreißig Jahren an dem Zustandekommen des Weimarer Werkes mitgeholfen,[18] gewiß die Mehrzahl von ihnen Meister- oder Gehilfentätigkeit bei den Staatsgrundgesetzen geleistet, die in den letzten Jahren beraten und zumeist auch beschlossen wurden –, also viele gelernte Verfassungsschöpfer. Wenn sie nur nicht an ihre Vergangenheit und die ausgezeichneten Reden, die sie dabei hielten, zu sehr gebunden sind! Das war und bleibt ein Nachteil bei der Rückgewinnung eines Rechtsbodens nach 1945, daß sich diese Arbeit (von der gering zu denken heute schon wieder erlaubt scheint) in einem verschiedenen Rhythmus vollzog, verschieden nach den Zonen wie nach den eben vorhandenen Parteien-Kombinationen. Dieses Land (wie Württemberg-Baden) hat seine Formung gegenüber dem südwestlichen Nachbarn wie gegenüber dem Gesamt mit voller Bewußtheit offen gehalten, an anderer Stelle ist mit gleicher Bewußtheit die Sonderung paragraphenmäßig betont[19]. Das gibt ein arges Mißverhältnis, wenn der oder jener sich auf die Begrenzung durch die Landesverfassung zurückziehen wollte. Solches ist nicht erlaubt.

Der Auftrag durch die Ministerpräsidenten erwartet rasche und fleißige Arbeit. Sie braucht, sie darf deshalb nicht flüchtig sein. Ganz gewiß wird es nicht an Stimmen fehlen, die den außenpolitischen Zusammenhang des Unterfangens betonen, sie werden ihn manchmal überbetonen, und meinen, damit zögernd, finessierend, drohend, schmollend, dann wieder treibend, mit »ins Spiel« zu kommen. Ach, es wird gut sein, die Dinge nüchtern dorthin zu führen, wo eben die nächste Haltestelle dieser deutschen Geschichte sein wird. Es wird noch manche Haltestellen mit Reparaturwerkstätten und Wechsel des Dienstpersonals geben!

Rhein-Neckar-Zeitung, Nr. 106 vom 1. September 1948, S. 2

THEODOR HEUSS

Von den Grundrechten

20. September 1948

Daß auch das deutsche Grundgesetz, dessen Beratung in Bonn begonnen wurde, wieder Grundrechte feststellen wird, darüber herrscht keine Meinungsverschiedenheit.[1] Aber welcher Art diese sein werden, bedarf erst der Klärung. Das, was seiner Zeit in Weimar erarbeitet wurde,[2] könnte in gewissem Ausmaße als Vorlage dienen und es spricht nichts dafür, in bestimmten Formulierungen ihrem Wortlaut auszuweichen, um auf alle Fälle etwas »Neues« anzubieten. Damals standen dem entscheidenden Ausschusse Männer mit so starkem Sprachgefühl wie Friedrich Naumann[3] und Konrad Beyerle[4] zur Verfügung. Aber es ist deutlich, daß man in bestimmten Sachkomplexen zurückhaltender sein wird, weil die bündische Konstruktion einen stärkeren Akzent erhalten soll. Fast sieht es so aus, als ob etwa dem Komplex der sogenannten Kulturpolitik ganz ausgewichen werden solle; diese sei eben Ländersache.

Mit den Grundrechten ist es in Weimar eigentümlich gegangen. Preuß, obwohl selber eine Persönlichkeit des rationalen Bekennertums, wollte an die Sache nicht recht heran, Ebert[5] aber wünschte sie. So brachte Preuß einige der »klassischen« Freiheitsrechte zum Vorschlag. Doch verschob sich die Erörterung dadurch, daß Naumann einen »Versuch volksverständlicher Grundrechte« vorlegte, der über das Individuum hinaus auf die Gruppe blickte und eine Deutung der ganzen sozialpsychologischen, auch sozialökonomischen Situation unternahm. Für die Juristen bedeutete der Entwurf eine arge Verlegenheit; sie konnten nichts damit anfangen. Aber immerhin; die Problematik war nun weit gesteckt, und sie ist im Tasten und Suchen nach brauchbaren Rechtsbegriffen in Artikeln eingefangen worden. Dies selber war nicht Naumanns Anliegen gewesen. Seine Grundrechte waren eine eindrucksvolle Kommentierung des Verfassungsgeistes, sie sollten das Volk an die Verfassung heranführen, den Staat aber zugleich mit größeren Verantwortungen ausstatten. Der Vorstoß Naumanns hat rechtsschöpferisch gewirkt; nicht nur die neuen deutschen Verfassungen, auch die letzte französische[6] sind ohne dies Beispiel nicht denkbar.

Doch ist dies nicht zu verkennen: Die Erfahrungen, die hinter uns liegen, gerade auch in der Weimarer Zeit, zwingen uns, vorsichtiger vorzugehen. Denn es erwies sich später, etwa beim Schicksal der Reichsschulpolitik, daß mit der Änderung der Mehrheitsverhältnisse im Reichstag auch das Erinnerungsbild der Partner, die Interpretation ihrer Motive, einer Änderung unterlag.[7] Die Gesetzgebung wäre fruchtbarer gewesen, wenn sie nicht in das Wort-, ja Buchstabengehege der Verfassungsartikel eingesperrt gewesen wäre.

Über die Stellung von Grundrechten im Verfassungswesen mag man streiten. Der eine mag sie mehr für deklamatorische, ja politisch-agitatorische Dekorationen halten, die man dem Gewaltenaufbau, der Organordnung des Staates, hinzufügt, weil das eben seit etwas über anderthalb Jahrhunderten Mode oder Brauchtum der Verfassungsschöpfer wurde. Der andere betrachtet sie als die Mitte der Rechtsbekundungen; denn in ihnen ist das Verhältnis des einzelnen zur Gemeinschaft festgelegt. Und in der Tat, wenn man die Sache rechtshistorisch betrachtet, sind die Grundrechte nicht eben bloß das Beiwerk, das von den Gesinnungen der Aufklärungsperiode geliefert wurde – sie haben einen elementaren Charakter. Das wird etwa recht deutlich in dem gehaltvollen Buch, das der Heidelberger Dozent Alfred Voigt vor ein paar Monaten veröffentlichte: *Geschichte der Grundrechte* (W. Spamann Verlag, Stuttgart).[8] Ganz gewiß, das ist ein weiter Weg von der englischen Magna Charta des Jahres 1215,[9] bei der sich die Sicherung halb privat-, halb öffentlich-rechtlicher Ansprüche des englischen Adels gegenüber der Krone durchsetzte. Aber ein Grundmotiv der rechtlich gesicherten Abwehr der privaten Sphäre gegenüber der Vermachtung durch das öffentliche Wesen ist angeschlagen – in vielen Variationen hat es die Jahrhunderte überlebt und klingt immer wieder.

Damals hat es in England keine naturrechtliche Begründung erfahren, wie wohl die theologische Vertiefung des Naturrechts durch Thomas von Aquino[10] schon unterwegs war. Die Auseinandersetzung zwischen dem König Johann ohne Land und den Baronen war ein robuster Machtvorgang. Aber das liegt so in diesen Dingen: daß Wirklichkeit und geistige Verklärung sich mischen.

Bonn soll nun freilich nicht den Raum für ein geistesgeschichtliches Seminar stellen, sondern eine Stätte aktueller Entscheidungen werden. Dabei wird eine Vorfrage beantwortet sein müssen: gibt man Zielsetzungen, allgemeine Bekenntnisse der politischen Moral der Demokratie oder Sätze, die unabdingbare, d. h. einklagbare Rechte darbieten? Man kann beides tun, denn beides hat seinen Sinn und seine Berechtigung. Nur soll man darauf achten, die Gesichtspunkte nicht zu mischen. In dem Klischee von Herrenchiemsee,[11] das ja eine sorgfältige Arbeit ist, stehen sie unvermittelt untereinander.

Unzweifelhaft wird die schwierigste Auseinandersetzung darum gehen, ob die Bundesverfassung auch Leitsätze mit sozialwirtschaftlicher Bindung enthalten soll. Die Länderverfassungen haben diesen spröden und interessanten Stoff angepackt. Das Ergebnis ist, je nach der parteipolitischen Temperatur, in einem verschiedenen Reifegrad geformt worden. Die erste Vorfrage wird wohl keine großen Schwierigkeiten machen, nämlich daß alle die Probleme, die man mit Gemeinwirtschaft, Sozialisierung, auch Sozialpolitik im weitesten Sinne meint, der Bundesgesetzgebung überantwortet werden. Denn es wäre unerträglich, in diesem Fragenkreis ein innerdeutsches Rechtsgefälle zu erhalten. Diese Entscheidung wird nicht bei der Formung der Grundrechte, sondern bei der Zuteilung der Zuständigkeit getroffen. Anders liegt es bei der Grundsatzentscheidung. Die wagemutigen Theoretiker glauben, den Wirtschaftscharakter der kommenden Periode sehr deutlich zu sehen und sie wollen ihre Sicht – die vielleicht Wunschbild, vielleicht auch nur Reflex traditioneller Denkgewöhnung ist – in den Sätzen einer Verfassung einfangen. Beneidenswerte Glaubenskraft der Selbsttäuschung, gerade heute, in diesem Augenblick der weltwirtschaftlichen Verworrenheit, der zerbrochenen Souveränität den Duktus des Werdens deuten und binden zu können. Aber, so sagt man, solcher Entschluß sei politisch-psychologisch notwendig. Gerade, wenn man mit Gewerkschaftlern über diese Dinge redet, mit solchen, die selber keine festen Formen anbieten, aber meinen, daß »etwas geschehen müsse«, um die Arbeiter nicht zu »enttäuschen«, begegnet man dieser Meinung. Man macht sie dann darauf aufmerksam, daß in England, wo die Trade Unions ihre hundertjährige Tradition besitzen,[12] noch nie das Bedürfnis gemeldet wurde, derlei in der Verfassung zu »verankern«, zumal die Engländer in diesem paragraphentechnischen Sinne eine Verfassung gar nicht besitzen.[13] Die Regelung all dieser Probleme ist Aufgabe einer freien und elastischen

Bundesgesetzgebung. Sie heute, umgeben mit einem der Zeit so wenig angepaßten Pathos des politischen Machtwollens formen zu wollen, würde nichts anderes bedeuten, als die Quelle künftiger Dauerkonflikte mit festen Steinen zu fassen.

Rhein-Neckar-Zeitung, Nr. 117 vom 20. September 1948, S. 2

THOMAS DEHLER

Die politischen Aufgaben in Bonn

25. September 1948

Die Arbeiten des Parlamentarischen Rates sind auch in der dritten Woche seit seiner förmlichen Eröffnung[1] nur zäh in Fluß gekommen, sie stecken immer noch im Stadium der Präliminarien. In einer Frist, die den Herrenchiemseer Experten genügt hat, einen kompletten Entwurf einer Verfassung, zusammen mit einer – man muß zugestehen: sehr wertvollen – Darstellung der Fülle der zu entscheidenden politischen und staatsrechtlichen Probleme zu beraten und niederzulegen,[2] sind die Bemühungen der Bonner Parlamentarier über die berichtenden Stellungnahmen der Parteien und über die erste Fühlungnahme in den Ausschüssen[3] noch nicht hinausgediehen. Die Hemmung liegt nicht etwa in der Obstruktion der beiden kommunistischen Mitglieder;[4] ihr Stimmaufwand verhallt;[5] es bleibt einem nur ein bitterer Geschmack, wenn diese Advokaten der erbarmungslosen asiatischen Tyrannis von Freiheit, Frieden und Recht zu sprechen wagen. Es fehlt auch bestimmt nicht am guten Willen der Abgeordneten. Sie werden zwar nicht getragen von einer starken Bewegung wie jene Männer, die am 18. Mai 1848 begleitet von den heißen Wünschen und der Zuversicht der Besten unseres Volkes ihr Werk in der Paulskirche begannen; die Resonanz in unserem müde und skeptisch gewordenen Volke ist gering; es hat mich doch tief erschüttert, als ich nach der groß angelegten, eindrucksvollen Rede unseres Freundes Heuss[6] vor dem breitgelagerten Tagungsgebäude am Ufer des Rheins stand und hören mußte, wie eine vorbeigehende Dame einem etwa zehnjährigen Mädchen auf seine Frage nach der Bedeutung der schwarz-rot-goldenen Fahne[7] auf dem Turme erklärte, hier prassten die Parlamentarier auf Kosten des Volkes; von hier ist kein weiter Schritt zu der von der sowjetischen Presse beliebten Qualifizierung als »Landesverräter« und »Verbrecherbande«.

Man muß manchmal die Zähne zusammenbeißen – aber die Überzeugung, daß es unsere geschichtliche Pflicht ist, die Chance der Rekonstruktion des deutschen Staates im gegebenen Rahmen rasch zu nützen und ein wirksames Instrument für unseren Kampf um den politischen und wirtschaftlichen Wiederaufstieg und um die Freiheit unseres Volkes zu schaffen, ist – abgesehen von der Kommune – allgemein. Theodor Heuss hat bewegte Zustimmung gefunden, als er dem Parlamentarischen Rat für seine Arbeit die »heilige Nüchternheit« Hölderlins[8] empfahl und seine Aufgabe in die großen geistigen Zusammenhänge hineinstellte. Wenn sich Hemmungen zeigen, so vor allem wegen der noch bestehenden inneren Unausgeglichenheit der Fraktionen. Sie müssen sich, das gilt vornehmlich für die beiden großen Parteien, erst »zusammenraufen«. Es wird deutlich, wie die politische Entwicklung in den einzelnen Ländern unterschiedlich verlaufen ist und die Menschen anders geprägt hat. Zum ersten Mal traten auch wieder die menschlichen Spannungen zwischen Nord und Süd in Erscheinung. Es ist zufällig, aber doch immerhin charakteristisch, daß die drei Präsidenten des Parlamentarischen Rates – Dr. Adenauer[9], Schönfelder[10] und Dr. Schäfer[11] – West- und Norddeutsche sind, die Fraktionsführer hingegen – Dr. Pfeiffer, Dr. Carlo Schmid und Dr. Theodor Heuss – Süddeutsche; man ist versucht, daraus zu folgern, daß dort die Gabe der Repräsentation, hier der Wille der politischen Gestaltung überwiegt.

Die Spannungen in den großen Parteien sind erheblich. In der Sozialdemokratischen Partei dominiert die Linie von Hannover,[12] vor allem verkörpert im Minister von Nordrhein-Westfalen, Dr. Menzel[13], von ihm bis zu seinem früheren bayerischen Kollegen Seifried[14], dem Willensträger Hoegners[15], ist ein starkes Gefälle; diese Gegensätze verbergen sich nach außen hinter dem breiten Rücken des klugen, temperamentvollen und politisch leidenschaftlichen Tübinger Staatsrechtlers und Justizministers Dr. Carlo Schmid. Erheblich größer sind die Gegensätze in der Partei, die sich unter dem christlichen Vorzeichen zusammengefunden hat. Es erweist sich, wie regional verschieden die politische Färbung ihrer Ländergruppen ist: Ihr Sprecher, der Justizminister von Rheinland-Pfalz, Dr. Süsterhenn[16], tat sich bei der Generaldebatte noch leicht, wenn er sich zur Lösung aller Probleme mit Pathos auf die geistige Ordnung Thomas von Aquins[17] berief.[18] Jetzt, wo die konkreten Probleme angegangen werden sollen, zeigen sich erhebliche

Schwierigkeiten. Nur wenige der CSU-Abgeordneten werden sich zu dem Satze des bayerischen Staatssekretärs Dr. Schwalber[19] bekennen, es müsse jeder nach seiner Fasson deutsch sein können. Bei der Grundfrage über das Wesen des zu schaffenden föderalen deutschen Staates werden sich die Geister scheiden.

Wir freien Demokraten wissen, daß trotz unserer geringen Zahl[20] die Entscheidung bei uns liegt, wenn die Gegensätze aufeinanderstoßen. Wir werden uns der Verantwortung nicht entziehen und werden uns aus unseren klaren Vorstellungen heraus für die notwendigen *deutschen* Lösungen einsetzen. Bonn ist für uns nicht nur eine staats- und verfassungsrechtliche, sondern vor allem eine politische Aufgabe. Das Wort Ferdinand Lassalles[21], daß Verfassungsfragen Machtfragen seien, wird in einem tieferen Sinne wahr: Das Verfassungswerk, das in Bonn begonnen wird, erfüllt sich nur dann, wenn das deutsche Volk mit seiner Hilfe wieder Macht über sich gewinnt. Wir erstreben klare Verantwortungen. Wir wollen keine »Als-ob-Demokratie«. Was wir an Recht und Freiheit des deutschen Volkes und jedes Deutschen festlegen, muß wahr und wirklich sein.

Informationsdienst der Freien Demokratischen Partei,
Landesverband Bayern, Nr. 47 vom 25. September 1948, S. 1–3

Thomas Dehler

Gegen ein Staatsfragment

2. Oktober 1948

Wichtiger als die verfassungsrechtlichen und staatspolitischen Probleme, welche der Parlamentarische Rat zu entscheiden hat, ist die Frage der *Grundhaltung*, mit der er an seine Aufgabe herangeht. Sieht er sie nur dogmatisch, dann wird er geschichtlich scheitern. Er muß den Willen haben, die deutsche Zukunft zu gestalten; nur so hat sein Werk Sinn.

Noch gehen die Meinungen auseinander; schon in der Rechtsgrundlage, auf der es zu bauen gilt. Es gibt eine Theorie – bei der Schaffung der bayerischen Verfassung ist sie von Dr. Nawiasky[1] und Dr. Hoegner[2] leider mit Erfolg vertreten worden –, nach der der deutsche Staat durch die militärische Niederlage und die bedingungslose Kapitulation vernichtet worden ist und daher neu konstituiert werden muß; als reale politische Größen werden hierbei nur die durch Akte der Besatzungsmächte ins Leben gerufenen deutschen Länder angesehen und daraus gefolgert, daß der deutsche Staat durch den freiwilligen Zusammenschluß der Länder erst neu geschaffen werden müsse.[3] In Wirklichkeit ist Deutschland als staatsrechtliches Gebilde nicht untergegangen und seiner staatlichen Rechtsfähigkeit nicht entkleidet; es hat vorübergehend seine Handlungsfähigkeit verloren;[4] sie ihm wiederzuverschaffen ist unser politisches Ziel; es gilt Deutschland durch das deutsche Volk neu zu organisieren. Die Quelle der Hoheitsrechte des deutschen Staates liegt beim Volke, nicht bei den überwiegend künstlich geschaffenen Ländern; das ändert nichts daran, daß ein gewachsenes Land wie Bayern sein Lebensrecht bewahrt erhalten soll, wie überhaupt die in den Stämmen liegenden Kräfte nicht gehemmt werden dürfen, sondern zum Besten des Ganzen gefördert werden müssen.

Überkluge Leute sagen, man dürfe das Werk von Bonn nicht auf Fiktionen bauen, man dürfe kein Wahngebilde schaffen; es entstünden sonst Illusionen, die zu einer bitteren Ernüchterung unseres Volkes führen müßten; nur die freie Konstituierung eines freien Volkes, die nicht auf den Willen Dritter Rücksicht zu nehmen habe, sei eine Verfassung, darum zieme uns weise Beschränkung: Keine Verfassung, sondern nur ein Grundgesetz, keinen Bundespräsidenten, sondern ein Direktorium, keine Symbole, Abwarten auf das Besatzungsstatut, insgesamt Provisorien, Vorläufigkeit.[5] – Hier scheiden sich die Geister. Es ist nicht wahr, daß wir auf den Willen Dritter zu achten haben. Wir nehmen mit gutem Recht die Souveränität des deutschen Volkes in Anspruch. Sie zu formen ist unsere politische Aufgabe. Wir glauben an die gestaltende Kraft des Rechtes. Eine deutsche Verfassung bindet uns und die anderen. Wir schätzen die Gefahr, daß zwischen der verpflichtenden Gültigkeit der Verfassung und den realen Interessen der Besatzungsmächte Spannungen auftreten, gering ein; der Drang der allgemeinen politischen Entwicklung wird dazu führen, daß ein Besatzungsstatut in kurzer Zeit restlos seine Bedeutung verlieren wird. Es geht um die volle deutsche Souveränität als politisches Postulat. Darum wollen wir kein »Staatsfragment«, kein Flickwerk. Wir wollen keine Bestandsaufnahme unserer Ohnmacht machen, sondern die Form schaffen, in der das deutsche Volk wieder Macht über sich selbst gewinnt. Nur aus der Freiheit dieses Willens darf das Werk von Bonn wachsen. Es kann nicht durch die schmerzliche Tatsache beeinträchtigt werden, daß der Osten Deutschlands unfrei ist und an der Mitarbeit verhindert wird. Wir haben den Auftrag aller Deutschen. Wir wollen keinen Torso schaffen, sondern einen starken deutschen Staat, der von vornherein die Deutschen des Ostens potentiell einschließt, das Piemont[6] für die Wiederherstellung der deutschen Einheit. Der Vorwurf, wir vollzögen die Teilung Deutschlands, erreicht uns nicht; Rußland hat geteilt; wir wollen die Teilung überwinden, wollen in dem erreichbaren deutschen Raum die deutsche Souveränität stabilisieren in dem sicheren Bewußtsein, daß sie mit magnetischer Kraft die unbefreiten Gebiete des Ostens erfassen wird.

Heuss hat vor dem Parlamentarischen Rat unser Ziel umschrieben: die Bundesrepublik Deutschland, gehalten von der Autorität einer starken demokratischen Regierung.[7]

Informationsdienst der Freien Demokratischen Partei, Landesverband Bayern, Nr. 48 vom 2. Oktober 1948, S. 1–2

Theodor Heuss

Die Präambel

11. Oktober 1948

Die *sachlich* schwierigste Aufgabe des Parlamentarischen Rates liegt wohl bei der Gestaltung des Macht- und Rechtsverhältnisses zwischen dem Bund und den Ländern. Es soll und muß ja ein »föderativer Typ« geschaffen werden – nicht bloß etwa deshalb, weil in der Anweisung des Dokuments I diese Vokabel vorkommt,[1] sondern weil eine solche Lösung der deutschen Geschichte, der gegenwärtigen Lage und in weiten Gebieten des öffentlichen Lebens auch dem Sachbedürfnis entspricht. Doch was ist ein »föderativer Typ«? Der vergleichende Staatskunde-Mann kann aus der Welthistorie einen ganzen Haufen von Spielarten zusammensuchen, der phantasiebegabte Rationalist eine Serie von Rechtsentwürfen niederschreiben. Die Konkretisierung hat die gegebenen Tatbestände anzusetzen: In unserem Falle Gebiete sehr ungleicher Größe, sehr verschieden fundierter Staatsindividualität, gegensätzlicher soziologischer, auch parteipolitischer Struktur. Hier das Gemäße zu finden, ist schwierig – nicht so sehr in der Aufteilung der gesetzgeberischen Zuständigkeit, für die es eine Überlieferung, für die es auch Modelle gibt. Aber alle solche Dinge wie Zweikammersystem, autonome Beteiligung der Glieder am Zustandekommen der Legislative, an der Bildung der Bundesexekutivorgane haben einen neuen Aspekt erhalten, seitdem es keinen hegemonialen Staat mehr gibt. Der kann auch in seiner Sonderbedeutung nicht beerbt werden.

Doch die *politisch* interessantere Aufgabe liegt vielleicht im Augenblick auf einer anderen Ebene. Wie soll die Präambel lauten? Das mag dem unbefangenen Auge als eine recht gleichgültige Sache erscheinen. Da setzt man eben ein paar Leute hin, mit etwas literarischem Geschick, und diese suchen einige Sätze zu formen, mit einer guten Sprachkadenz, wie sie in dem Eingang der Weimarer Verfassung als Vorbild gegeben sind,[2] Stücke einer profanen Lithurgik mit haftendem Tonfall. Aber diese Vorstellung von der Aufgabe genügt nicht ganz. Denn indem man nach einigermaßen eindrucksvollen Formeln greift, sucht man zugleich, den geschichtlichen Ort zu markieren, in dem das ganze Werk steht und nach dem Willen der Autoren vor dem deutschen und dem fremden Bewußtsein stehen soll.

Die Konferenzen der Ministerpräsidenten und Parteiführer in Koblenz[3], Rüdesheim[4], Frankfurt[5] u.s.f. haben spüren lassen, worum es sich dreht, und die Vorsicht, womit man nach der Benennung des Unterfangens tastete, verrät die Problematik: soll man, kann man etwas gestalten, das dem historisch gegebenen Pathos einer Verfassungsschöpfung entspricht, oder ist es nicht angebracht, dieser Vokabel auszuweichen? So entschließt man sich, von einem »Grundgesetz« zu sprechen, einem farbloseren und geschichtlich noch nicht aufgebrauchten Begriff.[6] Er birgt Vorteil und Nachteil. Seine Aussage ist bescheidener, zielt eben auf die formale Ordnung des Gemeinschaftslebens, aber die Bescheidenheit kann dann ungeschickt wirken, wenn sie immerzu, schweigend oder ausgesprochen, mit dem Vorbehalt arbeitet, daß es sich bei dem ganzen noch gar nicht um das »Eigentliche« handle. Man möge diese Anmerkung nicht falsch verstehen. Daß es sich bei dem Auftrag geographisch und volkspolitisch nur um eine Teillösung handle, dessen sind wir uns völlig bewußt. Aber wir haben in Bonn davor gewarnt, zu oft das Wort »Provisorium« zu gebrauchen.[7] Denn daraus wächst die Gefahr, die Ernsthaftigkeit im Durchdenken der Problematik wegsinken zu lassen. Schon jetzt an den Termin der Änderung zu denken – was wir aber brauchen, ist etwas in sich Stabiles, das nicht ein Erstarrtes sein muß.

Als Voraussetzung sollte dies gelten: es handelt sich darum, trotz der »bedingungslosen Kapitulation«[8], die nach der Auffassung der Siegermächte auch die Haager Landkriegsordnung[9] außer Kraft setzte, an dem Gedanken der Rechtskontinuität des staatlichen Lebens festzuhalten. Es geht nicht um eine Neuschöpfung, sondern um eine Neuformung. Die geschichtliche Staatspersönlichkeit der deutschen Republik ist als solche nicht untergegangen, sie ist, nach einem in Bonn öfters gebrauchten Wort, als »desorganisiert« zu betrachten.[10] Die Organisation soll wieder in Ordnung gebracht werden. Ist das ein limitierter Auftrag der Siegermächte? Wollte man es so ansehen, dann wäre schon in den Beginn des Geschäftes ein Sprengmittel eingebaut. Das Dokument I gibt einen Anstoß und mit ihm eine Chance, die nicht bagatellisiert werden darf: so wird wenigstens für Teildeutschland das Auseinanderleben der Rechtsvorstellungen abgebunden sein. Doch die innere Legitimation ruht in dem Gedanken der Volkssouveränität, dessen freie Bewegung wohl durch die Machtlage gelähmt, der aber in seinem Kern nicht vernichtet werden kann.

Dabei sind zwei Überlegungen einzuschalten. Die Vorbehalte der Besatzungsmächte in den innerdeutschen Hoheitsbetrieb – ein nach außen gewandter, der zu echter Staatlichkeit gehört, ist noch gar nicht vorhanden – einzugreifen, sind zwar in der praktischen Handhabung verschieden getönt, aber sie sind vorhanden. Das Gesetz, das der bürgerlichen Freiheit den breiten Rechtsrahmen geben soll, steht selber unter dem Gesetz der politisch-staatlichen Unfreiheit. Das muß zum Ausdruck kommen, damit die Sätze, die da geschrieben werden, für den Leser, für den »Mann auf der Straße« nicht als zu illusionistisch erscheinen, als ein Aggregat von Täuschung und Selbsttäuschung. Doch soll man der Gefahr ausweichen, die in einigen Anregungen spürbar war, die Präambel zu einem tagespolitischen Leitartikel auszugestalten. Denn in solcher Aktualisierung büßt sie ein Stück ein von der über die Gegenwartsnot hinausweisenden Zielsetzung.

Von noch stärkerem Gewicht ist die Beantwortung der Frage: Soll im Namen das Unvollendete zur Darstellung gebracht werden? In Herrenchiemsee verständigte man sich auf die Form »Bund Deutscher Länder«.[11] Es sieht so aus, als ob diese wohl bewußt unscharf gehaltene Benennung in Bonn fallen gelassen ist und die von der FDP vorgetragene Benennung »Bundesrepublik Deutschland« in den Vordergrund rücke.[12] Können die Deutschen der westlichen und südlichen Gebiete solchen Namen gebrauchen, ohne vom Osten her der Anmaßung bezichtigt zu werden?

Sie dürfen sich davor nicht scheuen, wenn ihre Entsandten sich nun eben in einem Auftrag der Stellvertretung empfinden und bewußt auch für jene denken und sprechen, denen eine Mitwirkung versagt ist. Es ist bezeichnend genug, daß gerade die Berliner Abgeordneten das Kräftig-Klare dem Unscharfen vorgezogen wissen möchten.[13] Denn von ihm erwarten sie die Macht der inneren Anziehung, wenn deutlich genug bleibt, daß das zu schaffende Werk dem Übergang dient. Die »Teillösung« ist also nicht bloß in dem Wesensgehalt, sondern vorab in der Gebietszuständigkeit zu sehen, und jede Präambel wird dies anzuzeigen haben, daß erst die Zukunft die freie rechtliche und politische Selbstgestaltung bringen wird, bei der die Freiheit in die Einheit und die Einheit in die Freiheit eingebunden ist.

Rhein-Neckar-Zeitung, Nr. 129 vom 11. Oktober 1948, S. 2

THOMAS DEHLER

Bayern in Bonn

16. Oktober 1948

Bayern unterhält in Bonn eine Dienststelle seiner Staatskanzlei.[1] Ministerpräsident Dr. Ehard hat in der letzten Woche persönlich in das Bonner Gespräch eingegriffen.[2] Das sind äußere Zeichen dafür, in welchem Maße es sich bei der Forderung nach der föderalen Gliederung Deutschlands um ein bayerisches Anliegen handelt.

Der Föderalismus hat es nicht leicht in Bonn, er kann sich berufen auf das Gebot der Siegermächte, ein Gebilde »föderalistischen Typs« zu schaffen.[3] Diese Rückendeckung löst aber bittere Gefühle aus, die Erinnerung an die »teutsche Libertät« gerade vor 300 Jahren,[4] an die Politik Ludwig XIV.[5], Napoleons[6] und Clemenceaus[7]. Die Stimmen, die in den letzten Tagen aus Paris herüberklangen, zeigen, daß sich hier nichts geändert hat. Außenminister Schuman[8] erklärte vor der UNO, daß sich die französischen Vorstellungen einer deutschen Föderation auf anderen Bahnen bewegen als die Gedanken deutscher Föderalisten selbst extremer Richtung.[9] Und de Gaulle[10], der Mann, der bereit steht die französische Demokratie in eine neue Spielart des Bonapartismus überzuführen und sich des zentral gefügten französischen Staates zu bemächtigen, bezeichnet die Londoner Beschlüsse über Deutschland – und damit den Bonner Versuch – als »Absurdität«, forderte die »volle Staatlichkeit« der Länder, die erst »durchgestaltet« werden müsse, ehe an ihre Verbindung gedacht werden könnte, und meldete den traditionellen Anspruch auf das linke Rheinufer an.[11] Zu deutlich ist es, daß die Besatzungsmächte – wenn auch mit abgestufter Intensität – aus eigenem Sicherungsstreben und nicht etwa uns oder auch nur einem als wertvoll erkannten Prinzip zuliebe die Föderierung Deutschlands betreiben. Auf diesem Hintergrunde tut sich der deutsche Föderalismus schwer, wenn er in Bonn die Stellung und den Einfluß der Länder stärken will, weil nur ein wahrhafter Bund der

Länder die organische deutsche Einheit sichere und weil eine gesunde Demokratie von unten nach oben wachsen müsse. Nicht leichter ist der Widerstreit, in den die föderalistische Ideologie mit den harten Tatsachen unserer Zeit gerät; unsere Not zwingt zur Zusammenfassung aller Kräfte; wir können die großen wirtschaftlichen Aufgaben, die uns die Kriegsfolgen, nicht zuletzt das tragische Schicksal der Ausgewiesenen auferlegen, nicht durch Zergliederung lösen; elf Parlamente[12] mit mehr als hundert Ministern bedeuten Auseinanderstreben und Zerrissenheit und lähmen den Willen und die Kraft zur notwendigen Tat.

Der Föderalismus steht in Bonn in Verteidigung

Aber merkwürdig: es ist nicht das Gleiche, wenn ich von München aus und wenn ich von Bonn aus das Verhältnis Bayerns zu Deutschland überdenke. Dort sehe ich gegenüber den widerstrebenden, gelegentlich recht partikularen Tendenzen die vordringliche Aufgabe, die Menschen meiner Heimat mit den Deutschen aller Stämme zu einer lebendigen Einheit zusammenzufügen; hier in Bonn fühle ich, besonders wenn so leichthin extrem unitaristische Thesen vertreten werden, die Pflicht, Werte, die ich daheim wirksam weiß, zu schützen. Als Dr. Schwalber[13] von der CSU, dem ich im Bayerischen Landtag manchmal in grundsätzlicher Gegnerschaft gegenüberstand, vor dem Plenum des Parlamentarischen Rates seine bündische Haltung und das bayerische Geschichtsbewußtsein verteidigte und dabei ironische Zwischenrufe der Sozialisten, insbesondere meines verflossenen Parteifreundes Dr. Greve[14] aus Hannover erfuhr, da war ich im Herzen geneigt mich auf seine Seite zu schlagen. Da empfand ich die Schwere des bayerischen Problems. Man kann es nicht als unwirkliche Romantik abtun. Kaum einer hat sich mehr als ich, der als Franke die Dinge mit Distanz und Nüchternheit beurteilt, gegen die Fiktion der bayerischen Eigenstaatlichkeit und gegen das von den Kreisen um Hundhammer[15] und Baumgartner[16] wieder aufgerichtete Ideal des Deutschen Bundes von 1866 gewandt. Aber gerade in Bonn, durch die Begegnung mit dem Staatsgefühl der Vertreter anderer deutscher Länder wird einem der besondere Lebensrhythmus Bayerns klar, der es von jenen scheidet. Es wäre eine vielleicht gefährliche Selbsttäuschung diesen Tatbestand zu übersehen, mag man ihn billigen oder bekämpfen. Bayern hat, ob es von den Wittelsbachern[17], von Kahr[18], von Held[19], von Epp[20] oder von Hoegner[21] repräsentiert wird, ob es jetzt von Ehard[22] vertreten wird, eine aus vielen Quellen gespeiste Eigenwilligkeit. Auf sie Rücksicht zu nehmen gebietet die politische Klugheit. Wir wollen in der deutschen Gemeinschaft kein verdrossenes, unwilliges Bayern, das die Bindung als ständig schmerzende Fessel empfindet. Wir glauben, daß es möglich und notwendig ist, die in den Stämmen und Ländern lebendigen Kräfte deutschen Volkstums für das Ganze wirksam zu machen. Darum erstreben wir in Bonn die saubere Abgrenzung der Aufgaben und Zuständigkeiten zwischen Bund und Ländern, die weitgehende Übertragung des Gesetzesvollzuges und der Verwaltung auf die Länder, Beteiligung der Länder an der Gesetzgebung und der Bildung der Regierung durch Einfluß im Bundesrat. Aber damit muß es sein Bewenden haben. Ich bleibe bei meinem Worte in der Bayerischen Verfassunggebenden Landesversammlung: das Höhere ist Deutschland. Darum wende ich mich mit Schärfe gegen die These Schwalbers in Bonn, jeder müsse nach seiner Fasson deutsch sein können. Es gibt für uns kein bedingtes Bekenntnis zum deutschen Vaterland, kein Zusammengehen unter Vorbehalten oder auf Widerruf. Bayern muß wissen, daß es sich niemals dem deutschen Gesamtschicksal entziehen darf und kann.

Informationsdienst der Freien Demokratischen Partei,
Landesverband Bayern, Nr. 50 vom 16. Oktober 1948, S. 1–3

Theodor Heuss

Über das Vorläufige ...

16. Oktober 1948

Die Arbeit des Parlamentarischen Rates in Bonn steht in einem Zwielicht. Der heute mit so viel Eifer und Wohlwollen interviewte »Mann auf der Straße« kümmert sich wenig oder gar nicht darum, was in der Stadt am Rhein beraten und vielleicht beschlossen wird. Dies ist nicht erstaunlich. Denn die Fundierung dieses Rates vollzog sich ohne Anteilnahme der Bevölkerung.[1] Diejenigen Menschen, die heute schon fest entschlossen sind, das mögliche Ergebnis von Bonn für schlecht zu erklären, werden ihm, ob sie von links her oder von rechts die Demokratie ablehnen, gerade diesen Mangel unmittelbaren Volksauftrags zum Vorwurf machen. Davon darf man sich nicht weiter anfechten lassen. Wenn es auch nur ein scheinbar technischer Auftrag ist, der die Leute in Bonn zusammengebracht hat, nämlich ohne eigene abschließende Verbindlichkeit, deren endgültige Benennung noch offen ist, so handelt es sich bei dem Zusammentritt doch um einen eminent politischen Vorgang.

Soll der Rat nun, betont und gewollt, den Charakter des »Vorläufigen«, des »Provisorischen« herausarbeiten und damit den Schwebezustand der deutschen Dinge im eigenen und im fremden Wissen lebendig erhalten oder unbekümmert um die Weltlage brav das betreiben, was man eine »Reißbrettarbeit« nennt? Vor einigen Wochen sah die verwandte Fragestellung so aus: Ist es nicht richtiger, ehrlicher, fruchtbarer, zunächst einmal den Erlaß des »Besatzungsstatutes«[2], nach dem man so lange gerufen, abzuwarten und an dessen Grenzziehungen die eigene Planung zu orientieren? Denn sonst kommt man nicht aus dem Zustand der Fiktionen heraus, der gefährlich wird für die Wirkungskraft des ganzen Unterfangens, wenn an seinem Abschluß der Kontrast zwischen Wunschbild und Wirklichkeit gar zu offensichtlich wird.

Nun ist also dies ziemlich deutlich: niemand will in Bonn einen

»westdeutschen Staat« begründen, wodurch die Zäsur zur Ostzone vertieft würde.[3] Man wird wohl nach den bisherigen Debatten in das Grundgesetz entsprechende Formulierungen einbauen, die als Handhabe für die gedachte Entwicklung und als Abwehr gegen propagandistische Unterstellungen dienen mögen[4]. Doch soll andererseits etwas zum mindesten Staatsähnliches bei der Arbeit herauskommen. Professor Carlo Schmid hat für die Aufgabe wiederholt das Wort von dem »Staatsfragment« gebraucht,[5] in dessen bewußter Resignation etwas sprachlich Suggestives steckt. Kann man aber ein »Fragment« machen *wollen*, ein seiner Natur nach Unfertiges, Unvollkommenes, ein Bruchstück? Ein *künstlicher* Torso, bei dem der Bildhauer mehr in bewußter Absicht als aus dem Versagen der Kräfte auf die Vollendung verzichtete, wird oft etwas Interessantes haben; er steht meist in der Luft der bloßen Artistik. Darum aber kann es sich bei dem Werk der Rechtsschöpfung nicht drehen.

Der Begriff des »Vorläufigen« bedarf der sorgsamen Überdenkung. Wenn man ihn nicht nur geographisch und volkspolitisch nimmt,[6] wird er als läßliches Ausweichen vor echter Entscheidung die Ernsthaftigkeit der Arbeitsleistung lockern: es geht ja »bloß« um ein Provisorium. Dies verleitet zum Verzicht auf eine innere Stabilität. Solche aber muß, will uns scheinen, zum mindesten das Ziel der Bonner Tätigkeit sein. Auch wenn die Männer und Frauen in Bonn wissen, daß sie kein Ewigkeitswerk zu schaffen haben, auch wenn sie nie vergessen, daß ihr Auftrag nicht in der erfrischenden Luft einer wirklichen Volksfreiheit steht und daß erst eine spätere Zeit unbefangen auf den ungekränkten Begriff der Volkssouveränität als Legitimation für die Zukunft zurückgreifen kann – es gibt heute schon genug zu retten oder neu zu festigen in dem Westbereich des deutschen Siedlungsbodens, was nicht nur für diesen Raum, sondern für ganz Deutschland wichtig und in der Bedeutung exemplarisch ist.

Leicht wird vergessen, daß die Mehrzahl der Länder in den westlichen Zonen »Verfassungen« besitzen, die durch Plebiszite bestätigt wurden.[7] Sie entwuchsen dem Bedürfnis, für das öffentliche Leben eine überschaubare, regulierte Legalität zurückzugewinnen, sie nährten sich von der Auffassung der Besatzungsmächte einer Demokratie »von unten nach oben«: man erinnert sich des Rhythmus von Wahlen und Zuständigkeiten: Gemeinde, Kreis, Land, Länderrat bzw. Zonenbeirat bis zu den bürokratischen und parlamentarischen bizonalen Organisationen in Frankfurt. Dieses »von unten nach oben« ließ und läßt sich wunderbar darstellen; man kann ihm das Pathos der Erziehungskraft von Nähe und Verantwortung schenken, man kann ihm das bei den Deutschen so beliebte Schmuckwort des »Organischen« beilegen – was zunächst dabei herauskam und herauskommen mußte, ist ein heilloses Durcheinander.

Die verführerische Lockung, als Verfassungsschöpfer in die Geschichte einzugehen, hat den Eifer von ein paar hundert Lykurge[8] und Solone[9] beflügelt, wie der fraktionspolitische Zwang zu einer kompromißhaften Verständigung überall nach den Parteistärken und -gruppierungen etwas andere, wechselvolle Abtönungen herausbrachte. Das mußte an sich nicht weiter tragisch genommen werden. Denn eine gewisse Farbigkeit, ein den landschaftlichen, landsmannschaftlichen, historischen oder sonstigen Tatbeständen angepaßtes verfassungspolitisches Folklore[10] voll individueller Züge können sich mit einem in den entscheidenden Dingen gefestigten Einheitsbewußtsein wohl vertragen. Nivellierung ist ein Staatsprinzip des Totalitarismus. Doch muß bei der deutschen Lage veranschlagt werden, daß zu den unterschiedlichen Grundordnungen der Länder nur[11] die im Konkreten recht wechselvollen, manchmal gegensätzlichen Auffassungen der Besatzungsmächte traten, die in der praktischen Entscheidung oder in der still wirkenden geistigen Infiltration das öffentliche, das ökonomische, auch das kulturelle Sein beeinflußten.

Was kann und was muß geschehen, um das weitere Auseinanderlaufen der deutschen Rechtsentwicklung abzubremsen? Daß eine unmittelbare Einflußnahme auf die Lage der Ostzone heute unmöglich erscheint, ist ein tragischer Tatbestand, auf den die Deutschen im Osten, soweit wir sehen, innerhalb der verschiedenen Gruppen je nach ihrem Temperament, keineswegs einheitlich reagieren. Die einen sagen: ihr dürft keinen fertigen »Staat« machen, denn sonst wird uns einer aufgestülpt, aus dem wir uns schwerer werden lösen können, die anderen sagen: ihr *müßt* etwas Handfestes schaffen, damit die deutsche Zukunft, auch unsere Zukunft das halbwegs gesicherte Modell einer staatlich ausgeglichenen Entwicklung vor sich sieht.

Das Simple kompliziert sich nun freilich in der unmittelbaren Entscheidung. Man kann zur Vereinfachung einige Dinge zunächst auf die Seite legen, etwa in den Grundrechten sich begrenzen und sie nicht als Deklarationen begreifen, sondern als verbindliche

Anweisungen an die Ländergesetzgebung geben, damit diese nicht weiter auseinandergehe.[12] Aber zentrale Dinge dürfen bei einem bündischen Gebilde nicht in der Vorläufigkeit hängen bleiben. Sonst ist der Weg zu einer festen Gewöhnung von Anbeginn verdorben. Die Zuständigkeiten bei der Gesetzgebung zwischen Bund und Ländern müssen in eine feste Klärung kommen, der Länder-Anteil am Zustandekommen der Gesetze geordnet, das Über-, Neben- oder Ineinander der einzelnen Verwaltungszweige ausgemacht sein.[13] Zwischen derlei Sorgen muß sich der Parlamentarische Rat im redlichen Bemühen um den gemäßen Ausgleich hindurchzufinden suchen.

Seine wesenhafte Legitimation empfängt er dabei weder aus »Dokumenten« noch aus »Aufträgen«, weder aus rechtspolitischen und staatspolitischen Hilfskonstruktionen noch aus dem »Als ob« politischer Gesten, sondern sie wird ihm von der späteren Geschichte zugesprochen oder verweigert werden, dies nach dem Grade, in dem sich seine Arbeit als ein auch in den Erschütterungen fest gegründeter Stein für den Bau neuer deutscher Staatlichkeit erweisen wird.

Christ und Welt, 16. Oktober 1948, S. 6–7

THEODOR HEUSS

Die Finanzgewalt im Bundesstaat

22. Oktober 1948

Für die Konstitution eines Bundesstaates ist die Frage der Finanzregelung von sehr wesenhafter Bedeutung. Das begreift jeder ohne weiteres. Ihre praktische Lösung enthüllt sich als ein *Politikum*. Dessen muß man sich bewußt bleiben, wenn man auf die Erörterung dieser Dinge im Parlamentarischen Rat in Bonn blickt.[1]

Die Denkgewöhnung in Deutschland ist langehin von der Regelung im Bismarckschen[2] Reich bestimmt geblieben, wobei man leicht übersah, daß es sich im Sinne des Reichsgründers dabei um ein Provisorium handelte. Der Reichskanzler besaß auf diesem Gebiet keine festen Anschauungen. Bei der Schaffung des Norddeutschen Bundes und des Deutschen Reiches bot sich ihm das überkommene System der Matrikularbeiträge an: Die Gliedstaaten würden zu den Aufwendungen des Gesamtstaates so viel beibringen, als prozentual auf sie entfiel. Für die Hundertsätze war die Bevölkerungsziffer maßgebend[3] – ein ziemlich bequemes, aber auch rohes Verfahren, weil es die Unterschiedlichkeit der Wohlstandsentwicklung außer acht ließ. In der Grundanlage wurde die überkommene These durch den Antrag Miquel[4] außer Kraft gesetzt, die mit der stipulierten Bundesfinanzhoheit einer unmittelbaren Steuer- und Abgabenpolitik das Tor offen hielt.[5] Die Matrikularbeiträge sollten dann nicht mehr die zentrale Bedeutung von ehedem besitzen, sondern nur eine akzessorische.[6] Die Zölle und die Verbrauchsabgaben wurden als die entscheidenden Bundeseinnahmen betrachtet. Man weiß, daß Bismarck dabei aus politischen Erwägungen »Reservate« zugestand, etwa an Bayern in der Biersteuer.[7] Die wirtschaftspolitische Wendung von 1878–1879 mit ihren finanztechnischen Folgerungen hat aber durch die Franckensteinsche

Klausel[8] den Aufbau des Bundesfinanzsystems völlig denaturiert. Die Zollerträge gingen nur begrenzt an das Reich; durch die »Überweisung« des Mehrertrags wurden die Bundesstaaten aus Leistungskörpern zu »Kostgängern« des Reiches. Dieser Zustand reichte bis über die Jahrhundertwende hinweg.

Daß Zölle und Verbrauchsabgaben im zusammengesetzten Staate dem Gesamtbereich zustünden, empfahl sich auch aus wirtschaftspolitischen Gründen: darin drückte sich die ökonomische Einheit eines Gebietes aus. Überall in den Bundesstaaten ist, nach oder neben der matrikularen Leistung, diese Steuergattung das Primäre, während die direkten Steuern auf Einkommen, Vermögen, Erbschaft von den Gliedstaaten angefaßt und ausgebaut wurden. Daraus ist dann fast etwas wie eine finanztechnische Lehre über das Finanzwesen im Bundesstaate entstanden. Sie fand ihren Ausdruck in einem staatsrechtlichen Gutachten von Paul Laband: der Bund habe rechtlich gar keinen Anspruch auf Steuern aus dem Einkommen des Bürgers; diese seien nach ihrer Rechtsnatur den Gliedstaaten vorbehalten.[9] In solche Irrungen konnte ein zweckhafter Rechtspositivismus, wenn er Theoreme entwickeln wollte, geraten. Da war, 1909, im parlamentarischen Kampf um die neue Reichserbschaftssteuer der bedeutende damalige Führer der Preußischen Konservativen, von Heydebrandt und der Lase[10], deutlicher. Es sollte nicht Einkommen und Vermögen mit in die Bestimmungsgewalt von Parlamenten des gleichen Wahlrechtes kommen! Das preußische Dreiklassenwahlrecht[11] funktionierte als Schutzmauer. Daß in den süddeutschen Staaten das demokratische Wahlrecht eine ausgeglichene Wohlstandsentwicklung nicht abgebremst hatte, veranschlagte er nicht.

Die unabhängige und unbefangene Theorie vom Bundesstaat war diesen Weg nicht gegangen. In einer kleinen, sehr lehrreichen Schrift, die der Frankfurter Professor Wilhelm Gerloff[12] eben bei V. Klostermann (Frankfurt) erscheinen ließ, ist eine Arbeit von Georg Waitz aus den fünfziger Jahren zitiert, die die Selbständigkeit des Bundes herausarbeitet:»Nicht einmal die Erhebung der Bundeseinkünfte dürfen die Einzelstaaten haben«..., »sie dürfen so wenig die Kassierer wie die Bankiers des Gesamtstaates sein«.[13] Und der große Lorenz von Stein hatte bereits 1885, die Verdichtung der Staatsausgaben vor sich sehend, eine Bundeseinkommensteuer als die zentrale Lösung gefordert oder doch vorausgesagt.[14]

Man weiß, daß der Durchbruch der Entwicklung 1920 in der

großen Erzbergerschen Reichsfinanzreform sich vollzog,[15] nachdem bereits 1913 mit dem »Wehrbeitrag«, in der Folge mit der Vermögenszuwachssteuer das gliedstaatliche Monopol auf die »direkte Steuer« zerschlagen war.[16] Die radikale Wendung dieses Gesetzaktes, diktiert von den Kriegslasten, doch nicht von ihnen allein, sondern auch von der sachlichen Einsicht, zeigt sich darin, daß nicht nur für die Gesetzgebung die universale Kompetenz des Reiches ausgesprochen, sondern daß auch eine unmittelbare Reichsfinanzverwaltung aufgebaut wurde. Die spezielle Zuteilung der Steuerquellen erfolgte aus der Gesamtkompetenz. Die Überführung der bisherigen Landesfinanzverwaltungen erfolgte schrittweise. Es war nicht ohne Reiz, als kürzlich in einer der Bonner Beratungen der demokratische Abgeordnete Dr. Höpker Aschoff, der langjährige preußische Finanzminister[17], darauf hinwies, daß seinerzeit Bayern sich rascher entschloß, seine Finanzverwaltung in die Hände des Reiches zu geben als Preußen. (Denn Bayern war ziemlich am Ende.)

Gerloffs Schrift ist für die gegenwärtigen Sachbesprechungen deshalb so anregend,[18] weil sie darauf hinweist, daß die Problematik in der Auseinandersetzung zwischen dem Bund und den Gliedern auf diesem Gebiete keine deutsche Eigentümlichkeit ist, sondern der Schweizer Eidgenossenschaft so gut zugehört wie den Vereinigten Staaten. Immer stehen die Kriegslasten als Veranlasser im Hintergrunde, aber daneben die ganze Intensivierung der Staatsaufgaben, wie sie der Industrialisierung, der Vermassung, der Komplizierung des sozialen Gefüges entwachsen mußte. Das ist die über unser Land hinausreichende Zeit-Typik in der ganzen Fragestellung, und es erscheint nützlich, sich dieses Zustandes recht inne zu werden. Denn damit verlieren die Bonner Auseinandersetzungen von vornherein die Schärfe, von der sie vielleicht noch, um des Politischen willen, bedroht werden könnten.

Im Sachlichen steht es so: Die Bundeshoheit in der Finanz*gesetzgebung* ist eigentlich unbestritten – man muß nur den richtigen Katalog machen, um in der Steuererhebung auch den Ländern und Selbstverwaltungskörpern nicht allen Verantwortungszwang abzuschnüren. Der Bonner Ausschuß ging sehr umständlich vor, indem er über eine Woche nur Sachverständige hörte: Finanzminister, Oberfinanzpräsidenten, Stadtkämmerer, Industrie- und Handelskammern, Gewerkschaften, Landwirtschaftsvertreter u.s.f.[19] Neunzig Prozent, das ist natürlich etwas grob gegriffen, plädierten auch für die Bundes*finanzverwaltung*.[20] Die Handelskammern haben sich etwas als Sibyllen[21] verkleidet, indem sie in Bonn für diese Lösung sich aussprachen, in einer späteren Münchener Entschließung ihre Haltung jedoch mit Umsicht verunklarten.[22] Die angehörten Landesfinanzminister[23] waren nicht einer Meinung: in der britischen Zone war ja die alte Einheitlichkeit nie zerstört,[24] ein Votum aus der französischen Zone, das erbeten war, plädierte für den Bund; aus der amerikanischen forderten Bayern und Hessen die Rückgabe bzw. Beibehaltung der Verwaltungsautonomie, während ihr württemberg-badischer Kollege, Dr. H. Köhler[25], die Bundesfinanzverwaltung als schlechthin überlegene Form verteidigt und fordert.

Das Problem müßte in einem Ausgleich lösbar sein, der kein »fauler Kompromiß« zu werden braucht. Man könnte ihn in dem Bezirk der Personalpolitik, der Beamtenernennung, der Ländermitwirkung bei den Ausführungsverordnungen und dergleichen finden. Der Ersatzvorschlag, der angeboten wird, Auftragsverwaltung und Stichkontrollen durch den Bund,[26] behält das Mißliche, daß in dieser stoßweisen Beaufsichtigung immer die Gefahr der Reibung, des Mißtrauens lauert; die normale Verwaltung bleibt davon bedroht, daß die verschiedenen Auffassungen etwa über Stundung, Niederschlagung, Bewertung, leicht in das Politische, in die Prestige-Empfindlichkeit der Landesbehörden gegenüber der Bundesbürokratie abrutschen. Und daß die Einheitlichkeit der Durchbildung des Beamtenkörpers ein Sacherfordernis ist, wagt kaum jemand zu bezweifeln. Schon daß ein neues Wort erfunden wurde, die »Steueroase«[27] (die man vermeiden müsse), zeigt, worum es sich handelt. Die Gesamthaftung für die gemeinsame Not und der Zwang zur *gleichmäßigen* Intervention enthalten das Gesetz für die sachlich gebotene Entscheidung, die so erfolgen kann und muß, daß keine Restgefühle gegen eine Vermachtung zurückbleiben.

Rhein-Neckar-Zeitung, Nr. 135 vom 22. Oktober 1948, S. 2

THEODOR HEUSS

Bonner Sorgen

20. November 1948

Im Parlamentarischen Rat hat man seit geraumer Zeit begonnen, über die Arbeitstechnik bei den Verhandlungen, über die Möglichkeit der gewissen Termine, des gewissen Termins sich ernste Gedanken zu machen. Die optimistischen Ansagen, mit denen von einigen der Start der Beratungen begleitet worden war,[1] sind ein bißchen fatale Erinnerungen geworden. Sie waren nicht unbegründet gewesen, da sie auf den redlichen Willen fast aller Beteiligten sich berufen konnten, in gemeinsamer Überlegung etwas Brauchbares zu schaffen; eine Art Autosuggestion wirkte dabei mit, über die in der Aufgabe ruhenden Schwierigkeiten hinwegzusehen, um deutlicher das gemeinsame Ziel zu erkennen. Und die These hatte Zustimmung gefunden: um auch seelisch gesichert zu sein, bedürfe das Grundgesetz einer so gearteten Durchformung, daß mindestens 80 Prozent der Abgeordneten ihr Ja sagen könnten.[2]

Davon ist man nun noch ziemlich weit entfernt, aber da man das Ziel im Auge behält, schreitet man lieber langsam, um nicht in der Hast sich auf andere Wege zu verlieren. Doch besteht dabei die Gefahr, daß man zu spät kommt. Denn die Weltgeschichte als solche ist nicht liebenswürdig und interessiert genug, besonders auf das Bonner Tempo zu achten. Zwar kennt und übt sie selber genug zur Zeit an sehr sichtbaren Stellen die Technik des Retardierens, des Ausweichens, des Umformulierens. Aber die Deutschen, machtlos wie sie sind, haben die geringste Möglichkeit, auf diese Dinge, so oder so, Einfluß auszuüben. Sie sollten sich nur innerlich darauf einstellen, daß, wenn irgendwann, irgendwo die politischen Aspekte und Machtlagen sich plötzlich ändern, nicht gerade sie die Dummen sind, weil sie mit ihrer Hausaufgabe nicht fertig werden konnten.[3]

Erfreulicherweise hat der Hauptausschuß, öffentlich tagend[4], begonnen, Teile des Grundgesetzes in einer ersten Lesung plenumsreif zu machen.[5] Damit hat der Rat sich selber dem Gesetze unterworfen, keine größere Pause eintreten zu lassen. Wenn die Zuhörer finden, diese Gespräche über den Rechtscharakter der Bundesregierung etwa seien eine ziemlich langweilige Sache, so ist das völlig in Ordnung – die Beratung soll in der sachlichen Schlichtheit, mit der die Formulierungen auf ihre juristische und politische Wirkung überprüft werden, dartun, daß es sich nicht um Sensation oder um polemischen Amüsierbetrieb handelt. Wichtiger dabei dies, daß bei Abstimmungen recht oft *alle* mit mehreren Mitgliedern vertretenen Fraktionen »auseinanderfallen«. Warum ist dies wichtig? Weil sich daraus ergibt, daß das Urteil über diese oder jene technische Detaillierung der Staatsapparatur nicht in einer Parteiprogrammatik festgelegt sein kann. Diese sehr offene Stellungnahme wirkt recht auflockernd. Sie vollzieht sich in den einzelnen Gruppen in der mannigfachen individuellen Verantwortung. Nur so kommt man zunächst überhaupt voran, weil man nicht über jedes Komma in den Verfassungsartikeln ein Fraktionsvotum einholen kann.

Doch ist das ersichtlich nur ein Zwischenspiel, möglich, erwünscht und erlaubt, solange es sich nur um Randprobleme dreht. Wenn die zentralen Fragen der kommenden Staatsstruktur angepackt werden, bedarf es einer vorangegangenen gruppenhaften Willensbildung. Denn das Ergebnis gerade bei diesem Gesetz kann nicht völlig dem Zufall der individuellen Abstimmung überlassen bleiben. Denn darin liegt die Gefahr, daß die Kongruenz der Entscheidung verlorengeht, die Teile nicht mehr ineinander greifen.

Man hat, eben wegen jener gedachten achtzig Prozent, bisher vermieden, sog. »Kampfabstimmungen« zu vollziehen. Natürlich ist es in den Fachausschüssen, die die Abschnitte vorberaten haben, zu Mehrheits- und zu Minderheits-Voten gekommen, wo immer es aber ging, strebte man nach einer einhelligen Übereinkunft und diese ist auch in wichtigen Stücken, beim Grundrechte-Katalog, bei der Zuständigkeitsverteilung und so fort zumeist erreicht worden. Aber die Schwierigkeiten in ein paar elementaren Fragen sind noch offen.

Wer dazu Lust hat, kann feststellen, daß die CDU/CSU-Fraktion so sehr, sehr lange zu ihrer Meinungsbildung brauche, und wer ein bißchen Ironie hinzufügen will, mag anmerken, ob das nun eben daran liege, daß sie ihr Zukunftsprogramm der Wahl von »Persönlichkeiten« auch im Proporz vorweggenommen habe. So aber ist es nicht. In dieser Gruppe überschneiden sich am stärksten (wenn nicht ausschließlich) die spezifischen »Staats«-Traditionen eines historischen Anspruches mit den rationalen Forderungen der baren Zweckmäßigkeit. Die Rheinländer haben früher natürlich auch wie die Bayern, wenn es darauf ankam, auf die »Preußen« geschimpft. Aber sie haben in dem breiten Rhythmus zu leben und zu verwalten gelernt. Diese Dinge werden durch die Sätze eines gleichen oder sich ähnelnden Parteiprogramms überdeckt.[6]

Jetzt ist das paradoxe Wort gebraucht worden: man kann das gesamtdeutsche Grundgesetz nicht nach den wahltaktischen Bedürfnissen der Münchener Länderregierung gegenüber der sie bedrohenden »Bayernpartei« modellieren. Wäre man in München etwas weitsichtiger gewesen, als man es war, so hätte man, die letzten Gemeindewahlen berücksichtigend, auch einige Männer des noch echteren bajuwarischen Geblütes nach Bonn gesandt.[7] Da hätte sich zweierlei ergeben können: entweder diese Leute wären dann auch in die Zwänge der gesamtdeutschen Argumentation einbezogen worden, oder sie hätten ihre Dauerposition neben den etwas unleidlich sich wichtig machenden Kommunisten eingenommen. Ihnen wäre in dieser Lage auf die Dauer wohl nicht wohl gewesen, wohl aber Dr. Hundhammer[8], sie in solcher Nachbarschaft vorzeigen zu können. Diese Chance ist verspielt. Die Aufgabe selber wurde damit erschwert. Daß eine Vermachtung vermieden werden soll, ja muß, weiß man auch in München; doch soll man aus diesem Wissen keine Macht beziehen wollen, die ein baldiges Übereinkommen zum gemeinen Besten erschwert, ja gefährdet.

Rhein-Neckar-Zeitung, Nr. 151 vom 20. November 1948, S. 2

THEODOR HEUSS

»... des föderativen Typs«

27. November 1948

In dem Dokument I der Londoner Empfehlungen[1] sind einige Gesichtspunkte genannt, deren Berücksichtigung die Besatzungsmächte bei der Formung eines deutschen Grundgesetzes erwarten. Man konnte zwischendurch erfahren, daß die Unterhaltungen über eine deutsche Staatenzukunft in London sich über die allgemeinen Vokabeln hinausbewegt hatten, um einige konkrete Vorstellungen über das den fremden Mächten erwünscht, erstrebenswert Erscheinende zu gewinnen, daß es da offenbar gewisse »Annexe« gibt – aber davon wurde weiter nichts bekannt gegeben. Jetzt, in der »Denkschrift«[2], ist einiges davon sichtbar geworden. Die Militärgouverneure lassen wissen, in Formeln von wechselnder Art der Präzision, das und das und das erscheine ihnen bei der Schlußarbeit an dem Bonner Gesetz erwägenswert, damit dessen späteres Schicksal nicht in eine Gefährdung bei der Entscheidung durch die Besatzungsmächte gerate.

Der Vorgang ist natürlich von großer sachlicher und politischer Bedeutung. Man konnte sich, aber man mußte sich nicht einer solchen Stellungnahme versehen. Die Militärgouverneure sprechen selber aus, daß eine wirkliche Beurteilung des Bonner Werkes erst dann möglich sein mag, wenn es zum Abschluß gebracht sein wird. Aber nun liegen Teilstücke vor oder erscheinen Tendenzen spürbar, die man mit einem Mißbehagen wahrnimmt – wohin werden sie führen?

Man darf den Augenblick der Demarche etwas erstaunlich finden. Denn gerade für die elementaren Fragen des föderativen Machtgefüges liegen in Bonn Entscheidungen noch gar nicht vor. Und das andere: welche Möglichkeiten einer agitatorischen Verzerrung ihrer inhaltlichen Auffassungen und ihrer Motive werden von den Westmächten der Ostzonen-Politik angeboten, geradezu aufgedrängt! Und dies zwei Wochen, bevor in Berlin eine Art von Machtprobe in das Bewußtsein der Bevölkerung gelegt wird.[3] Aber das ist eine Sache für sich.

An den Parlamentarischen Rat in Bonn stellt sich die Frage, wieweit er seinerseits dies Memorandum, den Akt als solchen, seine inhaltlichen Gesichtspunkte, dramatisiert oder sich auf eine sachliche Kenntnisnahme beschränkt. Die Antwort ist unzweifelhaft kompliziert, denn wenn auch vermutlich niemand diese Art von Beratung im Detail als erwünscht betrachten mag, weil sie der an sich begrenzten Autorität des Bonner Gremiums abträglich sein kann, so wird diese Gruppe diesem Punkt, jene Gruppe jenem Punkt des Aufschriebs zustimmen, da er der eigenen Auffassung entspricht. Derlei kann eine seelisch unerwünschte Wirkung haben, wenn jemand auf den Einfall kommen könnte (und damit ist zu rechnen), bei den bevorstehenden internen Argumentationen zu sagen: ihr stützt euch ja auf die Anregungen der Siegermächte-Demarche! Das wäre für die Atmosphäre der gemeinsamen Bemühungen ein unguter Beitrag.

Das Gemäße ist eine unverwirrte, kühle Sachlichkeit in der Weiterarbeit – wenn diese selber durch den Anstoß von außen in ein beschleunigtes Tempo gebracht worden ist, so wäre dies allein ein kleiner Gewinn. Gewiß soll man nicht hudeln, aber man muß sich entschließen und entscheiden. Denn die Probleme sind in den Ausschüssen und Konferenzen dutzende Male durchgesprochen! Ermunterungen zur Eile, die von außen kommen, beeindrucken uns im Augenblick nicht sehr – wir sprachen kürzlich schon davon[4] –, weil die fremde Politik zur Zeit ja auch nichts anderes ist als ein Training in Völker-Geduld. Aber es ist ein eigenes *deutsches* Interesse, bald zu Klärung und Klarheit zu kommen. Denn erst dann ist das Gespräch mit den anderen fruchtbar, was denn eigentlich ein »föderativer Typ« sei.[5]

Ein verbindliches Modell dafür fehlt vollkommen. Das wissen die anderen natürlich auch. Nur sind ihre Vorstellungen gegenüber dem deutschen Problem völlig verschieden getönt: bei den Amerikanern rational, bei den Franzosen historisch-politisch, bei den Briten mischen sich die Dinge. Das erschwert unsere Unterhaltung. Man konnte ja in der politischen Praxis der letzten drei Jahre diese im Grunde sich trennenden Grundauffassungen studieren, an der Art, wie innerhalb der Zonen die Ländergemeinsamkeiten behandelt wurden und ob überhaupt (der »Länderrat«[6] in der amerikanischen, später, mit anderem Rhythmus, der »Zonenbeirat«[7] in der britischen Zone und das Fehlen eines entsprechenden Organs in der französischen Zone)! Über diese Tatbestände soll und will man in Bonn heute hinwegkommen. Dabei sind also nicht bloß divergierende fremde Grundhaltungen zu verarbeiten, die sich inzwischen teilweise wohl angenähert haben, sondern auch deutsche. Denn »Föderalismus« wird in Ansehung ihrer Geschichte und ihrer Zukunftsaspekte ja auch bei den Deutschen sehr verschieden buchstabiert, innerhalb der Parteien wie getrennt bei dieser und dieser Landsmannschaft oder Staatlichkeit.

Ein Beispiel von vielleicht sekundärer Wichtigkeit aus den letzten Tagen mag das illustrieren. Die FDP-Fraktion hatte den Antrag gestellt, den Bundespräsidenten von der künftigen Volkskammer[8] und von ihrer Mitgliederzahl entsprechenden »Elektoren«, die durch die Einzellandtage proportional zur Landesgröße bestimmt würden, wählen zu lassen.[9] Der Sinn dieses Vorschlages war, dem Bundespräsidenten einen breiteren Sockel zu geben. Die SPD, die bisher, um den Charakter des »Staatsfragments«[10] zu akzentuieren, die Institution noch nicht rechtlich gesichert haben wollte, trat dem Antrage bei.[11] Er hat bei Teilen der CDU/CSU Mißbehagen geweckt, denn er wirke »unitarisch«, weil der gedachte (noch nicht beschlossene) »Bundesrat« dabei nicht zum Zuge komme, also die Länder vernachlässigt seien.[12] Der Einwand ist völlig unrichtig, wenn man nicht eben »Länder« mit »Länderregierungen« gleichsetzt. Die Anregung gibt den Ländern nach ihrem Volksgewicht mehr Bedeutung als es im Bundesrat Ausdruck finden würde. Man muß nur das Denken mit Kurzschlüssen zu vermeiden suchen.

Daß »die Welt« sich sehr unterschiedliche Gedanken über das künftige deutsche Staatsrecht macht, begleitet unser Wissen, aber es handelt sich darum, sich gegen sie abzuschirmen – und zunächst aus *unserem* Wissen um die deutschen Dinge einen verbindlichen Willen festzulegen. Der wird dann in die Beurteilung derer treten, die die formelle und tatsächliche Macht in Deutschland ausüben. Wir können den bitteren Tatbestand so wenig zu negieren versuchen, wie es uns unmöglich und unwürdig erscheinen müßte, in *unseren* Entscheidungen immerzu nach Auffassungen der Besatzungsmächte zu schielen und dann vielleicht der Illusion zu verfallen, dort, wo wir deren Gegensätzlichkeit aus den ungewissen Worten herausspüren können, »große Politik« zu machen. Damit gerät man in Selbsttäuschungen. Die Leute in Bonn müssen sehen, ihre

Aufgabe, für die London nur die technische Legitimation gab, so zu lösen, daß die Legitimation von der deutschen Geschichte bestätigt wird. Für die Besatzungsmächte selber steht das *Ganze* zur Entscheidung, nicht die isolierte Einzelheit,[13] und *ihre* Entscheidung wird dann auch nicht die professorale Zensur sein, wie sie in einem staatsrechtlichen Seminar erfolgt, sondern ein *Politikum*, dessen Motive in einer weltpolitischen Gesamtschau begründet sein müssen, wenn das ganze Unterfangen überhaupt sinn- und wirkungsvoll sein soll.

Rhein-Neckar-Zeitung, Nr. 155 vom 27. November 1948, S. 2

THOMAS DEHLER

Der Endspurt in Bonn

4. Dezember 1948

Die Verhandlungen des Parlamentarischen Rates waren in den letzten Wochen festgefahren.[1] Man hatte den großen Fehler gemacht, die Entscheidung der neuralgischen Fragen herauszuschieben. Dadurch hat man sich in einen circulus vitiosus[2] begeben, immer wieder mußte man die Klarstellung einer Frage von der Entscheidung einer anderen abhängig machen und deshalb aufschieben. Besonders hinderlich erwies sich die Uneinigkeit der Fraktion der CDU/CSU.[3] In dieser Feststellung soll kein Vorwurf liegen. Wir wünschen uns keine Parteien, in der die Menschen gleichgeschaltet sind oder in der der Fraktionszwang als politisches Kampfmittel herrscht. Aber es ging nicht an, Woche auf Woche verlieren zu müssen und um die nötigen Lösungen wie die Katze um den heißen Brei herumzugehen.

Zunächst versuchte die SPD den Verkrampfungszustand zu überwinden. Völlig überraschend erklärten die Abgeordneten Dr. Menzel[4] und Dr. Katz[5] die Bereitschaft ihrer Fraktion, den von ihr vorher mit Leidenschaft vertretenen Gedanken des Senatscharakters der zweiten Kammer aufzugeben und sich für den reinen Bundesrat, noch dazu in der extrem föderalistischen Form der völligen Gleichberechtigung aller Länder zu entscheiden, dem Führer der CDU-Fraktion Dr. Pfeiffer[6]. Der Vorstoß war schlecht angelegt und wirkte bei Dr. Adenauer[7] und seinen Freunden überaus verstimmend. Die Verkrampfung schien sich noch zu steigern. Der Besuch Adenauers bei der CSU-Fraktion in München erwies,[8] wie ernst die Lage geworden war. Er kam ohne positives Ergebnis nach Hause. Ein lähmender Druck lastete über allen Verhandlungen. Die interfraktionellen Besprechungen verliefen ergebnislos und wurden aufgegeben. Die Beratungen in den Spezialausschüssen stockten.

Man ging neue Wege. Der Redaktionsausschuß, bestehend aus

dem Abgeordneten Zinn[9] von der SPD, v. Brentano von der CDU[10] und mir, wurde beauftragt, nicht nur die Arbeitsergebnisse der Einzelausschüsse zu koordinieren, sondern von sich aus eine Gesamtkonzeption und damit auch eine Lösung von Einzelfragen zu suchen. Er hat manches in Bewegung gebracht und seine Vorschläge fanden Anklang, seine Formulierungen sind weitgehend die Grundlage der Verhandlungen des Hauptausschusses, der nunmehr in Aktion getreten ist und in seinen Abstimmungen Stellungnahmen erzwingt.[11] Hier hat nun die Fraktion der FDP *aktiv* eingegriffen. Sie tat es nicht, wie der *Berliner Tagesspiegel* in seiner bekannt hämischen Weise behauptet, in dem Bemühen, das Zünglein an der Waage zu bilden,[12] sondern ausschließlich in dem Bestreben, einmal einen Nagel fest einzuschlagen. Es hat alarmierend gewirkt, daß wir in der Frage der Wahl des Bundespräsidenten mit der SPD zu einer Verständigung zu kommen versuchten. Diese nahm unseren schon vor Wochen gemachten Vorschlag[13] an, den Bundespräsidenten nicht in gesonderten Abstimmungen des Bundestages und des Bundesrates wählen zu lassen, sondern dafür ein besonderes Wahlgremium, die Bundesversammlung, bestehend aus den Mitgliedern des Bundestages und der gleich großen Zahl von Elektoren, die durch die Landtage gewählt werden, zu schaffen; die erste Einberufung dieser Bundesversammlung soll durch einfaches Bundesgesetz erfolgen, bis dahin soll der Präsident des Bundestages die Funktionen des Bundespräsidenten ausüben. Dieser Vorgang führte in der Presse zu der Behauptung, wir hätten uns mit der SPD über die unitarische Grundlinie geeinigt und schuf in der Fraktion der CDU/CSU starke Erregnis.[14] Es kann aber keine Rede davon sein, daß wir uns irgendwie festgelegt haben, wir haben unsere *eigenen* konstruktiven Lösungen, die wir durchzusetzen erstreben und für die wir Bundesgenossen suchen. Wir haben nach wie vor den Wunsch, an einem Grundgesetz mitzuwirken, das am Ende die Zustimmung aller Parteien, mit Ausnahme der obstruktiven KPD, finden wird.[15] Dieser geschichtlichen Mission wollen wir uns nicht entziehen, sie entspricht unserer geistigen Haltung. Wir sind der stolzen Zuversicht, daß das Werk in Bonn dank unserer Mithilfe nun bald zum Abschluß kommt.

Die Schwierigkeiten, die noch bestehen, sollen nicht unterschätzt werden. Wichtige Fragen harren noch der Entscheidung und die Gegensätze der Meinungen sind groß. Die Verhandlungen über die Wahlrechtsfrage sind auf ein totes Gleis geraten,[16] trotz der klugen Bemühungen unseres Freundes Dr. Becker[17]. In der Frage der Länderkammer bahnt sich die Einigung auf den Bundesrat an; ob er gleichberechtigt neben dem Bundestag und der Gesetzgebung steht oder ob ihm ein Vetorecht zugebilligt wird, das durch eine qualifizierte Mehrheit des Bundestages überwunden werden kann, ist noch strittig. Die Gestaltung der Finanzhoheit und der Finanzverwaltung ist noch Gegenstand erheblicher Spannungen. Die Meinungen darüber, was unter einer föderalen Verfassung zu verstehen ist, gehen insgesamt noch weit auseinander.[18] Wir glauben einen gesunden Standpunkt zu vertreten, der dem Bund und den Ländern gibt, was sie brauchen. Der Bund kann nur bestehen, wenn die deutsche Rechts- und Wirtschaftseinheit bewahrt wird, darum muß der Bund die erforderlichen Hoheitsbefugnisse der Gesetzgebung, der Verwaltung und der Rechtsprechung haben. Die Länder haben darauf durch den Bundesrat entscheidenden Einfluß. Die Ausführung der Gesetze und die Verwaltung sollen weitgehend den Ländern überlassen bleiben,[19] bundeseigene Verwaltungen sollen nur für den auswärtigen Dienst, die Eisenbahn und die Post eingerichtet werden,[20] so daß das Schwergewicht der praktischen Verwaltung bei den Ländern und Gemeinden liegt. Bundesgerichte werden nur in der obersten Stufe geschaffen, um die Rechtseinheit zu sichern. So sind alle Voraussetzungen dafür geschaffen, daß die Länder ihr eigenes Leben haben und daß dem Bund die Kraft zukommt, die er braucht, um die schweren Belastungen, die auf der deutschen Gemeinschaft liegen, zu meistern. Es wäre verhängnisvoll, wenn die Föderalisten den Bogen überspannen würden. Ich habe die Zuversicht, daß es uns gelingen wird, die Parteien auf unserer Linie zu vereinigen.

Die stärksten Belastungen für das Werk in Bonn kommen von außen. Je lauter Frankreich die Forderungen der Föderalisierung Deutschlands als Voraussetzung seiner Sicherheit fordert, um so stärker erleidet dieser Gedanke im Empfinden des deutschen Volkes Abbruch. Man kann uns nicht ansinnen, auch nur in irgendeinem Punkte eine Entscheidung zu treffen, die wir nicht restlos aus unserer deutschen Verantwortung billigen können.

Die neue Demarche[21], welche die drei Militärgouverneure in Westdeutschland für nötig halten, sie zu allem Überfluß veröffentlichen, bevor die Mitglieder des Parlamentarischen Rates sie in der Hand hatten,[22] hat der Sache, der wir hier in Bonn dienen wollen, schwer geschadet. Man mag sie als wohlwollende Empfehlungen bezeichnen,[23] man mag erklären, daß man an keine Beeinflussung des Parlamentarischen Rates denke,[24] daß von einem Konflikt keine Rede sein könne: beim deutschen Volk muß der Eindruck entstehen, daß wir unter Druck gesetzt werden sollen.[25] Es ist ein Gebot der Selbstachtung und der Verantwortung vor unserem Volk, mit aller Klarheit zu erklären, daß sich an unserer Entschlossenheit, nur nach unserem Gewissen zu handeln, nichts ändern kann. Wir sind keine Beauftragten der Besatzungsmächte und werden es nicht sein, wir haben nur die eine Aufgabe, für das deutsche Volk den Raum, der uns freigegeben ist, staatlich neu zu formen: das Wohl unseres Volkes ist unsere einzige Richtschnur. Es kann uns bei unserer Arbeit nicht berühren, wie das Besatzungsstatut aussehen wird! Beschränkt es über das Maß der militärischen Notwendigkeiten hinaus die deutsche Souveränität, die wir in dem Grundgesetz festlegen, dann scheitert unser Versuch. Man kann uns nicht, wie der *Tagesspiegel* versucht, entgegenhalten, wir wollten Deutschlands Schuld an Krieg und Niederlage nicht wahrhaben, wir müßten uns damit begnügen, einen Zwischenzustand zu schaffen und die Ablehnung des Bundesgrundgesetzes durch die Militärregierungen würde auf uns fallen.

Im 4. Jahre nach Beendigung des Krieges hat das deutsche Volk einen Anspruch darauf, seinen Staat in Freiheit zu erneuern, beschränkt man ihm dieses Recht, dann schafft man einen Staat, der den Todeskeim in sich trägt. Die Frauen und Männer, die in Bonn sich mühen, haben ihre demokratische Haltung bewahrt,[26] sie haben ein Anrecht auf Vertrauen. Es wäre verhängnisvoll, wenn die Besatzungsmächte glauben würden, das deutsche Volk würde eine Verfassung annehmen, die mit der Wirklichkeit nicht übereinstimmt. Wollte man nur die Illusion einer Demokratie der Freiheit und der Selbstbestimmung errichten und uns dieses Recht verweigern, dann würden in diesem Zwiespalt der Glaube und der Wille des deutschen Volkes zerbrechen. Unser Volk ist voller Skepsis, die Besatzungsmächte waren bei ihrer Behandlung des deutschen Volkes nicht immer gut beraten. Es kann unsere Zuversicht nicht erhöhen, wenn sich die Stimmen häufen, daß Deutschland sich zu rasch erholt oder wenn immer wieder Maßnahmen angeordnet werden, für die uns jedes Verständnis fehlt – Zerstörung der Trockendocks in Wilhelmshaven oder des Fischernothafens in Borkum[27] – kann man es dem Mann auf der Straße verargen, daß er unsere Bemühungen in Bonn gering achtet, da er sieht, daß lebenswichtige Entscheidungen außerhalb des deutschen Bereiches und ohne Rücksichtnahme auf seine Lebensinteressen getroffen werden? Hier wird das Werk von Bonn am schwersten gefährdet. Die rührende Sorge, die die Militärgouverneure in ihrer Demarche äußern, daß alle Verwaltungshandlungen der deutschen Behörden unverzüglich einer gesetzlichen oder gerichtlichen Nachprüfung unterzogen werden können oder daß jeder Bürger Zutritt zu den öffentlichen Ämtern hat oder daß kein Beamter Abgeordneter sein darf,[28] will uns fehl am Platze scheinen, wenn ihre praktische Politik unserem Volke nicht die Zuversicht gibt, daß der neue Staat, den wir schaffen wollen, unserem Volke ein ungestörtes Leben in freier Selbstverantwortung gewährt.

Informationsdienst der Freien Demokratischen Partei,
Landesverband Bayern, Nr. 57 vom 4. Dezember 1948, S. 1–4

THEODOR HEUSS

Nach der ersten Lesung

11. Dezember 1948

Mit den Terminsetzungen[1] ist das so eine Sache. Sie sind Kinder des Optimismus, Schöpfungen einer wohlmeinenden Autosuggestion, schließlich auch arbeitstechnische Notwendigkeiten. Denn eine in Abteilungen, Ausschüsse und Unterausschüsse aufgegliederte Arbeitsgruppe bedarf ja der gewissen Disposition, damit die Gelenke der Gesamtkonstruktion dann und dann fertig sind, um ineinander gefügt zu werden. Aber dann passiert, schier unvermeidlich, das Malheur, daß an einem Stück noch gefeilt werden muß ... Oder die Fortsetzung einer Teilarbeit muß zurückgestellt werden. Denn welches Profil für sie gewählt und durchgeformt werden soll, hängt von einer Entscheidung ab, die an einer anderen Stelle gefällt werden und darum abgewartet werden muß. Wird sie vorläufig, wird sie endgültig sein?

So kam es, daß die erste Lesung des Bonner Grundgesetzes nach den Fetzen greifen mußte, die einigermaßen fertig waren.[2] Das mußte dem Arbeitsprozeß, der sich in den öffentlichen Sitzungen vollzog, den Charakter des Unorganischen geben. Doch Schaden ist daraus nicht entstanden. Denn für die Beteiligten und Verantwortlichen hatte sich ja in den zahllosen Sitzungen und Besprechungen dieser Wochen ein ungefähres Gesamtbild der verschiedenen Tendenzen ergeben. Man mußte ja, ohne ungeduldig zu werden, abwarten, bis sich einige Kernprobleme innerhalb der großen Fraktionen, zumal der CDU/CSU, so weit abgeklärt hatten, daß Entscheidungen getroffen werden konnten. Das ist nun in der ersten Lesung geschehen. Aber die Weiterarbeit steht unter dem Vorbehalt: wir stimmten für diese Lösung, etwa den Bundesrat, in der Annahme, er werde gleichberechtigt in allen Stücken der Legislative sein[3] ... Das ist nicht eingetroffen. Also ... Und so gibt es noch einige Lösungen, hinter deren paragraphenmäßigen Festigung ein Fragezeichen durchzuschimmern beginnt.

Vor einigen Wochen sind die »interfraktionellen Besprechungen«, die ja unentbehrlich sind, abgebrochen worden, weil in einigen Grundthesen, die man *vor* der Durchberatung gesichert wissen wollte, eine Übereinstimmung nicht erreichbar war.[4] Die Arbeit selbst ist dann durch informelle Verständigung der FDP mit der SPD über ein paar Punkte des Organisatorischen in Gang gekommen.[5] Aber das konnte und kann nur Zwischenstück in der Gesamtaufgabe sein. Mag es auch zur Aufgabe dieser Gruppe gehören, zugleich in Gesprächen mit der CDU diese oder jene Schwierigkeit auszuräumen oder zu lindern – die wirkliche Entscheidung kann nicht in wechselnden taktischen Kombinationen gefunden werden, die zunächst zur Verfügung standen und praktisch vorangeholfen haben, sondern sie ruht in einem Angleichen der Positionen der beiden großen Fraktionen. Das mußte jedermann klar sein, der an die technischen Voraussetzungen denkt, denen die schließliche Rechtsgeltung des Grundgesetzes noch unterworfen werden muß. Doch handelt es sich nicht bloß um das Statistisch-Rechenhafte, das auf Fraktionsstärken der Landtage oder auf Wählerziffern und Parteibestände blickt. Die geschichtliche Gesamtlage fordert geradezu eine wechselseitige Annäherung wie die künftige seelische Geltung des Grundgesetzes mit darauf ruht, daß es nicht das Ergebnis einer Vermachtung sein wird. Durch das Grundgesetz teilt der größere Teil Deutschlands, dem dies Wort ermöglicht war, der Welt mit, wie er sich die künftige staatliche Ordnung und den Charakter des politischen Lebens denkt. Soll, darf diese Mitteilung den Riß deutscher Auffassungen dartun?

Das heißt nicht, daß unterschiedliche oder gegensätzliche Meinungen bagatellisiert, als nicht vorhanden behandelt werden sollen. Alles demokratische Leben, das sich des Totalitarismus erwehren konnte und erwehren will, lebt aus der Polarität der Spannungen in der Beurteilung politischer, sozialer, kultureller Probleme. Das ist bei den anderen so wie bei uns und die anderen wissen auch darum. Es ist ein politisches Takt- und Tastgefühl, wie stark man heute solche Varianten der Meinungen und Empfindungen zum Ausdruck bringt – sicher darf man sie nicht *so* weit wirksam werden lassen, daß sie irgendwo draußen die machtpolitische Phantasie anregen.

Vermutlich darf als gesichert gelten, was die erste Lesung über die Institution des Bundespräsidenten, über den Bundestag, über den Zuständigkeitskatalog zwischen Bund und Ländern geformt hat.[6] Im Grundsatzteil mag es noch einige Änderungen geben, zumal wenn er in die Plenarabstimmung kommen wird.[7] Denn offenbar und recht verständlich werden sich hier individuelle Anschauungen unbefangen behaupten; das zeigte sich bei den uneinheitlichen Entscheidungen des Hauptausschusses. Das ist ganz in Ordnung. Offen erscheint die Frage, ob noch einmal die Problematik: Bundesrat oder Senat? in ihrer ganzen Weite ausgebreitet werden wird, ziemlich sicher wird dies in der Durchdenkung des Aufgabenkreises der Finanzverwaltung der Fall sein. Denn hier prallen ja auch die Voten der einzelstaatlichen Finanzminister [aufeinander].[8]

Man mochte in den letzten Tagen auch die Befürchtung haben, daß die »Verankerung« kultur-politischer Grundthesen, wie sie von der CDU für die Bonner Satzung beantragt wurden,[9] zur *politischen* Belastung führen werde. Die Kirchen waren mit solchen Wünschen oder Forderungen an den Parlamentarischen Rat herangekommen.[10] Der Einwand trat ihnen entgegen, daß mit voller Bewußtheit (wenn man auch darüber streiten mag) dieser ganze Komplex, soweit er über die subjektiven öffentlichen Menschenrechte hinausreicht, in die Länderzuständigkeit eingebettet sei. In der Tat haben diese Dinge ja auch in den verabschiedeten Länderverfassungen bereits eine eingehende Regelung erfahren und es ist kaum anzunehmen, daß sie dort, wo sie noch aussteht, in einigen Ländern der britischen Zone, eine im Elementaren irgendwie bedrohlich abweichende Lösung finden könnten. Die Aussprache wurde so geführt, daß nach einer Verständigung über einige Sätze, die mehr den Charakter der Deklaration als der rechtsverbindlichen Vorschrift besitzen, die Abstimmung, die die Einfügung des sogenannten Elternrechtes[11] als Gruppenanspruch an den Schulcharakter ablehnte, die Schulgesetzgebung der Länder nicht tangieren wird. Es ist dringend zu hoffen, daß damit diese Dinge in ihrer Ruhelage bleiben. Denn bei aller Wertung der Motive und des Gewichtes der Frage: niemand in Deutschland kann wünschen, daß wir *heute* die Zerklüftung des Volkes durch eine politisierende Schuldebatte herbeiführen, zu der die allgemeine Rechtslage nicht die geringste Veranlassung gibt.[12]

Termine, sagten wir vorhin, sind Kinder des Optimismus. Wie gerne würden wir den nächsten greifen und es geht wohl den meisten so! Aber nun muß erst wieder der »Redaktions-Ausschuß« sein

Geschäft aufnehmen. Das Grundgesetz enthält keinen Artikel wie die Weimarer Verfassung, der Orden verbietet.[13] Das ist fast bemerkenswert, daß von *keiner* Seite die Anregung kam, jene Bestimmung zu wiederholen; der spröde, etwas doktrinäre Puritanismus der Weimarer Leute ist offenbar einer nachsichtigen politisch-psychologischen Weisheit gewichen. Ganz gewiß wird der Parlamentarische Rat selber keinen Orden stiften – das ist in seinem Auftrag nicht vorgesehen. Sonst hätte er wahrhaft Anlaß, einen Tugend-Orden zu erfinden und die Abgeordneten v. Brentano (CDU), Zinn (SPD) und Dehler (FDP)[14] mit ihm zu schmücken. Denn ihre zähe Unverdrossenheit muß sich nun noch einmal durch die ganze Arbeit quälen, mit der Wünschelrute in der Hand, wo es vielleicht juristische Fehlerquellen gibt. War die Weimarer Verfassung in manchen Teilen sprachkräftiger, so wird die Bonner gehaltener und präziser sein, eben weil die Erfahrung einiger Jahrzehnte die Verantwortung für die Formel geschult hat.

Rhein-Neckar-Zeitung, Nr. 163 vom 11. Dezember 1948, S. 2

THOMAS DEHLER

Die Gefahren für Bonn

31. Dezember 1948

Die Aufgabe, die der Parlamentarische Rat zu erfüllen hat, ist klar und einfach: Es gilt dem deutschen Volke wieder eine staatliche Ordnung zu schaffen. Man sollte meinen, die Frauen und Männer, die diesen geschichtlichen Auftrag erhalten haben, müßten eines Sinnes sein und rasch zu den notwendigen Lösungen kommen. Sind sie sich doch einig in dem Willen, die deutsche Einheit wiederherzustellen, zunächst dem Süden und dem Westen Deutschlands, im Endziele dem ganzen deutschen Volke eine freiheitliche, demokratische Staatsform zu geben, die verfassungsmäßige Grundlage für eine handlungsfähige deutsche Regierung zu legen, die möglichst bald mit starker Hand die Ordnung der deutschen Dinge beginnen kann, das rechte Maß für das gedeihliche Zusammenwirken zwischen dem Ganzen und seinen Teilen zu finden, die Freiheiten und die Lebensrechte des einzelnen Menschen zu sichern. Das geschundene deutsche Volk hat mehr politisches Lehrgeld bezahlt als irgendein anderes, durch das Versagen seiner führenden Schicht in der kaiserlichen Zeit, durch den tragischen Zusammenbruch der Weimarer Demokratie und die aus ihr gewachsene Nazityrannei, durch die unsäglichen Blutopfer zweier Weltkriege. Kann es für verständige, verantwortungsvolle Menschen ernste Zweifel über den Weg geben, der einzuschlagen ist, vor allem darüber, daß in Bonn keine Politik zu machen ist, sondern daß nur wirksame und beständige Spielregeln für die künftige deutsche Politik festzulegen sind? Und wir erleben: Verhandlungen, die sich Monat über Monat hinziehen, in den Fraktionen, in den Fachausschüssen; dann Kampfabstimmungen im Hauptausschuß, bei denen fast in jedem wesentlichen Punkt sich die beiden gleich großen Parteien der CDU/CSU und der SPD mit entgegengesetztem Votum gegenüberstehen und in denen immer wieder die Stimmen der FDP den Ausschlag geben;

Monate nach Beginn der Beratungen Vorstellungen und Anträge der Kirchen[1] und der Gewerkschaften[2] mit weitreichenden materiellen Forderungen und in der Folge neue schwierige Verhandlungen, Demarchen und Mahnungen der Besatzungsmächte,[3] die von den einen mit Schmerz und Ingrimm, von den anderen mit Behagen und fast mit Schadenfreude aufgenommen werden; das Auseinanderfallen der Delegation des Parlamentarischen Rates vor den Militärgouverneuren[4] und die Desavouierung seines Präsidenten[5] als des Sprechers der Delegation, sogar eine Mißtrauenserklärung der SPD gegen ihn;[6] ständig zunehmende Nervosität der bayerischen Delegierten und der bayerischen Regierungsstellen gegenüber den Beschlüssen des Hauptausschusses und immer nachdrücklichere Protesterklärungen;[7] und dann am Ende alarmierende Pressemeldungen: »Offene Krise in Bonn ausgebrochen«[8]; »Warum Bayern dagegen ist«[9]; »Der Erfolg Bonns gefährdet«[10] – und wir sehen, daß sich selbst in den Herzen mancher Bonner Geronten[11] Zweifel einnisten, ob wir an einer wirklichen Demokratie bauen und bauen können, ob nicht das Weltbild der deutschen Menschen unheilvoll zerrissen ist und eine geschlossene Willensbildung gar nicht mehr zuläßt, ob wir überhaupt den Beruf zur Verfassungsgebung haben oder ob nicht Gott allein den Zirkel des Bösen noch lösen kann.

Die Dinge liegen in Wirklichkeit einfacher, als sie unserem Volke im Augenblick dargeboten werden. Wir wollen nüchtern prüfen, worauf die Schwierigkeiten in und um Bonn zurückzuführen sind und wie sie behoben werden können.

Die Arbeit des Parlamentarischen Rates ist gerade für das Empfinden der besten Deutschen dadurch belastet, daß sie der Form nach der Initiative der Besatzungsmächte entspringt. Diese haben in den Londoner Dokumenten auf Grund der Sechs-Mächte-Besprechungen über Deutschland die von den Ministerpräsidenten mit großer Zurückhaltung aufgenommenen Empfehlungen für die Einberufung einer verfassunggebenden Versammlung erlassen.[12] Es ist schwer, die innere Anteilnahme unseres Volkes für ein Werk zu wekken, das nicht so sehr seinen Zielen als denen der Sieger zu dienen, ja das nur ein Instrument in ihrem Mächtespiel zu sein scheint. Hier liegt eines der schwärenden Übel und hier scheiden sich in Bonn die Geister. Mit Klarheit sei es gesagt: Wenn ich nach Bonn ging, so wahrlich nicht um zu tun, was die Siegermächte wollen oder was ihnen gefällt. Meine Freunde und ich haben nur ein Ziel: Unserem Volke aus der Tiefe seines Sturzes den Weg in eine bessere Zukunft zu bahnen. Das Londoner Dokument Nr. I bedeutet uns weder Auftrag noch Bindung, sondern gibt nur den Weg frei für die Erfüllung des Anspruches des deutschen Volkes, sein staatliches Leben zu gestalten. Mißbilligen die Besatzungsmächte unsere Beschlüsse, so ist das eine Frage der Macht und nicht des Rechtes. Beschränkt ein Besatzungsstatut die in dem Grundgesetz festgelegte deutsche Souveränität über die militärischen Interessen der Alliierten hinaus, so ist das Mandat, das wir für unser Volk übernommen haben, beendigt. Es kriselt, weil diese Haltung nicht für alle selbstverständlich ist. Es ist erschütternd, daß der Eindruck entstehen konnte, Vertreter der CSU hätten sich des Einflusses der alliierten Verbindungsstäbe bedient, um ihre Ziele durchzusetzen.[13] Nur aus dem so geweckten Mißtrauen heraus entstand die Krisis bei dem Empfang der Delegation durch die Militärgouverneure; die Äußerung Dr. Adenauers, die ihm von den Herren der CSU nahegebracht worden war, es würde der Beschleunigung der Arbeit des Rates dienen, wenn die Gouverneure zu den strittigen Fragen Stellung nähmen, wurde von uns und den Sozialdemokraten als die Anrufung der Besatzungsmächte zu Schiedsrichtern und als Verzicht auf unsere Gesetzesautonomie und Selbstverantwortung empfunden.[14] Dr. Adenauer verwischte durch seine loyale Erklärung gegenüber den Gouverneuren bei der zweiten Begegnung diesen Eindruck[15] und räumte damit die Mißhelligkeit aus, so daß für das Nachgrollen der Sozialdemokraten kein Anlaß besteht. Es ist aber nicht zu übersehen: Hier ist der wunde Punkt der Bonner Lage. Die junge deutsche Demokratie braucht Würde. Sie wäre von Anfang an heillos vertan, wenn ihr Gesetz durch fremden Willen bestimmt würde. Niemand darf diesen Fluch auf sich laden. Wenn die Bayernpartei[16] gegen Bonn an die Militärgouverneure appelliert, so ist das die Übersteigerung einer in Bayern an sich vorhandenen Haltung. Das ist die Sünde gegen den Geist unseres Volkes. Die bayerische Position ist nicht leicht; es ist eine vertrackte Sache uns glauben zu machen, daß ausgerechnet die Forderungen, die ein de Gaulle[17] als gelehriger Schüler Richelieus[18] und Clemenceaus[19] zur ewigen Lähmung der politischen Kraft Deutschlands erhebt, wahrem deutschem Wesen entsprächen.

Was die bayerischen Exponenten wollen, ist am Ende nichts anderes als der von den Franzosen erstrebte lose und damit ohnmächtige Bund der durch die Akte der Besatzungsmächte zum Teil willkürlich geschaffenen deutschen Länder. Ministerpräsident

Dr. Ehard hat in einer Münchner Rede am 30. November 1947[20] seine Grundgesetze für den Aufbau eines solchen föderalistischen Staatsgebildes klar dargelegt: »Das Entscheidende ist, daß die Einzelstaaten das Primäre sind, daß die Herstellung einer Bundesverfassung auf einwandfreiem bündischen Wege erfolgt, daß folgerichtig keine zentrale, aus allgemeinen Wahlen des Gesamtvolkes hervorgegangene, völlig souveräne verfassunggebende Nationalversammlung mit der Schaffung einer Bundesverfassung beauftragt werden kann.« Gewiß, man hat offiziell um einige Pflöcke zurückgesteckt; man beruft sich nicht mehr auf den ominösen Artikel 178 der Bayerischen Verfassung,[21] der diesen freiwilligen bündischen, von Vorbehalten und Bedingungen abhängigen Zusammenschluß der Länder vorsieht; man findet sich mit den Weisungen der Besatzungsmächte, einen deutschen Staat zu schaffen, ab. Aber man beharrt innerlich bei seiner Vorstellung der primären und originären Eigenstaatlichkeit Bayerns. Man ist weit entfernt von der geschichtlichen Einsicht und staatsmännischen Klugheit des Vatikans, der schon vor Jahresfrist erklären ließ, die einmal erreichte nationale Einheit Deutschlands habe eine psychologische Wirklichkeit geschaffen, die sich auf die Dauer kaum mehr ändern lasse und in der ein neuer Partikularismus nur nach einem neuen Nationalismus in dieser oder jener Form rufen müßte, der heilige Stuhl fahre fort, das Bestehen eines deutschen Einheitsstaates anzuerkennen. Man sieht nicht ein, daß ein nach den bayerischen Wünschen geschaffener Bund eine derart aufgelockerte Staatsgewalt bedeuten würde, daß sie nie und nimmer in der Lage wäre, die unvorstellbar schweren Aufgaben zu lösen, die uns in dieser Zeit der tiefsten inneren und äußeren Erschütterungen gestellt sind.

Man will aber gar nicht mehr sachlich argumentieren. In Bonn haben gerade die Leute, die man in Bayern entweder als Scheinföderalisten schilt oder als verkappte Zentralisten verdächtigt, aus der Überzeugung heraus, daß eine gesunde Demokratie sich von unten nach oben aufbauen soll und daß nicht oben geregelt werden soll, was unten geregelt werden kann, dem neuen Bund einen grundsätzlichen föderalen Aufbau gegeben: beschränkte Gesetzgebungszuständigkeit des Bundes; Ausführung der Gesetze bei den Ländern; die gesamte innere Verwaltung und die Justiz sind Ländersache; die Einnahmequellen sind zwischen Bund und Ländern aufgeteilt; die Länder haben eigene Finanzwirtschaft und die Möglichkeit eigener Finanzverwaltung; der Bundesrat hat in der Gesetzgebung und in der Exekutive eine überragende Stellung.[22] Man kann sich über Einzelheiten noch unterhalten. Nicht zu bestreiten ist, daß in Bonn guter Wille am Werk ist und daß man versucht, dem Bund zu geben, was des Bundes ist und den Ländern zu geben, was der Länder ist. Wie antwortet Bayern? Ein Junius-Artikel in der Nr. 119 der *Süddeutschen Zeitung* »Warum Bayern dagegen ist?«[23] zeigt die erschreckende Geisteshaltung, die südlich der Donau vorherrscht. Bayern ist dagegen, weil es dagegen ist, weil es um jeden Preis dagegen sein will, mag man in Bonn beschließen, was man will. »Senat hin, Bundesrat her, es handelt sich um den Geist, der die Gesetzesschmiede erfüllt«.

Bayern will seine Eigenart bewahren, die anderen wollen sie ihm nehmen, deswegen ist es dagegen. Die anderen – das sind die Industrieritter, die ewigen Unruhestifter, die Raffer, die Angeber, die Prahlhänse, die Schwarzhändler. – Und das geschieht in der führenden bayerischen Zeitung! Es wird einem bange. Die Gefahren für Bonn liegen in München. Will es immer »dagegen« sein?[24]

Fränkischer Tag, Ausgabe Bamberg, vom 31. Dezember 1948[25]*, S. 5*

Thomas Dehler

FDP fordert Präsidialregierung

15. Januar 1949

Die Muße der vergangenen Feiertage ließ einen Abstand gewinnen von dem, was bisher in den Ausschüssen des Parlamentarischen Rates als Entwurf des künftigen Grundgesetzes beschlossen und formuliert wurde. Und siehe: ich fand, daß das Werk nicht gut ist. Gewiß, viel ehrlicher Wille und ein großes Maß politischer Erfahrung und staatsrechtlichen Scharfsinns haben hier ihren Niederschlag gefunden, aber diese Form der kontinentalen parlamentarischen Demokratie, zu der man sich entschließen will, wird ihr wesentliches Ziel nicht erreichen: die junge, deutsche Demokratie stark und wirksam zu machen. Sie nährt sich zu sehr von dem Gedankengut des 19. Jahrhunderts, ohne daß sie von dem Vertrauen und von der Gläubigkeit jener Zeit getragen würde. Wir drohen damit die Fehler der europäischen Politiker nach dem ersten Weltkrieg zu wiederholen.

Nach 1918 hatten sich alle Staaten des Festlandes vom Mittelmeer bis an die Grenzen Rußlands nach den Grundsätzen der parlamentarischen Demokratie organisiert. Die politische Macht lag bei den Parlamenten, die nach dem allein für gerecht gehaltenen Verhältniswahlrecht gewählt worden waren. Sie sind insgesamt in einem großen Massensterben dahingerafft worden. Die Form der reinen Parlamentsherrschaft hat nicht die Kräfte entwickelt, die zur Meisterung der sozialen und politischen Aufgaben unserer Zeit der großen Massenstaaten notwendig sind; kann man trotz dieser bittersten Erfahrungen kritiklos zu ihr zurückkehren oder muß man nicht wenigstens reiflich erwägen, ob nicht eine andere Verteilung der politischen Macht innerhalb des Staates wirkungsvoller zu sein verspricht? Was bisher in Bonn niedergelegt worden ist, gleicht im Wesentlichen der neuen französischen Verfassung:[1] der gleiche schattenhafte Bundespräsident als überwiegend dekorative Figur;

die entscheidende Macht beim Bundestag, von dem der Bundeskanzler mit seiner Regierung abhängt. Es wird versucht, den Bundeskanzler gegen die Obstruktion heterogener Oppositionen dadurch zu schützen, daß ein Mißtrauensvotum mit der Folge des Sturzes nur in der Form einer gleichzeitigen Mehrheitswahl eines neuen Bundeskanzlers möglich sein soll;[2] in der Verfassungswirklichkeit wird dieser Schutz versagen, weil nach den Erfahrungen der Weimarer Zeit in der Regel nicht die vereinigte Opposition radikaler Flügelparteien, sondern das Auseinanderfallen einer Regierungskoalition, das den Kanzler zum Rücktritt nötigt, die Regierungskrise auslösen wird.

Das reine parlamentarische System versagt schon in Frankreich, das unter seiner Herrschaft nicht leben und nicht sterben kann und das Opfer des schon an die Tore des Parlaments pochenden Diktators zu werden droht.[3] Und Frankreich ist ein Siegerstaat,[4] mit starker staatlicher Tradition, mit dem Rückhalt eines großen Kolonialreiches, gestützt von der Sympathie der Welt. Kann diese Form des Regierens mit den ihr notwendig anhaftenden Schwächen, Schwierigkeiten und Umständlichkeiten für unser Volk taugen, für unseren Staat der Ohnmacht, zerrissen durch den Streit der Sieger ohne Außenpolitik, ohne Heer, ohne Polizei, ohne gesunde Verwaltung, mit zerschlagener Wirtschaft, bedroht von der Sucht seiner Glieder zu eigenwilliger Absonderung, belastet mit dem Mißtrauen seiner Menschen, die eine Zukunft voll Dunkel und Hoffnungslosigkeit vor sich sehen, die auseinandergerissen werden durch das soziale Unrecht, das nur ein starker Staat ausgleichen könnte? Die nationale Not unseres Volkes und seine soziale Not begründen jede für sich die Gefahr der revolutionären Massenbewegung; denken wir uns die Besatzung weg, dann wird uns offenbar, wie stark eine deutsche Regierung sein muß, wenn sie unser Volk sicher durch die Gefährnisse dieser Zeit führen und durch schöpferische Leistung die latenten Tendenzen zur totalitären Tyrannei dieser oder jener Observanz, jedenfalls zu neuer Katastrophe, abfangen soll. Unser Volk, das angefüllt ist mit Resignation und Skepsis, würde das Bild häufiger Regierungskrisen nicht ertragen, es würde sich sehr rasch enttäuscht von dem parlamentarischen Spiel, für das ihm das Verständnis fehlt, abwenden. Man sagt nicht ohne Grund, daß das parlamentarische System ein Ventil für politische Spannungen und Krisen darstelle und den revolutionären Bruch vermeiden könne; aber wir haben erlebt, daß es nicht die großen politischen, wirtschaftlichen und sozialen Probleme waren, die Regierungen stürzen ließen, sondern meist unechte Spannungen, die Verantwortungsscheu dieser oder jener Partei, parteitaktische, besonders wahltaktische Erwägungen, nicht selten auch persönliche Animositäten.

Der Parlamentarische Rat in Bonn gibt uns einen Vorgeschmack von dem, was uns erwartet, wenn die Regierungsgewalt in ihrem Bestande vom Parlament entscheidend abhängig gemacht wird. Die beiden großen Parteien sind sogar bei der Festlegung des Grundgesetzes, das doch nicht den Inhalt des politischen Geschehens, sondern seine Form, die Spielregeln des politischen Kampfes bestimmen soll, nur zu oft von parteiegoistischen Erwägungen geleitet, besonders von dem Willen, sich eine sichere Ausgangsposition zu schaffen unter Ausnützung der Übergangssituation und – dieser Vorwurf trifft die CDU/CSU – bestimmte sachliche Ziele zu fixieren. Die Krisis um Adenauer, die Ende des verflossenen Jahres ausbrach,[5] bietet ein abschreckendes Beispiel für den ungesunden, hektischen Ablauf parlamentarischer Spannungen in der gegenwärtigen deutschen politischen Atmosphäre. Es bedurfte des nachdrücklichen Hinweises auf die geschichtliche Aufgabe, die es in Bonn zu erfüllen gibt, um den nicht erhebenden Kampf zwischen CDU/CSU und SPD zu beenden,[6] der den Beteiligten und der Sache der Demokratie recht abträglich war und eine Erkenntnis verstärkte: so darf und kann in Deutschland nicht regiert werden. Eine Regierung, die der Spielball derartiger parlamentarischer – man verzeihe das harte Wort – Ränken wäre, würde sich in unfruchtbaren Couloir-Kämpfen[7] aufreiben und kaum zu gestaltendem Wirken kommen; sie würde niemals erreichen, was unsere Demokratie braucht, wenn sie bestehen soll: Würde und Autorität.

Die deutsche Regierung darf ihre Legitimation nicht vom Parlament erhalten und nicht von ihm abhängen; sie muß die Möglichkeit haben, auf längere Frist unbehindert zu planen und konstruktiv zu arbeiten. Beim Parlament – Bundestag und Bundesrat – liegt die ausschließliche gesetzgebende Gewalt und damit das Regulativ für die Regierung. Die Rechtsstaatlichkeit wird gesichert durch die unabhängige Gerichtsbarkeit, vor allem durch eine weitreichende Verwaltungsgerichtsbarkeit, die dem Staatsbürger Schutz vor jedem Übergriff der Verwaltung gewährt und durch einen Verfassungsgerichtshof als Hüter des demokratischen Verfassungslebens.

Ich hatte schon im Organisations-Ausschuß den Gedanken der konstanten, auf Zeit gewählten Regierung zur Erörterung gestellt, ohne Gegenliebe zu finden.[8] Mein Fraktionsfreund Dr. Becker und ich haben nunmehr im Hauptausschuß den Antrag gestellt, die vollziehende Gewalt dem von der Bundesversammlung – bestehend aus Bundestag, Bundesrat und einer gleichen Zahl von Vertretern der Länderparlamente, insgesamt etwa 800 Mitgliedern – zu wählenden Bundespräsidenten zu übertragen. Er soll nach dem Vorbild der Vereinigten Staaten Staatsoberhaupt und Chef der von ihm auf vier Jahre zu bildenden Regierung sein.[9]

Es ist uns bewußt, daß jeder staatstechnischen Form Mängel anhaften und daß jede spezifische Gefahren in sich trägt. Wir müssen fragen und wägen, welche Form unserem Volke in seiner jetzigen Lage gemäß ist und ihm am ehesten Bestand und Aufstieg verspricht. Unser Volk hat ein Bedürfnis nach echter Autorität. Wir müssen es den Fängen der Scharlatane und Pathologen, die seine Schwäche und Unsicherheit auszunützen versuchen, entreißen; müssen ihm die Möglichkeit des Vertrauens und des Glaubens an den demokratischen Staat geben. Die demokratische Regierung muß stark sein. Nur dann wird die Demokratie stark sein.

Informationsdienst der Freien Demokratischen Partei,
Landesverband Bayern, Nr. 62 vom 15. Januar 1949, S. 1–3

Thomas Dehler

Das rechte Maß

22. Januar 1949

Ein Spediteur mußte kürzlich Lastkraftwagen, die er während des Krieges aus der Tschechoslowakei bezogen hatte, auf Grund der Restitutionsbestimmungen[1] herausgeben. Er schreibt mir darüber: »Mein rechtmäßiges Eigentum ist mir ohne Entschädigung geraubt und der Ostdemokratie geopfert worden, genau so wie Stolpe bei Berlin.[2] Wir können uns ausrechnen, wann wir noch mit Haut und Haaren der Ostdemokratie geopfert werden. Die Westdemokratie will sich an und für sich am Rhein gegen die Ostdemokratie verteidigen. Mit meinen Mitarbeitern, die nun brotlos sind, haben wir, die wir überzeugte Demokraten waren, durch Unmenschlichkeit und Brutalität dieses Raubes gegen alle Vernunft und gegen alles Recht den Glauben an die Demokratie, für die wir gelitten haben und für die wir Opfer über Opfer im 3. Reich brachten, verloren und niemand wird uns diesen Glauben wieder geben können. Ebenso erscheint uns auch die Verfassung des Freistaates Bayern als ein wertloses Blatt Papier und uns wird man künftighin nicht mehr an die Wahlurne locken können, um Stimmvieh zu machen für Dinge, die wertlos sind.«

Es handelt sich um einen vernünftigen, klarblickenden Geschäftsmann, und doch fehlt ihm Einsicht und Maß. Betroffen durch den persönlichen Verlust will er nicht erkennen, daß die Rückgabe des während der deutschen Okkupation anderer Länder erworbenen Eigentums dem Anspruch auf Ausgleich eines durch Deutschland verübten Unrechtes entspringt. Gewiß, im Einzelfall bringt dieser rechtliche Grundsatz größte persönliche Härten; sie können nicht dazu führen, es den Siegerstaaten zu verdenken, daß sie das Problem der Restitution der ihren Bürgern während der Besetzung entzogenen Werte angehen. Unser Mann sieht nur die schwere persönliche Einbuße, die er erleidet. Er hat gar nicht den Willen, diesen Vorgang in einem größeren Zusammenhang zu sehen. Er vergißt, daß er am Ende einer Kette des Unrechts steht, deren erstes Glied von Deutschland geschmiedet worden ist.[3] Er sieht keinen Augenblick die Aufgabe, dafür zu kämpfen, daß das Gleichgewicht des Rechtes, das zum guten Teil durch deutsche Schuld gestört worden ist, wiederhergestellt wird. Er will nicht erkennen, daß er eine harte Behandlung erfährt, weil es in Deutschland zu wenig Recht und zu wenig Demokratie gab. Er ist unwillig, weil nicht mit einem Schlage alles Vergangene ausgelöscht worden ist und zieht aus seiner Erfahrung die Folgerung des völligen politischen Glaubenswechsels. Er kündigt sein eben begonnenes Verhältnis zur Demokratie auf.

Der Fall steht für viele. So wie es nach 1918 geschah, belastet man die Demokratie mit den Folgen einer Politik, die alles nur nicht demokratisch war. Mit Sorge verfolgen wir diese Entwicklung, die unseren mühsamen Versuch der Aufrichtigkeit einer deutschen Demokratie wieder einmal zu vereiteln droht. Wir übersehen nicht, daß es unserem Volke nicht leicht gemacht wird, sich gläubig einer Demokratie hinzugeben, die zum zweiten Mal in der deutschen Geschichte aus der Niederlage erwachsen soll. Wir haben uns niemals gescheut, Kritik zu üben an der Besatzungspolitik, die beinahe zwangsläufig unser Bemühen hemmt und erschwert. Wir sehen in der Politik der Siegermächte, wie sie jetzt im Ruhrstatut gipfelt,[4] einen Irrweg, der statt Vertrauen Mißtrauen, statt Koordination Zwang und damit neue unheilvolle Spannungen begründet. Wir haben oft das bittere Gefühl, daß bei den Entscheidungen der Sieger enges nationalwirtschaftliches Denken, selbst die Eigensucht einzelner von den Staaten unterstützter Wirtschaftsgruppen und falsche Angst vor deutscher Konkurrenz am Werke sind. Wir haben oft mit Schmerzen festgestellt, daß ihr Wille zur Strafe, die nur neue Leidenschaft auslösen kann, noch nicht restlos abgeklungen ist. Das böse Wort, Europa könne nur am Rhein verteidigt werden, haben wir für uns, die wir unser Volk zur Demokratie überzeugen wollen, als erschütternd empfunden. Es wurde und es wird auf der Gegenseite gefehlt. Aber all das darf uns nicht den Blick für die großen Zusammenhänge trüben. Das deutsche Volk – das ist unsere große Sorge – vergißt zu rasch, was hinter ihm liegt, und steigert sich in eine gefährliche Protestimmung.

Die Haltung der Welt gegenüber Deutschland hat sich in den letzten Wochen erstaunlich versteift. Die englischen und die schweizerischen Blätter, die zunehmend bemüht waren, der deutschen Lage Verständnis entgegenzubringen, schwenken um und stellen fest, daß es eine echte deutsche Besinnung noch nicht gebe und daß der größere Teil des deutschen Volkes extremen nationalistischen Forderungen nachlaufe. Man wirft uns vor, daß wir versuchten, den weltpolitischen Gegensatz zwischen Rußland und dem Westen für uns auszunützen und uns als gleichberechtigte Gefährten der Westmächte betrachteten, daß wir aus dieser Haltung heraus unsere ursprüngliche Zurückhaltung aufgäben und unser wahres Gesicht zeigten, das nicht die Züge der Demokratie und des Friedens, sondern der Überheblichkeit und Selbstgerechtigkeit trage. Wir hätten – so wirft man uns weiter vor – vergessen, daß die Hitlerregierung einen wahnwitzigen Krieg über die Welt gebracht hat, daß viele Millionen von Menschen unschuldig getötet worden sind und daß namenloses Elend durch uns verursacht worden ist. Man vermißt in der Welt die Einsicht in diese Zusammenhänge und den nüchternen Blick dafür, wie wir das verloren gegangene Vertrauen der Umwelt wieder gewinnen können. Man sieht, wie viele Politiker bei der Masse sich billigen Erfolg holen, wenn sie sich gegenseitig in Protesten übertreffen und neue Dolchstoßlegenden[5] nähren: Dabei gehe es den Menschen im deutschen Westen im Durchschnitt wirtschaftlich besser als denen in den europäischen Siegerstaaten.[6]

Es kann uns nicht gleichgültig sein, wie uns die Welt sieht. Wir dürfen nicht vergessen, daß uns viele der Menschen draußen noch mit Haß, zum wenigsten mit Mißtrauen betrachten. Es ist die Aufgabe der deutschen Politik, wieder Vertrauen für unser Volk zu schaffen, ohne das wir nicht bestehen können. Unsere Politik läuft Gefahr, sich so zu verhalten wie der Spediteur, dessen Äußerung ohne Maß und ohne Einsicht ich eingangs wiedergegeben habe. Sie poltert, trumpft auf und greift an, wo es gilt, zunächst sich selbst zu prüfen, um ein gelassenes Urteil zu ringen und dann mit guten Gründen zu überzeugen. Mehr denn je besteht das Wesen einer guten deutschen Politik in der Kunst des Schweigens, des Abwartens und des Reifenlassens. Vor allem muß eine echte Politik die Umwelt, die in ihr wirksamen Kräfte und die politischen Zusammenhänge zu erkennen versuchen. Es ist ein Wahn zu glauben, Amerika und England würden, wenn sie zwischen der deutschen und französischen Freundschaft zu wählen haben, uns den Vorzug geben. Es ist auch falsch zu glauben, wir könnten aus einer Verschärfung der Spannung zwischen dem Osten und dem Westen Vorteile für uns herausschlagen. Wir dürfen nicht übersehen, daß die Angelsachsen nach wie vor die denkbar größten Anstrengungen unternehmen, mit den Russen zu einem modus vivendi zu kommen. Es wäre kurzsichtig zu verkennen, daß angesichts der Weltlage die Unterstützung Amerikas für uns lebensnotwendig ist. Die öffentliche Meinung der Amerikaner ist schon weitgehend europamüde geworden und die amerikanische Regierung führt ihre Europapolitik gegen sie durch.[7] Törichtes Protestgeschrei kann den guten Willen, auf den wir angewiesen sind, nur verderben.

Es ist das Recht deutscher Politiker, von dem ihnen zustehenden demokratischen Grundrecht der freien Meinungsäußerung weitgehend Gebrauch zu machen und unverhohlen auf Fehlentscheidungen, die am Ende beiden Teilen schaden müssen, in freimütiger Kritik hinzuweisen. Es ist aber auch die Pflicht verantwortungsbewußter Politiker, unserem Volke, das primitiven Stimmungen zu erliegen droht, das rechte Maß der Dinge vor Augen zu stellen. Wir vergessen, was die Sieger einstens in wahrlich nicht unberechtigter Empörung für uns geplant hatten und was tatsächlich geschah. Wer spricht noch von dem Plan Morgenthau?[8] Die amerikanische Politik uns gegenüber ist zum mindesten nicht böswillig. Mag es auch durch die falsche Bewertung ihres früheren russischen Verbündeten und durch die hierdurch entstandenen Spannungen sowie durch die Pflicht der Rücksichtnahme auf ihre westlichen Alliierten oft zu Konzessionen genötigt sein, die uns fehlerhaft erscheinen und für uns schwer erträglich sind. Wir müssen begreifen, daß wir nichts ertrotzen können und daß jedes Ding seine Zeit braucht.

An uns ist es, unseren deutschen Staat wiederaufzurichten, die deutsche Wirtschaft zur Gesundung zu bringen und durch sozialen Ausgleich die Not an unserem Volke zu lindern. Wir müssen vor den lauten Protestschreien auf der Hut sein. Es sind die gleichen, die nach 1918 mit dem Kampf gegen die Schuldlüge[9] und mit der Dolchstoßlegende die deutsche Demokratie aushöhlten und dem Nationalsozialismus den Weg ebneten. Wir wollen mit Würde die Lebensrechte unseres Volkes verteidigen. Dieser Kampf kann nur Erfolg haben, wenn er mit Nüchternheit und Zielsicherheit geführt wird und wenn wir der Welt beweisen, daß sich das deutsche Volk zu einer echten und unerschütterlichen demokratischen Gemeinschaft zusammengefunden hat.

Informationsdienst der Freien Demokratischen Partei,
Landesverband Bayern, Nr. 63 vom 22. Januar 1949, S. 1–4

THEODOR HEUSS

Nach der zweiten Lesung[1]

22. Januar 1949

In Bonn war man die letzten beiden Wochen hindurch bemüht, die Unebenheiten, die sich aus einer in Ausschüsse verteilten Gruppenarbeit ganz notwendig ergeben, zu planieren. Völlig ist das noch nicht gelungen. Einiges wanderte an die Sachbearbeiter zurück, das Redaktions-Komitee[2] setzt sich wieder hinter die Neuformung der Beschlüsse, um die Verzahnung der Einzelstücke zu überprüfen – der Pessimismus, der in den Weihnachtstagen manche Seelen bedrückte,[3] ist verflogen. Die Erwartung konnte sich verfestigen, daß die Weiterarbeit in gutem Tempo bleibe. Die Gefahr einer gewissen Verkrampfung, die aus Prestige-Empfindlichkeiten drohte, darf im Augenblick als gebannt gelten.

Doch sind trotz der Lockerung des psychologischen Zustandes im Parlamentarischen Rat selber einige in der Sachproblematik liegende Fragen noch nicht endgültig gelöst, und gewiß bedarf es jetzt der interfraktionellen Besprechungen, um soweit es irgend gelingen mag, gemeinsame Antworten zu finden.[4] Auf der Königswinter-Tagung der CDU/CSU ist die bundesstaatliche Ordnung mit der Institution des Bundesrates erneut bestätigt worden[5], wie sie vor einigen Wochen durch eine Verständigung der Sozialdemokratie mit der bayrischen CSU verabredet war.[6] Bis in die letzte Zeit hatte die Gruppe Adenauer-Lehr den Gedanken verfolgt,[7] die ursprünglich von der FDP ausgehende Anregung einer Kombination noch einmal aufzunehmen, des »Bundesrates mit senatorieller Schleppe«[8]. Das wird nun kaum noch einmal verfochten werden. Denn man wird sich in der Linie wohl verständigen, daß Anträge, die als erledigt gelten können, nicht noch einmal von A bis Z durchbuchstabiert werden.

Vermutlich sind sich nicht alle Abgeordneten darüber klar, daß mit dieser Lösung das sogenannte »Zweikammersystem«, zu dem sich im September alle Parteien bekannt haben, praktisch, aber auch staatstheoretisch aufgegeben wurde. Man greift auch diesmal zurück mit einer Modifizierung der Vertretungsstärke (die den Größenordnungen angepaßt sein wird). Der alte Bundesrat war das Organ der »verbündeten Regierungen« – so die offizielle Floskel jener Epoche.[9] Bismarck würde jeden Professor und jeden Parlamentarier verhöhnt haben, der diese seine Schöpfung als eine »Kammer« bezeichnet hätte. Denn die Kammer, wie immer sie aufgebaut sei, ob sie, wie in der »ersten Kammer« der konstitutionellen Monarchie, neben den Vertretern einer besonderen, etwa kirchlichen Amtswürde, Reste feudaler Privilegien, »geborene Gesetzgeber« in sich barg, lebte aus der freien öffentlichen Diskussion und der individuell verantworteten Entscheidung. Es wird auch in dem künftigen Bundesrat abgestimmt werden, aber nun eben nach Instruktion durch die Länderkabinette.[10] Dessen muß man sich sehr bewußt sein und auch dies erkennen: die »Integrationskraft« dieses Organs, um einen Begriff von Rudolf Smend[11] zu verwenden, wird gering bleiben.

Der volle Verzicht auf den »Senat« mag auch denen einige Beschwerden machen, die in Montesquieus[12] »Teilung der Gewalten« die Grundvoraussetzungen einer sauberen Rechtsstaatlichkeit sehen. Denn der Bundesrat, der als Teilhaber der Legislative zu funktionieren hat, ist doch zugleich ein Instrument der Exekutive. Für das theoretische Denken muß da also ein Spalt überquert werden. Praktisch aber hat die Frage dadurch eine wesenhafte Bedeutung, daß noch nicht völlig geklärt ist, wie das Gewicht der beiden Gremien in ihrer Wechselbeziehung sein wird. Hätte man am Senat festgehalten, so wäre die Gleichberechtigung der beiden Gebilde wie in den USA,[13] wie in der Eidgenossenschaft[14] kaum strittig gewesen. Die CSU/CDU fordert sie auch für den Bundesrat,[15] während die Mitte und die Linke den gleichen Rang der Entscheidung nur für einige grundsätzliche Fragen vorbehalten wissen wollten, im übrigen aber dem Bundesrat ein aufschiebendes Veto zugestanden, das durch eine qualifizierte Mehrheit des Bundestages niedergestimmt werden könne.[16] Hier ist eine der noch offenen Streitfragen, die aber wohl trotz der Königswinter-Beschlüsse überwindbar sein wird.

Am schwierigsten mag sich das Problem der Finanzverwaltung gestalten. Wenn man sie rein technisch beurteilt, wird, von einigen Leuten abgesehen, die Übereinstimmung vorhanden sein, daß es unzweckmäßig sei, hinter die Erzbergersche Ordnung[17] von 1920 zurückzugehen. Fast alle Spezialisten treffen sich in diesem Urteil. Auch mehrere der CDU angehörige Finanzminister lehnen den wesentlich von Bayern geforderten Weg ab, den Ländern die Finanzverwaltung zurückzugeben.[18] Hier muß noch eine Regelung gefunden werden, die erträglich ist. Denn so wenig es sich empfehlen mag, dem Druck der Bayern sich zu unterwerfen, so muß man auch zu vermeiden suchen, ein so großes Land zu vermachten. (Bayerns Haltung ist wesentlich vom Prestige bestimmt; denn es gehört ja zu den Ländern, die verhältnismäßig leistungsschwach sind). Die Frage hat aber auch einen größeren politischen Charakter. Die Franzosen, für ihr Land kräftige Zentralisten,[19] blicken auf eine Bundes-Finanzverwaltung mit ärgstem Mißtrauen, die Amerikaner halten, nach ihrem Stil, Bundes- und Länder-Finanzverwaltung für das gegebene[20] und das gemäße – sie haben ein reiches Land hinter sich, das sich das leichter gestatten kann. Die Schwierigkeit liegt aber nicht bloß in der Frage der Eigen- oder der Auftragsverwaltung, als in der Zuweisung der Steuerquellen. Man hat in den bisherigen Plänen die ergiebigsten Steuerquellen, Einkommen- und Umsatzsteuer, als gemeinsam betrachtet. Kann man sie, darf man sie, soll man sie scheiden? Die Techniker wehren sich, die Politiker suchen nach ausgleichenden Formeln.

Man weiß, daß die Arbeit des Bonner Rates im Dezember eine gewisse Gefährdung dadurch erfuhr, daß kulturpolitische Anträge eingebracht, sozialwirtschaftliche angekündigt wurden. Diese letzteren sind dann doch nicht offiziell vorgelegt worden; vielleicht hat die sehr bestimmte Erklärung der FDP, sie werde allen solchen neuen Ausweitungsversuchen ihre Mitwirkung und ihre Stimme versagen,[21] retardierend und ernüchternd gewirkt. Ein Sachbedürfnis zu Kirchen- und Schulparagraphen, die in den Länderverfassungen rechtlich geordnet sind, lag und liegt nicht vor,[22] und es war beim Beginn der Arbeit eine Art von Gentlemen's Agreement getroffen worden, auf die sogenannten »Lebensordnungen«[23] zu verzichten.[24]

Die Dinge sind noch nicht völlig geklärt, weil ein Teil der CDU, vor allem der rheinischen, in dieser Frage sehr zäh ist, während die Bayern, konsequent hier einzelstaatlich denkend, in einer Denkschrift zu dieser Materie milde Töne angeschlagen haben. Es dreht sich um das »Elternrecht«, den konfessionellen Charakter der Schulen zu bestimmen, um die grundgesetzliche Anerkennung des

»Reichskonkordates«,[25] wozu rechtstechnisch der Bund gar nicht die Qualifikation besitzt, weil ihm keinerlei Zuständigkeiten in Kirchenfragen zugesprochen sind. Eine recht lebhafte Agitation ist in Gang gesetzt, nicht gerade geschickt, weil man mit einem etwas zu stereotypen Klischee arbeitet und dabei die rechts- und schulpolitischen Argumentationen verunklart. Es ist aber zu hoffen, daß der »Sturm« sich wieder legen wird, denn es ist eine sonderliche Instinktlosigkeit, in dieser Gegenwart der äußeren Bedrohtheiten und Nöte quasi theologische Politik betreiben zu wollen.

Rhein-Neckar-Zeitung, Nr. 13 vom 22. Januar 1949, S. 2

Theodor Heuss

Um die Termine

29. Januar 1949

Als im vergangenen Sommer durch die »Londoner Dokumente«[1] die Möglichkeit einer staatlichen Neuordnung von Teil-Deutschland in Bewegung gesetzt war, drängten sich die Konferenzen: Koblenz, Niederwald, Frankfurt.[2] Es schien, als ob es den Alliierten eile, zumal sie auch gleich den ersten September als Termin angegeben hatten, an dem die Beratungen deutscher Abgeordneter beginnen sollen.[3] Enthielt dieser Wunsch nach schneller Arbeit eine Chance für die deutsche Politik, sofern von solcher überhaupt gesprochen werden konnte und kann? Um diese Chance wahrzunehmen, mochte sich vielleicht empfehlen, wenn nicht zögernd, so doch zurückhaltend zu reagieren. Dies um so mehr, als die instrumentierte öffentliche Meinung des deutschen Ostens mit ihren Echoanlagen im Westen das ganze Unterfangen vor dem deutschen Volk als einen weiteren Versuch beschrieb, die besetzten Gebiete dem westlichen Monopolkapitalismus einzugliedern oder wie sonst die gängigen Redensarten lauten.[4]

Damals mußte viel improvisiert werden, auch der Parlamentarische Rat in Bonn, dem nur die Landtage die Stütze geben konnten,[5] und nicht neue unmittelbare Volkswahl – diese war, Erntezeit, Verwirrung durch den Währungsschnitt, Mangel einer gesamtverbindlichen Wahlordnung, gar nicht aus dem Handgelenk durchzuführen. Gerade weil die Bonner Versammlung kein »echtes« Parlament war, durfte man hoffen, die Dinge würden gut vorankommen. Aber dann gab es doch einige Enttäuschungen. Es ist zu billig, sie bloß darauf zurückzuführen, daß »der Parteigeist« wieder sein Haupt erhoben habe. Er hat das getan. Aber daß er es tun konnte, ist mit darin begründet, daß die Sonderentwicklung der Zonen und innerhalb der Zonen die der einzelnen Länder in die Fraktionen Grundfragen der deutschen Geschichte zurückverlegte, die dort selber erst eine Art von Klärung und Entscheidung finden müßten. Und immer noch finden müssen.

Die Ungeduld, daß man nicht so rasch vorankomme, ergriff nicht bloß einzelne Gruppen des Rates selber und weite Teile des deutschen Volkes, sondern sie wurde auch in bedauernden und tadelnden Bemerkungen der angelsächsischen Militärgouverneure,[6] der englischen und amerikanischen Presse hörbar; nun hat man den Deutschen eine Möglichkeit gegeben, ihre Dinge voranzutreiben, aber sie scheinen diese Gegebenheit im Theoretisieren und im Politisieren und im wechselseitigen Mißtrauen zu verspielen! Dieser Ton ist freilich seit ein paar Monaten verklungen. Denn die Besatzungsmächte sind selber bisher in ihrem Arbeitspensum auch nicht zu dem bestimmten Ziel gelangt, das Besatzungsstatut den Deutschen vorzulegen. Wie viele Termine waren genannt worden, sind verstrichen, werden neu genannt![7]

Nicht als ob wir von der Sehnsucht gequält wären, es kennen zu lernen. Aber es ist nun einmal auf die Tagesordnung der Geschichte gesetzt und die Militärgouverneure haben einmal angekündigt, daß es den Deutschen vor dem Abschluß der Bonner Tätigkeit zur Kenntnis gegeben würde.[8] Die Arbeit in Bonn ist so gemacht worden, als ob ein Besatzungsstatut nicht in Aussicht stehe, und die Arbeit konnte auch gar nicht anders gemacht werden, wollte sie ein in sich ruhendes Modell der deutschen Entwicklung schaffen, auch wenn es nur das Modell eines »Provisoriums« sein sollte. Es wäre verhängnisvoll gewesen, hätte man nach den Gerüchten herumgehört, was denn alles in jenes Statut eingetragen werde, um dann die einzelnen Entschlüsse einem Protest-Temperament oder einem Anpassungsbedürfnis zu unterwerfen. Da wäre nur Verbogenes herausgekommen. Indem die beiden Dinge getrennt voneinander gehalten werden, bleibt auch die Verantwortung deutlich. Wo das Besatzungsstatut die Thesen des Grundgesetzes berühren, wo es seine Wirkungskraft beschränken wird, ist dann offenkundig, so schmerzhaft die Einsicht für die Autoren von Bonn und für die Leidtragenden schlechthin sein mag. Aus dem Antagonismus, daß man im Zustand der Besatzung eine freie Verfassung nicht gestalten kann, erlöst einen niemand; er muß getragen und ertragen werden.

Vor der Schlußentscheidung in Bonn soll das Besatzungsstatut ja veröffentlicht werden. Man erfährt wenig von seinem Inhalt, bekommt das tröstliche Wort, es solle Bestimmungen enthalten, die Schritt um Schritt einen Selbstabbau vorsehen, wenn man so sagen darf. Aber in den politisch entscheidenden Dingen, der Art der künftigen Kontrolle (auf welcher Ebene?), der Schiedsfrage bei Konflikten zwischen den Deutschen und Alliierten, der Erhebung der Besatzungskosten scheinen die Mächte zu einem verbindlichen Einverständnis noch nicht gelangt zu sein. Substanziell wird der Bau des Grundgesetzes eigentlich nur von dem Konflikt über die Leistungsstelle der Besatzungskosten berührt.[9] Die Franzosen wollen sie bei den Ländern erheben, die Angelsachsen beim Bund. Man mag meinen, das sei eine bloß technische Frage – wesentlicher als dies, wo man das Geld anfordert, sei dies, wie viel man anfordert. Das trifft nur bedingt zu. Denn die Beantwortung ist ja ein Politikum, das, bei der Größenordnung der Besatzungskosten, innerhalb des gesamten öffentlichen Aufkommens auf die Finanzhoheit und auf die Finanzverwaltung einwirkt. Man hat manchmal die Empfindung, daß einige der Besatzungsmächte sich dieses Zusammenhanges nicht ganz bewußt seien. Denn ihre Stellung zu der Frage einer Bundesfinanzverwaltung, wie sie, in ungewissen Ausdrücken, durch das »Memorandum« des November vorgetragen war,[10] ist von innerem Widerspruch dann nicht ganz frei.

Der Parlamentarische Rat hofft in diesen Tagen durch interfraktionelle Besprechungen, die auf fünf Männer eingeschränkt waren, die Verständigungsbereitschaft in festen Abreden zu struktifizieren.[11] Deren Verlauf erlaubt eine »optimistische« Beurteilung, wenn freilich keine Gruppe ihrer Fraktionsgesamtheit sicher sein kann. Lehnt man auch die sachliche und rechtliche Junktion mit dem Besatzungsstatut ab, so weiß man doch dies: die Formung des Grundgesetzes soll womöglich fertig sein, wenn die anderen mit ihrem Pensum in Ordnung gekommen sind. Dann erst wird die große Entscheidung in einfacher Deutlichkeit gefordert sein.

Rhein-Neckar-Zeitung, Nr. 17 vom 29. Januar 1949, S. 2

THOMAS DEHLER

Der Kompromiß in Bonn[1]

12. Februar 1949

Die Verkrampfung, in der sich die beiden – der Zahl, nicht der Qualität ihrer politischen Einfälle nach – großen Parteien seit Monaten gegenüberlagen, hat sich gelöst – wir wollen uns der großen Sache wegen dieses Fortschrittes freuen, nicht mehr fragen, wer an der Verzögerung und Verhärtung der Verhandlungen Schuld trug, sondern die loben, bei denen Verantwortungssinn und guter Wille am Ende überwogen. Was bedeutet sachlich die Verständigung?

Der Gedanke einer »zweiten Kammer« ist gefallen. Der Bundesrat hat mit einer solchen Institution nichts gemein; war er im Kaiserreich das Organ der »verbündeten Regierungen«[2], so ist er jetzt das Gremium der Vertreter der Regierungen der Länder. Es entscheiden nicht politische Persönlichkeiten, die ihre Meinung in öffentlicher Diskussion bilden und vertreten und die ihre Entscheidungen persönlich verantworten; die im Bundesrat zusammengefaßten Länderminister handeln »nach Instruktionen«, die Stimmen eines Landes – je drei, die Länder mit mehr als zwei Millionen Einwohner vier, über sechs Millionen fünf Stimmen – können nur einheitlich – eben nach Weisung des Länderkabinetts – abgegeben werden.[3] Dieser Bundesrat wird keine Integrationskraft haben, er wird unserem Volke nicht sichtbar und nicht lebendig werden, sondern mehr oder minder als ein Element der Bürokratie in der Abgeschiedenheit der Kommissionszimmer funktionieren. Die Hoffnung, daß sich in Deutschland ein neuer Typus des senatorialen Politikers heranzüchten ließe, der neben den Männern des Volksparlaments dank seiner spezifischen Erfahrung und Würde für die staatsmännische Führung zur Verfügung stünde, ist damit zuschanden geworden. Der Verzicht auf die zweite Kammer – und wäre es auch nur in der Form einer spannungsreichen und gerade deswegen vielleicht fruchtbaren Verbindung der Vertreter der Länderregierungen mit Senatoren, die ihr Mandat von den Landtagen haben, – ist kein leichtes Opfer für den, der glaubt, daß nur die Demokratien gesund und standfest sind, in denen sich die Einrichtungen ausgleichen und untereinander Gegengewichte bilden. Wer in der Teilung der Gewalten eine Voraussetzung der Rechtsstaatlichkeit und der Funktionsfähigkeit der Demokratie sieht, wird es als einen Stilbruch empfinden, daß nicht zwei echte Kammern an der Gesetzgebung beteiligt sind, sondern daß neben dem vom Volke gewählten Bundestag der ausschließlich aus den Vertretern der Länderexekutiven bestehende Bundesrat die Bundesgesetzgebung mitbestimmt. Die völlige Gleichberechtigung, die für den Senat selbstverständliches Gebot gewesen wäre, konnte dem Bundesrat nicht zugestanden werden. Sein Einfluß wurde aber erheblich verstärkt; alle Steuergesetze, welche die Länder mittelbar oder unmittelbar berühren, bedürfen der Zustimmung des Bundesrates, ebenso Gesetze, welche eine Zuständigkeitsausweitung des Bundes oder bestimmte Materien, wie Sozialisierung, Energiewirtschaft, Kriminalpolizeiwesen, Rahmenvorschriften für Länderbeamte betreffen; im übrigen steht ihm das Einspruchsrecht zu; dadurch, daß die Gesetzesvorlagen von der Regierung zunächst dem Bundesrat zugeleitet werden müssen und daß er im Falle von Meinungsverschiedenheiten gegenüber einem Gesetzesbeschluß des Bundestages die Einschaltung eines gemeinsamen Ausschusses aus Vertretern des Bundestages und des Bundesrates und durch diesen Ausschuß die nochmalige Beschlußfassung des Bundestages verlangen und schließlich durch einen anschließenden Einspruch auch noch dessen Behandlung im Bundestag erreichen kann, ist die Machtposition der Länder überaus stark. Man ist bei den Einigungsverhandlungen den Wünschen der CSU in dieser Hinsicht, aber auch in der Sicherung des Verwaltungsmonopols der Länder soweit entgegengekommen, als überhaupt vertretbar ist. Hier liegt der Kern der Verständigung, das große Zugeständnis an die föderalistischen Forderungen.

Die zweite offene Frage war die der Finanzhoheit des Bundes. Die CSU und die bayerische Regierung erhoben nach wie vor die Forderung, daß den Ländern die Finanzverwaltung zu überlassen sei. Höpker-Aschoff (FDP), der autoritative und markante Sachkenner, beharrte mit einer ihm getreuen Gefolgschaft bei der Ansicht, daß in einem Bundesstaat die Finanzhoheit dem Gesamtstaate zustehen muß, wenn er in der Lage sein soll, die großen Aufgaben der Wirtschafts- und Sozialpolitik zu meistern. Die Mitglieder der

CDU haben sich dieser Einsicht gebeugt und sind willens, dem Bunde die Finanzgewalt zuzugestehen. Die Rechte der Länder sind gewahrt durch ihren Einfluß auf die Steuergesetzgebung über den Bundesrat, nicht minder auf die Personalpolitik der Finanzverwaltung, da die leitenden Posten vom Finanzamtvorstand an aufwärts nur mit ihrer Zustimmung besetzt werden können.[4] Die CSU hat sich ihre Stellungnahme vorbehalten; sie wird auf jeden Fall die Bundesfinanzverwaltung hinnehmen und ihretwegen die Zustimmung zum Grundgesetz nicht verweigern. Es bleibt die Frage der Zustimmung der Besatzungsmächte: die Franzosen, zu Hause reichlich zentralistisch organisiert, sehen in der Bundesfinanzverwaltung eine politische Gefahr; die Amerikaner empfehlen ihre Regelung der selbständigen Bundes- und Länderfinanzverwaltung und vergessen, daß wir ein jammervoll armes Volk sind, das sich einen solchen Luxus nicht gestatten kann.[5] Ich habe die berechtigte Hoffnung, daß die Besatzungsmächte die Entscheidung des Parlamentarischen Rates für die Bundesfinanzverwaltung anerkennen werden; sie werden keinen verantwortungsbewußten deutschen Politiker finden, der gewillt ist, auf dieses Gerippe des künftigen deutschen Staates zu verzichten.

Ein weiterer bedeutsamer Punkt der Einigungsverhandlungen waren die kultur-, kirchen- und schulpolitischen Forderungen der CDU/CSU. Sie waren erhoben worden, obwohl bei Beginn der Beratungen eine Art Gentlemen's Agreement getroffen worden war, daß die »Lebensordnungen«[6], also die kultur- und sozialpolitischen Programme mit ihrer weitreichenden Problematik im Grundgesetz keine Regelung finden sollen. Sie sprengen als reine Programmsätze oder als schulorganisatorische Regelungen die Struktur der Grundrechte, die als subjektive Rechte Gesetzgebung, Verwaltung und Rechtsprechung unmittelbar binden und von institutionellen Garantien und Bürgerrechten streng geschieden sind. Sie haben – ebenso wie die Frage des Fortgeltens des Reichskonkordats vom 5. Juli 1933[7] – im Grundgesetz keinen Platz, da die Kirchen- und Schulangelegenheit nach Gesetzgebung und Verwaltung ausschließlich Angelegenheit der Länder sind[8]. Man hat sich allen Bedenken zum Trotz zu Zugeständnissen entschlossen; die staatliche Schulhoheit wird mit dem Erziehungsrecht der Eltern anerkannt, nicht aber ein subjektiv-öffentlicher Rechtsanspruch einer Gruppe auf eine bestimmte Gestaltung der Schule; der Religionsunterricht ist als ordentliches Lehrfach in den Volks-, Mittel-, höheren und Berufsschulen festgelegt; die Frage der Verbindlichkeit des Reichskonkordats bleibt offen; falls es – ebenso wie andere vom Deutschen Reiche geschlossene Staatsverträge – noch gilt, dann bindet es nunmehr die Länder – das ist ungefähr der Sinn der wenig erfreulichen delphinischen Orakel-Bestimmung.[9]

Das interfraktionelle Abkommen betrifft noch eine Reihe von Einzelpunkten, die keine konstruktive Bedeutung haben.

Es wirft sich die Frage auf: ist das Grundgesetz, so wie es sich jetzt darbietet, ein originaler Wurf von schöpferischer Größe? Bietet es die Form für ein blutvolles politisches Leben unseres Volkes? Hat man in den letzten Tagen ein echtes, gesundes Kompromiß geschlossen?

Wieder wie beim Anfang unserer Bonner Tätigkeit wird einem die Schwere der Aufgabe bewußt, eine Verfassung aus der Niederlage, eine Verfassung ohne Legende zu schaffen, eine Verfassung, die wie in Weimar auf Widerstand und Gleichgültigkeit stoßen wird, die nur schwerlich unserem Volke ein neues Lebensgefühl vermitteln wird. Es wirft sich die Frage auf, ob es wirklich auf die Probleme anzukommen hat, die bisher in Bonn Gegenstand der Spannungen waren und über die man sich jetzt geeinigt hat. Geht es darum, den Ländern ein Höchstmaß an Zuständigkeit zuzugestehen und den Bund möglichst knapp zu halten? Liegt eine wesentliche Aufgabe des Grundgesetzes in der Sicherung der kirchlichen Machtposition jedweder Art? Man hat über den Forderungen des bündlerischen Föderalismus und der mit ihnen parallel gehenden kirchen- und schulpolitischen Tendenzen – oder gar über dem männermordenden Streite um die Gleichberechtigung von Mann und Frau[10] – das Wesentliche in den Hintergrund treten lassen: wie man diesen in Armut und Schwäche entstehenden Staat wirksam und handlungsfähig macht, wie man ihm Würde und Autorität verschafft, wie die deutsche Demokratie eindrucksvoll wird. Gewiß, das wird weitgehend von der Verfassungswirklichkeit abhängen, von der Fähigkeit unseres Volkes, starke politische Persönlichkeiten hervorzubringen und von der Kraft der Parteien, sich von der Rechtgläubigkeit ihrer Dogmatik zu lösen und die Probleme der Zeit nüchtern und sachlich anzugehen. Aber schon die Verfassung muß die richtige Mechanik aufweisen. In Bonn wurde nicht genügend um die Frage gerungen, wo der Schwerpunkt der Staatsgewalt liegen soll, beim Volke wie in der Schweiz, beim Parlament wie in Frankreich, beim Kabinett wie in England oder beim Präsidenten wie in den

Vereinigten Staaten von Amerika. Eine Volksdemokratie schweizerischer Prägung paßt für ein biedermeierliches Idyll, aber nicht für ein großes Volk, das inmitten gewaltiger staats- und wirtschaftspolitischer Spannungen steht. Die Parlamentsdemokratie war das Ideal des 19.Jahrhunderts; heute stehen Dialektik und Rhetorik niedrig im Kurs. Die Kabinettsdemokratie setzt das robuste relative Mehrheitswahlrecht Englands mit der Folge der Kabinettsdiktatur voraus: der Streit, ob die deutschen politischen Verhältnisse dazu taugen, ist noch nicht ausgetragen. Die Präsidialdemokratie bietet sich aus mancherlei Gründen an. Mein Antrag wird erst in der dritten Lesung des Hauptausschusses des Parlamentarischen Rates behandelt.[11] Die Kompromißverhandlungen sind daran vorbeigegangen, für sie waren die Zuständigkeiten des Bundesrates und die Konkordatsgültigkeit ungleich bedeutsamer. Ob sich der Parlamentarische Rat noch zu einem schöpferischen Entschluß durchringt? Davon wird es abhängen, ob die neue deutsche Demokratie bestehen kann.

Informationsdienst der Freien Demokratischen Partei,
Landesverband Bayern, Nr.66 vom 12.Februar 1949, S.1–4

THEODOR HEUSS

Wer legitimiert?

12. Februar 1949

Die interfraktionelle Verständigung über das Grundgesetz,[1] die in dem schier reibungslosen Ablauf der dritten Lesung ihren Ausdruck fand,[2] hat einige politische Probleme noch nicht aus der Welt geschafft. Es ist ganz natürlich, daß in den bevorstehenden Plenarverhandlungen die einzelnen Gruppen zum Ausdruck bringen werden, welche Motive sie bei der ersten Zielsetzung bestimmt hatten, in welchen Punkten und warum dann eine Abweichung, ein Entgegenkommen, das gemeinsame Suchen nach neuen Formeln sich ihnen empfahl. Man wollte fertig werden, weil man fertig werden mußte. Die Gesamtlage forderte von doktrinärer Rechthaberei wie von gesinnungsmäßiger Gebundenheit dieses und jenes Opfer. Es wurde gebracht.

Aber nun ist der Prozeß noch nicht geklärt, wie das Opus, wenn es die Schlußentscheidung passiert hat, wenn es bei den Militärgouverneuren gelandet und vielleicht genehmigt sein wird, zur demokratischen Legitimierung kommen wird. Man erinnert sich, daß das Londoner Dokument[3] es als gegeben betrachtet, daß eine Volksabstimmung zum Ja oder Nein führen wird. Aber als die Ministerpräsidenten der deutschen Länder in Koblenz zusammengekommen waren, widerrieten sie diesen Weg und schlugen vor, daß den Landtagen das Votum überlassen werde.[4] Daß die Landtage als indirekte Wahlkörper für den Parlamentarischen Rat gewirkt hatten, konnte als im Sommer 1948 zeitbedingte Verlegenheitslösung genommen, hingenommen werden.[5] Man wird sagen dürfen, dem Niveau des Parlamentarischen Rates ist das nicht schlecht bekommen. Denn eine knappe Improvisation der Volkswahlen hätte vermutlich eine für die Sonderaufgabe weniger glückliche Personenauswahl erbracht. Aber das Fehlen des unmittelbaren Volksauftrages hat unzweifelhaft dann doch, in der kritischen Beurteilung durch die marktgängige Besserwisserei[6], der Arbeit in Bonn das rechte moralische Gewicht entzogen. Wird es ihr nun nachträglich gegeben oder verweigert werden?

Die Militärgouverneure haben seinerzeit die Einwendungen der Ministerpräsidenten ad notam[7] genommen und ihr eigenes Urteil in der Schwebe gelassen. Der Parlamentarische Rat seinerseits schrieb in seinem Entwurf, daß er der Volksbefragung übergeben werden solle[8], und die Dezemberkonferenz in Frankfurt brachte eine Bemerkung der Militärgouverneure, etwa in dem Sinn, daß man damit auf dem rechten Wege sei:[9] Aber eine Klärung selbst steht noch aus. Denn die Ministerpräsidenten haben ihren Standpunkt nicht verlassen, und es haben sich aus den Parteien beachtliche Stimmen gemeldet, die sich ihm anschließen. Die Frage ist wichtig genug, in die öffentliche Diskussion gestellt zu werden.

Wir unsererseits haben uns für die Volksbefragung ausgesprochen[10] in der Sorge, von den Feinden der Demokratie und fast noch mehr von denen, die sich als ihre Gralshüter betrachten, werde die Überantwortung der Entscheidung an die Landesparlamente als ein »Ausweichen«, als »Mächlerei«[11] ängstlicher Parteitaktiker beschrieben und bekämpft werden. Die plebiszitäre Beurteilung allein ist in der Lage, dem Werk ein festeres Fundament im Volksgefühl zu schaffen. Doch ist es notwendig, die Einwendungen zu hören und zu überprüfen. Der erste ist technischer Natur: wir haben nicht allzu viel Zeit zu verlieren, in den Landtagen geht das rascher, während für die Volksabstimmung gesetzgeberisch und organisatorisch umständliche Vorbereitung nötig ist. Ja, wenn in Bonn Kampfabstimmung mit knapper Mehrheit das wahrscheinliche [wären], dann müßte die politische Logik zum breiten Volksentscheid führen. Aber diese dramatische Situation scheint ja nicht gegeben. Also ... Und die weitere Argumentation: erst Volksabstimmung und vier, sechs Wochen später Wahl führt zu einer gewissen Überforderung des durchschnittlichen Wählers – er bleibt einmal weg, er bleibt zweimal weg. Wie wird es überhaupt gelingen, in den Wochen, da das Besatzungsstatut buchstabiert werden wird, in den Deutschen etwas wie innere Wärme für dies Grundgesetz zu erzeugen. Der sucht seine Artikel und findet sie nicht, jener die seinigen und findet sie nicht: das die Einzelinteressen überwölbende Gemeingefühl fehlt. Hier wieder ein Stück deutscher Geschichte zusammenzubinden, mit der aus Gleichgültigkeit, aus Verzweiflung, aus Propaganda lebenden Skepsis fertig zu werden, wird nicht ganz leicht sein.

Vor dieser Skepsis beugen sich manche kluge Männer statt sie tapfer anzugehen. Sie stehen in der Erinnerung, daß die Weimarer Republik in ihrer sachlichen und moralischen Funktionsfähigkeit gefährdet und gestört wurde, als die stille oder laute, die unbewußte oder bewußte Kooperation der Rechts- und Linksgruppen, der Hugenberg-Gruppe[12] bei den Deutschnationalen[13], der Nationalsozialisten und der Kommunisten den Sinn der Demokratie mißbrauchte. Und so glauben sie jetzt wieder, das Malaise[14] der Enttäuschten, der von den »Befreiungsgesetzen« Verärgerten und Verstimmten sich mit der ewigen Romantik der »Unpartei« des deutschen Geistes und mit dem höchst unromantischen Stil der KPD-Taktik langsam vermählen. Zu diesem Start wollen sie die Demokratie nicht antreten lassen; denn sie fürchten, daß das Grundgesetz dann, noch bevor es in Kraft trat, zum Alarmzeichen zur Sammlung der antidemokratischen Kräfte gemacht werde. Die Sammlung ist dann ganz mühelos: man bleibt zu Hause.

Vielleicht ist es gut, von diesen Dingen jetzt schon zu reden, denn sie sind nicht bloß Fragen parteitaktischer Überlegungen, sondern rühren an das Elementare der Staatlichkeit.

Rhein-Neckar-Zeitung, Nr. 25 vom 12. Februar 1949, S. 2

Thomas Dehler

Der Bund und die Länder

19. Februar 1949

Noch habe ich keine bayerische Stimme vernommen, die versucht, dem ehrlichen Bemühen des Parlamentarischen Rates um den föderalistischen Aufbau des Bundes gerecht zu werden. Nichts liegt uns ferner, als Bayern – um mit unserem Freund Heuss zu sprechen – zu »vermachten«.[1] Im Gegenteil: wir suchen nach einer Form, die in München bejaht werden kann.

Es geht um zwei Fragen: einmal um die Verteilung der Zuständigkeiten zwischen der Zentralgewalt und den Partikulargewalten, also zwischen Bund und Ländern, dann um das Ausmaß des Mitbestimmungsrechtes der Länder bei der Bildung und der Ausführung des Bundeswillen.

Das Grundgesetz sieht vor, daß die Ausübung der staatlichen Befugnisse um die Erfüllung der staatlichen Aufgaben Sache der Länder ist, soweit es keine andere Regelung trifft oder zuläßt. Die Vermutung streitet auf den Gebieten der Gesetzgebung, der Verwaltung und der Rechtspflege für die Zuständigkeit der Länder. Ihnen steht in erster Linie die Gesetzgebung zu, soweit sie nicht ausdrücklich dem Bunde zugesprochen wird. Eine ausschließliche Gesetzgebungskompetenz des Bundes ist nur auf den Gebieten festgelegt, für die sie unumgänglich ist, so für die auswärtigen Angelegenheiten, für die Freizügigkeit, das Paßwesen, Ein- und Auswanderung und Auslieferung, für das Währungs-, Geld- und Münzwesen, Maße und Gewichte, Zeitbestimmung, für die Einheit des Zoll- und Handelsgebietes, die Handelsverträge, die Freizügigkeit des Warenverkehrs und den Waren- und Zahlungsverkehr mit dem Ausland, für die Bundeseisenbahn, den Luftverkehr, das Post- und Fernmeldewesen, den gewerblichen Pachtschutz, das Urheberrecht und das Verlagsrecht.[2] Für andere Gebiete besteht die Vorrangsgesetzgebung des Bundes;[3] hier behalten die Länder das Recht der Gesetzgebung, solange und soweit der Bund von seinem Gesetzgebungsrecht keinen Gebrauch macht; der Bund soll nur regeln, was einheitlich geregelt werden muß; dieser Katalog umfaßt rund zwanzig Gebiete vom bürgerlichen Recht und Prozeßrecht über das Vereins- und Presserecht, das Flüchtlingswesen, das Recht der Wirtschaft und das Arbeitsrecht bis zum Straßenverkehrsrecht, um nur die wichtigsten zu nehmen. Bei den Verhandlungen ist über die Regelung kein ernstlicher Streit entstanden, man war sich vielmehr über die Notwendigkeit, dem Bunde insoweit die Möglichkeit der einheitlichen gesetzgeberischen Regelung zu geben, einig.[4]

Es ist charakteristisch, daß die Eingaben, die von Verbänden und Einzelpersonen in reicher Fülle an den Parlamentarischen Rat herangetragen wurden, ausnahmslos die Erweiterung der Gesetzgebungszuständigkeit des Bundes forderten; er hat diesem Druck in weiser Beschränkung widerstanden.

Über Gegenstände, die in ihren Aufgabenbereich fallen, können die Länder unter sich Vereinbarungen treffen,[5] sogar mit Zustimmung der Bundesregierung Verträge mit auswärtigen Staaten schließen.[6] Auf dem weiten Gebiete der Polizei, der Kultur, des Schul- und Kirchenwesens sind die Länder völlig souverän. Was noch wichtiger ist: die gesamte Ausführung der Gesetze ist Sache der Länder;[7] ihnen steht die gesamte Verwaltung mit ihren mannigfachen Abstufungen, also innere Verwaltung, Polizei, Arbeitsverwaltung, Versorgungswesen, wirtschaftliche und landwirtschaftliche Verwaltung, Kultur, Schulwesen – mit Ausnahme der auswärtigen Angelegenheiten, der Bahn und Post, der Binnenschiffahrtswege und der bundeseigenen Autobahnen und Fernverkehrsstraßen, die beiden letzteren aber in der Regel von den Ländern im Auftrag des Bundes verwaltet[8] -, ihnen steht auch die gesamte Justiz – mit Ausnahme der zur Wahrung der Rechtseinheit zu schaffenden oberen Bundesgerichte – zu.[9] Ein großes Maß von Selbständigkeit und Selbstverantwortung ist damit den Ländern gegeben. Es bleibt allerdings die bedeutsame Frage der Finanzhoheit und der Finanzverwaltung, über die nachstehend gesprochen werden soll.

Dem Verlangen der Länder auf Mitwirkung bei der Bildung und Ausführung des Bundeswillen ist weitgehend Rechnung getragen. Es ist nicht selbstverständlich, daß wir den Gedanken des Senats, dessen Mitglieder von den Landtagen gewählt werden, aufgeben und damit auf eine Möglichkeit konstruktiver Staatsgestaltung und demokratischer Integration verzichten.[10] Wir tun es der föderalistischen Forderung zuliebe, eine unmittelbare Repräsentation der Länderregierungen im Bunde zu schaffen. Wir nehmen dabei die wahrlich nicht leichtwiegende Inkonsequenz in Kauf, daß die Länderexekutiven entscheidend in die Legislative des Bundes eingeschaltet werden. Bei der Gesetzgebung des Bundes wirken Bundestag und Bundesrat zusammen.[11] Es ist eine Verständigung dahin zustande gekommen, daß alle Gesetzesvorlagen der Bundesregierung zunächst dem Bundesrat zugeleitet werden, so daß dieser von vornherein auf die Gestaltung der Gesetze einen maßgebenden Einfluß hat.[12] Auf wichtigen Gebieten ist die Zustimmung des Bundesrates zu den vom Bundestag beschlossenen Gesetzen erforderlich, so bei allen Gesetzen, welche die Verteilung der Steuern auf Bund und Länder betreffen, so daß der »große Finanzausgleich« die Billigung der Ländervertretung voraussetzt, ferner bei Gesetzen auf den Gebieten der Sozialisierung und der Elektrizitätswirtschaft, endlich bei Gesetzen, die eine Zuständigkeitserweiterung des Bundes bringen, hier sogar mit Zweidrittelmehrheit der Stimmen des Bundesrates.[13] Auf allen anderen Gesetzesgebieten hat der Bundesrat das Recht des Einspruches gegen Beschlüsse des Bundestages nach vorausgegangener Besprechung der Bedenken in einem gemeinsamen Ausschuß; wird der Einspruch mit der Mehrheit der Stimmen des Bundesrates erhoben, so kann ihn der Bundestag mit der Mehrheit seiner gesetzlichen Mitgliederzahl überwinden, bei Zweidrittelmehrheit nur mit dieser reziproken Quote.[14]

Dieser Einspruch ist eine scharfe Waffe; eine Regierung, die nur über eine knappe Mehrheit verfügt, wird ihm kaum begegnen könne. Es kann im Bunde gegen den Willen des Länderorgans so gut wie nichts geschehen. Der Gesetzgebungsnotstand sieht den Übergang des Gesetzgebungsrechtes vom Bundestag auf den Bundesrat vor.[15] Die allgemeinen Verwaltungsvorschriften der Bundesregierung für die ländereigene Verwaltung bedürfen der Zustimmung des Bundesrates. Der Bestimmungen, welche die Mitwirkung des Bundesrates vorsehen, sind so viele,[16] daß man ernstlich fragen muß, ob der Bundesregierung nicht unerträgliche Fesseln angelegt sind. Man macht dem Grundgesetzentwurf den Vorwurf, daß er auf Mißtrauen aller gegen alle beruhe; das gilt vor allem für die Sicherungen, die in Fülle für die Länder eingebaut sind. Der extreme Föderalist kann verständiger Weise nicht mehr verlangen, als hier gegeben wird, es sei denn, er will in Wirklichkeit keinen Bundesstaat, sondern einen losen Staatenbund unter Bejahung eines »originären« staatlichen Rechtes der Länder.[17] Darüber ein anderes Mal, insbesondere auch unter der Sicht der geschichtlichen Entwicklung des deutschen Territorialismus. Für uns verkörpert sich der Staatsgedanke vor allem im Reich; die Länder haben zu ihm nicht die Stellung von Mitgliedern einer Gesellschaft, sondern von Gliedern eines Ganzen; diese gewährt ihnen der Bonner Entwurf.

Bund und Länder brauchen für sich die erforderlichen finanziellen Mittel. Die Regelung dieses Problems ist angesichts der wirtschaftlichen und sozialen Nöte unserer Zeit, vor allem der bestehenden und drohenden Lasten aus dem Zusammenbruch des Nazistaates überaus schwierig. Ich lehne die These ab, wir bräuchten die Finanzhoheit und Finanzverwaltung als »Klammer« des Bundes; es wäre trostlos, wenn der deutsche Staat ein solches technisches Mittel bräuchte und sich nicht auf den Willen aller Deutschen gründete. Töricht empfand ich das Wort, die Finanzen böten das einzige Mittel des Bundeszwanges gegen ein unbotmäßiges Land; mit Mißtrauen und Drohung schafft man keine Gemeinschaft, die dauert. Ich meine: der deutsche Staatskörper wird nur leben können, wenn ihn ein Blutkreislauf durchpulst. Ein Bund ohne Finanzhoheit würde der wesentlichen Staatsfunktion ermangeln. Wir werden noch lange unter dem Gesetze der zunehmenden Staatstätigkeit stehen; es ist eine geschichtliche Erfahrung, daß der Aufgabenzuwachs im Bundesstaat vor allem auf den Gesamtstaat entfällt. Der Bund muß die großen vor uns stehenden Aufgaben meistern; dazu muß er finanzsouverän sein. Diese Erkenntnis ändert nichts an unserem föderalen Willen, den Ländern und Gemeinden eine eigene finanzielle Verantwortung zu geben. Die Länder sollen neben der Finanzwirtschaft des Bundes[18] eine eigene Finanzwirtschaft haben und über bestimmte Steuerquellen selbst verfügen können.[19] Es ist nicht zu umgehen, daß die Steuern mit dem großen Aufkommen – aus Einkommen und Umsatz – Bund und Ländern gemeinsam zustehen und im Wege des Finanzausgleichs nach dem jeweiligen Bedarf aufgeteilt werden.[20] Bonn hat sich die Sache nicht leicht gemacht: der Finanzausschuß hat eine große Zahl von Sachverständigen aus allen Lagern gehört;[21] sie haben mit verschwindenden Ausnahmen erklärt, daß die sachlichen Erwägungen für die Bundesfinanzverwaltung sprechen, nicht zuletzt im Interesse der steuerschwachen Länder, zu denen Bayern gehört. Es handelt sich fürwahr nicht um die Frage eines Glaubensbekenntnisses, sondern darum, den Bund lebensfähig und wirksam zu machen. Der Bund ist ja keine fremde

Macht, die gegen die Länder steht, er ist Deutschland, das die Länder und ihr Schicksal in sich schließt und das von diesen Ländern entscheidend geformt und bestimmt wird.

Mit Sorge empfinde ich immer wieder, wenn ich von Bonn in die Heimat zurückkehre, das mangelnde Verständnis, aber auch den fehlenden guten Willen, die mir in Bayern entgegentreten. Man hat sich in doktrinärer Weise auf bestimmte angeblich föderalistische Grundforderungen fixiert und verurteilt jeden, der sich ihnen nicht sklavisch unterwirft. Man spielt ein gefährliches Spiel. Möge das Vaterland dabei nicht Schaden nehmen.

Informationsdienst der Freien Demokratischen Partei,
Landesverband Bayern, Nr. 6 vom 19. Februar 1949, S. 1–4

THEODOR HEUSS

»Wahlfreiheit«

19. Februar 1949

Man war sich bei den Gruppen des Parlamentarischen Rates in Bonn von Anbeginn darüber ziemlich einig, daß die Methode des künftigen Wahlverfahrens nicht in dem Grundgesetz »verankert« werden solle. Die Klärung der Frage, die abschließende Entscheidung, wenn eine solche gefunden werden müßte, möge der normalen Gesetzgebung überlassen bleiben, ohne die Einschränkungen, die für Verfassungsänderungen angebracht sind. Als man nun an die technische Vorregelung des Komplexes heranging, ergab sich die etwas seltsame Lage: der Auftrag zu einem umfassenden Wahlgesetz war in den Londoner Dokumenten[1] gar nicht enthalten. Die Sache war offenbar vergessen oder übersehen worden. Doch die innere Logik des Bonner Unterfangens führte über diese Lücke hinweg: wenn schon eine demokratisch zustandegekommene Gesamtvertretung der Bevölkerung der drei westlichen Zonen vorgesehen wurde, so konnte von dem Weg, der zu ihr führen sollte, nicht geschwiegen werden.[2] Einem Sonderausschuß wurde deshalb der Auftrag erteilt, ein Wahlverfahren rechtlich vorzubereiten, das als Anhang dem Grundgesetz beigefügt sein wird; seine Geltung ist dabei als begrenzt gedacht, eben nur für die erste Wahl zu dem künftigen »Volkstag«[3], wie das Bundesparlament genannt werden soll. Diesem, das auf direkter Wahl ruhen wird, ist dann die Entscheidung übergeben, ob es in einer Erörterung aus dem Provisorium in ein Definitivum hinüberwechseln will.

Der Wahlrechtsausschuß hat ein eigentümliches Sonderleben geführt, eben weil sein erwartetes Ergebnis nicht in das Organgefüge der Paragraphen eingebaut ist. Aber dieses Nebenher der Arbeit ist nur scheinbar. Zwar besitzt die Wahlordnung nach unserer Meinung für den Duktus des politischen Geschehens bei weitem nicht die zentrale Bedeutung, die ihr von den Spezialisten, die sie isoliert betrachten, zugesprochen wird. Aber in der Stellung zu dem Problem verbirgt sich doch hintergründig eine Gesamtauffassung über einen erwünschten oder unerwünschten Rhythmus der deutschen parlamentarischen Zukunft. Soll das Ziel das Zweiparteiensystem sein, das Gegeneinander und Nacheinander zweier Gruppen wie es Amerika, wie es England als Beispiel zeigen? Ist das Beispiel als Vorbild zu begreifen und dann durch eine ganz einfache technische Maßnahme, das relative Mehrheitssystem im ersten Wahlgang, zu erreichen? (Wer im Wahlkreis an der Spitze der Stimmen steht, ist gewählt, auch wenn er nur ein Viertel, ein Drittel der Wähler an sich ziehen konnte.)

Auch in Bonn hat man natürlich eingehend den riesigen Katalog der Argumente durchbuchstabiert, die für das Mehrheits-, die für das Proporz-Wahlrecht in die Diskussion zu werfen sind. Man hat auch »Sachverständige« gehört; seltsamerweise galt der frühere Reichskanzler Dr. Luther[4] als der berufene Sprecher des Mehrheitsprinzips, ein Mann, der unseres Wissens persönlich nie mit der Dynamik der politischen Arbeit etwas zu tun hatte, sondern der typische Repräsentant des Beamtlich-Autoritativen im Werden eines staatlichen Führungswillens war. Sein Gegenspieler war der Bonner Staatsrechtslehrer Richard Thoma[5], der ja früher auch in Heidelberg gewirkt hat; seine Verteidigung des Verhältniswahlsystems war deswegen so lehrreich, weil sie einen Überblick über die ganze Welt gab und spüren ließ, daß die praktische Wirkung eines Wahlverfahrens auf den Regierungstyp gar nicht so gleichgeartet ist, wie die eindeutige und einseitige Darstellungsweise des einen oder anderen Prinzips das gerne dem Hörer einhämmern möchte.

Die Bonner Verhandlungen im Ausschuß endeten zunächst in einem völligen Vakuum: der Mehrheits-Wahlantrag der CDU unterlag, wie der sehr große Stimmbezirke mit Panaschier-Möglichkeit[6] vorsehende erste Entwurf der SPD, wie der Vorschlag der FDP, der für etwa zwei Drittel der Abgeordneten die Mehrheitsentscheidung, für den Rest die Berechnung nach dem Proporz vorsah. Erst allmählich kamen sich die Gruppen näher; der Kompromißvorschlag sieht für die eine Hälfte das Mehrheitssystem, für die andere die Verhältniswahl vor, für die die Abstimmung des ersten (und einzigen) Wahlgangs insofern maßgebend bleiben soll, weil die im Einer-Wahlkreis nicht zum Zuge kommenden Stimmen nun im breiten angerechnet werden sollen.[7]

Das Schicksal dieses Entwurfes, der jetzt zur offiziellen Verhandlung gekommen ist, steht noch nicht fest. Denn seine relative Umständlichkeit hat (von den prinzipiellen Gegnern dieser oder jener Entscheidung abgesehen) manchen Einwand geweckt. Auch die Ziffer von 400 wird beanstandet.[8] Das scheint uns falsch zu sein. Denn der Volkstag wird eine sehr große gesetzgeberische Arbeit vor sich haben, Stoffe werden an ihn herankommen, die bisher die Landesparlamente beschäftigt haben. Man soll sich eher den anderen Weg überlegen: ob nicht die in der spezifischen Legislative entlasteten Landtage in kleinerer Besetzung ihrer Aufgabe der Verwaltungskontrolle und Etatgestaltung genügen werden.

Dies ist zu sehen: die doktrinäre Verteidigung für das einfache Mehrheitssystem hat im Parlamentarischen Rat etwas an Eifer verloren. Ob daran die nicht sehr geschickten Aktionen der »Wählergesellschaft« Schuld tragen,[9] ist schwer zu sagen. Aber diese Gassen-Antithese von der »Persönlichkeit«, die das wunderbare Ergebnis der bezirklichen Mehrheitswahl ist, und von dem mehr oder weniger anonymen »Listen-Menschen«, den eine unheimliche, aber sicher bösartige Parteimaschine als ihren Untergebenen ins Parlament bugsieren will, das mag niemand mehr recht hören. Würden die Propagandisten der Dinge etwas geschulter sein, so würden sie merken, daß im englischen Parlament der »Einpeitscher« der Fraktion[10] eine viel stärkere Rolle spielt als der entsprechende »Funktionär« bei uns, wenn es den vergleichbar überhaupt gibt. »Persönlichkeiten« in solcher Betrachtung pflegen meist Menschen zu sein, die wohl ein politisches Interesse haben, aber sich eigentlich zu gut fühlten, in eine Partei als Mitglied zu gehen. Sie bejahen wohl die Parteien als unentbehrliche Instrumente einer parlamentarischen Demokratie. Aber in ihnen sich »heraufzudienen«, ist ihnen zu subaltern.[11] Sie rechnen damit, daß »man«, eben wegen ihrer Ungebundenheit, irgend einmal auf sie »zurückkommen« wird. Vielleicht rechnen sie richtig, denn ihre jungen Leute verfehlen es nicht, die Parteien zu verhöhnen. Aber es ist dann bloß unklar, wie sie ohne die Parteien aus einem Haufen von »Persönlichkeiten« (wie sie sich denken), ein arbeitsfähiges Gremium zustandebringen.

Mag sein, daß von diesen Dingen noch manchmal geredet werden muß. Sie haben nach der rechtlichen Seite in den letzten Wochen eine eigentümliche Nuancierung erhalten, als in dem Grundgesetz die »Wahlfreiheit« stipuliert wurde. Man ist nicht nur frei, wen man wählen will, sondern auch ob man wählen will. Der Gedanke der »Wahlpflicht«[12], deren Versäumnis eine Strafe nach sich zieht, wurde wohl in die Diskussion geworfen. Doch ohne das Echo, das seine Befürworter erwarteten. Es ist verständlich, daß schlechte Wahlbeteiligung verstimmt. Denn sie schwächt die Autorität jeder gewählten Vertretung. Aber Staatsbürgersinn läßt sich wohl erziehen, doch nicht erzwingen.

Aber der Begriff der Wahlfreiheit ist auch so interpretiert, daß wirklich eine Wahl im Wählen gegeben wird. Durch eine besondere Bestimmung ist das Einparteien-System verfassungsmäßig ausgeschlossen.[13] Aber dieser Auslegung sind auch jene vorgeschlagenen Klauseln zum Opfer gefallen, die ein Mindestmaß von Wählerstimmen oder von Bezirksmandaten forderten, damit eine Wählergruppe im Parlament zum Zuge komme. Vielleicht wird um diese Bestimmung noch gestritten werden, daß sie in der dritten Lesung gefallen, ist politisch-psychologisch nicht uninteressant.[14] Nicht als ob darin eine Ursehnsucht nach recht vielen Parteien und Fraktionen durchgebrochen wäre. Sondern irgendwie muß die Einsicht gewachsen sein, daß das so einfach gedachte Zweiparteien-System, das Millionen in die politische Heimatlosigkeit stoßen würde, für eine die ganze Weite des Volkes und seiner Strömungen umfassende Ordnung heute und gerade für Deutschland wenig gemäß ist. Seltsam genug: gerade viele von denen, die dem Parteileben fernstehen, um es überlegen zu zensieren, schwärmen für die eindeutigen Machtentscheidungen. Die anderen, oder doch viele von ihnen, merken, daß dieses Land der Ohnmacht mehr der Verständigung zwischen den Gruppen als der feindlichen Ja oder Nein bedarf. Denn echte Entscheidungen großer Politik fliehen noch für lange den Raum ohne eigene Souvränität.

Rhein-Neckar-Zeitung, Nr. 29 vom 19. Februar 1949, S. 2

THEODOR HEUSS

»Der Volkstag«

26. Februar 1949[1]

Man hat sich in Bonn dahin verständigt, das kommende Gesamtparlament des Bundes »Volkstag« zu benennen.[2] In den früheren Entwürfen war der Begriff »Bundestag« verwendet worden. Man wollte von ihm frei werden, nachdem der Gedanke des Senats gefallen und durch die Institution des »Bundesrates« ersetzt war.[3] Die Sorge war nicht unberechtigt, daß die akustische Nähe von »-rat« und »-tag« die Unterscheidung im Volksbewußtsein erschweren mußte, und daß allzu leicht der Bundesrat und der Bundestag miteinander verwechselt würden.[4] Uns scheint, es war auch für die historische Betrachtung richtig, nach einer neuen Vokabel zu suchen. Denn zwischen 1816 und 1866 war ja der »Deutsche Bundestag« in Frankfurt[5] *das* Gremium, dem nach 1866 der von Bismarck[6] geschaffene »Bundesrat«[7] entsprach, eben die Vertretung der Regierungen der Gliedstaaten. Warum sollen sich an die gleiche staatsrechtliche Vokabel zwei im Grunde gegensätzliche Institutionen knüpfen. Freilich: es gab in Bonn auch Leute, denen der »Volkstag« nicht recht gefällt; sie denken an den als Agitationsunternehmen kreierten »Volksrat« der Ostzone.[8] In der Paulskirche[9], die ein echtes Zweikammersystem vorgesehen hatte – von diesem kann ja nun vor der Bonner Schöpfung nicht mehr die Rede sein – hatte man die Bezeichnung »Volkshaus« gewählt, Gegenstück zu dem »Staatenhaus«.[10]

Die Konstruktion des »Volkstages« war in der letzten Woche Gegenstand der interfraktionellen Beratungen, der Sitzungen von Hauptausschuß und Plenum. Das Kernstück bildete dabei natürlich die Wahlrechtsentscheidung. Doch nicht sie allein. Der Entwurf des Ausschusses hatte, wie man weiß, 400 Mitglieder vorgeschlagen; die Hälfte sollte mit der Geltung des relativen Mehrheitssystems in Wahlkreisen gewählt werden, die Hälfte auf Länderverbands- bzw.

Bundeslisten, wobei die in dem einen Wahlgang abgegebenen Stimmen zur Verrechnung kommen sollen.[11] Aber die Erörterung ging nicht nur über diese Frage, die von den einen als primäres, von den anderen als sekundäres Element der politischen Lebensgestaltung betrachtet wird. Sondern auch darum: sind 400 nicht viel zu viel Leute. Die CDU schlug zunächst 250 Mitglieder vor, stellte dann aber den Antrag, auf dreihundert Abgeordnete sich zu beschränken.[12] Sie mochte hoffen, bei einigen Sozialdemokraten dafür Verständnis zu finden.[13] Aber die Fraktionsentscheidung der SPD blieb dann bei der im Ausschuß gefundenen Ziffer.

Vermutlich ist die kleinere Zahl sozusagen populärer oder sie ist doch, mit ein bißchen Zuschuß an Demagogie, populär zu machen. Wozu brauchen wir vierhundert Gesetzgeber! Und es ist dann leicht, so zu beschreiben, daß das Parlament halt seine Sitze sichern wolle. Die neue Motivation ist aber eine andere: wo und wie bringen wir die rechten Leute zusammen, die den Aufgaben des parlamentarischen Geschäftes gewachsen sind, oder die sich dazu hergeben? Man darf daran nicht einfach vorbeihören. Denn das Nachwuchsproblem ist für alle Parteien schwierig, weil eine Generation in der Schulung und Bewährung ausgefallen ist. Und die Dinge erschweren sich heute: wir sind an sich der Meinung, daß in die Parlamente etwas zu viel an Beamten eingezogen sind, zumal an solchen, die in der unmittelbaren staatlichen Hoheitsvertretung stehen. Aber wir wissen auch, daß der Verzicht auf Beamte in der parlamentarischen Arbeit mit einem Absinken bestimmter nützlicher Sachkenntnisse bezahlt wird.[14] Ob einem das passe oder nicht: der Beamte, für die parlamentarische Arbeit mit freigestellt, war verfügungsbereiter als Menschen des freien Berufes, der Gewerbe und Landwirtschaft. Für sie ist in den meisten Fällen parlamentarische Arbeit ein unmittelbares Opfer, für das die sog. »Aufwandsentschädigungen« zumeist nur einen unvollkommenen Ausgleich bilden. (Natürlich gibt es auch Ausnahmen, Nichtstuer oder Nonvaleurs in den Parlamenten – wohl aber meist nur für eine Wahlperiode.)

Man muß die Sachlage so sehen: auf den kommenden »Volkstag« wird, neben der politischen Verantwortung für die Führung der Bundesgeschäfte, eine außerordentliche Masse an legislatorischen Aufgaben zuschreiten. Die Gesetzgebung in den einzelnen Zonen, in den einzelnen Ländern, hat gerade auch für Stoffgebiete, in denen jetzt die Bundeszuständigkeit ausgesprochen wurde, eine auseinandergehende Entwicklung genommen. Die muß jetzt korrigiert werden. In vielen Fällen bedarf das der Spezialisten oder doch neuer Spezialisierung, die eine Arbeitsteilung bei den Abgeordneten erzwingt. Denn auch der Abgeordnete, so vielfältig und weitschichtig die Aufgaben sind, über die er entscheiden soll und muß, ist nicht allwissend. Die Auseinandersetzung mit einer technisch geschulten Ministerialbürokratie verlangt eine Intensivierung der Ausschußberatung. Wer kann sie leisten? Nur der, der auch in den Sonderkenntnissen sicher ist. Schon dies erfordert eine gewisse, nicht zu knapp bemessene Zahl von Abgeordneten.

Aber dies ist es nicht allein. Wir bekommen jetzt auch für das Bundesparlament Wahlkreise von übersehbarer Größe. Der richtige Grundgedanke ist, daß in der »Berichterstattung« die Verbindung zwischen Wählern und Gewählten enger gestaltet werde. Bejaht man diese These,[15] so muß man auch die Folgerung ziehen. Nimmt man, bei relativ großen Wahlkreisen, eine relativ kleine Anzahl von Abgeordneten in Ansatz, so ist es eine völlige Illusion, zu glauben, daß dieser Mann, diese Frau den beiden Aufgaben gerecht werden können: technisch gute Gesetzgebungsarbeit und politische Auseinandersetzung mit der Wählerschaft. Denn in den meisten Fällen (und das ist gut so) stehen die Leute auch in ihrem privaten beruflichen Pflichtenkreis. Folgt man der These: kleines Parlament und große Wahlkreise, so endet man vermutlich beim »bezahlten« Abgeordneten, der eben sonst nichts zu tun hat, als Abgeordneter zu sein; uns scheint, vom »Syndikus«,[16] in welcher Benennung er auch auftrete, haben wir genug gehört.

Die Frage der Mandatszahl ist so zu überprüfen: das Bundesparlament wird eine gute Teil-Gesetzgebung zu leisten haben, die bisher im Pflichtenkreis der Landtage lag. Dort wird, mit der Umgestaltung der Arbeit, ein »Abbau« eher möglich sein.

Rhein-Neckar-Zeitung, Nr. 33 vom 26. Februar 1949, S. 2

THOMAS DEHLER

Staat und Kirche im Grundgesetz

5. März 1949

Das Grundgesetz trägt den Forderungen der Kirchen in allen Punkten Rechnung. Unter maßgebender Mitwirkung der Fraktion der Freien Demokratischen Partei wurden für die Kirchen in schulpolitischen Fragen Lösungen gefunden, die der geschichtlichen Entwicklung des Zusammenlebens des Staates und der Kirchen in Deutschland entsprechen.[1] Die Grundrechte der Gewissensfreiheit, der Freiheit des religiösen und weltanschaulichen Bekenntnisses und der ungehinderten Religionsausübung werden gewährleistet. Die Rechtsstellung der Kirchen, die selbständige Ordnung und Verwaltung der kirchlichen Angelegenheiten, insbesondere die unbeschränkte Verteilung der kirchlichen Ämter durch die Kirchen selbst, sind anerkannt. Die Kirchen besitzen öffentlich-rechtlichen Charakter, sie haben das Recht für Erhebung von Kirchensteuern aufgrund der staatlichen Steuerlisten. Eigentum und die Rechte der Kirchen an ihren für Kultus, Unterricht und Wohlfahrt bestimmten Anstalten, Stiftungen und sonstiges Vermögen werden gewährleistet. Der Schutz des Sonntags und der staatlich anerkannten Feiertage, der Gottesdienst und die Seelsorge in Krankenhäusern, Strafanstalten und sonstigen öffentlichen Anstalten sind verfassungsrechtlich festgelegt. Ehe und Familie werden unter den bewährten Schutz der staatlichen Ordnung gestellt. Pflege und Erziehung der Kinder werden als das natürliche Recht der Eltern und die ihnen zuvörderst obliegende Pflicht anerkannt. Die Erziehungsberechtigten haben das Recht, über die Teilnahme der Kinder am Religionsunterricht zu entscheiden. Der Religionsunterricht ist nach unserem Antrag – wir wollen die christliche Schule und lehnen die »bekenntnisfreie« Schule ab, weil die christliche Religion ein Schlüssel zur abendländischen Kultur ist, – an allen öffentlichen Volks-, Mittel- und Berufsschulen wie höheren Lehranstalten ordentliches Lehrfach und wird unbeschadet des staatlichen Aufsichtsrechtes nach den Grundsätzen der Kirchen erteilt.[2] Das Recht zur Errichtung von privaten Schulen – praktisch also konfessionellen Schulen von der Volksschule bis zur Universität – wird gewährleistet.

Manch einer mag sagen, es sei des Guten zuviel getan, besonders wenn man bedenkt, daß die Kirchen- und Schulangelegenheiten ausschließliche Angelegenheiten der Länder sind und daß daher in dem Grundgesetz für sie kein Raum ist; es erwies sich, daß der Föderalismus kein Glaubenssatz ist und daß seine Apostel ihn ohne weiteres verraten, wenn sie auf anderem Wege zu ihren eigentlichen Zielen kommen zu können glauben; wir haben diese Inkonsequenz und diesen Stilbruch in Kauf genommen, weil es uns darum geht, den Kirchen ihr Recht zu geben und den religiösen Frieden in unserem Volk zu wahren.

Die Kirchen – vor allem die katholische Kirche – halten das von ihnen Erreichte für ungenügend. Die Bischöfe sind am 11. Februar im Kloster Pützchen bei Bonn zusammengetreten und haben »in ernster Besorgnis um die Zukunft unseres Volkes« eine Erklärung zum Grundgesetz erlassen,[3] dem sie vorwerfen, daß wichtigste und für den Aufbau eines gesunden und staatlichen Lebens unentbehrliche Grundrechte und Grundsätze außer Acht gelassen werden, daß vor allem das gottergebene Recht der Eltern als der von Gott berufenen und vor Gott verantwortlichen Erzieher, ihre Kinder in den öffentlichen Schulen entsprechend dieser Verantwortung erziehen zu lassen, bewußt ausgeschaltet und der Staatsgewalt die Möglichkeit zur Vergewaltigung des christlichen Gewissens nicht ein für allemal genommen wird. In der Presse, vor allem im *Rheinischen Merkur*, dem Koblenzer katholischen Organ,[4] wird unter der Wortführung des Justiz- und Kultusministers Süsterhenn[5], des Vorkämpfers der extremen kirchlich politischen Richtung, ein geradezu maßloser Kampf entfacht.[6] Es ist keineswegs eine erfreuliche Tatsache, daß die Wogen dieser Erregung kaum nach Bayern schlagen, wenn es auch in der katholischen Presse heißt, die christliche Welt sei in Bewegung geraten, allein aus Bayern forderten sechshunderttausend Eltern die Anerkennung ihres Rechtes, die Erziehung ihrer Kinder zu bestimmen. Wir wissen, wie diese »Bewegung« und diese Forderungen zustande kommen. In Wirklichkeit sind die Kirchen in Bayern an den Kämpfen um die kirchen- und schulpolitischen

Bestimmungen des Grundgesetzes völlig unbeteiligt. Durch den Artikel 182 der Verfassung des Freistaates Bayern vom 2. Dezember 1946 sind die Verträge mit den Kirchen aus den Jahren 1924/25 bestätigt,[7] ihr Inhalt liegt überdies den Artikeln über »Ehe und Familie«, »Bildung und Schule« und »Religion und Religionsgesellschaft« zu Grunde.[8] Was in Bonn als kirchliche Forderung offensteht, ist in Bayern unter Mitwirkung der Sozialdemokratie, für deren Verhalten heute wie damals das Verständnis fehlt, restlos erfüllt. Wir haben die bange Sorge, daß sich dieser Erfolg als ein Pyrrhussieg[9] erweisen wird, daß die Kirchen, aber auch Staat und Volk Schaden nehmen werden.

Wir werden in Bonn keinen Schritt mehr weitergehen, aus unserer Verantwortung für das deutsche Volk heraus. Wir haben durch Prof. Heuss erklärt: »Die Stellungnahme der Bischofskonferenz zum Entwurf des Grundgesetzes wird von uns in ihrem Gewicht durchaus gewürdigt. Wir vertreten die Auffassung, daß in den jetzt beschlossenen Bestimmungen die demokratischen Menschenrechte gesichert sind und daß den religiösen Bedürfnissen und Notwendigkeiten auch im Erziehungswesen Rechnung getragen ist. Das Grundgesetz enthält keinerlei Gewissenszwang und läßt der historisch bedingten Entwicklung in den Ländern, wo ja die Zuständigkeit für das Erziehungswesen ruht, freien Raum. Für uns bildet das Grundgesetz den rechtlichen Rahmen, in dem sich die Gestaltung unseres geistigen und gesellschaftlichen Lebens friedlich und fruchtbar entfalten wird. Die gesamte politische Lage Deutschlands im Mächtespiel der Welt scheint uns gerade heute zu fordern, daß irgendeine Zuspitzung spezifisch konfessioneller Themen vermieden wird.«[10] Wir lassen uns durch die kränkenden Angriffe Süsterhenns und seiner scribifaces[11], die jedes Maß vermissen lassen, nicht beirren. Man schilt uns als »nicht-christliche« Partei. Wir sprachen Leuten, die das Christentum zum Mittel des politischen Kampfes mißbrauchen, das Recht ab, über Christlichkeit zu rechten. Man wirft uns vor, wir hätten zusammen mit Sozialisten, Kommunisten, der Sowjetunion und den 8 Staaten des Ostblocks gegen die Elternrechtsbestimmung der Charta der Menschenrechte der Vereinten Nationen gestimmt;[12] deren Art. 27 Abs. 3 lautet: »Die Eltern haben das erste Recht, die Art der Erziehung zu bestimmen, die ihre Kinder erhalten sollen.«[13] Diese Bestimmung, die überdies entgegen der böswilligen Darstellung mit 53 Stimmen bei 3 Enthaltungen angenommen wurde,[14] hat mit dem katholischen »Elternrecht«, also dem Anspruch der von der Kirche geleiteten Eltern, daß der Staat und die Gemeinden Schulen ihrer Konfession errichten, nichts zu tun, sondern bedeutet nur, daß die Eltern entscheiden, welche der vom Staate und mit seiner Genehmigung von Privaten errichteten Schulen ihre Kinder besuchen.

Man muß schon sagen, daß in diesem bösen Kampf kaum ein Mittel der Entstellung und Verunglimpfung verschmäht wird. Armes deutsches Volk, dem der Blick getrübt und der Sinn verwirrt wird! Die große geistige und politische Aufgabe unserer Zeit, der wir uns verpflichtet fühlen, ist es, die deutschen Menschen zusammenzuführen, über die Abgründe hinweg, die eine böse Vergangenheit zwischen ihnen aufgerissen hat. Der Kampf der Süsterhenns und Hundhammers[15] bewirkt das Gegenteil; er wird nicht einigen, sondern scheiden.

Informationsdienst der Freien Demokratischen Partei,
Landesverband Bayern, Nr. 69 vom 5. März 1949, S. 1–3

THEODOR HEUSS

Die Denkschrift der Besatzungsmächte

5. März 1949

Die Arbeit in Bonn ist ein mühsames Geschäft, für die unmittelbar Beteiligten wie für jene, die seinen wechselvollen Rhythmus mit sachlicher Teilnahme, mit bloßer Neugier oder mit billiger, vielleicht höhnender Gleichgültigkeit begleiten. Die Routiniers des Faschingswitzes freilich konnten mit seiner Existenz zufrieden sein; sie entdeckten ihn als Arsenal ihres Gewerbes. Aber Fasching ist nun vorüber.

Wurde die Begegnung zwischen Vertretern des Bonner Gremiums und den Militärgouverneuren zu einem Aschermittwochsymbol?[1] So würden jene Professionellen des Tageshumors die Sache gewiß darstellen, wollte man noch auf sie hören. Sie sind bis auf weiteres vom Schicksal entlassen oder doch beurlaubt. Aber die Deutschen, denen mitgeteilt worden war, daß spätestens in den ersten Märztagen die zweite Lesung im Plenum dem kürzlich errungenen Parteienkompromiß seine Bestätigung geben werde,[2] sind erneut zur Geduld verurteilt. Denn nun wird die formalrechtliche Interpretation, was denn ein »föderativer Staatstyp« sei,[3] nicht mehr allein zwischen den deutschen Parteien durchbuchstabiert, sondern von ihnen gemeinsam gegenüber den Besatzungsmächten.[4] Denn darum handelt es sich im Elementaren, faktisch aber zugleich darum, daß die Gemeinsamkeit der deutschen Auffassung in dem Gespräch nicht zerbricht.

Man konnte im Laufe der letzten dreieinhalb Jahre genügend studieren, daß die Besatzungsmächte sehr verschiedene Auffassungen über einen deutschen Föderalismus besitzen. Wir denken dabei nicht daran, daß in der Ostzone, wenige Tage nach der Potsdamer Konferenz[5], gesonderte zentralisierende Tatbestände geschaffen wurden,[6] sondern daß auch die drei Mächte des Westens in der Theorie und in der Praxis ihrer deutschen Politik recht unterschiedliche, zum Teil gegensätzliche Meinungen besaßen und besitzen. Die uralte Lehre bestätigt sich, daß Koalitionskriege leichter zu gewinnen sind als Koalitionsfrieden zu schließen. Manche Deutschen spekulierten (und spekulieren vielleicht noch) mit diesen inneren Differenzen, auf den Tag wartend, wann sie zu nutzen seien, sie halten Umschau nach dem Talleyrand[7] der Jahre 1814 und 1815, wenn sie sich nicht gar für dessen Rolle anbieten. Die nüchterne Überlegung zeigt dies: wohl können wir mit einigem Spürgefühl bei jenen »Denkschriften« der Alliierten zur deutschen Frage uns vorstellen, daß dies ein amerikanischer, jenes ein französischer Gedankengang sei und dies vielleicht ein britisches Semikolon. Aber solches Erspüren, das reizvoll sein kann, nutzt nicht viel oder gar nichts. Denn vor den Deutschen formiert sich der Zwiespalt als Einheit. Damit müssen wir rechnen. Wir sollen auch vorsichtig sein gegenüber ermunternden Informationen von dieser oder jener Stelle. Denn aus Gründen, die nicht im deutschen Schicksal liegen, sind die anderen *darauf angewiesen,* eine Einheit zu bilden. Das wird ihnen manchmal schwer genug. Das Besatzungsstatut, das seit Monaten immer wieder für die nächsten Wochen angekündigt, ja »versprochen« wird, illustriert dies.[8]

Der Kernpunkt der bevorstehenden Sachverständigenbesprechung[9] wird, fast überraschenderweise, in dem Katalog der gesetzgeberischen »Zuständigkeit« liegen, zumal beim Artikel 36.[10] Die Herren-Chiemseer Konferenz hatte, neben die »ausschließliche« Gesetzgebung einen Katalog von Gesetzesstoffen angereiht, bei denen der Bund, wenn er es für erforderlich hält, den »Vorrang« zu einer einheitlichen legislativen Regelung feststellen kann.[11] Diese Anordnung scheint dem, was die anderen als einen »föderativen Typ« erachten, nicht zu entsprechen. Sie wollen die gesetzgeberische Autonomie der Länder grundsätzlich ausgesprochen, die Bundesregelung nur in eng umschriebenen Sätzen zugelassen wissen. (Wenn eine Landesregelung dem Stoff nicht angemessen oder unmöglich ist, wenn sie die Interessen anderer Länder schädigen würde.)

Die Formulierung ist, so wie sie heute vorliegt, höchst bedenklich. Denn sie könnte den Ländern etwa ein unterschiedliches Eherecht, eine verschiedene Kriminalordnung ermöglichen – das Auseinandergehen der deutschen Rechtsordnung, die peinlichste Begleiterscheinung der letzten Jahre, wird institutionell ermöglicht. In den Konsequenzen würde das auch den Besatzungsmächten vielfach unwillkommen sein müssen, und man hat das Gefühl, daß eben diese Konsequenzen nicht voll bedacht wurden. Es ist nicht allzu schwer, Formeln zu finden, diese enge Konsequenz zu vermeiden; aber immerhin scheint diese Belastung gegeben, daß ein Verfassungsgerichtshof in Permanenz die Grenzziehung der Legislative zu besorgen hätte. Freilich: hier wird auch das Kernproblem nicht einer Verfassung, sondern einer deutschen Politik sichtbar: werden die Einzellandtage, wenn ihnen der Zuständigkeits-Katalog Verantwortung zuwachsen läßt, so viel und so starke parteimäßige wie grenzüberschreitende Bindungen haben, daß sie in der formal freien Autonomie der Sache und Paragraphengestaltung das gleiche Recht dort beschließen, wo es sachlich angebracht ist. Im Länderrat der amerikanischen Zone[12] ist die Vorprobe des Verfahrens gemacht. Doch darf man diese Technik betrachtend nicht vergessen, daß gelegentlich der Druck der amerikanischen Militärregierung das seine tun mußte, um die Dinge zu einer förderlichen Einigkeit voranzutreiben, wenn ihr daran gelegen war.

Hier kann bald ein Experiment gemacht werden. Die Geschichte mit dem Wahlrecht zum ersten deutschen Volksparlament für die Westzonen hat etwas Skurriles. Als man die Londoner Dokumente machte, war diese Sache, simpel ausgesprochen, einfach vergessen worden.[13]

Der Parlamentarische Rat mußte also anfangen, eine Ordnung zu überdenken und zu formen, in der sein legitimer Nachfolger zustandekommen könne. Die Militärmächte haben den Mühen mit mehr oder weniger Interesse zugesehen und sich jeder Äußerung zu diesem Versuch enthalten. Jetzt, da er fertig wurde, sagen sie: Ihr seid ja gar nicht zu dieser Arbeit berufen gewesen![14] Das ist die Sache der Ministerpräsidenten oder doch der Landtage, die eine stärkere Legitimierung besitzen als ihr, denn sie ruhen auf unmittelbarer Volkswahl. Der Parlamentarische Rat mag wohl sagen, wie viel Sitze das künftige Parlament haben soll und wie diese sich auf die einzelnen Länder verteilen, aber das Wahlverfahren sollen die Länder beschließen; man hat nichts dagegen, wenn sie sich der Bonner Vorarbeit bedienen.

Das ist nun eine fast groteske Vorstellung, daß in den einzelnen Ländern wieder Wahlrechtsdebatten beginnen und dann, aus parteipolitischen Erwägungen, hier das reine Mehrheitswahlsystem, dort der rein mechanische Proporz eingeführt würde; denn die neue Strukturierung des Parlaments würde dann verschiedene Typen von Abgeordneten haben. Der Vorschlag der Militärgouverneure ist eine Versuchung, etwa für die CSU in Bayern, die hoffen mag, mit dem einfachen Mehrheitssystem sich diesmal der Bayernpartei[15] »einigermaßen erwehren zu können«. Die Überlegung wird auch anderwärts auftauchen können. *Hier* wird sich erweisen, ob eine gesamtdeutsche Anschauung, gleichviel wie man in diesem Falle die Qualität der Lösung beurteilt, dem »föderalistischen« Entgegenkommen der Militärgouverneure, das, wie sie wohl selber wissen, der logischen Schlüssigkeit entbehrt, ein Beispiel der freien Einheitlichkeit entgegenstellt.

Rhein-Neckar-Zeitung, Nr. 37 vom 5. März 1949, S. 2

Thomas Dehler

Der deutsche Staat im Werden

12. März 1949

Was wir in Bonn geschaffen haben und was in spätestens 14 Tagen seine letzte Form und die Sanktion im Plenum des Parlamentarischen Rates erhalten soll, ist keine Musterverfassung und kein Werk von Ewigkeitswert. Dafür waren trotz der Hingabe und des guten Willens, mit denen alle Abgeordneten bis auf die Send- und Störboten des Ostens, die Kommunisten,[1] bei der Sache waren, die Verschiedenheiten in den Grundauffassungen zu groß, charakteristischerweise nicht so sehr zwischen den Parteien als innerhalb der Christlich-Demokratischen und Sozialen Union, die vor allem in ihrem Schosse die geistigen und gesellschaftlichen Spannungen unseres Volkes auszugleichen hatte. Dafür sind auch die Einschränkungen und Hemmungen zu stark, die in der Lage Deutschlands begründet sind, in der unseligen Zerreißung unseres Landes, in der Abhängigkeit von den unter sich uneinigen Besatzungsmächten, in der weltpolitischen Entwicklung und nicht zuletzt in der seelischen Verfassung unserer durch Gewaltherrschaft, Krieg und Zusammenbruch aufgewühlten und verwirrten Menschen.

Ich meine, es ist doch etwas *Rechtes* zustande gekommen. Vielleicht haben wir, nach der uns Deutschen eigenen Art, zuviel Gründlichkeit und Grundsätzlichkeit aufgeboten; man darf uns deswegen nicht zürnen: wir wollen dem deutschen Volke, das sich seine Demokratie nicht erobert hat und sie deswegen nicht als sicheren, selbstverständlichen Schutz empfindet, eine solche Straße zum Recht, zur Freiheit und zum Frieden bauen. Das Grundgesetz hebt an mit der Würde des Menschen, die höher steht als alle staatliche Gewalt.[2] Die Grundrechte des einzelnen, über die der Staat nicht verfügt, und die uns Wert und Sinn der Demokratie verkörpern, werden gesichert durch den Grundsatz des Rechtsstaates, der alle staatliche Macht vom Volke herleitet, und durch die Teilung der

Gewalten, der Gesetzgebung, der ausführenden Gewalt und der Rechtsprechung, die jeden Mißbrauch der Macht im Staat verhütet. Soll die Demokratie wirksam sein, so muß sie eine starke, handlungsfähige Regierungsgewalt besitzen. Die Bedenken, ob der reine Parlamentarismus sie ermöglicht, sind groß. Die einen glauben ihnen mit dem Wahlrecht der relativen Mehrheit, das eine starke, von einer Koalition unabhängige Kabinettsmehrheit im Parlament schafft, begegnen zu können; im Parlamentarischen Rat überwog die Ansicht, daß die geschichtlichen Voraussetzungen bei uns nicht oder wenigstens noch nicht vorhanden sind, da es vor allem zwei große, nicht an starre Dogmen gebundene Parteien erfordert, bei denen das Gemeinsame überwiegt, so daß sich der Bürger für die eine oder andere aussprechen kann, ohne seiner Überzeugung Gewalt anzutun. Ich sah als Korrektiv die präsidiale Regierung, den vom Volke oder der Länderversammlung (Bundestag und gleich viele Vertreter der Landtage) gewählten, vom Parlament unabhängigen Präsidial-Kanzler[3], ohne hinreichende Unterstützung zu finden. Das Grundgesetz hat auf jeden Fall die Regierungsgewalt gegenüber Weimar erheblich gestärkt: der Sturz des Kabinetts durch eine heterogene Parlamentsmehrheit ist unmöglich;[4] ist die Mehrheit des Parlaments obstruktiv, so kann die Regierung die Vertrauensfrage stellen und im Falle der Ablehnung das Parlament auflösen oder auf ein halbes Jahr dringende Gesetze im Wege des Gesetzgebungsnotstandes mit Zustimmung des Bundesrates und der Länderpräsidenten ohne das Parlament verabschieden; die Ablehnung des Haushaltplans durch eine böswillige Mehrheit macht die Regierung nicht arbeitsunfähig, da sie ermächtigt ist, alle Ausgaben zu leisten, um gesetzlich bestehende Einrichtungen zu erhalten, beschlossene Maßnahmen durchzuführen und angefangene Bauten fortzusetzen; Beschlüsse des Bundestages und Bundesrates, welche die Ausgaben erhöhen, bedürfen der Zustimmung der Regierung.[5] So läßt sich regieren.

Das Erfordernis des föderativen Charakters des Grundgesetzes entsprach bei aller individuellen Nuancierung dieses Begriffes dem Willen aller: Aufbau des Staates von unten nach oben, möglichste Unmittelbarkeit zwischen den Bürgern und den gesetzgebenden und verwaltenden Organen, Vorteile der Sachnähe, Erziehung zur Demokratie im übersehbaren Raum, insgesamt aber zusammenfassen und nicht trennen wollen, was zusammengehört. Diese Grundsätze sind erfüllt. Die Eigenstaatlichkeit der Länder und ihr Vorrang in Gesetzgebung, Verwaltung und Rechtsprechung sind gewahrt.[6] Durch den Bundesrat, der – man kann sagen – dem Ministerpräsidenten Dr. Ehard[7] zuliebe angenommen wird,[8] obwohl eine Mehrheit dem Gedanken des Senates und damit der echten zweiten Kammer anhängt, sind die Länder an der Bildung des Bundeswillens und seiner Ausführung entscheidend beteiligt. Den nachträglich von den Kirchen erhobenen Forderungen ist trotz des damit verbundenen Stilbruches, weil an sich die Kirchen- und Schulangelegenheiten Sache der Länder sind, in *liberalster* Weise Rechnung getragen worden. Alles in allem: eine Form, in der unser Volk leben und in eine demokratische Gemeinschaft der Völker hineinwachsen kann.

Doch siehe: Es ist schwer allen recht zu tun. Am 26. Februar erklärte Dr. Ehard in Bamberg, das Grundgesetz entspreche nicht der realistischen föderalistischen Linie des bayerischen Kabinetts – zu wenig innerliche Bejahung des Prinzips einer föderalistischen Verfassungsgestaltung – keine Länderfinanzverwaltung – Gefahr der Aushöhlung der Landesverwaltung.[9] Am 1. März verlangt der französische Außenminister Robert Schuman[10] vor dem Rat der Republik, daß keinesfalls ein deutsches Reich neu entstehen dürfe, nur ein föderalistisches deutsches Staatswesen sei mit den Interessen des Friedens vereinbar, das Grundgesetz enthalte zu stark zentralistische Einrichtungen.[11] Am 1. März übergaben die Militärgouverneure eine Denkschrift[12] mit Bedenken hinsichtlich der Gesetzgebungspublizität des Bundes, seiner Finanzhoheit, seiner eigenen Verwaltungsbehörden, des Wahlrechtes, der Einbeziehung Berlins. Die deutschen Bischöfe sagen, sie würden zur Ablehnung des Grundgesetzes auffordern, wenn nicht das Elternrecht[13] festgelegt und das Reichskonkordat[14] anerkannt würde.[15]

Unser Grundgesetz hält diesen Angriffen stand. *Frankreich*, das eine und unteilbare Frankreich soll wissen, daß seine Sicherheit nicht in der Zergliederung Deutschlands besteht, sondern in der Erziehung der Deutschen zu Demokraten, die Freiheit, Recht und Frieden lieben und sich ihnen verpflichten. Man mache es unserem Volke nicht zu schwer! Bayern – ich will von ihm reden, obwohl das Grundgesetz nicht Sache der Länder, sondern der deutschen Menschen aller Stämme und Länder ist – darf nicht das Empfinden haben, daß es »vermachtet« wird. Der Bund ist eine Gemeinschaft der Deutschen, für alle Deutschen und gegen keinen Deutschen. Der Bund bedarf einer eigenen Finanzgewalt, einer gemeinsamen

Finanzsteuerung und Finanzverwaltung, wenn er seine eigentlichen Aufgaben erfüllen soll. Den Ländern und Gemeinden werden eigene Steuerquellen, die sie selbstverantwortlich ausschöpfen, erschlossen. Der Bund hat sich für seine Aufgaben bei dringendem Bedarf die Möglichkeit, eigene Mittel- und Unterbehörden zu errichten, vorbehalten; Voraussetzung ist die Zustimmung von 2/3 der Stimmen des Bundesrates, der Vertreter der Länderregierungen. Nur ein ungesundes Mißtrauen könnte an dieser Bestimmung Anstoß nehmen. Ohne gegenseitiges Vertrauen ist unser Bemühen hoffnungslos.

Die Militärgouverneure haben zum Teil Recht – es wäre töricht, ihre Empfehlungen[16] nicht auf ihre Richtigkeit zu prüfen: Die Richteranklage vor dem Bundesverfassungsgericht gefährdet die Möglichkeit, auf Grund des Dokumentes Nr. 2[17] eine gesunde territoriale Gliederung des Bundesgebietes durchzuführen, das Entstehen von Hegemonialstaaten mit einem störenden Übergewicht nach Größe, Einwohnerzahl und Wirtschaftsmacht auszuschalten und die Zufallsbildungen der Übergangszeit zu berichtigen, bisher ungenützt gelassen, sie würden eine geschichtliche Schuld auf sich laden, wenn sie sich nicht auf ihre föderale Pflicht besännen. Die Einbeziehung Berlins in den Bund ist eine Frage der Weltpolitik, in der wir nur schweren Herzens unseren Wunsch, über Berlin die Gemeinschaft mit dem deutschen Osten darzustellen, aufgeben würden. In ihrer Mahnung »zu wenig Föderalismus« gehen die Gouverneure über die Haltung der bayerischen Regierung hinaus und nähern sich der Bayernpartei, wenn sie die sogenannte Vorrangsgesetzgebung des Bundes beanstanden; sie wissen nicht, daß der Wille der Deutschen zur Rechtseinheit außer Streit steht. Sie sollen wissen: was der getreue Eckehard[18] des Föderalismus, mein väterlicher Freund Geheimrat Laforet[19], gebilligt hat, besteht vor den Augen der intransigentesten Föderalisten! Das Wahlrecht zum ersten Bundestag: eine leicht heitere Sache! In den Londoner Dokumenten hat man darauf hinzuweisen vergessen, wir haben pflichtgemäß und mit stiller Billigung der Gouverneure ein Gesetz geschaffen.[20] Es wäre grotesk, die Aufgabe in die Länder und in die Mannigfaltigkeit ihrer Entscheidungen zurückzuverlegen.

Die Anhänger der *Kirchen* sind uns die ernstesten Sorgen. Der Bund soll ihnen alle Rechte sichern und ihnen volle Freiheit in der Erfüllung ihrer großen Aufgaben gewähren. Das Grundgesetz erfüllt diese berechtigte Forderung. Es wäre ein Verhängnis, wenn man den Kampf weiterführen, wenn man zwischen christlichen und nichtchristlichen Parteien unterscheiden, wenn man unser Volk darüber zerreißen wollte. Es gibt kein Elternrecht in dem Sinne, daß eine Gruppe Eltern einen Anspruch gegen den Staat auf Einrichtungen konfessioneller oder gar weltlicher, bekenntnisfreier Schulen habe. Das mit Hitler im Juli 1933 abgeschlossene Konkordat kann aus verfassungsrechtlichen und politischen Gründen nicht anerkannt werden. Es ist genug des Streites![21]

Bonn geht zu Ende.[22] Sei es ein guter Beginn für Deutschland und die friedliebende Welt!

Informationsdienst der Freien Demokratischen Partei,
Landesverband Bayern, Nr. 70 vom 12. März 1949, S. 1–4

THOMAS DEHLER

Das Grundgesetz und die Wirtschaft

19. März 1949

Die Weimarer Verfassung hat unter dem starken Atem des sozialen Willens Friedrich Naumanns[1], aber auch unter dem Einfluß sozialistischer Gedanken versucht, die Grundbeziehungen zwischen Staat und Wirtschaft zu regeln; es ist ihr nicht gelungen, zu einem einheitlichen Ordnungsprinzip zu kommen: auf der einen Seite will sie die wirtschaftliche Einzelbetätigung sichern, Wirtschaftsfreiheit und Vertragsfreiheit, Eigentum[2] und Erbrecht[3] schützen, auf der anderen Seite ein wirtschaftlich-soziales Rätesystem[4] begründen; fruchtbar sind ihre Gedanken des Wertes der Arbeitskraft als eines besonderen Rechtsgutes,[5] des Mittelstandsschutzes,[6] der Beschränkung des Eigentums im Interesse der Bodenpolitik.[7] Die wirtschaftliche Entwicklung ist durch die Programm- und Rechtsgrundsätze von Weimar nicht beeinflußt worden. Die Verfassungs-Lykurge[8] der Länder aus dem Jahre 1946 haben nur wenig daraus gelernt; Doktrinäre und Weltverbesserer waren am Werke, die extreme Verfassungsgrundsätze festlegten, weitgehende Sozialisierungsnormen und Mitwirkungsrechte der Betriebsräte in der hessischen Verfassung,[9] in den anderen die Betonung des Grundsatzes der »Bedarfsdeckung« vor dem des »Erwerbes«, im allgemeinen unausgegorene Ideen ohne Klarheit und ohne rechtschöpferische Leistung.[10] Typisch für die Direktionslosigkeit dieser Zeit und ihren mangelnden Beruf zu einer Wirtschaftsverfassung war die bayerische Verfassunggebende Landesversammlung: im Entwurf hatte man die extreme Planwirtschaft festgelegt; wir Demokraten waren die Einzigen, die sich dagegen auflehnten; sie fiel durch das Veto der Militärregierung;[11] nicht durchdachte Überbleibsel des planwirtschaftlichen Denkens der KPD, SPD und CSU schaffen heute schon Verwirrung, etwa die staatliche Überwachung der »geordneten« Herstellung und Verteilung der wirtschaftlichen Güter oder die Bildung von »Bedarfsdeckungsgebieten« zum Zweck einer möglichst gleichmäßigen Befriedigung der wirtschaftlichen Bedürfnisse aller Bewohner oder die überraschende Feststellung, daß Kapitalbildung nicht Selbstzweck, sondern Mittel zur Entfaltung der Volkswirtschaft sei.

Es war in Bonn von vornherein klar, daß wir uns nicht auf das Niveau des naiven Dilettantismus der Länderverfassungen begeben wollen; die Sozialdemokraten waren einsichtig genug geworden, auf die Festlegung irgendwelcher Lebens- oder Sozialordnungen zu verzichten.[12] Wenn heute eine Nachricht durch die Presse geht, daß die Sozialdemokratie beabsichtigt, die Westmächte um Vollmachten für den neuen westdeutschen Bundesstaat zu ersuchen, um die Schwerindustrie zu verstaatlichen, ja daß sogar eine Minderheitengruppe der SPD für die Ablehnung des Grundgesetzes eintrete, falls diese Forderung nicht erfüllt werde,[13] so stünde eine solche Haltung in krassem Widerspruch zum Standpunkt der sozialdemokratischen Fraktion des Parlamentarischen Rates bei der Beratung des Grundgesetzes.

Das Grundgesetz betont die Wirtschaftsfreiheit. Jeder hat das Recht, Beruf, Arbeitsplatz und Ausbildungsstätte frei zu wählen und an jedem Ort des Bundesgebietes Aufenthalt und Wohnung zu nehmen.[14] Das Recht, zur Wahrung und Förderung der Arbeits- und Wirtschaftsbedingungen Vereinigungen zu bilden, ist für jedermann und alle Berufe gewährleistet. Abreden, die dieses Recht einzuschränken oder zu behindern suchen, sind nichtig, hierauf gerichtete Maßnahmen sind rechtswidrig.[15] Eigentum und Erbrecht werden gewährleistet. Enteignungen sind nur zum Wohle der Allgemeinheit durch Gesetz oder aufgrund eines Gesetzes zulässig; in der jetzigen Fassung ist vorgesehen, daß die Entschädigung unter gerechter Abwägung der Interessen der Allgemeinheit und der Beteiligten zu bestimmen sei;[16] ich habe für die Beratungen im Plenum die Änderung dahin beantragt, daß die Entschädigung angemessen sein muß und daß für sie der ordentliche Rechtsweg zu eröffnen ist. Das hat auch zu gelten für die Möglichkeit, Grund und Boden, Naturschätze und Produktionsmittel zum Zwecke der Vergesellschaftung in Gemeineigentum oder in andere Formen der Gemeinwirtschaft zu überführen.[17] Damit sind die sachlichen Bestimmungen des Grundgesetzes zur Wirtschaftsordnung erschöpft. Jedes Mehr wäre von Übel.

Um so bedeutsamer ist für die Wirtschaft die Regelung der Gesetzgebungszuständigkeit für die Materien, die die Wirtschaft angehen. Der Bund hat die ausschließliche Gesetzgebung über das Währungs-, Geld- und Münzwesen, die Einheit des Zoll- und Handelsgebietes, die Handels- und Schiffahrtsverträge, die Freizügigkeit des Warenverkehrs und den Waren- und Zahlungsverkehr mit dem Ausland, Eisenbahn, Luftverkehr, Post- und Fernmeldewesen, gewerblichen Rechtsschutz, Urheberrecht und Verlagsrecht.[18] Darüber hinaus ist – völlig zu Unrecht von den Besatzungsmächten beanstandet – der Vorrang gegenüber den Ländern bei der Gesetzgebung über das Recht der Wirtschaft (Bergbau, Industrie, Energiewirtschaft, Handwerk, Gewerbe, Bank- und Börsenwesen, Privates Versicherungswesen), das Arbeitsrecht (auch Betriebsverfassung, Arbeitsschutz, Arbeitsvermittlung, Sozial- und Arbeitslosenversicherung), Enteignung, Sozialisierung, Verhütung des Mißbrauchs wirtschaftlicher Machtstellung, Sicherung der Ernährung, Grundstücksverkehr, Bodenrecht, Wohnungswesen, Siedlungs- und Heimstättenwesen, Schiffahrt und Straßenverkehr zugestanden.[19] Damit wird der Bund instandgesetzt, die gesetzlichen Voraussetzungen für eine einheitliche deutsche Wirtschaftspolitik zu schaffen.[20] Der Einfluß der Länder ist dadurch sichergestellt, daß er bei wichtigsten Materien – abgesehen von den Steuern und dem Finanzausgleich bei Gesetzen über die Überführung von Grund und Boden, von Naturschätzen und Produktionsmitteln in Gemeineigentum oder in andere Formen der Gemeinwirtschaft und über die Energiewirtschaft eines übereinstimmenden Beschlusses des Bundestages und des Länderorgans, des Bundesrats, bedarf.[21] Der Bund errichtet eine Währungs- und Notenbank[22] und verwaltet die Eisenbahn und das Post- und Fernmeldewesen als einheitliche Verkehrsanstalten;[23] ihm steht die Verwaltung der Bundeswasserstraßen und der Schiffahrt zu.[24] Für die Wirtschaft entscheidend sind die Bestimmungen über die Finanzverwaltung. Wichtig ist die Bestimmung, daß Gesetze, welche die von der Regierung vorgeschlagenen Ausgaben erhöhen oder neue Ausgaben in sich schließen oder für die Zukunft mit sich bringen, der Zustimmung der Bundesregierung bedürfen,[25] damit hat die Bundesregierung die Waffe für eine sparsame Haushaltsführung jenseits der taktischen Wünsche des Parlamentes. Das Herz der Wirtschaftspolitik ist die – ebenfalls grundlos von den Militärgouverneuren angegriffene – Finanzgewalt des Bundes, seine Gesetzgebungsmacht auf dem Gebiete der Steuern und Zölle und seine eigene Finanzverwaltung.[26] Würde sie fallen, so wäre das der Tod einer deutschen Wirtschaftspolitik. Von der Bewältigung der Kriegsfolgelasten mannigfacher Art sei hier abgesehen.[27] Die Finanzgewalt des Bundes allein kann die dem Staate obliegenden wirtschaftlichen Aufgaben, die Sicherung der Währung, die Lenkung des Wirtschaftsablaufs in weitestem Sinne, die Konjunkturbeherrschung, die Krisenvorsorge, die Bewahrung der Massen vor Arbeitslosigkeit, die Erfüllung der großen sozialen Pflichten gewährleisten.

Man hat einmal gesagt, der »Kapitalismus« habe zu allen Zeiten Mittel und Wege gefunden, um sich de lege, praeter legem und contra legem – mit dem Gesetz, neben dem Gesetz und gegen das Gesetz – durchzusetzen. Das Grundgesetz hat die Weite, um der deutschen Wirtschaft alle Möglichkeiten der fruchtbaren Arbeit zum besten unseres Volkes, vor allem seiner notleidenden Schichten zu geben.

Informationsdienst der Freien Demokratischen Partei, Landesverband Bayern, Nr. 71 vom 19. März 1949, S. 6–8

THOMAS DEHLER

Bonn und das Handwerk

26. März 1949

In dem Entwurf des Grundgesetzes wird das Handwerk nur an einer Stelle erwähnt. Bei der sogenannten Vorrangsgesetzgebung, welche die Gebiete aufführt, in denen die Länder die Gesetzgebungszuständigkeit haben, solange und soweit sie der Bund nicht in Anspruch nimmt, wird das Recht der Wirtschaft und darunter auch des Handwerks aufgeführt.[1] Das Memorandum der Besatzungsmächte hat gegen diese Vorrangsgesetzgebung Bedenken erhoben.[2] Ich halte es aber für selbstverständlich, daß das Recht des Handwerks *Sache des Bundes* bleibt, so wie das »deutsche Handwerk« aus unserer Geschichte nicht wegzudenken ist.

Das Grundgesetz sagt nichts über die Stellung, die dem Handwerk im künftigen deutschen Staat zugedacht ist. Die Weimarer Verfassung hatte in ihrem Artikel 164 festgelegt, daß der selbständige Mittelstand in Landwirtschaft, Gewerbe und Handel durch Gesetzgebung und Verwaltung zu fördern und gegen Überlastung und Aufsaugung zu schützen sei und hatte damit den Staat und seine Organe verpflichtet, den Mittelstand als die soziale Schicht zwischen dem Großunternehmertum und der Arbeiterschaft nicht nur in seinem eigenen Interesse, sondern im Sozialinteresse des gesamten Volkes zu erhalten und zu stützen.[3] Auch die Bayerische Verfassung vom 2. Dez. 1946 fordert, daß die selbständigen Kleinbetriebe und Mittelstandsbetriebe, die gerade in der bayerischen Wirtschaft ihren *besonderen Rang* haben, eine gesonderte Fürsorge erfahren sollen. Diese sind in ihren Bestrebungen, ihre wirtschaftliche Freiheit und Unabhängigkeit, sowie ihre Entwicklung durch genossenschaftliche Selbsthilfe zu sichern, vom Staate zu unterstützen (Art. 153 der Bayer. Verfassung).[4]

Der Parlamentarische Rat stand vor der Frage, ob er eine ähnliche Bestimmung in das Grundgesetz einfügen soll. Das hätte vorausgesetzt, daß die gesamten Grundbeziehungen zwischen Staat und Wirtschaft zum Gegenstand der Regelung im Grundgesetz gemacht wurden. Der Parlamentarische Rat hat darauf verzichtet, im Grundgesetz Lebens-, Wirtschafts- und Sozialordnungen aufzustellen. Diese Haltung ist weise. Es wäre eine Vermessenheit zu glauben, man könne den Strom des Lebens – und die Wirtschaft ist ein wesentlicher Teil dieses Lebens – durch Paragraphen in ein bestimmtes Bett leiten. Die Wirtschaft steht unter ihrem eigenen Gesetz. Die Spannungen in unserem Volke über die richtige Wirtschaftsform sind viel zu groß als daß eine Verständigung zwischen den Parteien hätte erfolgen können. Es wäre unerträglich, wenn in Bonn durch eine Kampfabstimmung mit einer geringen Mehrheit festgelegt würde, ob wir künftig eine gebundene, vom Staate gelenkte Wirtschaft oder eine freie Marktwirtschaft haben sollen. Das Grundgesetz schweigt und läßt damit die künftige Entscheidung offen. Sie trifft damit negativ eine Entscheidung dahin, daß es nicht Sache des Staates sein soll, der Wirtschaft Fesseln anzulegen oder sie in eine bestimmte Richtung zu lenken. Damit ist nicht gesagt, daß nicht die in der Weimarer Verfassung und in der Bayerischen Verfassung niedergelegten Grundsätze über den Schutz und die Förderung des Handwerks ihre Richtigkeit behalten. Sie durchzusetzen wird die Aufgabe der künftigen Politik sein. Das Handwerk wird sich um seine Sache kümmern müssen.

Es ist nicht eben ermutigend, daß sich unter den 70 Frauen und Männern, die in Bonn am Werke sind, kein einziger Handwerker befindet.[5] Ich selbst bin Sohn eines Handwerkers, eines Brauers und Metzgers, und bin in der kleinen Stadt Lichtenfels am Main aufgewachsen, die wesentlich durch den Geist des Handwerks geprägt ist.[6] Ich kenne den Wert und die Kraft des Handwerks für unser Volk und kann mir eine gesunde Demokratie ohne die Handwerker nicht vorstellen. Sie sind *die geborenen Demokraten,* die Menschen, die aus eigener Verantwortung und eigener Kraft ihr Werk verrichten und nicht auf das Wunder der Hilfe des Staates hoffen.

Entzieht sich so das Bonner Grundgesetz dem Wunsche, die wirtschaftlichen und sozialen Interessen des Handwerkes festzulegen, so taucht doch die Erinnerung an eine andere Beziehung zwischen Bonn und dem Handwerk auf. In Bonn hat die *neue deutsche Handwerkerbewegung* begonnen. Die zu Beginn des 19. Jahrhunderts – besonders durch Stein[7] und Hardenberg[8] im Jahre 1810 und 1811 in Preußen[9] und in der Folge in den Rheinbundstaaten[10] – eingeführte Gewerbefreiheit hatte den alten und längst morsch gewordenen Bau der Zünfte niedergelegt. Von der Jugend war die Entwicklung begrüßt worden, die im Zunftgeist erstarrte und auf die Zunftvorrechte pochende große Masse der Handwerker hatte sich dagegen gestemmt, das Handwerk litt wirtschaftlich schwer, weil es zum Teil von Großbetrieben überrannt wurde, zum anderen Teil vom Handel vielfach des vollen Erfolges seiner Arbeit beraubt wurde, insgesamt nicht beweglich genug war, sich der neuen Wirtschaftslage anzupassen. Da waren es 391 Bonner Handwerksmeister, die am 19. Juni 1848 unter dem Titel »An unsere Brüder im Handwerk« an den preußischen Minister für Handel und Gewerbe, Ludolf Camphausen[11], eine Resolution richteten, in der sie vor allem die Einschränkung der Gewerbefreiheit forderten, damit der Arbeit endlich der Schutz und die Stellung im großen Ganzen des Staates gesichert ist, die ihr als die Hauptgrundlage aller gewerblichen Verhältnisse und der Menschlichen Bildung gebührt.[12] In der Folge hat dann der deutsche Handwerker- und Gewerbekongreß in Frankfurt[13] der achtundvierziger Nationalversammlung eine Handwerks- und Gewerbeordnung vorgelegt, die sich auf einen »feierlichen, von Millionen Unglücklichen besiegelten *Protest gegen die Gewerbefreiheit*« stützte.[14]

Wir sind überrascht, von welcher Aktualität diese Forderungen sind. Die Direktive der amerikanischen Militärregierung vom 29. November 1948, wonach ohne vorherige Genehmigung durch die Behörde Betriebe aller Art errichtet werden dürfen, ohne Rücksicht auf das volkswirtschaftliche Bedürfnis, die persönliche Eignung, die fachliche Eignung und den Nachweis der erforderlichen Betriebsmittel, haben die gleichen Proteste ausgelöst.[15] Als Mann des Rechtes und als politischer Mensch empfinde ich diese Maßnahme der Besatzungsmacht in erster Linie als den Grundsätzen des Völkerrechts widersprechend und als eine unerträgliche Zerstörung der Rechtseinheit des deutschen Volkes auf dem Gebiete des Gewerberechtes, auch als einen schwer ertragbaren Eingriff in die Zuständigkeit des deutschen Volkes, seine Wirtschaftsordnung selbst zu bestimmen. Wir sind nicht so uneinsichtig, um nicht zu wissen, daß manches, was in der Gewerbeordnung vom 21. Juni 1869[16] und in ihren Novellen aus den achtziger Jahren und besonders vom 26. Juli 1897[17] und 30. Mai 1908[18] festgelegt worden ist, *überholungsbedürftig* ist. Wir wissen, daß die Stellung des Handwerkes und der Handwerkerschutz nur einen Teil der gesamten Wirtschaftsverfassung unseres Volkes darstellt und unlösbar mit der gesamten wirtschaftlichen Lage verknüpft ist. Es ist uns bewußt, um es grob zu sagen, daß das Ruhrstatut auch für den Handwerker ungleich bedeutsamer ist als die Frage des kleinen oder großen Befähigungsnachweises. Aber wir empfinden es als eine Ehrenpflicht, das, was in einem Jahrhundert gewachsen ist und sich bewährt hat, auch zu *bewahren*. Was mein Parteifreund, der württembergische Ministerpräsident Dr. Reinhold Maier[19] bei der Handwerkkundgebung in Stuttgart am 13. Dezember 1948 erklärt hat, das gilt.»Wir haben keinen Anlaß, an der deutschen Handwerksgesetzgebung in ihrem Fundamente rütteln zu lassen. Für uns ist der Meister des Handwerkes das Symbol der Leistung, der Tüchtigkeit und der Ehrbarkeit, ohne das wir uns die Gesundung und den Wiederaufstieg unseres deutschen Volkes nicht denken können.«[20]

Wir glauben an den deutschen Handwerker. Er hat den Prophezeiungen des kommunistischen Manifestes, das Kapital würde in den großen Betrieben zusammengehäuft werden und die kleinen Betriebe, insbesondere das Handwerk, würden zerrieben werden,[21] durch seine Tüchtigkeit und durch seine Anpassungsfähigkeit *zuschanden* gemacht. Die kleinen und die mittleren Betriebe haben sich nicht nur behauptet, sondern sind im Vordringen. Die Feinde des Handwerks sind die Ideen der Sozialisierung oder Kommunalisierung der Wirtschaft, auch schon die Übernahme von Handwerksarbeiten durch staatliche und gemeindliche Regiebetriebe. Diese öffentliche Beherrschung der Wirtschaft zu verhindern ist der beste Schutz des Handwerks. Daneben gilt es alles zu tun, um die Leistungsfähigkeit des Handwerks zu steigern, durch hochstehende Berufsschulen und Fachschulen, durch Meisterkurse, durch die Förderung der technischen Hilfsmittel des Handwerks, aber auch durch Pflege des gewerblichen Genossenschaftswesens. Der Staat muß das Handwerk schützen durch den Kampf gegen wirtschaftliche Machtstellungen, die den Wettbewerb ausschalten und dadurch gerade die Wirkungsmöglichkeit des Handwerks beeinträchtigen. Die erprobten Selbstverwaltungsorgane des Handwerks müssen aufrechterhalten bleiben.

Die Freie Demokratische Partei war in München und in Frankfurt die Vorkämpferin für den Abbau der Fesseln der Zwangswirtschaft und für die freie Marktwirtschaft, die das Lebenselixier des Handwerks ist. Wir stehen erst im Anfang dieser Entwicklung; sie allein kann die Arbeit des Handwerks sinnvoll machen.

Neben dieser allgemeinen wirtschaftspolitischen Zielsetzung steht eine Fülle aktuell politischer Fragen, die den Handwerker brennend berühren, im Vordergrund die *steuerpolitischen Probleme*. Das Handwerk muß bei der Ergänzung und Erneuerung seines technischen Apparates steuerlich zum wenigsten nicht minderbegünstigt werden als die Industrie. Es muß in die Lage versetzt werden, durch rationelle Ausrüstung besser und billiger arbeiten zu können, um gerade auch dadurch im Konkurrenzkampfe bestehen zu können. Augenblicklich wird im Wirtschaftsrat in Frankfurt ein Steuerentwurf behandelt, an dem sich meines Erachtens wirtschaftspolitisch die Geister scheiden, die sogenannte Aufwands- oder Luxussteuer. Meine Freunde und ich lehnen diese Steuer grundsätzlich ab, weil sie gerade den wertvollen Handwerker aufs schwerste treffen würde, er, der mit geringstem Aufwand an Material durch intensive und qualifizierte Arbeitsleistung hochwertige Güter herstellt, würde durch eine solche Steuer bestraft werden und die wesentliche Möglichkeit der deutschen Wirtschaft, durch Wertarbeit in der Weltkonkurrenz zu bestehen, würde verkümmern.[22] Das Beispiel zeigt, wie der *wirksame Handwerkerschutz* aussieht.

Die beste Förderung des Handwerks ist seine Freiheit, die Möglichkeit des Wirkens in der Marktverfassung der freien Verkehrswirtschaft, die im Zeichen des Wettbewerbes steht, die Sicherung gegen wirtschaftliche Machtstellungen, die diesen Wettbewerb zum Nachteil des Handwerks ausschalten und die Unabhängigkeit von einer Bürokratie, die am Ende an der Wirtschaft zehrt und sie nicht fördert.

Aber vor allem soll auch künftighin das schöne Wort seinen Sinn behalten: Gott segne das *ehrbare Handwerk*!

Informationsdienst der Freien Demokratischen Partei,
Landesverband Bayern, Nr. 72 vom 26. März 1949, S. 7–10

THEODOR HEUSS

Politische Gespräche

26. März 1949[1]

In diesem Deutschland der Ungewißheiten und der Spannungen ist es offenbar interessant geworden zu erfahren, wenn ein paar Menschen, die nicht in derselben Stadt wohnen, die nicht zur selben Partei gehören, irgendwo zusammenkommen und sich unterhalten. Über was sie sich unterhalten, ist vielleicht gar nicht so wichtig als einfach die Tatsache, daß sie es tun. Das muß irgendwie bemerkenswert sein, meint wenigstens der Mann von der Presse und wenn er auch nicht weiß, *was* gesprochen wurde, so notiert er doch genau, wer dagewesen ist. Denn vielleicht ist es »ein Kreis«. Die »Kreise« sind heute in Deutschland sehr modern: es gibt einen Nauheimer[2], einen Traunsteiner[3], einen Laupheimer[4], wohl auch einen Schlüchterner »Kreis«. Die Orte sind zufällig; hier findet sich eine geeignete Treffgelegenheit, dort wohnt ein Mann mit gemeinschaftsbildendem oder egoistischem Eifer. Ob es jetzt wohl auch einen »Godesberger Kreis«,[5] wenigstens in der Phantasie einer schöpferischen Neugier geben wird, weil sich dort kürzlich einige Leute mit dem ehemaligen deutschen Botschafter Nadolny[6] getroffen haben?

Man soll doch aus solchen Begegnungen nicht gleich ein so großes Theater der Sensation oder des Mißtrauens machen. Denn man raubt ja damit den Deutschen die Unbefangenheit, sich untereinander zu besprechen, wenn der einzelne nicht mehr als einzelner, sondern nur als »Repräsentant« genommen wird, als Unterhändler, als offener oder heimlicher Delegierter einer Gruppe, vielleicht sogar einer »Macht«. Die Wichtigtuerei des Drum und Dran steht selten in dem rechten Verhältnis zu den Tatbeständen, wenn freilich auch die Unternehmer solcher Konferenzen nebenher ein bißchen das Bedürfnis unterbringen mögen, sichtbar, wieder sichtbar zu werden. Allen angemessenen Respekt vor Nadolnys ehemaligen diplomatischen Stellungen – ob er seine heute mögliche Wirkung überschätzt, wissen wir nicht, aber sicher überschätzen viele Deutsche die Tatsache, daß er einmal, wenn auch nur kurz, Deutschland in Moskau vertreten hatte und dadurch für die Russen etwas wie »Figur« geworden sei.[7]

Wenn man in Godesberg über das Verhältnis der deutschen Westzonen zur deutschen Ostzone sich ausgesprochen haben sollte, so ist das wahrlich eine sehr natürliche und auch notwendige Sache. Denn nichts bedrückt ja unsere Empfindung und auch unser über die Tagesgeschäfte hinausgehendes Denken so sehr wie die Sorge um die deutsche Einheit. Wir wissen, daß die formale staatliche Zusammenfassung der Stunde verwehrt ist, aber daß unsere eigenen befristeten Entscheidungen den Weg zu ihr nicht verbauen dürfen. Aber während wir dies schreiben, ist in unserem Ohr das klagende Wort von diesem, von jenem Besucher aus dem Osten: ihr habt uns abgeschrieben![8] Dieses Wort ist viel schmerzhafter als das quasipolitische Gespräch, was irgendein »Volksrat«-Funktionär bei einer Westfahrt mit uns führen möchte, um uns unsere Sünden vorzutragen.[9] Denn so wird den Deutschen das Bewußtsein ihrer wechselseitigen Beziehungen verdorben. Wer einmal Zeitungen aus dem Osten zu lesen bekommt, der kann ja schier Nummer für Nummer erfahren, daß die Deutschen des Westens, vom angelsächsischen Kapitalismus gekauft, als Sklaven des fremden Imperialismus vom deutschen Gemeinschicksal sich abgekehrt hätten. Die Antwort, die sich die deutschen Wallfahrer zum Kreml als Exempel wählen, bleibt natürlich im Westen dann nicht aus.

Es ist ein Elend, es ist das deutsche Elend, daß die Dinge so sind. Aber, hat da nicht der Deutsche Volksrat kürzlich in Berlin einen mutigen Schritt getan, um uns in eine erwünschte Möglichkeit hinüberzuleiten: Begegnung von Delegierten der Ostzone mit Vertretern der Frankfurter und Bonner Parlamente?[10] Das Spiel vom November und Dezember 1947, da auf den ersten »Volkskongreß« die Deutschen aller Zonen geladen waren, soll in einer weniger demagogischen Formgebung wiederholt werden.[11] Die Einladenden selber haben keinen Augenblick mit der Annahme dieses Vorschlages gerechnet. Aber sie glauben, ihn machen zu müssen, um »das Gesicht zu wahren«.

Ein naiver Mensch könnte wohl der Meinung sein: warum nicht? Weder die Verfassung für die Ostzone noch das Grundgesetz für den Bund der westlichen Länder sind formal erledigt und verabschiedet. Könnte es da nicht nützlich sein, den Ausgleich zwischen ihnen zu versuchen, um den inneren staatlichen Rhythmus der beiden Notgebilde einander anzunähern. Die Staatsrechtler würden sehr bald in arge Schwierigkeiten geraten: das östliche Werk ist viel einfacher, durchsichtiger, es hat sich nicht mit Geschichte auseinandergesetzt, sondern eine rationale Anlage gemacht. Aber: die Gewaltenteilung ist aufgehoben![12] Die Grundelemente des rechtsstaatlichen Denkens sind in einem volksdemokratischen Pathos untergegangen.

Doch das ist es nicht allein. Die Grundstruktur dessen, was man im Osten heute »Demokratie« nennt, steht gegen das, was der Westen, wenn einstweilen auch nur formal, mit diesem Begriff zu gestalten versucht. Die Legitimität der möglichen Gesprächspartner ist so völlig verschieden, daß die gemeinsame Ebene fehlt.[13] Und wenn man sich einige der Männer, die in Frage kämen (und die man persönlich kennt), ansieht, so weiß man im vorhinein: es ist eine Schaustellung, die dem Mikrophon tönende Argumente anvertrauen möchte. Also nein...

Aber in dem Nein steckt auch schmerzliche Resignation. Sie kann nur in der Geduld überwunden werden, die zwischen den Konflikten der großen Mächte und dem bösen und dumpfen Krieg der parteipolitischen Gesinnungen das Einheitsbewußtsein pflegt, bis zu dem Tag, da die Welt der anderen begreift, daß Deutschlands innere und einheitliche Beruhigung die Voraussetzung des gesamteuropäischen Lebens ist.

Rhein-Neckar-Zeitung, Nr. 49 vom 26. März 1949, S. 2

THOMAS DEHLER

Die Lage in Bonn

2. April 1949

Erinnern wir uns des Ausgangspunktes. In dem Londoner Deutschland-Kommuniqué der Vereinigten Staaten, des Vereinigten Königreiches, Frankreichs und der drei Benelux-Länder vom 7. Juni 1948 ist gesagt: »Die Delegierten erkennen an, daß es bei Berücksichtigung der augenblicklichen Lage notwendig ist, dem deutschen Volk Gelegenheit zu geben, die gemeinsame Grundlage für eine freie und demokratische Regierungsform zu schaffen, um dadurch die Wiedererrichtung der deutschen Einheit zu ermöglichen, die zum gegenwärtigen Zeitpunkt zerrissen ist.«[1] Hier ist alles Entscheidende gesagt. Das deutsche Volk hat den Anspruch auf seine Einheit, nicht nur wegen der »augenblicklichen Lage«, sondern kraft seines unverzichtbaren Rechtes, das im Völkerrecht begründet ist und jedem Volke zusteht, das Recht, seine Lebensform selbst zu bestimmen, ein Recht, das nicht untergeht, auch nicht durch eine Besatzung oder eine bedingungslose Kapitulation.[2] Das deutsche Volk ist Träger seiner staatlichen Souveränität, sie liegt nicht bei den Ländern und ihren Regierungen oder ihren Bürokratien. Eine freie und demokratische Regierungsform soll sich das deutsche Volk schaffen. Das kann es nur in Freiheit. Aus Zwang und Diktat wächst kein freier Staat. Was das Kommuniqué uns vorschreibt »... nicht die Wiedererrichtung eines zentralistischen Reiches, sondern eine föderative Regierungsform, welche die Rechte der einzelnen Staaten angemessen schützt und gleichzeitig eine angemessene zentrale Gewalt vorsieht und die Rechte und die Freiheiten des Individuums garantiert«, empfinden wir nicht als Bindung, weil diese Ziele unserer eigenen Überzeugung entsprechen.

Wir haben ihnen in dem Entwurf des Grundgesetzes Rechnung getragen: keine Verfassung der Welt gewährt dem einzelnen in solchem Maße Freiheiten und Rechte; kein Bundesstaat der Welt gibt den Einzelstaaten diese Fülle von Eigenleben und von Einfluß auf den Gesamtstaat; in keiner Verfassung der Welt sehe ich freiheitlichere demokratische Institutionen. Die Alliierten haben trotzdem Bedenken erhoben.[3] Aus welchen Grundeinstellungen sie kommen, wissen wir nicht; wir können nicht erkennen, daß sie von der Sorge um das in dem Kommuniqué umschriebene Ziel, eine freie und demokratische deutsche Regierungsform zu schaffen, getragen sind; es ist nicht ersichtlich, von wem sie wirklich ausgehen, von den Außenministern, von den Gouverneuren, von irgendeinem Referenten, der sich an seinem Schreibtisch sein Ideal einer deutschen Demokratie ausgedacht hat – auf jeden Fall nicht von einer demokratischen Instanz, die in freier, öffentlicher Aussprache einen Willensentschluß gefaßt hat. Es ist schwer für uns Abgeordnete, mit diesem Partner zu diskutieren. Wir sind an keine Weisungen gebunden, wir können uns auch nicht durch Weisungen der Militärgouverneure binden lassen; wir sind nur unserem Gewissen verantwortlich und können nur tun, was wir vor unserem Gewissen verantworten können. Würden wir anders handeln, so wären wir verächtlich. Wir würden aber auch ein Werk schaffen, das den Todeskeim in sich trüge; eine Verfassung, die in Unfreiheit entsteht, könnte niemals zur Freiheit führen; sie würde einen schlimmen Geist züchten, der zur Gefahr für die Freiheit und den Frieden in unserem Volke und zwischen den Völkern werden müßte.[4]

Haben die Sieger – mit den Folgen des Versailler Vertrages[5] vor Augen – keinen Sinn für diese Lage, die eigentliche »Lage in Bonn«? Gott sei's geklagt, daß schon viele Deutsche, die in den Zeitungen und am Rundfunk schwätzen, kein Empfinden für die deutsche und demokratische Verantwortung haben, die wir in Bonn tragen. Mit hämischer Freude und fern jeder Würde stellen sie fest: »Schularbeit als ungenügend zurückgegeben – Thema verfehlt«, oder quietschen vor Behagen, daß die Verbindungsstäbe der Gouverneure zu unseren Gegenvorschlägen auf das Memorandum sachlich nichts mehr erklären.[6] Haben wir das Thema verfehlt? Dem größten Teil des Parlamentarischen Rates geht es ehrlich um die beste Lösung für das deutsche Volk; unser Thema heißt: »Die deutsche Freiheit in der deutschen Demokratie.« Wir sind keine verbohrten Doktrinäre und sehen die Bedingtheiten unserer Lage; wir haben die Vorschläge der Gouverneure mit allem Ernst gewürdigt, weil es für uns wertvoll ist, die Meinung eines Außenstehenden zu hören und weil wir bereit sind, die deutschen Fragen in dem größeren Rahmen der Weltpolitik zu sehen. Man mute uns nicht zu, Forderungen nachzugehen, die wir für unbegründet halten. Die sogenannte Vorranggesetzgebung – Zuständigkeit der Länder, soweit sie nicht der Bund in Anspruch nimmt – ist von allen Parteien, auch den extremen Föderalisten angenommen worden,[7] wir können daran nichts ändern; in einer Zeit, in der man sich bemüht, die Gesetze international zu vereinheitlichen, können wir die deutsche Rechtseinheit, die wir unter Schmerzen errungen haben, nicht zerschlagen lassen. Der Bund wäre nur ein Schemen und nicht wert errichtet zu werden, wenn er keine eigene Finanzgewalt besäße, die ihn allein zum Staate macht und zur Erfüllung seiner eigentlichen Aufgaben befähigt. Über technische Einzelheiten läßt sich reden, über das Grundsätzliche nicht.

Niemand wird die Abgeordneten des Parlamentarischen Rates um die Verantwortung beneiden, die sie zu tragen haben. Sie gehen einen schweren Gang. Sie wissen, wieviel davon abhängt, möglichst rasch den deutschen Rumpfstaat zu schaffen, Deutschland handlungsfähig zu machen, das Unglück der Zonenzerreißung zu beendigen, die wichtige Vorstufe für die Wiedergewinnung der deutschen Einheit zu bauen.[8] Sie können diese Aufgabe nur in Freiheit erfüllen. Man mute ihnen – ihretwegen und der Sache der Demokratie wegen – nicht zu, sich einem Zwang zu fügen! Die Verantwortungen müssen klar liegen: Die Abgeordneten können nur gutheißen, was sie innerlich billigen; für alles andere müssen die haften, die es wollen; mit Demokratie und Freiheit wird es nicht zu tun haben.

Informationsdienst der Freien Demokratischen Partei,
Landesverband Bayern, Nr. 73 vom 2. April 1949, S. 1–3

THOMAS DEHLER

Die Schuld Bayerns

2. April 1949

Der arme Mann auf der Straße kann einem wirklich leid tun. Man überlege, welches Bild über die Bonner Verhandlungen sich in dem Kopfe dieses Mannes festgesetzt hat, der brav am Samstag abends um 19.45 Uhr der Wortartistik des Urbajuwaren Walter von Cube[1] am Rundfunk lauscht, mit geziemender Ehrfurcht die gelegentlichen Erklärungen des Herrn Ministerpräsidenten[2] und mit Staunen die Ausbrüche des Dr. Baumgartner[3] vernimmt, von der Kanzel manchmal scharfe Worte gegen Bonn hört, die dürftigen Nachrichten in einer Tageszeitung und etwa die Junius-Artikel[4] oder den Hoegner-Protest[5] »Das soll Föderalismus sein?« in der *Süddeutschen Zeitung* liest! Das sieht ungefähr so aus: Der Parlamentarische Rat besteht überwiegend aus unbelehrbaren Zentralisten, die nur darauf ausgehen, Deutschland und insbesondere Bayern zu verpreußen; dazu paßt durchaus, daß sie in gottloser Weise das Elternrecht[6] ablehnen und das Reichskonkordat von 1933[7] nicht anerkennen; wenn man auf Bayern, das einzige Land, das weiß und sagen kann, was Föderalismus ist, gehört hätte, wäre nicht kostbare Zeit vertan worden und würde der Bund längst stehen; die Besatzungsmächte verstehen zwar auch nichts vom wahren Föderalismus, aber sie haben ganz recht, wenn sie diesen eigensinnigen Parlamentariern sagen, was ihre eigentliche Aufgabe ist, diese Herren in Bonn tüfteln eine Über-Verfassung bis aufs letzte Tüpfelchen aus, statt sich auf das Notwendige zu beschränken; es fehlt ihnen am Ende die Einsicht in die Verantwortung, die sie tragen; sie sind schuld, wenn die einmal gebotene geschichtliche Chance nicht genützt wird und wenn Bonn scheitert.

Es tut not, diese schiefe Vorstellung im Kopfe des Mannes auf der Straße, von dem die Entscheidung über das Bonner Werk abhängen wird, kräftig zurechtzurücken.

Die Parlamentarischen Räte sind nicht einer unwiderstehlichen Lust des Formulierens verfallen und haben auch nicht die Zeit mit leerem Wortstreit vertan. In jeder Fraktion sind einige Leute, die in zwei bis drei Tagen eine geschlossene und erschöpfende Verfassung niederschreiben können. Wenn in Bonn Woche auf Woche und Monat auf Monat ergebnislos verstrichen, wenn nicht im November vorigen Jahres das Grundgesetz verabschiedet wurde, so ist das *ausschließlich* die Schuld der CSU und der *bayerischen Regierung*. Sie sind fixiert und verhandlungsunwillig nach Bonn gegangen; die Hetze der Bayernpartei im Innern und die Haltung der Alliierten haben sie in ihrer Ablehnung versteift. Durch den guten Willen der anderen fanden sie größtes Entgegenkommen in der Fraktion, in den Ausschüssen, im Plenum – so wie man um des Friedens willen einem reizbaren Kind nachgibt –, soweit es nur irgendwie möglich ist. Sie konnten zufrieden sein mit dem, was sie erreichten und sie stimmten auch vor vier Wochen dem zwischen den Parteien erstrebten und gefundenen Kompromiß[8] zu, um erlöst wieder den Alles- oder Nichtsstandpunkt zu beziehen, als die Besatzungsmächte ihre Bedenken gegen den Entwurf anmeldeten.[9] »Das Memorandum der Alliierten stellt das Mindestmaß der bayerischen Forderungen dar ...«[10] Ein grausiges Wort! Nach drei Jahrhunderten spukt das Gespenst der »deutschen Liberalität«[11] wieder durch die deutschen Lande! Beileibe nicht Bayern, die andern sind daran schuld und tragen die Verantwortung vor der Geschichte, wenn es schief geht: die ganze Kompanie hat falschen Schritt, allein der Einjährige Maier hat den richtigen. Der Bavaricus ist der Gralshüter des Föderalismus, nur er kennt das Geheimnis, alle anderen sind lau im Glauben oder gar föderalistische Scharlatane. Was in anderen Bundesstaaten gilt, in den Vereinigten Staaten von Amerika, in der Schweiz, in der Südafrikanischen Union, in Indien oder in Brasilien, zu welchem Stand sich diese im Laufe der Geschichte entwickelt haben, das kümmert ihn nicht. Er allein ist der Wissende, er trägt das föderale Maß in sich. Haarscharf kann er die Grenze bestimmen zwischen dem echten und dem denaturierten Föderalismus. Daß die exemplarischen Föderalstaaten USA und Schweiz keinen »Bundesrat« als Gremium der Vertreter der Länderregierungen kennen, sondern im Senat und Ständerat die von den Landesbürgern gewählte Repräsentation der Länder oder Kantone besitzen,[12] ist gleichgültig: er, der Bavaricus dekretiert, daß die »haarscharfe Grenze« bei dem in der Gesetzgebung dem Bundestag völlig gleichgestellten Bundesrat liegt. Daß die Anhänger des Senatsgedankens ihre Idee geopfert, den Bundesrat geschluckt und ihn obendrein mit weitreichenden Kompetenzen ausgestattet haben,[13] es bedeutet nichts.

Alle Bundesstaaten der Welt haben eine eigene, zwangsläufig gewachsene Finanzgewalt; für Deutschland, das größere wirtschaftliche und soziale Aufgaben zu erfüllen hat als irgendein Staat der Welt, soll das nicht gelten, es wäre – sagt man – ein falscher Standpunkt und Robert Schuman[14], der Außenminister des zentralistischen französischen Staates, sagt es – nicht für sein Land, sondern für Deutschland – auch. Welche Entstellung, wenn man behauptet, wir wollten, daß »die Bundesgewalt finanziell die Hand an der Gurgel der Länder haben müsse«, aber auch welche Kurzsichtigkeit! Uns geht es bei unserer Entscheidung nur um die Frage der besten Lösung für unser Volk und damit auch für die Länder. Jeder Einsichtige weiß, daß ein Bund ohne eigene Finanzgewalt ohnmächtig ist. Der bayerische Sprecher – welch ein Hohn! – von Cube bringt es fertig, den Mann mit der größten Sachkunde und mit der heißesten Liebe für das deutsche Volk, Hermann Höpker Aschoff, als »den bösen Geist von Bonn« zu bezeichnen.[15] Gegenüber dieser Kampfesweise gibt es nur unerbittliche Offenheit. Der Mann auf der Straße muß die Wahrheit wissen. Wenn etwas in Bonn bös war und ist, dann die Haltung Bayerns. Als bayerischem Politiker ist es mir schmerzlich, diesen Vorwurf erheben zu müssen. Ich bin dazu berechtigt, weil ich in Bonn alles getan habe, um die Berücksichtigung der begründeten bayerischen Wünsche zu erreichen. Ich fühle mich dazu verpflichtet, weil Großes auf dem Spiel steht.

Ohne den bayerischen Widerspruch wäre das Grundgesetz im November vorigen Jahres fertiggestellt worden. Nach monatelangem Ringen um die bayerischen Forderungen kam im Februar dieses Jahres ein Kompromiß zwischen allen Parteien zustande,[16] dem auch die CSU und die durch sie im Parlamentarischen Rat verkörperte bayerische Regierung zuzustimmen schien; zum wenigsten äußerten sie keinen Widerspruch und keinen Vorbehalt; welche reservatio mentalis[17] sie im Busen trugen, können wir nur ahnen. Auf jeden Fall: Als die Alliierten in ihrem Memorandum Protest anmeldeten, waren mit einem Male ihre Forderungen das Mindestmaß (!) des bayerischen Begehrens. Und als nach sorgfältigsten Beratungen die deutschen Gegenvorschläge überreicht wurden, erklärte der Fraktionsvorsitzende der CDU/CSU, Dr. Anton Pfeiffer[18], daß sich die CSU in der Finanzfrage von den deutschen Gegenvorschlägen – also auch denen der Mehrheit seiner eigenen Fraktion – distanziert.[19] Er wurde noch übertrumpft von seinem früheren und zukünftigen Parteifreund Dr. Baumgartner[20], der Bonn für unannehmbar bezeichnet, auch wenn die CSU-Vorschläge und die Einwendungen der Alliierten beachtet würden – dieser Arme kämpft wie ein Don Quichotte[21] den von ihm so heldenhaft begonnenen Kartoffelkrieg[22] gegen die Preußen weiter. So repräsentiert sich Bayern! Sie sprechen von Mißverstehen und Mißtrauen der anderen – haben wirklich alle anderen, auch ihre eigenen Fraktionsfreunde »falschen Schritt«, weiß wirklich nur Herr von Cube, der einmal Konstantin Frantz[23] gelesen und nur halb verstanden hat, was Demokratie und Föderalismus ist und was der Mann auf der Straße von dem Verantwortungsbewußtsein der Bonner Parlamentarier erwartet? Ich frage weiter: War und ist es richtig, daß die CSU in Bonn als einzige die Einheitsfront der deutschen Parteien verläßt? Trägt sie kein Bedenken, daß sie dadurch die Wirksamkeit des deutschen Standpunktes schwächt und Proteste der Alliierten geradezu provoziert? Fühlt sie nicht zum wenigsten die Verpflichtung zur Zurückhaltung angesichts des Umstandes, daß ihre Anschauung aufs Haar der von Frankreich seit Richelieu[24] zum Schaden Deutschlands verfolgten Politik entspricht? Scheut sie sich nicht am Ende aus dieser Lage – vermeintlich – Vorteile herauszuschlagen?

Die CSU und was sich mit ihr verbündet muß es wissen: wenn sie den Kampf will, wird er ausgetragen und zwar vor dem Mann auf der Straße, der gerade denkt und gesünder empfindet als die Herren, die sich als die getreuen Erben der Jörg[25] und Dr. Heim[26] gerieren und fortsetzen wollen, was seit Jahrhunderten Deutschland und Europa zum Fluche gedieh. Unsere Jugend, unsere Arbeiter, die bei und mit uns lebenden Vertriebenen, die wahrhaft Gebildeten, sie wollen Deutschland und nicht die Farce des alten deutschen Bundes. Wir haben in Bonn den Ländern eigenen Lebensraum bis zur Grenze der Lebens- und Wirkungsfreiheit des Bundes gegeben. Wir weisen den Vorwurf, nicht genügend Verantwortung bewiesen zu haben, mit Entrüstung zurück. Mich hat die seelische Spannung der Bonner Arbeit Jahre meines Lebens gekostet, ich meine sehr im Gegensatze zu den Patentföderalisten mit ihrem billigen Justament[27]-Standpunkt.

Und Du Mann auf der Straße, glaube es auch nicht, wenn man

Dir weiß machen will, das Bonner Werk sei »gottlos« und trage den berechtigten Forderungen der Kirchen nicht Rechnung! Nur Böswillige, die in der Stunde der Not nicht an die Gemeinschaft, sondern an die Möglichkeit eines Sondervorteils denken, können diesen Vorwurf erheben und nur Menschen, die jeden Rechtsinns und jeden politischen Schamgefühls bar sind, können verlangen, daß der neue Bund oder seine Länder an die Stelle eines Hitlers als Vertragspartner des Reichskonkordats von 1933[28] treten sollen. Das Grundgesetz gibt einen weiten Rahmen, in dem alle – der Bund, die Länder, die Kirchen und vor allem Du, Mann auf der Straße, – leben können, in Freiheit leben können. Die Paragraphen können die Freiheit nicht schaffen, sie können aber eine Lebensform bilden, in der die Freiheit gedeiht. Es sind nicht die Freunde der Freiheit, die gegen das Grundgesetz zu Felde ziehen, es sind nicht Deine Freunde, Mann auf der Straße!

Informationsdienst der Freien Demokratischen Partei, Landesverband Bayern, Nr. 73 vom 2. April 1949, S. 3–6

THEODOR HEUSS

Prestige

9. April 1949

Vielleicht könnte einmal einer auf die Idee kommen, eine systematische Wanderung durch die Geschichte anzutreten und zu untersuchen, wo das »Prestige« die Politik eines Staates, eines führenden Staatsmannes, einer Partei beeinflußt und bestimmt hat.[1] Das Bedürfnis, sein »Prestige« nicht zu verlieren, hat gerade auch in der Geschichte unserer Gegenwart Entscheidungen von höchstem Gewicht herbeigeführt. Richard von Kühlmanns[2] »Erinnerungen«, die kürzlich erschienen sind,[3] bringen mehr als ein eindrucksvolles Beispiel, etwa in der Schilderung, wie Englands Kriegsentschluß im August 1914 sich psychologisch entwickelt hat.

Ganz selbstverständlich ist der Gesichtspunkt des »Prestiges« ein echtes politisches Element. Es ist nicht damit getan, daß man irgend jemandem den Vorwurf macht, daß er diese oder jene Haltung lediglich um des Prestiges willen einnehme. Man will ihn aus einer Position herausmanövrieren, die er aus sachlicher Überlegung bezogen hat, die nicht zu verlassen er seinem Ansehen schuldig zu sein glaubt. Das Wort wird von jedem abgelehnt, an den es gerichtet wird; denn es will niemand auf sich ruhen lassen, daß Rechthaberei, Verstimmtheit, Eitelkeit oder sonst etwas, was in dem Begriff verborgen scheint, an ihm hängen bleibe.

Wir reden von dem Problem, weil es hintergründig auch die Arbeit in Bonn wenn nicht schon zu belasten, so doch zu bedrohen scheint. In doppeltem Sinne: zum einen in der Auseinandersetzung mit den Besatzungsmächten,[4] zum anderen in dem Verhältnis zwischen den Fraktionen.

Kurt Schumacher hat in einem Interview an den *Telegraf* mit gleicher Schärfe gegen die Besatzungsmächte wie gegen die CDU pointiert[5] – ein Mann mit Galgenhumor hat in Bonn gemeint, daß er in dem ersten Start Adenauers Berner Rede habe überspielen wollen.[6] Man mag über die Zweckmäßigkeit, über die Berechtigung dieser oder jener Formulierung sich unterhalten können – die *eine* Gefahr ist deutlich genug, daß das heftige Pathos aller solcher Kundgebungen nicht viel anderes bedeutet als Wegweiser in einem bedenklichen Illusionismus. Es ist zwar langweilig, immer wieder einmal zu sagen, daß wir heute noch ein Volk ohne Souveränität sind, es ist vielleicht auch gefährlich, es oft zu wiederholen, wenn es nur ein Herausreden aus den Schwierigkeiten, eine Entschuldigung für eigene Lähmung verhüllen soll. Aber es soll und darf doch niemand das Gefühl für die Maßstäbe der Wirklichkeit verlieren. Das unbedachte Wort, das dem nur zu sehr verständlichen nationalen Ressentiment eine Plakatwirkung gibt, wird überall dort in der Welt gerne gehört, wo man es als Argument gegen die Deutschen schlechthin verwenden kann. Die Einsicht in die deutsche Tragik verzichtet auf den Lautsprecher und bedient sich des ruhigen und festen, nicht des turbulenten Arguments. Was soll es für einen Sinn haben, jetzt den Schlagwort-Vorrat der Gaullisten[7] zu alimentieren!

In einer anderen Ebene liegt die Auseinandersetzung der Fraktionen. Die Kompromiß-Lösung des Fünfer- und des Siebener-Ausschusses ist durch die gesamtpolitische Lage obsolet geworden.[8] Der Vorwurf des »Bruches«, der einem Prestigebedürfnis der Anklage entspricht, kann nicht erhoben werden, weil beim Abschluß der Verständigung festgestellt war: wenn durch äußere Einwirkung ein Teil der Abrede als undurchführbar erscheint, ist im ganzen eine neue Situation entstanden. Ein merkwürdiges Zwischenspiel ergab sich: daß dies auf der einen Seite betont festgestellt werden mußte, daß auf der anderen Seite aber doch jedem Besonnenen klar ist, daß etwas ähnliches wie ein interfraktionelles Gremium weiter oder erneut vorhanden sein muß, wenn der Weg zu einer neuen Gesamtkonzeption nicht durch formalistische Einwendungen der »Zuständigkeit« verbarrikadiert werden soll.

Die Dinge liegen so, daß *alle* Gruppen des Parlamentarischen Rates in diesen langwierigen Monaten Beschlüssen ihre Zustimmungen gaben, die *ihrer* isolierten Auffassung von einem besten Grundgesetz nicht entsprachen. Sie sagten an dieser Stelle Ja, um dafür an einer anderen Stelle das Nein der Gegengruppe zu verhindern. Dieses Geben und Nehmen, bei dem der Blick auf ein immerhin funktionierendes Ganzes gerichtet blieb, charakterisierte diese Arbeit, wie er alle parlamentarisch-demokratische Arbeit charakterisiert. (Und zwar nicht bloß diejenige von »Koalitionsregierungen«, sondern auch die von »einheitlich« geführten Kabinetten, bei denen der Kompromißzwang in die führende Fraktion verlegt wird.) Die Schwierigkeiten ergeben sich ganz notwendig daraus, daß neue Abstimmungen die Fraktionen festgelegt haben, von denen abzuweichen ihnen schwer fällt, da sie mit dem Vorwurf der Gegner, mit dem Teilprotest der eigenen Gefolgsleute zu rechnen haben. Die Fraktionen stehen sich zwar auch um des »Prestiges« willen geschlossen gegenüber, aber jedermann wußte zu diesem Zeitpunkt, zu jenem Zeitpunkt, daß dies eben nur das mühsam gewonnene einheitliche Außengesicht darstellte, das morgen wieder einen anderen Ausdruck haben konnte.

Unzweifelhaft gibt es in Bonn Leute, sehr achtbare Leute, die nichts dagegen hätten, wenn die Sache »platzt«. Die einen sagen: dann mögen die Alliierten sehen, wie sie weiterkommen. Denn sie wollen diesen deutschen Staat ja nicht um der Deutschen, sondern um ihretwillen – ein wie uns scheint, vom deutschen Entscheid gesehen, zu kurzsichtiges Denken. Die anderen memorieren die »Schuldfrage« und freuen sich bereits auf die Wahlreden, mit denen sie es dem parteipolitischen Wettbewerber ordentlich »besorgen« werden – sie möchten nicht heute eine ihrer Redepointen durch eine geänderte Abstimmung verspielt haben.

Aber damit kommt man nicht weiter. Die Frage ist, ob so viel innere Freiheit gewonnen wird, mit einem neuen Ansatz, der die Vorarbeiten natürlich nicht zerstört, eine Konzeption gefunden wird, die für das föderative Bedürfnis und für die unitarische Notwendigkeit das ordentliche Gleichgewicht schafft. Sie ist zu finden, wenn das »Prestige«, seiner Natur nach unelastisch, für ein paar Wochen verschwindet.

Rhein-Neckar-Zeitung, Nr. 59 vom 9. April 1949, S. 2

THOMAS DEHLER

Die Kirchen und die Politik

13. April 1949

Die Frage des Verhältnisses zwischen Kirche und Staat, zwischen Religion und Politik bewegt Europa seit mehr als eineinhalb Jahrtausenden. Sie begann mit dem Tage des Jahres 380, an dem Theodosius[1] das Mailänder Toleranzedikt[2] zerriß, in dem Konstantin[3] und Licinius[4] im Jahre 313 die Freiheit des Gewissens und die Gleichheit für alle, für Christen, Heiden und Juden versprochen hatten. Theodosius erniedrigte die Kirche unter Verleugnung des innersten Wesens des Christentums, der Freiheit auf dem Wege zu Gott, zur Staatskirche. Seitdem ist der Kampf nicht zur Ruhe gekommen: Herrschaft des Staates über die Kirche, Herrschaft der Kirche über den Staat, häufig verdeckt und verwirrt durch die Forderung nach »Einigkeit«. Der Machtanspruch der katholischen Kirche ist verkörpert in der Bulle unam sanctam von 1302[5] und im Syllabus errorum Papst Pius des IX. vom 8. Dezember 1864[6]: die Lehensoberherrlichkeit des Papstes über alle christlichen Staaten. Das protestantische Staatskirchentum und der Staatsabsolutismus der katholischen Staaten des 17. und 18. Jahrhundert zeigen das entgegengesetzte Bild des Polizeiregimentes in den Kirchen. Wir ringen auch heute um das rechte Verhältnis.

Der Kölner Erzbischof Kardinal Joseph Frings[7] stellt in seinem letzten Hirtenbrief fest: »Die Kirche ist dazu berufen, die gesamte menschliche Gesellschaft umzugestalten.«[8] Er ist Mitglied der Christlichen Demokratischen Union geworden.[9] Wir sehen diese Entwicklung mit Sorge.

Die Kirche hat andere Aufgaben als der Staat. Sie ist gegründet auf den Glauben an das Leben nach dem Tode, sie verkündet das kommende Reich Gottes, sie vertritt den heilsgeschichtlichen Anspruch im religiösen und sakramentalen Leben. Der Staat existiert im Diesseits, er sorgt für die äußere Humanisierung, sucht das irdische Glück des Volkes zu fördern. Die Kirche betet; der Staat handelt. Die Kirche hat die geistige Weite und Freiheit; der Staat braucht die Drohung und den Zwang. Aber: die Religion ist ein wesentlicher Teil des schöpferischen Lebens der Seele unseres Volkes. Es ist Recht und Pflicht jedes gläubigen Christen, die Grundsätze der christlichen Liebe und Gerechtigkeit, der Freiheit des Gewissens und der Persönlichkeit des Menschen als des Geschöpfes des einen Vaters und Gottes auch in der staatlichen Sphäre zu vertreten. Ich gehe noch weiter und sage: die Kirchen sind befugt, in voller Freiheit ihre mahnende Stimme an Regierende und an Regierte zu richten: sie sollen wie einstens die Propheten die unerschrockenen Kritiker des öffentlichen Lebens, das Gewissen des Volkes und des Staates sein, sie sollen gegen die Mißachtung von Recht und Gerechtigkeit protestieren und lieber Verfolgung und Tod ertragen als zum Unrecht schweigen.

Doch Kardinal Frings fordert das Recht der Kirche, die menschliche Gesellschaft umzugestalten, und tritt einer politischen Partei bei. Er hat nichts gelernt aus der Geschichte. Er weiß nicht, daß immer unsägliches Verhängnis entstand, wenn die Kirche die Grenze ihrer Aufgabe, Hüterin der ewig-sittlichen Werte zu sein, überschritten und sich auf die politische Ebene begab. Es tut not zu exemplifizieren, an Tatsachen, unter denen wir heute noch leiden.

Als das Unheil begann, das unser Jahrhundert verdüstert, waren die Kirchen nicht die Rufer für Frieden und Gerechtigkeit; sie vergaßen ihren göttlichen Auftrag und trieben Politik. Aus den Telegrammen des bayerischen Vertreters beim Heiligen Stuhl, des Gesandten Ritter[10] vom 27. Juli 1914 an das bayerische Auswärtige Amt[11] und des österreichisch-ungarischen Geschäftsträgers beim Vatikan, des Grafen Pálffy[12] vom 29. Juli 1914 an den Minister des Äußeren in Wien, den Grafen Berchtold[13], wissen wir, daß Papst Pius X.[14] und sein Kardinalsekretär Merry de Val[15] nicht etwa vor dem Kriege warnten und mit beschwörender Stimme zum Frieden mahnten, sondern daß sie das scharfe Vorgehen Österreichs gegen Serbien billigten, Österreich-Ungarn zum Durchhalten aufforderten und dabei die Gefahr des Weltkrieges bewußt in Kauf nahmen unter dem sehr kühlen Kalkül, daß in diesem Falle die russischen und französischen Armeen nicht hoch einzuschätzen seien. Graf Pálffy warf die Frage auf, wie es denn erklärlich sei, daß sich die katholische Kirche zu einer Zeit, in der sie von einem heiligmäßigen, von wahrhaft apostolischer Idee durchdrungenen Oberhaupt geleitet werde, sich so kriegerisch zeige; er findet die Anwort in dem Ziele der Kirche, Österreich-Ungarn als das stärkste Bollwerk des katholischen Glaubens zu stützen, und erklärt: »In diesem Geiste betrachtet, läßt sich zwischen apostolischer Gesinnung und kriegerischem Geiste sehr wohl eine Brücke schlagen.«[16] Wir können diese Brücke nicht schlagen. Es gibt kaum eine bitterere Tatsache als die, daß Pius X., dieser fromme, tiefgläubige Papst in jener Schicksalsstunde der Menschheit nicht die Aufgabe der Kirche erkannte, den Frieden um jeden Preis zu bewahren, daß er nicht den Regierungen in aufrüttelnden Worten kraft seines heiligen Amtes ihre sittliche Pflicht und ihre Verantwortung vor Augen stellte, sondern daß er – Politik trieb. Über das klägliche Scheitern der evangelischen Landeskirchen in jener Zeit ist nicht zu reden; sie empfanden sich lediglich als die Hilfstruppen, die Propagandakompanien des Staates und der Armee. Am Beginn des Unglückes unserer Zeit steht das Versagen der Kirchen, weil sie politisch waren statt christlich zu sein, weil sie nicht an Christus, sondern an irdische Macht dachten. Und im Jahre 1949 geht Kardinal Frings zur CDU.

Als nach dem Zusammenbruch des ersten Weltkrieges die verantwortungsbewußten Deutschen darangingen, ihr Volk in einem sauberen, freihheitlichen, demokratischen Staat zu sammeln und aus der Tiefe seines Sturzes herauszuführen, da fanden sie nicht die Hilfe der Kirchen, sondern stießen auf ihren einseitig politisierten Widerstand. Die evangelischen Kirchen waren die Brutstätten des deutschnationalen, demokratiefeindlichen Protestes gegen den neuen Staat. Wie sich die katholische Kirche verhielt, sagt besser als eine langatmige Analyse das Wort Kardinal Faulhabers[17] auf dem Katholikentag des Jahres 1922: »Die Revolution war Meineid und Hochverrat und bleibt in der Geschichte gekennzeichnet mit einem Kainsmal, auch wenn sie gute Erfolge hatte neben den schlechten. Eine Untat kann aus Grundsätzen nicht heiliggesprochen werden.«[18] So wurde die Demokratie gebrandmarkt und in den Augen von Millionen Katholiken innerlich entwertet, so wurden die Feinde des neuen Staates ermuntert. Muß man fragen, durch welche Schuld Weimar scheiterte?

Und dann die Nazizeit! Wir wissen von dem christlichen Heldentum einzelner, von der Paulusbekehrung des Saulus Niemöller[19], von dem Mute des Bischofs Graf Galen[20], von dem Märtyrertod der geistig Tapferen gleich dem Pater Delp[21]. Die Kirchen selbst haben die große Probe nicht bestanden. Sie sind nicht aufgestanden gegen das Böse, Tag für Tag, Stunde für Stunde. Sie waren klug, sie waren politisch. Der Heilige Stuhl schloß mit dem Verbrecher, der die Macht in Deutschland usurpiert hatte, das Konkordat vom 20. Juli 1933 – es war von beiden Seiten schlau berechnet, ein Musterbeispiel der »hohen« Politik.[22] Wer kann daran denken, dieses trübe Produkt der trübsten Zeit unseres Volkes nach dem, was zwischen dem 20. Juli 1933 und – sagen wir – dem 20. Juli 1944[23] geschehen ist, aufrechtzuerhalten? Kardinal Frings bringt es fertig. Mit den deutschen Bischöfen ist er »aufs tiefste verletzt« darüber, daß verantwortliche deutsche Politiker ihre eigene Meinung über das haben, was rechtens und was politisch richtig ist, und »erwartet, daß die Bundesverfassung eine Garantie für die Aufrechterhaltung des vom Heiligen Stuhl mit dem Deutschen Reich abgeschlossenen Konkordats enthält«.[24] Woher nimmt er nach dem, was war, das Recht zu »erwarten«, das heißt politische Forderungen zu erheben? Oh, er geht zu der Partei, die sich christlich-demokratisch nennt und der das wesentlich Demokratische, die Verpflichtung aus der eigenen Verantwortung heraus, fehlt, und findet dort hörige Werkzeuge. Die evangelischen Kirchen im dritten Reich? Wir verehren die Helden der bekennenden Kirche.[25] Gering ist unser Respekt vor den offiziellen Repräsentanten des protestantischen Episkopats. Auch sie waren nur klug, als es auf Bewährung und Bekenntnis ankam. Ich denke – ein Beispiel für hunderte – an das Telegramm, das der bayerische Landesbischof D. Meiser[26] aus Anlaß des tödlichen Unfalls des NSDAP-Gauleiters der Ostmark, Hans Schemm[27], an den »Führer und Reichskanzler« richtete: »... die evangelischen Gemeinden tief erschüttert ... ein Verlust, der Ihnen einen wertvollen Mitarbeiter und unerschrockenen Mitkämpfer geraubt hat, ... Ausdruck der Teilnahme des Landeskirchenrates und besonders der Gemeinden der Ostmark, die ihrem Gauleiter viel verdankten, ... der erste bayerische Kultusminister evangelischen Glaubens ... verständnisvolles Entgegenkommen, das er den mannigfachen Anliegen der Kirche entgegenbrachte, ... in allen evangelischen Gemeinden der Ostmark läuten die Kirchenglocken ... Heil mein Führer!« Heute glaubt der gleiche Mann, der Liberalismus, diese große Gegenkraft des Nationalsozialismus, sei die Todsünde unserer Zeit!

Ich meine: die Kirchen und ihre Vertreter, die so töricht und mit solchen fürchterlichen Folgen politisiert haben, sollten aus dieser Erfahrung lernen und sollten ihre Hände aus dem politischen Spiele lassen. Was geschieht? Sie sind wacker dabei, wenn angeblich christliche Parteien gegründet werden, mit deren Hilfe sie wiederum wie dereinst Politik machen wollen, als ob nichts geschehen wäre –, sie werden selbst Mitglied dieser Parteien, sie erheben den Anspruch, daß die Kirchen dazu berufen seien, die gesamte menschliche Gesellschaft umzugestalten; die Bischöfe halten es für richtig, an den Parlamentarischen Rat Forderungen zu stellen – dieses Recht steht ihnen zu und wir prüfen ihr Verlangen mit Achtung an dem Maße der Verantwortung für unser Volk – und zu drohen: »... Vergewaltigung des christlichen Gewissens – wir lehnen jedenfalls jetzt schon Verantwortung für die damit beginnende Entwicklung ab ...«;[28] wer sich ihrem Gebote nicht unterwirft, wird als »unchristlich« diffamiert.

Es ist an der Zeit, mit Klarheit die Grenzen abzustecken. Die Kirchen haben eine Überfülle kirchlicher Aufgabe; es gilt die Herzen zu läutern und die Wiederkehr der ungeheuerlichen Verbrechen, die im zwanzigsten Jahrhundert nach Christus möglich waren, zu verhindern. Wir wollen die Kirchen nicht in den Winkel verweisen; sie haben ihre hohen Rechte in der Gemeinschaft. Es wird ihnen und unserem Staate, den wir unter Mühen und Schmerzen wieder zu formen versuchen, zum Unheil gereichen, wenn sie fortfahren, Politik zu machen.[29] Der Kardinal am Altar und auf der Kanzel: welche geistige und sittliche Macht! Der Kardinal auf der Bühne der Partei: welche Verwirrung!

Informationsdienst der Freien Demokratischen Partei,
Landesverband Bayern, Nr. 74 vom 13. April 1949, S. 1–4

THOMAS DEHLER

Dr. Hans Ehard und Bonn

13. April 1949

Es ist eine einfache Methode, deren sich der bayerische Ministerpräsident[1] bei der Durchsetzung seiner parteipolitischen Anschauung im Kampfe um das Bonner Grundgesetz bedient. Er spricht als der Vertreter Bayerns, hinter dem das gesamte bayerische Volk steht. Der von ihm und damit von Bayern gewiesene Weg ist der deutsche Weg und er allein verläuft auf der Ebene der Realpolitik. Die anderen haben keine klare Vorstellung von einem Bundesstaat oder wollen ihn nicht, sie betreiben Parteistrategie, sie lenken von den Tatsachen ab und stacheln das leicht aufwallbare patriotische Gemüt auf; hätte man in Bonn die bayerische Stimme gehört, es wäre längst alles in schönster Ordnung; Bayern hat das Maß angegeben, in Bonn hat man aber doch nicht genügend pariert, man hat es zwar nicht um Ellenlänge, aber immer noch um einige Zentimeter zu kurz genommen; es ist nur Eigensinn, wenn die Bonner Herren nicht restlos den bayerischen Willen erfüllt haben und es geschieht ihnen ganz recht, wenn sie deswegen jetzt von den Militärgouverneuren ungnädig behandelt werden. So ähnlich äußerte sich der verantwortliche Leiter der bayerischen Geschicke am 2. April im bayerischen Rundfunk.[2] Es scheint mir not zu tun, in aller Offenheit zu den Darlegungen Dr. Ehards Stellung zu nehmen.

1) Der bayerische Ministerpräsident ist nicht berechtigt, zu den Problemen des Parlamentarischen Rates im Namen Bayerns zu sprechen. Das aus mehrfachem Grunde.

Es handelt sich bei dem Grundgesetz nicht um den Beitritt Bayerns zu einem gesamtdeutschen Staate. Der geschichtliche, politische und staatsrechtliche Irrtum der bayerischen Verfassung, als ob Deutschland erst durch einen freiwilligen Zusammenschluß der deutschen Einzelstaaten geschaffen werden müsse, ist – in sehr blamabler Weise – bereits durch die Erklärung der Militärregierung vom 25. Oktober 1946[3] und noch stärker durch das Londoner Deutschland-Komitee vom 7. Juni 1948[4] widerlegt worden. Das deutsche Volk, nicht die Länder, soll die gemeinsame Grundlage für eine freie und demokratische Regierungsform schaffen und die deutsche Einheit wieder errichten. Die Länder haben bei diesem Vorgang keinerlei Legitimation. Kein anderes Land maßt sich daher auch das Recht an, seine Stimme zu erheben und seinen Willen bei den Beratungen in Bonn in die Waagschale zu werfen.

Über das Grundgesetz soll – an dieser Forderung werde ich festhalten – das deutsche Volk in freier Abstimmung entscheiden.[5] Die einzelnen deutschen Menschen, um deren Schicksal es geht, sind angesprochen, nicht die Regierungen der Länder, auch nicht ihre Landtage. Es ist nicht denkbar, daß in dem Kabinette eines Landes eine Mehrheitsentscheidung über die Stellungnahme des Landes zu den Bonner Beschlüssen herbeigeführt wird. Weder als oberste leitende noch als vollziehende Behörde hat die bayerische Staatsregierung das verfassungsmäßige Recht, sich zu der deutschen Schicksalsfrage, über die in Bonn verhandelt wird, zu äußern oder gar auf die Entscheidung Einfluß zu nehmen.

Der Bayerische Landtag ist nicht unter dem Gesichtspunkt der Fragestellung von Bonn gewählt worden. Wäre das geschehen, so hätte er – das ist meine Überzeugung und mein Glaube an die deutsche Verpflichtung der bayerischen Menschen – eine andere Zusammensetzung erfahren. Schon aus diesem Grunde kann die von diesem Landtag gewählte Regierung nicht den Anspruch erheben, sich zu Bonn zu äußern oder gar Bonn zu beeinflussen.

Es will mir als ein Gebot der Loyalität erscheinen, daß sie sich völlige Reserve auferlegt, weil sie wissen muß, daß auf jeden Fall große Teile der bayerischen Staatsbürger – nicht nur in meiner Partei und in der SPD, sondern auch in der Regierungspartei selbst – über viele der in Bonn zu entscheidenden Fragen anderer Meinung sind als Dr. Ehard. Ich sage mit aller Schärfe: Dr. Ehard überschreitet seine Befugnisse, wenn er sie weiterhin dazu benützt, seinen überaus angreifbaren Standpunkt gegen das Bonner Werk in der bisher beliebten Weise zu verfechten.

2) Dr. Ehard glaubt, anderen »Parteistrategie« vorwerfen zu dürfen. Es ist eine gefährliche Art des Kampfes, anderen zu unterstellen, daß sie bei der Bemühung um das Werk von Bonn nicht das Beste des Ganzen, sondern parteipolitische Vorteile erstreben. Heißt aber das Ganze in diesem Fall nicht Deutschland und glaubt

Dr. Ehard ernstlich, daß er mehr an dieses ganze Deutschland denkt als die anderen?

3) Nach der Meinung Dr. Ehards versuchen diese anderen durch Aufstachelung des leicht aufwallbaren patriotischen Gemütes den Blick von den Tatsachen und Voraussetzungen abzulenken, die gegeben waren, seit der Parlamentarische Rat auf Grund der Londoner Vereinbarungen und auf Grund des gemeinsamen Beschlusses der Ministerpräsidenten der 11 deutschen Länder ins Leben gerufen worden war.

Die Voraussetzung des Parlamentarischen Rates ist die, daß das deutsche Volk eine freie, demokratische, föderative Regierungsform, welche die Rechte der einzelnen Staaten angemessen schützt und gleichzeitig eine angemessene zentrale Gewalt vorsieht, schaffen kann und soll.[6] Nachträglich haben die Alliierten in einem Aide-mémoire vom November 1948[7] und in einem Memorandum vom März dieses Jahres[8] Forderungen aufgestellt, die nicht zu den Tatsachen und Voraussetzungen gehörten, unter denen die Abgeordneten des Parlamentarischen Rates ihr Mandat angenommen haben. So und nicht anders ist die Lage. Daran zu mahnen, daß die französischen Forderungen, die sich jetzt durchgesetzt zu haben scheinen, nicht von dem Gedanken an das Beste Deutschlands und Europas ausgehen, ist eine selbstverständliche Pflicht eines verantwortlichen Politikers, der ein Patriot ist, weil er sein Vaterland liebt.

4) Es ist eine peinliche Lage, daß sich die französischen Forderungen auf der gleichen Linie bewegen wie die Anschauungen Dr. Ehards. Wir können ihn von dieser Fatalität nicht befreien.

Wenn er darauf verweist, daß das von Bayern, das heißt von ihm vertretene deutsche Verfassungsprogramm[9] älter sei als die Londoner Empfehlungen und älter als die verschiedenen Meinungen der Militärgouverneure, die den Parlamentarischen Rat mit zunehmender Deutlichkeit an den Ausgangspunkt seiner Tätigkeit erinnerten, dann muß man sagen: das Testament Richelieus[10] und die Verträge von Münster und von Osnabrück[11] und der Rhein-Bund[12] sind noch älter, älter auch als die CSU.[13]

5) Wenn sich in Bonn eine »verfahrene Situation mit schlechter Optik«[14] darbietet, wenn »die siebenmonatige Arbeit des Parlamentarischen Rates ergebnislos in ein Nichts zu verfließen droht«,[15] dann tragen daran Dr. Ehard und das von ihm in den Kampf geworfene Schwergewicht Bayerns ein gerüttelt Maß von Schuld. Er stand zu Beginn mit seinen Forderungen, die vor allem auf den völlig

gleichberechtigten Bundesrat und auf die ausschließliche Länderfinanzverwaltung abzielten, so gut wie allein, nicht nur gegen die SPD und meine Partei, sondern auch gegen Adenauer und die CDU. Die monatelangen Verhandlungen drehten sich im wesentlichen darum, seinen Forderungen zu entsprechen. Man muß sagen, der größere Teil des Parlamentarischen Rates ist ihnen bis an die Grenzen des Möglichen entgegengekommen. Man muß es als bitteren Hohn empfinden, wenn Dr. Ehard jetzt erklärt, das Schauspiel, das sich zur Zeit darbiete, hätte sich durchaus vermeiden lassen, man hätte eben nur seinen Ratschlägen folgen müssen, man hätte keine agitatorischen Deklamationen in den luftleeren Raum hineinmachen dürfen, man hätte nur ein paar Zentimeter hinzufügen müssen, dann wäre das Maß, das Bayern angegeben hat, erreicht worden, das heißt, nicht mehr und nicht weniger, der Parlamentarische Rat hätte darauf verzichten sollen, nach seiner eigenen Erkenntnis und seiner eigenen Verantwortung zu handeln und hätte sich dem Diktat Dr. Ehards restlos beugen sollen. Und weil dieses Diktat akkurat dem entspricht, was die Alliierten wünschen, wäre alles in schönster Ordnung gewesen. Ich halte einen politischen Raum, der nicht von der Luft deutschen politischen Gedankengutes und deutschen politischen Wollens erfüllt ist, für unfruchtbar. Alle Ordnungen, die unserem deutschen Volke seit fast tausend Jahren von außen her aufgenötigt worden sind, sind ihm und Europa zum Unheil ausgeschlagen. Denkt Dr. Ehard nicht daran, wenn er von der tragischen Irrläufigkeit des Weges der deutschen Staatsverantwortung spricht? Es ist Kurzsichtigkeit, im Nationalsozialismus einen Ausfluß des deutschen Strebens nach seiner nationalen Einheit zu sehen. Hitler war die Folge der bündischen Aufgliederung der Weimarer Republik, wie sie als Verfassungswirklichkeit im schroffen Gegensatz zu den Normen der Verfassungsurkunde nach 1919 bestand. Dr. Ehard mag sich erinnern,[16] daß der gerade vor 25 Jahren vor dem bayerischen Volksgericht[17] gegen Hitler und Ludendorff[18] geführte Hochverratsprozeß ein Meilenstein auf dem Wege zum Zusammenbruch der Demokratie war.[19] Dieser Prozeß war im Gegensatz und in der Art des Verfahrens ein einziger Protest gegen die Demokratie und gegen das Reich, ein Fanal der tragischen Irrläufigkeit, die unser Vaterland ins Unglück geführt hat und wieder zu führen droht.

Informationsdienst der Freien Demokratischen Partei,
Landesverband Bayern, Nr. 74 vom 13. April 1949, S. 4–7

THOMAS DEHLER

Das Besatzungsstatut

21. April 1949

In seinem Traktat »Zum ewigen Frieden« stellt Immanuel Kant[1] im 1. Abschnitt, »welcher die Präliminar-Artikel zum ewigen Frieden unter Staaten enthält«, die These auf: »Kein Staat soll sich in die Verfassung und Regierung eines anderen Staats gewalttätig einmischen.«[2]

Dieser Satz enthält im Kern alles, was an Kritik dem Verhalten der Siegermächte entgegenzusetzen ist. Über die brutale Gewalttätigkeit Rußlands, das seine asiatisch-kollektivistische Lebensform überall aufrichtet, wo seine Bajonette stehen, ist kein Wort zu verlieren; daß sie dort herrschen, wo der große deutsche Philosoph seine hohen Gedanken vom ewigen Frieden niederschrieb[3], zeigt mehr als sonst etwas die deutsche und die europäische Tragik unserer Zeit.

Aber auch die westlichen Alliierten sind sich der sittlichen und rechtlichen Pflicht und der Voraussetzung des Friedens nicht bewußt, daß kein Staat sich in die Verfassung und Regierung eines anderen Staates gewalttätig einmischen darf, nicht des anderen Staates wegen, sondern des Rechtes und des Friedens wegen. Als das Besatzungsstatut am 10. April veröffentlicht wurde,[4] gab es mancherlei Stimmen, an der Spitze die Entschließung der in Bonn versammelten Ministerpräsidenten,[5] die sich durchaus positiv äußerten, von einem wesentlichen Fortschritt auf dem Wege zur Wiedererrichtung der Souveränität des deutschen Volkes sprachen und mit Genugtuung registrierten, daß auf jeden Fall nach 12 oder 18 Monaten eine Revision der Bestimmungen in Aussicht gestellt sei, die bedenklich erschienen.[6] Ich kann dieser euphorischen Bescheidenheit *nicht* beipflichten. Ich bin über das Besatzungsstatut bitter *enttäuscht*. Es ändert, abgesehen von der Ablösung der Militärregierungen, an der rechtlichen Lage Deutschlands nichts. Zugestanden, ich lege bei meiner Bewertung einen hohen Maßstab an, den Satz, den Kant aufgestellt hat, weil er erkannte, daß jede Gewalttätigkeit gegenüber einem anderen Staate das Recht und den Frieden verdirbt und – wie er zur Begründung ausführt – »die Autonomie aller Staaten unsicher macht«.[7] Über Deutschland liegt immer noch die harte Faust der Sieger. Das Ruhrstatut[8] nimmt ihm die wirtschaftliche Selbstbestimmung. Der Einfluß auf das Grundgesetz läßt den Versuch, eine deutsche Demokratie zu gestalten, von Anfang an verkümmern. Das Besatzungsstatut stellt das Verhältnis zwischen Deutschland und den Siegern *nicht* auf die Grundlage des *Rechtes*, sondern der unbeschränkten Vorbehalte der Besatzungsmächte, also der *Willkür*.

Was hatten wir uns von dem Besatzungsstatut erwartet? Vor allem, daß die deutsche Staatsgewalt durch die im Grundgesetz vorgesehenen deutschen Staatsorgane übernommen wird und daß das Verhältnis der Besatzungsmächte zu Deutschland im Rahmen der Besatzungszwecke, nämlich der Sicherheit der Besatzungsorgane, der Sicherheit Deutschlands und der Förderung einer friedlichen demokratischen Entwicklung rechtlich geregelt wird, daß die deutschen Zuständigkeiten für Gesetzgebung, Verwaltung und Rechtssprechung allein durch die im Besatzungsstatut klar umschriebenen Zuständigkeiten der Besatzungsmächte beschränkt werden, daß sich die Besatzungsmächte im Wesentlichen mit einer Kontrolle begnügen und dieses Kontrollrecht nur gegenüber der Bundesregierung ausüben. Daß ein Einspruchsrecht gegen deutsche Gesetze nur besteht, soweit sie mit dem Besatzungszweck unvereinbar sind, daß die deutsche Justiz unabhängig ist und daß sich die Militärgerichtsbarkeit auf Straftaten beschränkt, die von Mitgliedern der Besatzungsmacht begangen werden und auf Verstöße, die sich gegen die Sicherheit der Besatzung richten. Daß die Beschränkungen in den wirtschaftlichen Beziehungen zum Ausland fallen, daß eigene deutsche Konsulate im Ausland errichtet werden können, daß deutsche Vertreter an internationalen Konferenzen teilnehmen dürfen, daß der deutsche Patentmuster- und Urheberschutz im Ausland wiederhergestellt wird, daß die Besatzungsleistungen entsprechend der Haager Landkriegsordnung[9] unter Schonung der deutschen Bevölkerung, ihres Wohnraumes, der deutschen Wirtschaft im Rahmen der Leistungsfähigkeit des Landes und nach Anhörung der zuständigen deutschen Stellen festgestellt werden, daß der Gesamtbetrag der Besatzungskosten jährlich im voraus im Benehmen mit der Bundesregierung unter Rücksichtnahme auf die Gesamtlage der deutschen Haushalte festgelegt wird. Daß die im Grundgesetz gewährten Rechte und Freiheiten auch gegenüber den Besatzungsmächten gelten. Und vor allem: Daß Zweifel und Meinungsverschiedenheiten über die Auslegung und Anwendung des Besatzungsstatutes durch Gemischte Schiedsgerichte beigelegt werden.[10]

Diese *Hoffnungen* haben sich nicht erfüllt. Worauf wir 4 Jahre nach Beendigung des Krieges Anspruch haben, der Friede und die deutsche Souveränität, sie werden uns nicht gegeben. Was man uns gewährt, kann man als Demokratie auf *Probe* bezeichnen. Wir dürfen unter Aufsicht von Gouvernanten Demokratie und Selbstregierung *spielen*. Man schreibt uns für das Bonner Grundgesetz vor, wie die deutsche Demokratie und wie der deutsche Föderalismus auszusehen haben. Man will uns darüber hinaus in der politischen Praxis an der Strippe halten und zu lenken versuchen. Hinter allem steht ein großes Mißtrauen. Man glaubt nicht, daß es in Deutschland Männer und Frauen gibt, die sich der Demokratie und dem Frieden verschworen haben. Man glaubt nicht, daß sie im deutschen Volke Gefolgschaft finden. Man übersieht aber dabei, daß der Wille zur Demokratie, zur Freiheit und zum Frieden nur aus Vertrauen wächst. Deutschland soll wieder einmal aus der Niederlage zur Demokratie kommen, die es sich in seiner Geschichte nicht wie andere Völker erkämpft hat. Man kann Demokratie und Freiheit nicht in Dosen wie eine Arznei verabreichen; man kann sie nur ungeteilt geben und nur so sind sie lebensfähig.

Das Besatzungsstatut weist einen schlechten Weg. Es nimmt mit der einen Hand, was es mit der anderen gibt. Was wir im Bonner Grundgesetz an deutscher Autonomie aufzurichten versuchen, wird durch das Besatzungsstatut entwertet. Die überklugen »Realpolitiker« meinen, es hätte noch viel schlimmer ausfallen können; ihnen fehlt die Erkenntnis dafür, daß die deutsche Demokratie in der Wurzel faul sein wird, wenn sie nicht in echter Selbstverantwortung und Freiheit entsteht. Das deutsche Volk ist nicht besser, aber auch nicht schlechter als andere Völker; man darf es ihm auf seinem Wege zu einem gutwilligen, gleichberechtigten Mitglied der Völkergemeinschaft nicht zu schwer machen. Ich hätte gewünscht, die Alliierten hätten bei dem Besatzungsstatut mehr *Mut* zu einer großzügigen Lösung und mehr *Vertrauen* in die deutsche Demokratie bewiesen. Sie dachten zu sehr an ihre Sicherheit und zu wenig an die Sicherheit, von der Immanuel Kant in seiner Schrift »Zum ewigen Frieden« spricht, an die Sicherheit, die allein Recht und Freiheit verbürgt.

Informationsdienst der Freien Demokratischen Partei,
Landesverband Bayern, Nr. 75 vom 21. April 1949, S. 1–3

THOMAS DEHLER

Frühling in Bonn

30. April 1949

Vor meinem Fenster dehnt sich ein beglückendes Bild: der breite Strom des Rheins, Dampfer mit wehenden Fahnen, dahinter die Kette des Siebengebirges in verschwimmendem Silberglanz und überall leuchtendes Grün und die hellen Lichter blühender Bäume; im Vordergrund turnen Arbeiter an dem Stahlgerüst für den Plenarsaal des künftigen Bundesparlamentes – noch steht nicht fest, ob es gelingt, den Bund zu zimmern, noch weniger, ob Bonn zu seiner Hauptstadt gewählt wird,[1] aber man baut, weil man voller Zuversicht ist und mit dieser Gläubigkeit alle Widerstände bezwingen will. Die Zuversicht steckt an; gestern noch schienen die Gegensätze unüberbrückbar. Die »großen« und auch oft so jammervollen kleinen Parteien hatten sich in eine bösartige Gereiztheit hineingesteigert. Gestern mittag hatten wir einen führenden Mann der CDU/CSU gebeten, diese unheilvolle Taktik der verunglimpfenden Presseerklärungen einzustellen und die Bereitschaft der loyalen Zusammenarbeit zu betonen;[2] einige Stunden später erschien ein Kommuniqué, in dem der SPD nicht weniger als unqualifizierbares Verhalten, traurige, undeutsche und undemokratische Parteipolemik, Bankrotterklärung der deutschen Demokratie vorgeworfen und der »Wille zur völligen Verhinderung der Schaffung einer Verfassung« – arme deutsche Sprache! – unterstellt wurde.[3] Doch die Wolken des Grolls beginnen sich zu verziehen, der beseeligende Zauber des rheinischen Frühlings wirkt auch auf die trotzigsten Parteigemüter.

Ich hätte jeden für einen Narren erklärt, der mir im Herbst vorausgesagt hätte, daß wir Ostern noch in Bonn sitzen würden.[4] Andere waren skeptischer: Adenauer wußte schon im September, daß er bis April brauchen würde, um aus dem Haufen seiner Freunde eine politische Fraktion zu machen. Er hat wohl diese Hoffnung inzwischen begraben; eine solche Metamorphose hat die

Natur nicht vorgesehen; ihr Versuch hat uns aber Monat für Monat gekostet. Nur dem guten Willen der anderen war es zu danken, daß es im sechsten Monat zu einer Verständigung kam.[5]

Warum drohte denn mit einem Male alles wieder auseinanderzufallen? – Die Gründe lagen weniger in Bonn und in den Fraktionen des Parlamentarischen Rates als in den Einflüssen von außen. Es ist der Tod des parlamentarischen Gedankens, wenn nicht freie, ungebundene Männer und Frauen in sachlicher Beratung und Klärung der Probleme nach bestem Wissen und Gewissen sich entscheiden, sondern wenn Wünsche oder gar Aufträge von außen in die Verhandlungen und Beschlüsse einwirken.

Das zeigte sich beklemmend zum ersten Male, als die Bischöfe mit großer Intransigenz kirchen- und schulpolitische Forderungen erhoben und durch ihre Mandatare durchzusetzen versuchten und dann, als sie auf Widerstand stießen, eine recht bedenkliche Campagne entfachten und auch vor Drohungen nicht zurückschreckten.[6] Ganz abgesehen von dem Gegenstand ertötet diese Methode die Demokratie, die Herrschaft des Volkes durch seine selbstverantwortlichen, dem Wohle des Ganzen verpflichteten Vertreter.[7]

Die andere »Kraft von außen«, die störend in Bonn eingreift, war der Wille der Besatzungsmächte. Man kann wirklich nicht sagen, daß sie glücklich taktiert hätten. Die alliierten »Verbindungsstäbe« erhalten in ihren heimischen Zeitungen keine gute Note. In Wirklichkeit litt ihre Arbeit unter den Fehlern ihrer Auftraggeber, nicht nur unter der Gegensätzlichkeit der Auffassungen, wobei im Wesentlichen die Briten eine Mittelstellung zwischen den Amerikanern und Franzosen einnahmen, sondern vor allem unter der schlechten Technik. Man hatte in London sich ziemlich genaue Vorstellungen von dem gemacht, wie der deutsche Föderalismus aussehen soll, die »Punktation« aber den Deutschen nicht mitgeteilt.[8] Als man sah, daß die Verhandlungen nicht nach dem alliierten Wunschbild verliefen, trat man mahnend mit »Aide-mémoire« und »Memorandum« hervor, erregte dadurch aber vor allem negative Reaktionen: Es war technisch unmöglich, auf die deutsche Form des Föderalismus, die von den deutschen Parteien angenommen wurde, noch einen Föderalismus amerikanischer und französischer Prägung aufzupfropfen; es erregte aber vor allem den inneren Widerstand der selbstbewußten deutschen Politiker, sich Weisungen zu fügen, von denen bei der Übernahme ihres Mandates für den Parlamentarischen Rat keine Rede war.

Aber auch sonst hemmten die Alliierten die Bonner Arbeiten: ihre internen Spannungen, ihr wechselndes Interesse an dem Werk je nach der internationalen Lage, die verzögerte Umarbeitung des Besatzungsstatuts, seine – nach meiner Meinung unglückliche – Fassung mit dem Damoklesschwert der völligen Annullierung der zögernd gewährten deutschen Teilsouveränität,[9] die Stimmungsschwankungen zwischen Militärgouverneuren und Außenministern, all das waren erhebliche Störungen »von außen«.

Am schwersten wogen aber die Eingriffe der deutschen »Außenstellen«, der politischen Faktoren, die keine Verantwortung tragen, die Entscheidungen aber zu bestimmen versuchten. Dieses gefährliche Spiel begann in München. Die bayerische Regierung warf ihre Autorität in die Waagschale, um die Anschauung der Christlich-Sozialen Union durchzusetzen. Mit großem Erfolg. Wesentliche Fragen wurden in ihrem Sinne entschieden. Das im Februar gefundene Kompromiß entsprach bis auf die nachher durch das Veto der Alliierten wieder gefallene Regelung der Finanzfragen ihren Wünschen.[10] Die Antwort auf München ist Hannover: Schumacher, der die Dinge nur von außen und dadurch zum Teil primitiv vereinfacht, zum anderen Teil verzerrt sieht, versucht seinen Willen zu diktieren. Er hat das Empfinden, daß die von Carlo Schmid[11] geführte Fraktion sich in Bonn habe überrunden lassen, fühlt sich auch als der große Gegensprecher der ausländischen Mächte, denen er den Fehdehandschuh hinwirft, denkt vor allem partei- und wahltechnisch: ihm ist – das enthüllt seine Hannoveraner Rede[12] – die Frage, wer im kommenden deutschen Staat die entscheidende Machtposition beziehen kann, wichtiger als die demokratische Lebensform des deutschen Staates, die wir in Bonn schaffen sollen; ihn bewegt vor allem das Streben, diesen neuen Staat in seine Hände zu bekommen – und es will mir nun einmal sehr schwer fallen zu glauben, daß der Sozialismus, der sich seinem Wesen nach notwendig kommando-wirtschaftlich, autoritär und totalitär verhalten muß, ihn zur wirtschaftlichen und politischen Freiheit führen kann. In den letzten Tagen hat sich in erschreckender Weise die Tragik der Menschen enthüllt, die da glauben, in den Reihen der Sozialdemokratie ihr demokratisches, freiheitliches Wollen erfüllen zu können; der große Teil der SPD-Fraktion des Parlamentarischen Rates, an der Spitze Carlo Schmid, gehören zu diesen Utopisten; sie werden, wenn es darauf ankommt, restlos an die Wand gedrückt; in dieser Partei der Disziplin und der Apparatur – in wie vielem war sie das Vorbild der Nazizeit! – ist kein Raum für Individualität und wirkliche Freiheit. Die Forderungen, die man von Hannover her an die Bonner Verhandlungen herantrug und deren geschlossene Annahme man apodiktisch als unabdingbar bezeichnete – sehr im Gegensatz zu der geradezu liebenswürdigen Diktion des letzen Schreibens der alliierten Außenminister[13] –, waren die schwerste Belastung des Parlamentarischen Rates von außen. Die fiebrige Krisis konnte man besonders an den homerischen Streit- und Schimpfgesängen erkennen; die Dinge gingen schon so weit, daß SPD und CDU sich gegenseitig mit der Schuld an dem greifbaren Mißerfolg von Bonn belasteten.

Doch – wie gesagt – die Wogen haben sich wieder geglättet. Wir Demokraten – was sind wir doch für vernünftige Leute – haben alles getan, um die Einflüsse »von außen« abzudämmen und den in den Monaten der Zusammenarbeit gewachsenen Gemeinschaftsgeist wieder zu aktivieren.[14] Man hat sich wieder zusammengeredet. Was noch fehlt, erhoffen wir von der Zuversicht des Frühlings, vom Frühling in Bonn.

Informationsdienst der Freien Demokratischen Partei,
Landesverband Bayern, Nr. 76 vom 30. April 1949

Theodor Heuss

Abschluß-Arbeit

3. Mai 1949

Man hat im Laufe des letzten halben Jahres mehr als einmal Termine genannt, an denen vermutlich das Bonner Grundgesetz verabschiedet sein würde – es ist wohl kaum einer unter den Abgeordneten, der sich nicht auf dem Gebiete der Prophezeiung betätigt hätte und dann doch wiederholt der Hereingefallene war.[1] Es war eine zweckhafte Autosuggestion, mit der man sich den guten Willen bestätigte, fleißig zu sein und keine Schwierigkeiten zu machen. Die Schwierigkeiten sind dann doch eingetreten, weniger aus dem Gremium des Parlamentarischen Rates selber heraus, sondern durch Außeneinwirkungen. Dabei ist nicht bloß an die Stellungnahme der Besatzungsmächte zu denken, die spürbar in bestimmten Zeitpunkten uneinheitlich war und einmal die direkte Aussprache, das andere Mal die sibyllinische[2] Verdecktheit der Worte wählte. Es gab für den Fortgang der Arbeit, in wechselnder Stärke, eine Optik München, Hannover, Köln.[3] Und dies ist, nicht mehr ganz so anspruchsvoll wie zu gewissen Zeitpunkten, auch heute noch wirksam.

Nun hat Dr. Konrad Adenauer für den 15. Mai den Abschluß der Arbeit in Aussicht gestellt. Die Situation, in der er das tat, eine Frage des Generals Clay[4] beantwortend, schließt eine arbeitstechnische Verpflichtung in sich, die von dem Parlamentarischen Rat noch allerhand verlangt.[5] Der »Mann auf der Straße« mag wohl sagen: nun sind die Männer und Frauen doch lange genug beisammen gewesen und sie haben ja auch einmal eine Verständigung erreicht gehabt – also! Der Einwand hat wahrlich viel für sich. Aber da die Auseinandersetzung mit den Militärgouverneuren die Struktur der ersten beschlossenen Anlage geändert hat, mußte die deutsche Lösung im Grundgesetz ein neues »Gleichgewicht« herstellen. Das geschah so, daß der Stärkung der Länder in Sachen der Finanzverwaltung eine Minderung ihrer Kompetenzen in der Gesetzgebung als Ausgleich folgte: die Zustimmung des Bundesrates bei der Legislative wurde wesentlich zusammengestrichen, es bleibt ihm wohl das Veto, doch ist dies durch eine qualifizierte Mehrheit des Volkstages[6] überwindbar. Über diese Sache war man sich innerhalb des Rates einig geworden,[7] sie hat auch die Militärgouverneure nicht weiter interessiert, wenngleich sie der bisher gegebenen Akzentuierung des »Föderativen« nicht ganz entsprach.[8] Das Problem ist nun dies, ob es, daß es gelingen wird, in der innerdeutschen Schlußklärung dieses Übereinkommen nicht mehr zu stören. Das heißt wesentlich: wie verhält sich die bayerische CSU?[9]

Es gab auch sonst noch ein paar neuralgische Punkte. Die SPD wünschte nach ihrer Parteivorstandserklärung, das Grundgesetz von einer Anzahl von Bestimmungen entlastet zu wissen, um dadurch auch den Charakter des »Provisorischen« stärker zu markieren.[10] Irgend jemand hat die Formel gefunden, das Bonner Werk »schlanker« zu machen. Das ist natürlich technisch leicht möglich und es wird in einigem auch ein sachlicher Gewinn sein können. Doch durfte man nicht übersehen, daß die Frage sofort ein politisches Gesicht erhält. Nicht etwa bloß deshalb, weil der und der sich in die und die Formel verliebt hat, an der er vielleicht mitgearbeitet hat, sondern weil, man denke an die Grundrechte, Bekenntnisse hineingearbeitet sind, von denen man sich nicht mehr trennen kann. Das umfaßt etwa einige Artikel »kulturellen« Charakters. Sie waren im Bundesgrundgesetz sachlich nicht notwendig, denn es ist für dieses Gebiet die Länderzuständigkeit stipuliert und die Dinge sind in den Länderverfassungen, so weit es solche gibt, umschrieben.

Aber nun sind sie da, aus den überkommenen Grundrechten – neu entwickelt – sie jetzt im Ganzen wieder herauszuwerfen, ist politisch unmöglich geworden.[11] Das wird heute auch von denen anerkannt, die hier starke Streichungen gewünscht hatten. Der Hinweis auf die Landeszuständigkeit wirkt ja auch nicht überzeugend, wenn er von Männern vorgebracht wird, die grundsätzlich ein Maximum von Bundesregelung fordern. In diesem Gebiet bedurfte es manches Angleiches und Ausgleiches; mit gutem Willen war hier eine Verständigung erreichbar und ist dort das Überstimmtwerden in einem Spezialfall tolerierbar, wenn ein geschriebenes oder ungeschriebenes Gentleman Agreement die Sicherheit gibt, daß die Schlußabstimmung die von den sachlich Urteilenden erwünschte große Mehrheit erbringt. Wir wissen, daß solche Lösung den Denkgewöhnungen formalistischer Demokraten nicht entspricht, die nur das Widerspiel von siegender Mehrheit und unterliegender Minderheit kennt. Aber in Bonn ist nur eine geringe Zahl von dem Glauben an dies Schema infiziert. Die Rahmenordnung der nächsten deutschen Entwicklung soll nicht durch Sieg und Niederlage geschaffen werden.[12]

In Weimar hatte Friedrich Naumann[13] die – erfolglose – Anregung gegeben, nach fünf Jahren eine Überprüfung der Verfassung vorzunehmen und durch einfache Gesetzgebung Änderungen vorzunehmen, die sich aus der Erfahrung als zweckdienlich empfehlen würden. Als wir in Bonn diese Erinnerung vortrugen und zur erneuten Überlegung empfahlen,[14] ist der Gedanke aufgenommen worden. Das bedeutet so viel, daß der Wille zum Revisionismus in das Grundgesetz eingebaut werden soll. Die abschließende Formel dafür ist noch nicht verabschiedet.[15] Natürlich bedarf ein Grundgesetz der Sicherungen, um nicht beim Wechsel von Mehrheitsverhältnissen einmal so und das andere Mal so gemodelt werden zu können – das eben, daß Sicherungen eingebaut werden, hebt es über die gewöhnliche Legislative hinaus. Der Vorschlag will eine einmalige, in den Terminen befristete Chance geben. Aber er rechnet damit, daß eine solche Überprüfung dann von einem regulär gewählten Parlament erfolgt, das, nicht unmittelbar als Konstituante gewählt, doch deren Funktionen wahrnehmen könnte und das in einer Zeit, in der wir auf dem Weg zur wiederzugewinnenden Souveränität starke Schritte vorangekommen sind.

Rhein-Neckar-Zeitung, Nr. 77 vom 3. Mai 1949, S. 2

THOMAS DEHLER

Die Finanzgewalt im Bunde[1]

7. Mai 1949

Die Finanzfrage war Angelpunkt der Verhandlungen, richtiger: der Spannungen in Bonn, der Spannung zwischen den Alliierten und der Mehrheit des Parlamentarischen Rates, der Spannung zwischen den Parteien. Oberflächlicher Betrachtung mag es als finanztechnische Finesse erscheinen, ob der Bund oder die Länder die Steuern erheben und verwalten, um die zu streiten sich nicht lohnt. In Wirklichkeit handelt es sich um eine Entscheidung von großer *politischer* Bedeutung. Ein Bund ohne Finanzgewalt kann die ihm obliegenden Aufgaben, vor allem eine auf lange Sicht eingestellte Konjunkturpolitik und die Sicherung der Währung durch finanzpolitische Maßnahmen nicht erfüllen. Die Finanzgewalt des Bundes ist nicht nur die Frage des Finanzbedarfs, sondern noch viel mehr die der Wirtschafts- und Sozialpolitik; der Bund kann die großen Aufgaben des Wiederaufbaus der deutschen Wirtschaft und der Linderung der sozialen Nöte unserer Zeit, die ihm und nicht den Ländern obliegen, nicht ohne Finanzgewalt lösen. Währungs- und Finanzpolitik müssen notwendig in einer Hand liegen. In allen Bundesstaaten der Welt hat sich die Entwicklung zur Steigerung der Finanzgewalt des Bundes vollzogen. In den Vereinigten Staaten von Nordamerika hatte der Bund nach der Verfassung von 1787 ohne weiteres das Recht, Zölle und Steuern jeder Art zu erheben; die einzige Einschränkung, daß direkte Steuern nach Maßgabe der Bevölkerungszahl auf die Länder umgelegt werden mußten, wurde durch die 16. Verfassungsnovelle von 1913 aufgehoben,[2] damals fielen 24,6%, heute über 90% aller Ausgaben auf den Bund.[3] Die gleiche Entwicklung vollzog sich in der Schweiz; ursprünglich standen die direkten Steuern den Kantonen, die indirekten dem Bunde zu; seit 1915 greift die Eidgenossenschaft auf dem Wege des »fiskalischen Notrechtes«[4] auf die Einkommensteuer und andere direkten Steuern.[5] Eine solche Entwicklung ist zwangsläufig und könnte auch nicht durch kurzsichtige, zweckbetonte Beschränkungen aufgehalten werden. Alle Aufgaben, die in einem einheitlichen Wirtschaftsgebiet entstehen, können nur von dem Bund, dem Gesamtstaat erfüllt werden und verlangen eine eigene, starke Finanzgewalt. Der deutsche Bundesstaat muß, wenn er überhaupt einen Sinn haben soll, Konjunkturpolitik treiben können, er muß die äußeren und inneren Kriegslasten tragen, er muß die Aufwendungen für die Sozialversicherung und für die Arbeitslosenfürsorge aufbringen – er muß finanziell potent sein.

Die Entwicklung der deutschen Verhältnisse seit hundert Jahren ist lehrreich. Die Verfassung der Pauls-Kirche von 1849 gab dem Bunde die Zölle und Verbrauchssteuern und beschränkte das Recht, direkte Steuern zu erheben auf außerordentliche Fälle; der Bund sollte eine eigene Finanzverwaltung haben, die Länder sollten »weder die Kassierer noch die Bankiers«[6] des Bundesstaates sein.[7] Die Verfassung des Norddeutschen Bundes und die Reichsverfassung gaben dem Bund durch die Clausula Miquel[8] ein uneingeschränktes Besteuerungsrecht. 1879 erfolgte eine unheilvolle Rückbildung durch die Clausula Franckenstein[9]: das Aufkommen der Zölle und der Tabaksteuer, später auch andere indirekte Steuern wurde, soweit es 130 Millionen Mark überstieg, an die Gliedstaaten verteilt und das Reich auf Matrikularbeiträge, also auf Zuwendungen der Gliedstaaten verwiesen. Die Folgen dieser Fehllösung auf die Wirtschaftspolitik und die allgemeine Politik der nächsten Jahrzehnte waren verhängnisvoll. Nicht zuletzt wegen der Finanznot des Reiches entschloß sich Bismarck zur Hochschutz-Politik mit der Wirkung, daß die deutsche Landwirtschaft rückständig blieb und die deutsche Industrie mit Hilfe von Kartellen und Syndikaten die Preise im Inland hochhielt und im Ausland billig verkaufte, daß die ausländische Industrie mit den billigen deutschen Rohstoffen unsere eigene Industrie auf dem Weltmarkt unterbot, daß Deutschland also sich am Ende durch die falsche Zollpolitik von seiner eigenen Wirtschaftsgrundlage abschnitt. Die Kartelle führten zu monopolistischen Preisbildungen und zur Ausschaltung des freien Wettbewerbes. Die Gewerkschaften reagierten mit dem Versuche der monopolistischen Lohnpolitik, der Staat seinerseits mit öffentlicher Sozialpolitik. Die – im wesentlichen durch die falsche Regelung der Finanzhoheit hervorgerufene – Zollpolitik war die Ursache einer völligen Verschiebung der deutschen Wirtschaftspolitik, der Abkehr von der freien Marktwirtschaft, der Bildung von privaten und staatlichen Monopolen verschiedenster Art und am Ende der großen wirtschaftlichen und politischen Spannungen, die sich im ersten Weltkrieg entluden. Bedarf es noch eines weiteren Beweises dafür, daß es eine der wesentlichen Aufgaben des Bonner Grundgesetzes ist, dem Bunde eine Finanzgewalt zu geben, die ihn in die Lage versetzt, wirtschaftlich vernünftig zu handeln, und die ihn davor bewahrt, durch falsche finanzpolitische Maßnahmen die Wirtschaft und die allgemeine Politik auf falsche Bahnen abzudrängen?

Das große Reichssteuersystem des Jahres 1919 mit der eigenen Finanzverwaltung des Reiches[10] war die richtige Lösung. *Le Temps* schrieb damals »nun hat Frankreich doch den Krieg verloren«. Glaubt es wirklich, ihn diesmal durch einen finanziell ohnmächtigen Bund endgültig zu gewinnen?

Bei dem Streit um die Finanzhoheit ging es um vier Punkte: um die Gesetzgebung über die großen Steuern, um den Finanzausgleich zwischen dem Bund und den Ländern nach Maßgabe der Aufgabenverteilung, um den Lastenausgleich zwischen finanzstarken und finanzschwachen Ländern und um die Finanzverwaltung.

Im Grundgesetz ist vorgesehen, daß die Gesetzgebung über die großen Steuern (Zölle, Finanzmonopole, Verbrauchs- und Verkehrssteuern, direkte Steuern) in der Hand des Bundes liegt, daß er sie auch verwaltet, daß aber das Aufkommen bestimmter Steuern zwischen dem Bunde und den Ländern nach dem Maße der Aufgaben des Bundes einerseits, der Länder und der Gemeinden andererseits verteilt wird. Zölle und Verbrauchssteuern sind in Deutschland schon in den Zeiten des Deutschen Zollvereins[11] nach einheitlichen Gesetzen für Rechnung aller Staaten erhoben worden und sind später immer Reichssteuern gewesen; man kann sie und die Verkehrssteuern nicht der Gesetzgebung oder gar der Bewirtschaftung durch die Länder überlassen, wenn man nicht das einheitliche Wirtschaftsgebiet sprengen will; es würden die Zölle den Grenzländern, die Verbrauchssteuern den Ländern mit der geballten Industrie, die Verkehrssteuern den Ländern mit den großen Städten zufallen. Auch die großen Steuern aus Einkommen, Vermögen und Erbschaft verlangen angesichts der Höhe der Steuersätze, wie sie auch nach der Beseitigung der augenblicklichen wahnwitzigen Überspannung bleiben werden, eine einheitliche Gesetzgebung. Ungleiche Steuersätze der direkten Steuern würden verschiedenen Reallohn bedeuten und unrationelle Standortverschiebungen der gewerblichen Unternehmungen verursachen. Die Landesgesetzgebung könnte nur das Einkommen, dessen Quellen in dem Lande liegen, und auch nur den dortigen Teil des Vermögens ergreifen und würde die aus sozialen Gründen notwendige Progression des Steuertarifs, die nach dem Gesamteinkommen bemessen werden muß, erschweren.

Das Memorandum der Alliierten will, daß die Gesetzgebung des Bundes die großen Steuern nur ergreift, wenn sie ganz oder zum Teil für die Ausgaben des Bundes beansprucht werden.[12] In Wirklichkeit muß der Bund die Gesetzgebungsmacht auch dann haben, wenn um der Rechts- und Wirtschaftseinheit willen eine einheitliche Regelung erforderlich ist. Was die Alliierten fordern, ist graue Theorie und wird durch ihre eigene Praxis widerlegt: alle Steuergesetze sind seit 1945 entweder vom Kontrollrat[13] oder vom Frankfurter Wirtschaftsrat[14] erlassen worden, niemals von einer Landesregierung, gleichgültig wem die Steuern zugeflossen sind. Die deutsche Wirtschaftseinheit, die wir wollen, verlangt die Gesetzgebungsgewalt des Bundes über die großen Steuern (Verbrauchs- und Verkehrssteuern, Steuern von Einkommen, Vermögen und Erbschaften, Realsteuern).[15]

Der Finanzausgleich zwischen dem Bund und den Ländern muß dafür sorgen, daß die Länder für sich und die Gemeinden einen ausreichenden Anteil an den Bundessteuern (insbesondere den Einkommen-, Körperschafts- und Umsatzsteuern) erhalten, nicht etwa nach dem Ermessen der Bundesregierung, sondern auf Grund des Grundgesetzes selbst und eines Finanzausgleichsgesetzes, also nicht als »Kostgänger« des Bundes, sondern auf Grund eines gesetzlichen, erzwingbaren Anspruches.[16] Dieser Finanzausgleich erweckte bei den Besatzungsmächten Anstoß; sie wollen nicht, daß der Bund Steuern einnimmt, die er nicht für seine eigenen Ausgaben braucht und die er unter die Länder verteilt; man befürchtet eine finanzielle Abhängigkeit der Länder vom Bunde. In Wirklichkeit ist es unumgänglich, daß durch Bundesgesetz, an dessen Zustandekommen die Länder über den Bundesrat entscheidend beteiligt sind, bestimmt wird, welche Steuern in die Kasse des Bundes und welche in die Kasse der Länder fließen. Die jetzt in Bonn vorgesehene Regelung würde für das Rechnungsjahr 1947/48 mit einer Gesamtsteuermasse von 13,8 Milliarden dem Bund 5,5 und den Ländern und Gemeinden 8,3 Milliarden Mark erbringen, also den Interessen der Länder durchaus Rechnung tragen.[17]

Schwierig ist der Lastenausgleich zwischen den steuerschwachen und den steuerstarken Ländern. Das Steueraufkommen auf den Kopf der Bevölkerung betrug im letzten halben Jahr in Schleswig-Holstein 73,10, Bayern 84,70, Niedersachsen 88,05, Hessen 106,70, Nordrhein-Westfalen 126,98, Württemberg-Baden 130,43, Hamburg 316,19, Bremen 386,20 DM. Der Bund muß für einen gerechten Ausgleich sorgen und kann nicht hinnehmen, daß nach Entrichtung der auf jedem Lande liegenden Kriegsfolgelasten dem mit Flüchtlingen überlasteten Schleswig-Holstein je Kopf der Bevölkerung für das halbe Jahr 5,50 DM, den Bayern 32 DM, den Hamburgern dagegen 225 DM und den Bremern 250 DM verfügbar bleiben. Die Besatzungsmächte wollen nicht, daß der Bund den Ausgleich vornimmt, sondern daß er unter den Ländern selbst erfolgt, durch eine Art common-pool.[18] Es ist möglich, eine Verrechnungsstelle beim Bundesrat zu schaffen, an welche der Bund Teile der gemeinsamen Steuern einbezahlt und die diese an die Länder nach gesetzlich festgelegten Maßstäben – etwa zum Teil nach dem örtlichen Aufkommen, zum Teil nach der Zahl der Bevölkerung und der Vertriebenen – verteilt.

Die größte Schwierigkeit bereitet die Frage der Verwaltung der Steuern. Die Alliierten wollen dem Bunde nur die Verwaltung derjenigen Einkünfte zugestehen, die ihm insgesamt zufließen. Die großen Steuern, die zwischen Bund oder Ländern geteilt werden oder ganz den Ländern zukommen, sollen hingegen von den Ländern verwaltet werden.[19] Unsere Meinung: die einheitliche Bundesfinanzverwaltung ist billiger und gerechter als es die von elf Länderfinanzverwaltungen sein könnte; eine gleichmäßige Veranlagung ist nur möglich, wenn sie einheitlich für das ganze Gebiet der Volkswirtschaft durchgeführt wird und wenn die wirtschaftlichen Tatbestände des gesamten Gebietes zugrundegelegt werden. Dahinter steht die große politisch entscheidende Frage der Finanzgewalt des Bundes überhaupt und damit seine Wirksamkeit in den wirtschafts- und sozialpolitischen Fragen.

Informationsdienst der Freien Demokratischen Partei,
Landesverband Bayern, Nr. 77 vom 7. Mai 1949, S. 3–6[20]

THEODOR HEUSS

Vor vier Jahren

7. Mai 1949

Soll man im Bewußtsein den Termin immer wieder lebendig machen, daß 1945 mit der »bedingungslosen Kapitulation«[1] der Hitlerkrieg formal-rechtlich seinen Abschluß fand?[2] Wir haben, oder doch die meisten von uns, jenen Tag in einer tiefen Verwirrung der Gefühle erlebt. Jeder wußte, dann und dann wird es soweit sein, und man wartete sogar mit einer gewissen Ungeduld. Denn jedes weitere Kämpfen bedeutete nur noch zusätzliche Verluste für eine sinnentleerte Sache, bedeutete, daß die Selbstzerstörung der deutschen Zukunft, die Hitlers letzte Form der Kriegführung war, weiter wüten würde – für diese Zukunft war jeder Tag, da nicht mehr Brükken gesprengt und Vorräte vernichtet wurden, ein bescheidener Gewinn. Aber neben diese Art von »Hoffnung« auf ein Ende, das politisch oder gar militärisch noch wenden zu können nur törichte Romantiker glaubten, trat das kalte Wissen, daß der Zusammenbruch der deutschen Geschichte in seinem vollen Umfang erst allmählich erkennbar werden würde. Die vordringenden Truppen der Alliierten waren zum mindesten im Westen bei vielen Menschen nicht bloß als die militärischen Sieger, sondern als die politischen »Befreier« betrachtet worden[3] – in der Tat war ja auch, inmitten der schier zwangsläufigen neuen Formen des Kommandiert-Werdens, eine Lockerung der Atmosphäre zwischen den Deutschen eingetreten. Jene ekelhafte Verlogenheit des Wesens, die der Nationalsozialismus den Deutschen gebracht hatte, lockerte sich, nicht mehr die Lüge und die Angst herrschten allein, sondern die freie Argumentation hatte wieder eine Chance. Dieser Wandlung bleibt man auch in der Erinnerung sich bewußt. Aber die Erinnerung zeigt auch das andere: daß Subalternität und Unterwürfigkeit sich nun vor anderen Instanzen als denen der verflossenen Partei[4] ihr deutsches Sonderrecht wahrten.

Die »Befreier« waren sich der geistigen Situation, die sie in Deutschland vorfanden, wenig bewußt. Auch sie waren ja weithin die Opfer der Hitler-Propaganda geworden, nahmen etwa den »Volkssturm«[5] ernst, dessen militärischen Sinn kein ernsthafter deutscher Soldat veranschlagte, verfuhren gegenüber den Deutschen vielfach in Klischee-Vorstellungen, die sie sich sogar in Paragraphen-Anordnungen verfestigt hatten – daraus jene Mißverständnisse und Mißgriffe, die schier unvermeidlich die erste Besatzungszeit begleiteten und die seelische Anlage des Beginnens zunächst in ihr Gegenteil verkehrten. Damals sind, zumal als die nicht künstlich gemachte, sondern an sich gegebene Problematik der sogenannten »Entnazifizierung«[6] des öffentlichen Lebens in einen mechanistischen Formalismus gezwängt wurde, viele Ansätze einer gesunden Entwicklung verdorben worden. Das muß man ruhig sehen, ohne im Schimpfen, Klagen und Anklagen über die ganze Sache sich hinwegzureden.

Der 8. Mai war der Ausdruck einer militärischen Katastrophe. Die innere Logik forderte es, daß die soldatischen Befehlshaber das böse Dokument unterzeichneten.[7] (So wie es sinnvoll gewesen wäre, wenn im Herbst 1918 nicht Erzberger[8], sondern Ludendorff[9], der freilich an dem Termin schon ausgespielt hatte, in Compiègne die Waffenstillstandsverhandlungen geführt hätte.[10]) Aber die militärische Katastrophe war nun doch nichts anderes als der Ausdruck der politischen – Deutschland als staatliches Wesen war nicht mehr existent; die Versuche der Himmler[11], Dönitz[12], Schwerin-Krosigk[13], so etwas wie eine aktionsfähige, zeichnungsberechtigte Regierung darzustellen, die seltsamen Bemühungen, nur zur einen Seite die Waffenstreckung zu vollziehen, um etwas wie ein Machtfaktor zu bleiben, sind nichts anderes als phantastische oder dilettantische Schnörkel der Selbstbelügung.[14] Daran muß erinnert werden, weil da oder dort die Meinung vertreten wird, die »Kapitulation« des 8. Mai sei eine bloß militärische Angelegenheit gewesen. Diesem Denken nachzugeben führt in das Gestrüpp des Irrealen. Wir müssen den Ausgangspunkt mit vollkommener Nüchternheit festhalten, weil wir sonst erneut in Illusionen verfallen. Das ist ja heute schon wieder eine Lieblingsbeschäftigung der Deutschen geworden.

Aber hinter dem militärischen Triumph der Verbündeten waren im Troß auch die politischen Illusionen mitgeführt worden. Das wissen wir heute besser als wir es vor vier Jahren wissen konnten.

Die Geschichte hat die Lehre bereit, daß einen Koalitionskrieg siegreich zu beendigen leichter ist als einen Koalitionsfrieden zu gewinnen. Von Münster und Osnabrück[15] über Wien[16] und das zweite Versailles[17] hinweg bieten sich die Beispiele an. Man wollte offenbar aus der Vergangenheit lernen und das Gesicht des Friedens gezeichnet haben, noch ehe die Schlachten bis zum blutigen Ende geführt wurden. Aber dieses Verfahren hatte dann einen doppelten Charakter, da gab es nämlich eine Atlantik-Charta[18] – die war verkündigt. Da gab es Abkommen von Quebec[19], Teheran[20], Jalta[21] – und die waren nicht verkündet. Und als man sie vergleichen konnte, sah man: sie passen nicht zueinander. Was aber gilt?

Das nun ist für die Verbündeten das Erbe des 8. Mai geblieben: dem militärischen Sieg konnten sie keine sinnvolle politische Form geben. Die Potsdamer Erklärung[22] war der untaugliche Versuch dazu, zur Wirkungslosigkeit verurteilt, weil kurz nach ihrer Verkündung die Russen für ihre Zone die Zentralverwaltung[23] schufen und damit den Sinn einer militärischen Besetzung verkehrten und ein politisches Experimentier- und Machtfeld schufen. Von diesem Augenblick an war dies deutlich geworden, was uns nun seit vier Jahren vorexerziert wird: indem Hitler das deutsche Lebensschicksal verspielte und die russische Macht nach Deutschland brachte – vergeßt doch nicht, daß *er* es war, der fertig brachte, daß heute die Wartburg im Machtbereich der Russen liegt! – hat er die Energien der ins Riesige gewachsenen Weltmächte zur Begegnung auf unserem Boden geführt.

Der 8. Mai hat deutsche Geschichte abgeschlossen – ach, wäre es nur die des Nationalsozialismus gewesen, dann könnte uns die Erinnerung wenig Belastung geben! Aber mit diesem Tag ist mehr untergegangen – Kants Geburtsstadt[24] ist in Kaliningrad umgetauft und das wurde schließlich zum ärgsten Symbol dessen, wohin eine verbrecherische Hybris führen konnte. Und die verwirrten Gefühle, mit denen wir vor vier Jahren den Tag erlebt haben, tauchen aus dem Urgrund der Seele wieder auf, wenn wir heute seiner denken. Was soll also das Denken? In das Wissen zurückführen um die tragische Verschlungenheit, da eine wüste Politik nicht nur die Heimat verdarb und über die innere Schmach ins äußere Elend führte, sondern die Welt in Wirrnis stieß. Kein tröstliches Geschäft, aber ein notwendiges.

Rhein-Neckar-Zeitung, Nr. 81 vom 7. Mai 1949, S. 2

THEODOR HEUSS

Der Ausklang in Bonn

14. Mai 1949

Die mit allerhand Spannungen angefüllten letzten Beratungstage in Bonn haben einige umstreitbare und weiterhin gewiß umstrittene Entscheidungen gebracht. Für die deutsche Geschichte ist die wesentlichste dabei die Haltung der bayrischen CSU-Vertreter gewesen; mit einem Stück persönlicher Tragik, denn von den Abgeordneten in Bonn wußte man, daß gewiß ihre große Mehrzahl lieber das Ja ausgesprochen hätte.[1] Aber die Münchner Tagung hatte die Freiheit ihrer Entscheidungen gelähmt.[2] Bei aller Achtung, die die Erscheinung des bayrischen Ministerpräsidenten Dr. Ehard[3] erwarten darf, muß gesagt werden, daß seine Politik in dieser Frage einen peinlichen Zug besitzt. Er wehrt sich gegen den Separatismus, aber er hat Angst vor dem Dr. Baumgartner von der Bayern-Partei.[4] Das gibt der offiziellen bayrischen Taktik das unerfreulich Gebrochene: man richtet sich auf den innerbayerischen[5] Wahlkampf ein und hat deshalb ein Nein ausgesprochen. Aber man will das Nein zugleich nicht zu ernst genommen wissen. Denn da die in den Londoner Empfehlungen geforderte Zustimmung von zwei Dritteln der Länder,[6] wie auch in München bekannt ist, als gesichert gelten darf, wird dieses Dagegenstemmen nur eine Demonstration. Es gab Leute in Bonn, die glaubten, es könne noch zu einer Wendung in München kommen. Wir rechnen damit nicht, so schön es wäre. Bayern will im Bunde bleiben, weil sein Finanzminister ausgerechnet hat, daß es im Bunde bleiben muß, um halbwegs ordentlich leben zu können. Denn es ist ein steuerschwaches Land und bedarf der Stützung. Man hat aus seiner Schwäche eine Waffe zu machen gesucht – das Bestreben aller Verständigen war, den gemäßen Ausgleich zu finden. Viel Geduld wurde in dies Geschäft gesteckt. Aber das Bonner Werk konnte nicht bloß danach orientiert werden, wie man der CSU-Spitze bei ihrer verwirrten Lage helfen könne. So kam der Beschluß zustande, dem sich die Welfen-Gruppe der Deutschen Partei anschloß[7] – ob sie das für »gesunden Föderalismus« hält. Auch sie, in Niedersachsen beheimatet, kommt aus einem Zuschuß-Land.

Die Frage der Bestätigung des Grundgesetzes ist auch in der dritten Lesung noch einmal aufgeworfen durch den Antrag Brentano (CSU) – Dehler (FDP), den Volksentscheid herbeizuführen.[8] Der war ja im Beginn vorgesehen. Aber als deutlich wurde, daß eine umfassende Verständigung auch erreichbar sei, und als die außenpolitischen Dinge ein rascheres Tempo annahmen, wuchs bei SPD und CDU die Meinung, die Landtage zu berufen. Als wesentliches Argument, das vor allem von Carlo Schmid[9] vertreten wurde, mochte gelten, daß damit der »provisorische« Charakter des ganzen Unterfangens noch deutlicher markiert, die Volksabstimmung aber auf das Definitivum vertagt wurde.[10] Das läßt sich hören, ist aber doch wohl eine zu abstrakte Konstruktion. Wir unsererseits hatten uns dafür ausgesprochen, im Zusammenhang mit den Wahlen, gerade so wie vor zweieinhalb Jahren in Württemberg-Baden, eine Volksbefragung durchzuführen. Am 24. November 1946 fand in Württemberg-Baden die erste Landtagswahl und gleichzeitig eine Volksabstimmung über die neue Verfassung statt. Zwei Abstimmungsakte durchzuführen und damit die Wahlen selbst hinauszuschieben, mochte sich gewiß nicht empfehlen. Nun mag man die Hoffnung pflegen, daß das »Provisorium« nicht zu lange währe. Doch würde es auch dem Zwischenstück dienlich gewesen sein, in der Stimmabgabe des Urwählers gesichert zu sein. Die Kapitalsmächte der Demokratie haben bereits mit dem Schnattern begonnen. Man braucht das im Individuellen nicht zu ernst zu nehmen. Aber es trägt dazu bei, als Dauergewöhnung die bescheidenen Autoritäten der werdenden Staatlichkeit zu unterminieren.

Eine etwas skurrile Geschichte aber wurde der Kampf um den Bundessitz.[11] Wir selber haben uns für Frankfurt erklärt, sind aber der Meinung, daß man nun die Sache auf sich beruhen lassen müßte. Denn die Städte müssen endlich wissen, wo sie dran sind. Die Sozialdemokratie hatte sich in ihrer großen Mehrheit für Frankfurt erklärt, von der CDU erfuhr man, daß in einer internen »Probeabstimmung« sich sechs Mitglieder ebenso entschieden hatten,[12] die aber nun stark »unter Druck« gesetzt wurden. Es war ein seltsamer Einfall der SPD, geheime Abstimmung zu beantragen:[13] ihre Rechnung war, daß sich dann diese CDU-Mitglieder ihrer Auffassung anschließen. Kurz vorher aber war eine der Kundgebungen von Kurt Schumacher erfolgt, wie sie sich jetzt zu arg drängen – seine Äußerungen wirkten aber, nachdem er sich einige Male polemisch übernommen hatte, gerade auf die Leute durchaus nicht attraktiv, auf die er rechnen mußte. So wurde bei einigen die Stimme für Bonn geradezu die Stimme gegen Schumacher.[14] Dabei ist nicht zu verkennen, daß Bonn bzw. das Land Nordrhein-Westfalen, in der Werbung geschickter waren – es ist leider der Frankfurter Stadtverwaltung in diesen Sachen nicht gelungen, den Eindruck einer starken und raschen Leistungsfähigkeit zu erwecken und jedem, der aus den und den Gründen für sie plädierte, traten die Einwendungen mit dieser und dieser Erfahrung entgegen. Und da war nichts zu machen.

Ein »Politikum« ist noch in Schwebe. Einer Anregung des Abg. Dr. Schäfer (FDP) entsprechend,[15] hat der Parlamentarische Rat einen »Überleitungsausschuß« gewählt. Eine ganz nüchterne Überlegung führte zu dem Gedanken: wenn der gewählte Bundestag zusammentritt, so soll er nicht vor einem Vakuum stehen. Für die technischen Dinge, aber auch für die vordringlichen Gesetzgebungsfragen sollen gewisse Vorarbeiten geleistet werden. Solcher Ausschuß ist in dem Londoner Memorandum nicht vorgesehen. Also Grenzüberschreitung? Von den Alliierten fanden einige den Vorschlag ganz vernünftig, andere waren unsicher, ob das schon so etwas wie ein »Kabinett« sei, woran ernsthaft niemand gedacht hatte.[16] Aber nun sind »die Ministerpräsidenten« eifersüchtig geworden. Denn das sei ja ihre Aufgabe, in der Zwischenzeit das Nötige zu tun.[17] Die Lösung müßte ganz einfach sein: man spricht miteinander. Aber so einfach sind die Dinge in Deutschland nicht. Ist diese Kontroverse das bescheidene Vorspiel kommender Differenzen zwischen Bundesrat und Bundestag?

Rhein-Neckar-Zeitung, Nr. 87 vom 14. Mai 1949, S. 2

THOMAS DEHLER

Wir Franken sagen »Ja« zum Grundgesetz

21. Mai 1949[1]

Vor hundert Jahren stand Bayern vor den gleichen politischen Entscheidungen wie heute. Es ging um die Frage, ob die von dem Frankfurter Parlament beschlossenen Gesetze, die Grundrechte und die Reichsverfassung anerkannt werden sollten.[2] Von der bayerischen Regierung des König Max II.[3] unter Führung des Ministerpräsidenten Ludwig von der Pfordten[4] wurden sie in der Note vom 23. April 1849 abgelehnt. In der Presse wurde die bayerische Erklärung als selbstmörderischer Wahnsinn, ihr Verfasser Ludwig von der Pfordten als feiler Fürstenknecht gebrandmarkt. Es wurde erklärt: »Ohne die Frankfurter Verfassung kein einiges, freies, mächtiges Deutschland, ohne sie ein ohnmächtiges, vernichtetes Bayern, ohne sie Belagerungszustand mit all seinen Schrecken, ohne sie Kroaten- und Russeneinquartierung, ohne sie alles verloren«. Franken war der Mittelpunkt der Bewegung für das große, demokratische Deutschland. In Bamberg tagte am 29. April der Kongreß der fränkischen Demokraten.[5] Er wandte sich in einem Aufruf an das fränkische Volk, der mit den Worten schloß: »Franken hat jetzt eine große Aufgabe: daß es den Altbayern vorangehe im Kampfe für Freiheit, für Deutschland. Der Franke muß Bayern deutsch und frei machen!«[6] Am 2. und am 13. Mai fanden in *Nürnberg auf dem heutigen Maxfeld* machtvolle Kundgebungen statt, auf denen sich die Bürger auf die Reichsverfassung vereidigen ließen und mit der Trennung Frankens von Bayern drohten, falls die Regierung auf der Ablehnung der Frankfurter Beschlüsse bestehe.[7] Die Chevaulegers[8] von *Ansbach* und *Neumarkt* waren stärker als die guten Gesinnungen der fränkischen Demokraten[9], zu denen ich mit Stolz meinen Großvater[10] rechne. Ich meine, daß damit eine unheilvolle

Entwicklung begann. In Sonneberg sind heute die Russen einquartiert.[11]

Die bayerische Regierung will zu dem Grundgesetz nein sagen.[12] Ministerpräsident *Dr. Ehard* will in die Fußstapfen seines Vorgängers Ludwig von der Pfordten treten. Franken kann ihm nach meiner Überzeugung dabei nicht folgen.[13] Vor hundert Jahren wurden die bayerische Regierung und der bayerische Landtag mit Adressen der fränkischen Bürger bestürmt, in denen die Annahme der Reichsverfassung gefordert wurde.

Heute denken die fränkischen Menschen nicht anders

Es ist kein Zufall, daß in den letzten Wochen in Altbayern monarchistische und extrem partikularistische Regungen lebendig wurden; wir Franken empfinden sie als absonderlich. Wir hatten immer das stolze Bewußtsein, das deutsche Herzland zu bilden. Unsere Liebe zu unserer Heimat verbindet sich ohne Zwang mit unserem Willen zur deutschen Gemeinschaft.

Die Erklärung der bayerischen Staatsregierung will ihr »Nein« zum Grundgesetz verbinden mit einem »Ja« zum Bunde. Ich meine, das ist zu schlau, als daß es überzeugen könnte. Es kommt mir vor – man verzeihe mir das Bild – wie wenn ein Jüngling seinem Mädchen den Gang zum Standesamt und zum Traualtar abschlägt, ihr aber seine unwandelbare Liebe und Treue versicherte; das Mädchen wird ihm nicht glauben.

Keine stichhaltigen Gründe für Ablehnung

All die Gründe, die zur Ablehnung des Grundgesetzes angeführt werden, schlagen nicht durch. Ich empfinde sie durchwegs als *Vorwände*. Es ist charakteristisch, daß fast jeder ein anderes Motiv herausstellt: Dem einen ist das Grundgesetz nicht christlich genug, sichert vor allem nicht genügend das Reichskonkordat[14] und das Elternrecht[15], dem anderen ist es nicht föderalistisch genug, dem Dritten ist es zu wenig provisorisch, dem Nächsten hat es zu viel von der Weimarer Verfassung, wieder einem anderen ist es als Form der Staatsverfassung zu schwach, gibt vor allem der Bundesregierung zu wenig Macht, der Übernächste sieht die gleiche Bundesregierung durch die Rechte des Bundesrates zu sehr gehemmt, dem Letzten sind die Grundrechte und menschlichen Freiheitsrechte nicht genügend fundiert, andere sehen Bayern an Preußen verkauft und ganz überkluge behaupten, das Grundgesetz verletze die Bayerische Verfassung.

Ausflüchte sind billig wie Brombeeren

Das Grundgesetz, um das wir in Bonn 8 Monate gerungen haben und das unter schmerzhaften Geburtswehen entstand, ist kein Wunderwerk: es ist beeinträchtigt durch das Einwirken der Besatzungsmächte, durch die Spannungen in der Grundhaltung der Deutschen, die sich in den letzten Jahren der politischen Separation stärker auseinanderentwickelt haben, als man gemeinhin annimmt, auch durch den Einfluß von politischen Stellen außerhalb des Parlamentarischen Rates. Viele der persönlichen Vorstellungen, mit denen ich an die Aufgabe herantrat, haben sich nicht erfüllt: Ich hätte den Senat dem Bundesrat vorgezogen,[16] – ich hätte in der Präsidialdemokratie eine glückliche Lösung gesehen; die Bestimmungen über Richterwahl, Richteranklage und die Bildung eines Obersten Bundesgerichtes habe ich mit großem Nachdruck bekämpft:[17] ein demokratischer Staat, der die Kriegsdienstverweigerung als Grundrecht festlegt und damit die Pflicht des demokratischen Bürgers zur Verteidigung seines Staates verneint, widerspricht seinem Grundempfinden.[18] Und so wie mir wird es fast jedem ergehen, der seine Wünsche nicht restlos verwirklicht sieht. Eine solche Enttäuschung kann und darf aber kein Anlaß sein, das Grundgesetz zu verwerfen. Die erhobenen Bedenken sind im wesentlichen nicht gerechtfertigt.

Das Grundgesetz erfüllt im wesentlichen die Aufgabe, die ihm gestellt wird: die Form für das politische Leben des deutschen Volkes zu schaffen. Man darf es allerdings nicht aus dem Krähwinkel der Engstirnigkeit, wie sie die Bayernpartei kennzeichnet, sondern man muß es von der Ebene des deutschen Volkes und der deutschen Verantwortung sehen. Wer den billigen Popanz des Preußenschrecks an die Wand malt, versündigt sich an unserer geschichtlichen Aufgabe.

Es ist ein politischer und ein rechtlicher Irrtum, wenn man glaubt, es gehe darum, den deutschen Staat wieder neu zu errichten, etwa gar in Form eines Bundes der einzelnen mehr oder minder zufälligen Länderstaaten.[19] *Deutschland ist durch die bedingungslose Kapitulation nicht untergegangen; wir haben es lediglich aus dem*

Zusammenbruch der Naziherrschaft heraus neu zu organisieren. Das Grundgesetz wird dieser Aufgabe für den Westen Deutschlands gerecht. Es gewährt den Ländern ein echtes staatliches Eigenleben; sie sind weitgehend souverän, vor allem auf dem Gebiete der Polizei, der Inneren Verwaltung, des Kirchen- und Schulwesens, der Wohlfahrt und der Justiz. Die Verteilung der Finanzgewalt zwischen Bund und Ländern hat keine ideale Lösung gefunden, ist aber so, daß beide existieren können.

Das Grundgesetz beginnt mit der Anrufung Gottes, gewährt den Kirchen völlige Freiheit und staatlichen Schutz, sichert die religiöse Erziehung in den staatlichen Schulen und bewahrt den bisherigen schulrechtlichen Besitzstand. Da Bayern in seiner Verfassung das Elternrecht und die Konfessionsschule festgelegt und das Konkordat mit dem Heiligen Stuhl aufrecht erhalten hat,[20] besteht für niemanden in Bayern ein Anlaß darüber Klage zu führen, daß im Grundgesetz, das an sich alle kirchen- und schulpolitischen Fragen der Zuständigkeit der Länder überweist und die Bayerische Verfassung insoweit unberührt läßt, das Elternrecht nicht für alle deutschen Länder gefordert und das Reichskonkordat nicht ausdrücklich aufrecht erhalten wird.

Bayerischen Wünschen Rechnung getragen

Es besteht kein verständiger Grund, daß Bayern die in Bonn geschaffene Regelung nicht annähme. Wer nicht mit krankhaftem Mißtrauen, sondern mit Zuversicht das Grundgesetz liest, muß erkennen, daß Bayern die Möglichkeit hat, unter diesem Gesetz in der Gemeinschaft mit den anderen deutschen Ländern zu leben.

Den besonderen bayerischen Wünschen ist im weitesten Maße Rechnung getragen worden. Ihm zuliebe wurde an Stelle des Senats, dessen Mitglieder von den Länderparlamenten zu wählen gewesen wären der Bundesrat geschaffen, der sich aus den weisunggebenden Vertretern der Länder zusammensetzt. Damit ist den Ländern starker Einfluß auf die Gesetzgebung und Verwaltung des Bundes eingeräumt.

Ich habe im Bayerischen Landtag erklärt, daß der bayerische Ministerpräsident *Dr. Ehard der Sieger von Bonn* ist, weil er seine Konzeption des Bundes fast vollständig durchgesetzt hat.[21] Ich persönlich habe es in Bonn als meine vornehmste Aufgabe erachtet, mich für den bayerischen Standpunkt einzusetzen. Es war mein Ziel, eine

Regelung zu erreichen, die den besonderen Verhältnissen Bayerns, besonders seinem starken Staatsbewußtsein gerecht wird. Zugegeben, es bestehen einige Schönheitsfehler, die auch ich gerne noch beseitigt gesehen hätte.

Insgesamt hat Bayern mehr erreicht, als es selbst zu hoffen gewagt hat. Würde es seine Zustimmung verweigern, so würde es damit zeigen, daß es bösen Willens ist. Die Furcht der bayerischen Regierung und der Regierungspartei vor den bayerischen Extremisten Baumgartner[22] und Lallinger[23] spielten von Anfang an eine verhängnisvolle Rolle. Der Bayerische Landtag muß zeigen, daß er nicht nach diesen Leuten mit ihrer primitiven Stimmungsmache schielt, sondern daß er sich aus eigener staatspolitischer Verantwortung entscheidet. Es wäre kümmerlich, wenn er nein sagen würde, weil er unterstellt, daß die Landtage der anderen deutschen Länder das Grundgesetz annehmen werden. Kann man sich vorstellen, daß unser Volk unter einem Grundgesetz leben kann, das es abgelehnt hat? Kann man glauben, daß unser Volk jemals in eine echte Demokratie hineinwächst, wenn es das Grundgesetz, dieses Bekenntnis zur demokratischen Form und zu den demokratischen Grundsätzen verneint hat?

Ein bayerisches Nein zum Grundgesetz würde der deutschen Demokratie und der deutschen Gemeinschaft zum Fluche werden.

Schon die Weimarer Demokratie ist an der Spannung zwischen Bayern und dem Reiche zuschanden geworden: ohne sie wäre das Hochkommen des Nationalsozialismus nicht möglich gewesen.

Soll in Bayern wieder der Geist herrschen, der stets verneint? Die deutsche Freiheit und die deutsche Demokratie können nur erwachsen aus der Gläubigkeit und der Hingabe der deutschen Menschen. Das bayerische Nein würde alle Ansätze für den deutschen Wiederaufstieg verderben. Das Grundgesetz spricht in seiner Präambel von dem Willen des deutschen Volkes, seine nationale und staatliche Einheit zu wahren und als gleichberechtigtes Mitglied in einem vereinten Europa, dem Frieden der Welt zu dienen, es fordert das gesamte deutsche Volk auf, in freier Selbstbestimmung *die Einheit und Freiheit Deutschlands zu vollenden,*[24] es enthält das Bekenntnis des deutschen Volkes zu den unverletzlichen und unveräußerlichen Menschenrechten als Grundlage jeder menschlichen Gemeinschaft, des Friedens und der Gerechtigkeit in der Welt, es versucht, diese hehren Gedanken im staatlichen Zusammenleben der Deutschen zu verwirklichen: Wer kann dazu nein sagen? Wer hat vor allem den Mut dazu, angesichts der dringenden Aufgaben, die vor uns stehen und die nur in der größeren deutschen Gemeinschaft gelöst werden können? Uns Franken sagt man einen aufgeschlossenen, klaren Sinn nach, der sich nicht so leicht durch falsche Gefühle trüben und verwirren läßt. Wir wollen ihn auch in dieser Stunde bewahren, in der es darum geht, einen entscheidenden Schritt aus dem Zusammenbruch zur Neuordnung der deutschen Dinge zu tun.

Wir Franken sagen Ja zum Grundgesetz.

Freie Deutsche Presse, 21. Mai 1949, S. 1 f.

THEODOR HEUSS

Bonn und Paris

21. Mai 1949

Das Tempo, das in die innerdeutschen Dinge gekommen ist, wurde wesentlich von dem bewegten Rhythmus bestimmt, der die außenpolitischen Dinge erfaßt hat. Als in der schlechthin entscheidenden Frankfurter Konferenz vom 30. April Adenauer, auf Clays[1] Frage nach dem möglichen Schlußtermin für die Bonner Arbeit, den 15. Mai nannte,[2] war das ein kecker und auch guter Griff. Man hat dann die Arbeit noch stärker zusammengedrängt. Die Möglichkeit, die Motive des Grundgesetzes vorzutragen (und damit auch den künftigen Kommentatoren Handreichung zu leisten) hat darunter gelitten. Das ist bedauerlich. Die Debatte ist so dem immerhin bedeutenden Gegenstand manches schuldig geblieben. Aber es war richtig, zum Abschluß zu eilen; denn es handelte sich um einen *politischen* Akt, der an die Zeitlage gebunden ist. Schließlich hat man ja noch eine Woche gewonnen; die Abberufung des Generals Clay war mit ihrem Datum bekanntgegeben.[3] In einer Mischung von Politik und Courtoisie[4] wollte man erreichen, daß er ein Partner dieser Geschichtsaufgabe, an der er so starken Anteil hatte, bleibe.

Es gehört zu den Geschichten aus dem deutschen Bilderbuch, daß es nun gleich Verdruß gab zwischen den Ministerpräsidenten und dem Parlamentarischen Rat und daß sich dabei die Landesherren auf die Londoner Empfehlungen beriefen, die die Aufgabe des Bonner Gremiums begrenzt hätte.[5] Als ob nicht seitdem bald ein Jahr verstrichen sei, in dem sich an Verlagerung der Macht und auch der Auffassung allerhand geändert hat. Statt sich zu freuen, daß ein aktiver Wille sich meldete, statt mit ihm zu kooperieren, will man ihn nicht anerkennen, vielleicht den Rat einzelner Mitglieder anhören – das ist schlechte Regie. Soll es ein Vorspiel sein zu dem künftigen Verhältnis zwischen Bundesrat und Bundestag? Dann könnte es einem Angst werden. Auf die Parteien, die ja in beiden Organen zur Wirkung kommen, schreitet hier eine Verantwortung zu, der sie sich noch gar nicht recht bewußt sind.

Eines nun haben die Ministerpräsidenten von den Vorschlägen des Parlamentarischen Rates akzeptiert: die Landtage sollen vor dem 23. Mai[6] ihr Ja oder Nein sagen, denn an diesem Tag erst wird formal der Parlamentarische Rat festzustellen haben, ob sein Grundgesetz in Zweidritteln der deutschen Länder eine Mehrheit gefunden hat. Adenauer hat eine gewisse Vorliebe für symbolträchtige Termine. Deshalb drängte er darauf, daß die Abstimmung am 8. Mai vor der zwölften Stunde erfolge – eine Art von Debatte ging ja nachher noch weiter –, deshalb schlug er jetzt den 23. Mai vor. Die Viermächtekonferenz in Paris sollte mit festen Tatsachen zu rechnen haben. Das ist politisch richtig gedacht.

Wir sind nicht verwegen genug, prophezeien zu wollen, was Paris Deutschland bringen wird, ob es überhaupt ein Ergebnis zeitigen mag, das in einer erträglichen Lösung der europäischen Beruhigung dient. Als vor über zwei Jahren zum erstenmal auf einer Außenministerkonferenz das Thema Deutschland auf die Tagesordnung gesetzt war, in Moskau, gingen durch Deutschland die Versuche, etwas wie eine deutsche Vertretung zu improvisieren.[7] Sie sollte da sein, falls sie gerufen würde. Die staatsrechtlichen Schwierigkeiten glaubte man umgehen zu können, indem man annahm, die Parteien in ihrer Führung könnten dies Mandat in Anspruch nehmen. Wir haben damals vor einem solchen Experiment gewarnt, einfach deshalb, weil diese deutschen Parteien eine einheitliche Auffassung gar nicht besaßen, die sie hätten vortragen können – wehe, wenn ihre Gegensätze sie zu Instrumenten fremden Willens gebraucht hätten. Die Lage hat sich seitdem in einigem verschoben, bei uns wie bei den anderen. Schuman redet nicht so,[8] wie Bidault in Moskau gesprochen hat.[9] Und das staatsrechtliche Gefüge in dem westlichen Teil Deutschlands ist dichter geworden, auch wenn eine Regierung noch nicht vorhanden ist – eine legitimisierte Vertretung ließe sich schaffen.

Aber die entscheidende Problematik ist die alte geblieben. Dem deutschen Osten ist eine politische Struktur auferlegt, die eine vergleichbare Legitimation nicht zuläßt.[10] Das ist nicht eine rechthaberische Voreingenommenheit, die die Parteien des Westens einheitlich veranlaßt hat, die wiederholten Einladungen der Führer des »Volkskongresses« zu Konferenzen abzulehnen. Wenn sie als Partner anerkannt würden, so wäre das nicht nur eine schwere Enttäuschung für Millionen von Deutschen, die drüben ohne Stimme sind,[11] sondern es ist nicht recht der Ausgangspunkt zu finden, so lange man sich über die Basis nicht verständigt hat. Das ist die entsetzliche Tragik. Der Kampf, den seiner Zeit Jakob Kaiser um seine Stellung in der ostdeutschen CDU führen mußte und wo er nicht einer Parteiopposition, sondern der Besatzungsmacht unterlegen ist, gibt den Hintergrund: die sogenannte »Block-Politik« hat den leitenden Männern der »bürgerlichen« Gruppen die Freiheit geraubt und die sozialdemokratische Partei ist erstickt worden.[12]

Warum daran erinnern? Eine Notiz ging durch die Presse, vielleicht würden die Russen, vielleicht würden die Westmächte beantragen, zu der Pariser Konferenz Deutsche einzuladen.[13] Das hört man gerne. Denn es kann Gewinn bedeuten, wenn in den Argumenten auch der gehört wird, dessen Schicksal verhandelt wird. Und es ist ja die Welt hellhöriger geworden, daß es mit Yalta[14] und Morgenthau-Plan[15] nicht geht. Aber wer spricht denn für die Deutschen? Grotewohl[16] und Kastner[17], die eine so hervorragende Auffassung von den wirtschaftlichen und politischen Verhältnissen der Ostzone haben, weil sie sich damit selber zu rechtfertigen haben? Man denke sich die Situation, daß jemand Byrnes zitiert, daß die Grenzen Deutschlands noch eine offene Frage seien,[18] und dann wird mitgeteilt, daß diese Frage für die SED gar nicht existiere.

Es ist sehr peinlich, von diesen Möglichkeiten zu reden. Aber man muß seine Phantasie gegen Illusionen abschirmen. Denn die Vorstellung ist schrecklich, daß *zwei* deutsche Delegationen der fremden Welt *zwei* deutsche Meinungen vortragen. Vielleicht ist es gut, daß die »Wahlen« zum Volkskongreß ein Bild der inneren Lage gegeben haben.

Rhein-Neckar-Zeitung, Nr. 93 vom 21. Mai 1949, S. 2

THEODOR HEUSS

Die nächsten Schritte

28. Mai 1949

Die Ausfertigung und Verkündigung des Grundgesetzes für die drei westlichen Zonen ist ein zugleich politischer wie rechtlicher Akt.[1] Das Grundgesetz hat Rechtskraft gewonnen. Aber indem man dies ausspricht, spürt man zugleich, daß die Aussage unvollkommen ist, denn die Organe, die für das staatliche Gemeinschaftsleben die Rechtswirksamkeit schaffen und sichern sollen, sind noch nicht vorhanden. Also ist ein gewisser Schwebezustand eingetreten, der so lange dauern wird, bis es einen Bundestag, einen Bundesrat, einen Bundespräsidenten geben wird. Das Leben selber macht jedoch keine Pause; die Aufgabe, vor der sich die schon vorhandenen legitimen Organe des staatlichen Lebens finden, fordert, eine verständige Vorarbeit zu leisten.

Es mochte kurze Zeit so scheinen, als ob eine Art von Rivalität, ein sonderliches Prestigebedürfnis, sich zwischen die Ministerpräsidenten und den Parlamentarischen Rat legen werde.[2] Die vom Rate aufgenommene Anregung des FDP-Abgeordneten Dr. Schäfer, ein »Exekutiv«-Organ – später »Überleitungs-Ausschuß« genannt – zu bestellen, erweckte Mißtrauen. Sollte das schon eine Quasi-Bundesregierung sein?– Auch die französische Presse lärmte darüber ein bißchen, während man in der angelsächsischen Welt die Überlegung in ihrem elementaren Sinn begriff.[3] Die Dinge sahen, von Briefen und Interviews begleitet, ein paar Tage peinlich aus:[4] als ob hier schon ein Vorspiel möglicher Zwiste zwischen dem kommenden Bundesrat und dem Parlament präludiert wurden – dabei ist freilich das Versöhnliche, daß die sich scheidende Beurteilung keinen trennenden Parteicharakter besaß und besitzt, sondern mitten durch die Parteien hindurch geht. Das spezifische Parteigefühl von einzelnen unserer Landesväter wird, verständlich genug vor allem, wo eine Koalition hinter ihnen steht, gelockert oder gedämpft durch ein bezirklich lokalisiertes Machtempfinden.

Die drohende Dissonanz[5] ist verschwunden vor der verständigen Einsicht, daß man *gemeinsam* die Überleitung vorbereiten müsse – dies um so mehr, als das Gremium ja keine Beschlüsse mit Überstimmungen zu leisten haben wird, sondern eine technische Argumentation über die Rangordnung des Notwendigen.[6] Den gesetzlich vorgesehenen Organen kann von ihrer Kompetenz nicht dies oder jenes Stück in der Improvisation geraubt werden. Aber es liegt auf der Hand, daß die Umgestaltung etwa der Finanzverwaltung einer sehr gründlichen Vorüberlegung bedarf – sie fordert geradezu die Begegnung der Gesichtspunkte und der Erfahrungen aus dem verschiedenen Aspekt. In diesem Bereich also darf man hoffen, daß der Wille zur Sachverständigung produktiv werde.

Aber nun ist freilich in Bonn noch nicht der Termin der Wahlen zum Bundestag festgesetzt.[7] Wie man weiß, haben die Militärgouverneure dem Gesetz ihre Zustimmung noch nicht gegeben.[8] In der Haltung steckt eine gewisse Unlogik, was auch von alliierter Seite nicht bestritten wird. Denn das Wahlgesetz, eben für diese erste Volkswahl beschlossen, ist ein Annex zum Grundgesetz, dem Sinne nach ein integrierender Bestandteil, aber technisch von ihm getrennt, weil man sich in Bonn einig war, das System der Wahl nicht verfassungsmäßig festzulegen.[9] Man erinnert sich, daß das Grundgesetz als solches zunächst verabschiedet und sofort an die Militärgouverneure weitergeleitet wurde – das Wahlgesetz folgte einige Tage später. Was nun interessiert die fremden Mächte daran? Den Verdacht, an dieser Stelle solle nun eine Verzögerung des Ganzen verursacht werden, weisen sie heftig zurück – nein, es sei ihnen am raschen Fortgang auch gelegen. Unterhalten sie sich über das Wahlsystem, über die zu Tode geredete Fragestellung: Proporz oder relative Mehrheitswahl? Keineswegs. Die Franzosen ihrerseits haben ja das Verhältniswahlsystem, halten es offenbar für demokratisch – in dieser ganzen Problematik haben »die anderen« wohl ihre privaten Meinungen (die etwa bei den Engländern keineswegs identisch sind), aber keine amtliche. Was die Sachberater der Alliierten interessiert sind offenbar Fragen wie diese, ob ein Kandidat in mehreren Wahlkreisen, ja ob er in mehreren Ländern kandidieren kann, ob er in dem Landeskreis gar ansässig sein müsse – es sind die »Sorgen«, die schon früher gemeldet waren, daß das Wahlrecht mit seiner gesamtdeutschen Personenschau, wenn man so sagen darf, dem

»Föderativen« nicht gerecht werde, es überrundet. Jeder spürt, daß *das* nun wirklich keine Dinge sind, die den Lauf der Geschichte, ihr Tempo wie ihre Richtung, in irgendeiner Weise beeinflussen könnten. Soll wegen dieser Quisquilien[10] der Parlamentarische Rat noch einmal berufen werden? Oder soll noch einmal mit Modifikationen die »Optik« geändert werden, um größere Stimmentscheidungen zu gewinnen? Allmählich kommen doch die Leute dahinter, daß das Gerede über das Wahlrecht, in der Isolierung des Problems, an den politischen Fragen des Tages ziemlich vorbeiführt, auch wenn jetzt der gute Hans Luther, der wohl manche Erfahrung, aber gewiß keine der Aktivität im Raume der Parteidemokratien hinter sich hat, unter die Spender des patentierten Glücks gegangen ist.[11]

Wir wünschen sehr, daß die Alliierten in den Dingen der Entscheidung etwas Tempo halten, und daß dann bald Termine festgelegt werden. Manche, wohl in allen Parteien, wünschen die Wahlen noch hinausgezögert, sie wollen einen großen Anlauf machen... – Man soll aber an die Bauern denken. Eine Wahl während der Erntezeit ist ein Unfug.[12] Kein Mensch wird erzählen können, welche Wege und Umwege in Paris gegangen werden, um eine Lösung der deutschen Dinge zu finden. Wir in Deutschland haben unsere Entscheidungen, deren unmittelbare Wirkkraft genug ist, weder hinauszuzögern, wie jener es wünscht, noch sie zu übereilen, wie dieser rät. Man soll in den Ländern die Wahlkreise festlegen, damit die Parteien wissen, woran sie sind – dann kann, dann muß sobald der Wahltag festgelegt ist, jener Versuch unternommen werden, die Deutschen zur inneren Auseinandersetzung mit ihrem geschichtlichen Grundproblem heranzuführen.

Rhein-Neckar-Zeitung, Nr. 98 vom 28. Mai 1949, S. 2

THEODOR HEUSS

Das Tauziehen

4./5. Juni 1949

Die russische Politik gibt ihren Gegenspielern viele Rätsel auf. Da war also vor ein paar Wochen dem Amerikaner Jessup[1] mitgeteilt worden, man sei bereit, die Blockade von Berlin aufzugeben, wenn eine Viermächte-Konferenz das Deutschland-Problem wieder in Angriff nehme.[2] Das sah aus, wenn nicht gerade wie ein Schwächeanfall, so doch wie der Sieg der Einsicht, daß die Gegenblockade gegen die gesamte Sowjetzone wirtschaftlich und schließlich auch sozial eine wachsende Last bedeute. Ein bißchen Optimismus wanderte über die Erde und begeisterte auch die Zeitungsredaktionen. Es ist so schön, den berühmten Silberstreifen wieder einmal zu sehen.

Wer nur Skeptiker ist, soll die Hand von der Politik lassen. Aber die Schule der Skepsis, in die uns diese Geschichtsepoche gezwungen hat, mußte uns vorsichtig machen oder mißtrauisch lassen – die Freude, daß den Berlinern nun endlich Erleichterung in ihrem gequälten gleichförmigen Alltagsleben zufließe, hat ja sehr bald ihre Verdunkelung erfahren; indem man technische Schwierigkeiten macht[3] oder eine unbillige Lohnpolitik betreibt,[4] raubt man der ganzen Aktion ihre innere Glaubwürdigkeit. Der örtliche Machtkampf geht weiter, er war in seinem Sinn nie bloß örtlich. Aber daß er gerade jetzt mit neuen Pointen verschärft wird, eine Begleit- oder Gegenmusik zu dem Leitmotiv, das angeblich in Paris neu gefunden werden sollte, verunklart die dortige Lage.

Die Positionen sind bezogen. So viel wurde rasch deutlich: der Russe glaubt nicht an eine umfassende Lösung, ihm ist es wesentlich um wirtschaftspolitische Erleichterungen zu tun. Deshalb sein Rückgreifen auf die Potsdamer Abmachung, die ja in der beamtlichen Sphäre schon gesamtdeutsche Organe vorgesehen hatte. Ganz ernst konnte das damals auch nicht gedacht gewesen sein. Denn die Potsdamer Konferenz[5] war kaum vorbei, als die Sowjetzone mit ihrer »Zentralverwaltung« beschert wurde und diese ihren Sonderrhythmus einer Wirtschafts- und Agrarpolitik einleitete. Die Westmächte sind nicht auf den Leim gegangen. Sie haben seit einiger Zeit schon zur Kenntnis genommen, daß Potsdam durch die Entwicklung verbraucht ist, ein Dokument für Historiker, die nur geschichtliches Irren oder Versagen feststellen wollen. Die Amerikaner haben eingesehen, daß der sogenannte Morgenthau-Plan[6] ein Schiefdenken des Ressentiments war, in Frankreich mehren sich die unbefangenen Stimmen...[7] Es scheint, daß im Augenblick die taktische Solidarität der Westmächte stärker ist als bei den früheren Konferenzen, bei denen vernehmbarere Solo-Partien gesungen wurden. Sie wollen die *politische* Lösung.

Im letzten Monat sind in Deutschland zwei »Verfassungen«, wenn man das Wort wählen darf, verabschiedet worden: das vom Parlamentarischen Rat[8] und jetzt vom sog. »Volkskongreß«.[9] Die Westmächte haben vorgeschlagen, das Bonner Grundgesetz maßstäblich auch für die Länder der sowjetischen Zone in Geltung zu setzen.[10] Auch in Bonn ist ja das Problem der geographischen Ausweitung behandelt und artikuliert worden – daß eine wahrhaft souveräne Verfassungsschöpfung erst später einmal möglich sein wird, war wohl jedem klar.[11] Wyschinskij[12] hat seinerseits auf den Gegenvorschlag verzichtet, die Verfassung der Sowjetzone für den Westen zu empfehlen. Aber er beantragte, eine Delegation des Volkskongresses anzuhören, die man dort vorsorglich gewählt hatte. Acheson[13] sagte mit Ironie »Nein«, Herr Wyschinskij könne ihm das ja wohl besser sagen.[14]

Wenn die Pressenachrichten stimmen, ist Rudolf Agricola[15] unter die Staatstheoretiker gegangen und hat auf dem Volkskongreß dargetan, daß die Ost-Verfassung ganz aus deutschem Geist geschaffen wurde, während Bonn nur nach fremden Rezepten oder Diktaten gearbeitet habe.[16] Die Worte haben nicht ganz deutlich erkennen lassen, was er meint. Hält er die institutionell gemachte »Block-Politik«, die doch eine Form von politischem Selbstbetrug ist, für spezifisch deutsch? Der wesenhafte Unterschied der beiden Gesetze liegt wohl darin, daß in Bonn die Gewaltenteilung zwischen Exekutive, Legislative und Jurisdiktion herausgearbeitet, im Osten aber bewußt mißachtet wurde.[17] Nimmt Agricola dem Montesquieu, der die Gewaltenteilung zur geschichtskräftigen Lehre gestaltet hat, übel, daß er ein Franzose war? Als Hitler die Gewaltenteilung aufhob,[18] empfanden wir alle dies sehr als undeutsch, denn in ihr steckt die einzige Gewähr der rechtsstaatlichen Sicherheit. Die Stellung zu dieser Frage ist der tragische Konflikt der deutschen Staatlichkeit.

Wir haben kürzlich schon an dieser Stelle die Hoffnung ausgesprochen, daß es nicht dazu kommen möge, daß die Deutschen diesen Konflikt wechselseitig vor dem Auditorium der Fremden hin und her argumentieren. Das scheint nicht zu kommen. Aber es bleibt Pflicht unserer Geduld, abzuwarten, wie die Pariser Gespräche weitergehen. Zu den interessanten Themen gehört die von Dean Achesons[19] Neugier gestellte Frage nach den ostzonalen Sowjet-Aktiengesellschaften, die nur für den russischen Bedarf arbeiten,[20] die aber offenbar im Westen als ein Stück des deutschen Gesamt-Volksvermögens betrachtet werden. Darüber ist eine Auskunft noch nicht gegeben. In der Frage schon steckt die Einsicht, daß die Lebensfähigkeit des deutschen Volkes, die noch lange, lange gefährdet sein wird, mit davon abhängt, daß seine industrielle Substanz in die eigene Verfügung zurückkehre. Von diesem Vordersatz ist es nicht mehr weit zum Nachsatz, den Acheson gelegentlich Bevin[21] klar machen sollte: will man Substanz zurückgewinnen, so soll man vorhandene Substanz nicht zerstören. Vor anderthalb Jahren konnte man Taktik noch verstehen, heute nicht mehr. Auch das Paradoxe müßte seine Grenze haben. Der ist ein schlechter Dirigent, der zu dem Pariser Gespräch das Abwrack-Geräusch der Gelsenkirchener Werke als Begleitmusik liefert.[22]

Rhein-Neckar-Zeitung, Nr. 104 vom 4./5. Juni 1949, S. 2

THEODOR HEUSS

Der Mythos vom Wahlrecht[1]

11. Juni 1949

Natürlich hat das Wahlsystem, die Art, den »Volkswillen« in einem Vertretungskörper zu konzentrieren, für die Demokratie eine erhebliche Bedeutung. Der Österreicher Dr. Braunias hat vor wohl bald zwei Jahrzehnten mit immensem Fleiß in zwei dicken Bänden die Wahlrechtspolitik aller Staaten dargestellt.[2] Seine Untersuchungen waren auch geistesgeschichtlich interessant und zudem aufschlußreich für die wechselnde Technik der parteipolitischen Machtkämpfe und die bleibende Typik eines politischen Gesamtbildes.

Koalitionen waren gut

In Deutschland wird heute, gutgläubig naiv oder mit zelotischer Rechthaberei, eine seltsam bequeme Denkform angeboten: das »gute« Wahlrecht produziert die gute, das »schlechte« entsprechend die schlechte Politik. Als Modell der ersten Form gilt das englische Verfahren: Sieger ist, wer im Wahlkreis die relative Mehrheit gewann. Für die zweite greift man nach dem Proporzverfahren, das die Schuld an dem Untergang der Republik trage.

Mit rationalen Argumenten kann man die Für und Wider vor beiden Systemen häufen. Die relative Mehrheit bringe mit sich den Zwang zur Konzentration des Parteienwesens, die Verantwortung sei deutlicher als bei Koalitionen, der Abgeordnete sichtbar, der Vertrauensmann eines umgrenzten Kreises und nicht bloß eine Nummer auf einer Liste und so weiter. Das ist alles schier zu Tode geredet, wie der Katalog der Gegeneinwände, daß jene »Mehrheit« in zahllosen Fällen eine Minderheit sei,[3] daß aber davon unabhängig zur Demokratie die Wertung der Minderheiten gehöre, daß den Frauen nach aller Erfahrung durch jenes System die Chance einer Vertretung fast völlig geraubt bleibe.[4] Diese Dinge, oft gesagt, mögen auf sich beruhen.

Man darf aber den Versuch machen, einige Mißverständnisse auszuräumen, die durch die gedankliche Isolierung des Wahlsystems und durch seine Überbewertung entstanden sind. Das Wahlrecht der Weimarer Republik war in seiner Ziffernautomatik technisch schlecht – das wußten wir damals schon.[5] Aber, obwohl heute die Vorkämpfer des »guten« Wahlrechtes fast lauter biedere Antinazis sind, nähren sie sich von der Nazilegende der Unfähigkeit der Weimarer Republik – wann wird einmal dargestellt werden, was sie, in ewiger Bedrängnis von außen, geleistet hat, und zwar gerade auch mit Koalitionen, die die inneren Gegensätze abfingen?

Gut, sie war manchmal schwach. Glaubt denn einer im Ernst, die Regierungen wären viel stärker gewesen, wenn durch das englische System das vielberufene »Zwei-Parteien-System« in Deutschland geherrscht hätte? Die Konflikte lagen fast immer nicht an den Grenzen der Fraktionen, sondern in ihnen selber. Das war ganz natürlich bei den unerhörten Aufgaben und der geringen parlamentarisch-demokratischen Tradition, bei dem Einwirken provinzialer Atmosphären – es scheint, daß Verwandtes auch heute noch gilt. Nur ein Illusionist, der in formalen Kategorien denkt, kann glauben, daß eine wahltechnische Änderung die innenpolitische Typik verwandeln würde; sie sah im Weimarer System der für das Kaiserreich gültigen sehr ähnlich. Auch die Erfahrung im fremden Land führt den Gegenbeweis gegen jenen Glauben. Indem sie auf England und Amerika starren, vergessen jene Propagandisten, daß die Schweiz, daß die skandinavischen Staaten seit Jahrzehnten das Verhältniswahlsystem praktizieren, ohne daß die Demokratie dadurch verdarb, wie es doch bewiesen werden soll, ja, auch ohne daß der politische Stil der Länder sich änderte. Frankreich hat, wie man weiß, einige Male das Wahlverfahren geändert, aber die parlamentarische Problematik blieb immer dieselbe.

Man muß ja vor den angelsächsischen Mächten allerhand Respekt haben, aber das Zwei-Parteien-System ist keine rationale Erfindung einer politischen Erbweisheit, die nun wahltechnisch gesichert wurde. In England war im ausgehenden siebzehnten Jahrhundert der eine Teil der Gentry[6] für die Stuarts[7], der andere gegen sie. So kam es zum Zwei-Gruppen-System, das sich über zwei Jahrhunderte fast ungefährdet aus halbfeudaler Zeit weitervererbte. Und in Amerika erhielt es seine Frühform vor der Föderationsfrage: Stärkung der Bundeszentrale oder Kräftigung der Staatenautonomie? Und man soll doch nicht so tun, als ob das System immer eine

»gute« Politik garantiert hätte. Die Engländer und Amerikaner wissen vermutlich besser als wir, daß es bei ihnen auch Perioden miserabler Politik gegeben hat, ohne daß die, die sie ablöste, unbedingt und zuverlässig besser war. Im Wahlsystem eine Art von Garantie für die richtige Politik zu sehen, auf diese Idee kommen offenbar nur Deutsche.

Mehrheitswahlrecht hat Haken

Das formalistische Denken führt zu Abstraktionen. Ohne daß sie es natürlich wahrhaben wollen, sind die Anhänger des klassischen Wechselspiels von rechts und links ein bißchen die Schüler des Carl *Schmitt*[8] geblieben – des Schmitt mit dem tt[9] – der die Politik in das »Freund-Feind«-Verhältnis einsperrte, wobei sich die Politik sehr verkleinert und sehr vergewaltigt fühlte. Das sieht dann so aus: das einfache Mehrheitswahlrecht schafft in Sieg und Niederlage die einfachen Machtverhältnisse, und das einfache Wahlrecht korrigiert sie wieder, da bei dem Sieger notwendige Fehlgriffe, Dummheit und Mißbrauch der Macht vorkommen. Das funktioniert in einfachen Verhältnissen, in komplizierten hat es seinen Haken. Wer die englische Parteiengeschichte der letzten anderthalb Jahrhunderte kennt, weiß, daß nicht das mechanische Widerspiel von rechts und links, sondern die inneren Parteikrisen die Motore einer fruchtbaren Entwicklung gewesen sind.

Meist nun wird, indem man auf das angelsächsische Vorbild hinweist, etwas sehr Elementares übersehen: die historische Konstruktion des beamteten Staatsträgertums. Als Andrew *Jackson*[10] vor etwa 120 Jahren das »Spoil-System« durchführte,[11] war das eine recht robuste Sache: Ämterverteilung an die mitsiegende Anhängerschaft! Carl *Schurz*[12] hat das dann ein halbes Jahrhundert später etwas korrigiert, indem er den *Civil Service*[13] gründete. Doch ist die Grundtypik geblieben. Welche Gewöhnung die bessere sei, interessiert uns im Augenblick gar nicht. Aber der Unterschied ist deutlich: Amt auf Frist, das heißt, solange eine Partei in der Führung steht, und Amt auf Lebensdauer, wie es deutsche Tradition wurde. Die deutsche Parteipatronage müßte institutionell eine andere Situation schaffen als in den angelsächsischen Ländern mit ihrer so ganz anderen Beamtentradition. Die deutsche Lage würde diese sein: Dem eindeutigen Macht- und Parteiwechsel der oberen Staatsführung stehen in der mittleren oder gar unteren Ebene Exekutivorgane zur Verfügung, die aus der früheren Ära stammen und bleiben; sie stützen sich auf ihr »Recht«. Der Mythos des Wahlsystems sieht derlei Dinge nicht, er kümmert sich auch nicht um den Dualismus, den er mit bedrohlicher Gegensätzlichkeit über die deutsche Länderkarte malen würde, um die deutschen Dinge noch weiter zu erschweren – ihm genügt es, die »Persönlichkeit« gegenüber der Parteibürokratie, der Liebhaberin des Proporzsystems, gesichert zu wissen.

In der Tat sind die großen Wahlkreise der Weimarer Zeit ein Nachteil gewesen. Die Spitzenkandidaten haben kaum mehr das Dorf gesehen. Der überschaubare Wahlkreis macht die Beziehung zwischen Wähler und Bewerber dichter, sinnenhafter. Er gibt auch, das war in Bonn eines unserer wesentlichen Argumente, dem politischen Nachwuchs eine Chance: Wie das vor 1914 der Fall war, mag einer seinen Eifer und seinen Ehrgeiz darein stecken, diesen bestimmten Wahlkreis in friedlichen Zeiten zu »bearbeiten«, im Kampf ihn zu erobern – eine sehr gesunde und schulende Methode.[14] Hier mögen dann stabilisierende Bindungen entstehen. Aber ein reiner Köhlerglaube ist, anzunehmen, daß der kleine, sozusagen autonome Wahlkreis eine Qualitätssicherung des Abgeordneten bedeutet.[15] Der Durchschnitt der »Weimarer« Reichstage war nicht schlechter als der der vorangegangenen Jahrzehnte, und wahrscheinlich lag er auch nicht unter dem der »hinteren Bänke« des englischen Unterhauses. Man soll doch, weil man nichts Positives weiß, keine Märchen erzählen. Wir erinnern uns gut genug, daß Männer wie *Naumann*,[16] wie *Stresemann*,[17] wie der Sozialdemokrat *Lindemann*[18] beliebigen, aber beliebten lokalen Größen unterlagen, nicht, trotzdem sie »Persönlichkeiten«, sondern weil sie es waren. Die Einschränkung, die die Militärgouverneure für das Bonner Wahlgesetz angeordnet haben, wird dem Rang der Parlamentarier, indem die Auswahl der Kandidaten bezirklich eingeengt ist, nicht bekömmlich sein.[19] Wer garantiert, daß überall das Talent und die Opferwilligkeit anzutreffen sind?

Das Wahlsystem ist für eine Gruppe von Menschen ein *hobby* geworden, mit dem sie zugleich das Vaterland und die Demokratie retten. Man soll sie darin nicht stören, wenn freilich der eine oder andere Repräsentant in seinem plötzlichen Eifer für Dinge, die ihm immer fern gelegen hatten, etwas verjährt oder komisch erscheint.

Die Neue Zeitung, Nr. 69 vom 11. Juni 1949, S. 11

THOMAS DEHLER

Wahltermin: 14. August »Ein fataler Start der neuen Demokratie«[1]

18. Juni 1949

Mit der Verkündung des Grundgesetzes am 23. Mai 1949 ist die Bundesrepublik Deutschland geschaffen.[2] Sie ermangelt noch der Organe, aber sie besteht als bindende Rechtsordnung, nach innen und nach außen. Nach dem Grundgesetz regeln sich die ersten Akte des Staates, die Wahl des ersten Bundestags, der ersten Bundesversammlung und des ersten Bundespräsidenten. In Art. 137 Abs. 2 des Grundgesetzes ist festgelegt, daß für diese ersten Wahlen das vom Parlamentarischen Rate zu beschließende Wahlgesetz gilt.[3] Damit ist eindeutig die Zuständigkeit des Parlamentarischen Rates für den Erlaß des Wahlgesetzes festgelegt, gegenüber jedermann, auch gegenüber den Ministerpräsidenten, *auch gegenüber den Besatzungsmächten*, die das Grundgesetz anerkannt haben.[4] Der Parlamentarische Rat muß so lange in Funktion bleiben, bis das Wahlgesetz verbindlich verkündet ist; es widerspräche dem Grundgesetz, wollte man ihn vorher für tot erklären.[5] Weiterhin: In das Wahlgesetz kann keine Bestimmung aufgenommen werden, die mit dem Grundgesetz nicht in Einklang steht.

Der Parlamentarische Rat hat nach mannigfachem Hin und Her am 10. Mai mit den Stimmen der FDP, SPD und des Zentrums ein Wahlgesetz verabschiedet, das die Hälfte der 400 Sitze in Wahlkreisen nach dem Prinzip der relativen Mehrheit, die Hälfte nach dem Listenwahlrecht in den Ländern vergibt.[6] Die Besatzungsmächte, die sich die Genehmigung des Wahlgesetzes vorbehalten haben, verhandeln seit Ende Mai über ihre Bedenken ausschließlich mit den Ministerpräsidenten. Dieses Vorgehen ist für den Parlamentarischen Rat kränkend, auch mit dem Grundgesetz nicht vereinbar, da die Zuständigkeit zu sachlichen Änderungen allein ihm und nicht den Ministerpräsidenten zusteht.

Die in dem Schreiben der Militärgouverneure an die Ministerpräsidenten vom 28. Mai enthaltenen Abänderungsvorschläge lassen sich zum Teil ohne weiteres berücksichtigen.[7] Die Ministerpräsidenten haben zweifellos in das Wahlsystem und damit in die Zuständigkeit des Parlamentarischen Rates eingegriffen, wenn sie von sich aus vorgeschlagen haben, im Falle der Erledigung eines Wahlkreismandates nicht den nächsten Listenbewerber nachrücken, sondern eine Nachwahl stattfinden zu lassen.[8] Doch nicht genug damit: Ohne einen verständlichen Anlaß zu haben, haben die Ministerpräsidenten noch als wünschenswert bezeichnet, daß die Wahlkreismandate und Listenmandate in das Verhältnis 60 zu 40 zu setzen sind und daß eine Wählervereinigung, welche im Bundesgebiet weniger als 5 Prozent aller gültigen Stimmen oder in keinem Wahlkreis des Bundesgebietes ein Mandat erreicht, bei der Verteilung der Sitze unberücksichtigt bleibt.[9] Beide Bestimmungen *ändern* – nach der eigenen Ansicht der Ministerpräsidenten – das Wahlsystem und sind daher dem Parlamentarischen Rat zu unterbreiten, die zweite verstößt zudem klar gegen den Grundsatz der gleichen Wahl und wäre nur möglich, wenn sie das Grundgesetz vorgesehen hätte.

Die Militärgouverneure nahmen die Rechtsirrtümer der Ministerpräsidenten auf und mißverstehen auch noch ihre beiden Schlußempfehlungen, halten die Frage der Nachwahl für eine Angelegenheit des »Wahlapparates«, die Verteilung der Sitze auf Wahlkreise und Liste für eine Sache des einzelnen Landes, sie stimmen der grundgesetzwidrigen Bestimmung gegen Splitterparteien zu und ermächtigen die Ministerpräsidenten, das vom Parlamentarischen Rat angenommene Wahlgesetz mit diesen Änderungen zu verkünden.[10] Daß so nebenbei alle materiellen Bestimmungen über die Wahl zur Bundesversammlung – des Wahlgremiums für den Bundespräsidenten – gestrichen werden, nur weil die Mitwirkung des Präsidiums des Parlamentarischen Rates dabei vorgesehen ist, so daß für den Zusammentritt dieser Körperschaft jede Grundlage fehlt,[11] vervollständigt dieses *Bild eines völligen Wirrwarrs*.

Man ist nicht den geraden Weg gegangen. Die Militärgouverneure haben ihre Änderungswünsche nicht dem allein zuständigen Parlamentarischen Rat zugeleitet, sondern den Ministerpräsidenten. Diese haben bei ihren Empfehlungen die formellen und sachlichen Schranken des Grundgesetzes nicht beachtet, sich überdies noch mißverständlich geäußert. In der Genehmigung der Gouverneure häufen sich am Ende rechtliche Irrtümer und Mißverständnisse.

Das Ganze ist ein fataler Beginn der neuen Demokratie. Es ist zunächst Sache der Ministerpräsidenten, für die Klarstellung der Rechtsfragen im Sinne des Grundgesetzes gegenüber den Gouverneuren zu sorgen und die verfahrene Situation zurechtzubiegen. Ich bin der Ansicht, daß angesichts der Notwendigkeit, die Organe der Bundesrepublik Deutschland möglichst rasch zu konstituieren, der Parlamentarische Rat von sich aus zusammentreten und über die Anregungen der Gouverneure und der Ministerpräsidenten in aller Öffentlichkeit beraten und beschließen sollte. Die Irrungen und Wirrungen der »Kabinettspolitik« haben die Vorzüge dieser guten demokratischen Methode in helles Licht gerückt.

Freie Deutsche Presse, 18. Juni 1949, S. 3

THEODOR HEUSS

Präludien zur Bundeswahl

20. Juni 1949

Man kann nicht sagen, daß die Vorgänge, die mit der Verkündigung des Wahlgesetzes und mit der Festsetzung des Wahltermins verbunden waren, erfreulich und ermutigend gewesen seien. Die Schuld liegt nicht ausschließlich bei den Deutschen.[1] Denn die Außenminister, die die Londoner »Empfehlungen« ausgearbeitet haben, vergaßen in diesem Dokument, über den Komplex des Wahlrechtes sich auszusprechen.[2] So begann der Parlamentarische Rat die ziemlich schwierige Aufgabe, für den ersten Bundestag ein Gesetz auszuarbeiten. Daß er dazu legitimiert sei, wurde ihm zugestanden – doch stieß er mit seiner Konzeption, daß der Bundestag ein die Länderhoheiten überwölbendes Organ des deutschen Gesamt darstellen solle, auf den Widerspruch der Alliierten: die »Bundesliste«, die der Ausdruck dieser Auffassung war, fiel.[3] Das bedeutete praktisch nicht sehr viel, war aber zu begreifen als ein Symbol dessen, was bei den anderen technisch als »Föderalismus« normiert werden sollte. Auch jene sich anschließende Einschränkung, die das Kandidieren eines Bewerbers in mehreren Wahlkreisen oder Ländern verwarf, gehört in diese Linie.[4] Es war etwas auffallend und überflüssig, daß solche Detailanweisungen ausgesprochen wurden.

Die Lage zwischen den Ministerpräsidenten und dem Parlamentarischen Rat wurde von dem Augenblick an ungeschickt, als die Landesherren den Wunsch oder die Forderung aussprachen, das Wahlrecht möge mit einer größeren, vielleicht mit einer Zweidrittel-Mehrheit angenommen werden.[5] Bei den Verhandlungen sah es knappe Zeit so aus, als ob dieses Ziel erreichbar wäre, doch in den Fraktionsentscheidungen ging diese Chance wieder unter.[6]

Daß die Ministerpräsidenten dann mit einer weitgehenden Interpretation ihres Auftrages in die materielle Gesetzgebung eingriffen, war überflüssig und ist schädlich.[7] Die Änderung des Verhältnisses 50:50 in 60:40 von Abgeordneten der Wahlkreise und der Landeslisten[8] ist nicht viel mehr als eine Rechtbehalterei, die sich staatsmännisch vorkommt – der erste Entwurf des Abg. Dr. Becker, des Vorsitzenden des Wahlrechtsausschusses, hatte ein ähnliches Verhältnis vorgeschlagen, das aber dann fiel.[9] Einschneidender ist die Fünf-Prozent-Klausel[10] – nicht um ihres Inhaltes willen, den ja Landeswahlgesetze kennen –, sondern weil Bonn nach ziemlich eingehenden rechtlichen Erörterungen dieses Verfahren ausdrücklich abgelehnt hatte. Hier haben die Ministerpräsidenten unzweifelhaft den Sinn der ihnen zugesprochenen Zuständigkeit überschritten, und das Peinliche liegt in dem Gefühl, daß einige von ihnen sich vermutlich der fremden Zustimmung für die eingreifende Auslegung versichert hatten. (Man will den Versuch des Zentrums, sich in neuen Gebieten eine Wählerschaft zu gewinnen, abbremsen.)

Diese ganze Geschichte ist überflüssig und sie war vermeidbar, wenn man nicht dem lästigen, aber ewigen Zeitgenossen der Deutschen die Türe geöffnet hätte, dem Herrn Prestige.[11] Wir haben durchaus Sinn dafür, wenn die Landesregierungen ihre Zuständigkeiten ernst nehmen, sie sollen ihre Autorität wahren, denn Autorität muß sein, ganz unabhängig davon, wie das etwas zufällige Staatsmannstum des einen oder anderen bewertet werde. Aber dieser Vorgang war eigentlich ein exemplarischer Fall für die Notwendigkeit eines verständigen Männergespräches zwischen Deutschen, bei dem man bewußt auf die fremde Stütze wie auf den Beistand der Arithmetiker des Parteivorteils hätte verzichten können und müssen. Denn es *mußte* das Ziel sein, nachdem das Grundgesetz genehmigt war, das ihm inhaltlich nun einmal verbundene Wahlgesetz möglichst ohne Inanspruchnahme der Militärgouverneure zu erledigen. Es hat fast etwas Ärmliches, wenn jetzt auch von Deutschen ihr unbehagliches Gefühl über diese Geschichte mit der These übertönt wird: das Besatzungsstatut sei noch nicht in Geltung, darum liege das gesetzgeberische Hoheitsrecht bei den Militärgouverneuren, juristisch sei alles in Ordnung. Juristisch wahrscheinlich, politisch sicher nicht.[12]

Aus Bonn kam vor ein paar Tagen aus den bekannten »gut unterrichteten politischen Kreisen«, die keiner kennt, die Nachricht, die Parteien, die das Wahlgesetz verabschiedet haben, werden sich an den Bundeswahlen überhaupt nicht beteiligen, um dadurch gegen das Eingreifen der Militärgouverneure zu protestieren. Das ist natürlich Unsinn. Die Krisenpolitik als Dauerbeschäftigung hat bei Männern mit Verantwortungsgefühl keine Aufenthaltserlaubnis. Und die Militärgouverneure selber sind ja mehr oder weniger in die Geschichte hereingezogen worden, nachdem die staatsrechtliche Zuständigkeit unter die querelles allemandes[13] eingereiht worden war. Das Ungeschickte der Angelegenheit ist, *daß* sie überhaupt zum Problem wurde. Die Sache *war* vermeidbar, wenn ein stärkeres politisches Stilgefühl mit den kleinen Machtansprüchen fertig geworden wäre.

Soll sie den Beginn der Wahlauseinandersetzungen vergiften dürfen? Ihre hintergründige Bedeutung wird von uns nicht verkannt, wenn man die Ministerkonferenz als Vorwegnahme des Bundesrates, den Parlamentarischen Rat als Modell des Bundestages begreift. Schade, wenn hier die Fingerübungen für ein Leitmotiv der Dissonanzen gemacht worden sind! Denn gerade *das* fehlte uns noch. Es hat keinen Sinn, die zwiespältige Auffassung zu vertiefen, weil sonst die Sachprobleme der politischen, wirtschaftlichen und sozialen Aufgaben von vornherein verunklart werden. Sie sind heute für das bare Lebenkönnen des deutschen Volkes wichtiger als der Zuständigkeitsstreit, in dem sich die neuen Politiker der Leidenschaft allzu leicht verfangen.

Aber eine Warnung steckt in dem Vorgang: das Bonner Grundgesetz wird nur dann einigermaßen ordentlich zur Funktion kommen, wenn Bundesrat und Bundestag nicht den Stil dieser Präludien wählen werden, sondern einen besseren finden. Schließlich, mit der verschiedenen Technik der Legitimation, sind sie beide Organe eines rechtlich kanalisierten Volkswillens. Ihr Sinn ist nicht, sich zu bekämpfen, sondern sich zu befruchten und zu ergänzen.

Rhein-Neckar-Zeitung, Nr. 115 vom 20. Juni 1949, S. 2

THOMAS DEHLER

Ein Nackenschlag

25. Juni 1949

Die amerikanische Militärregierung hat in Übereinstimmung mit der französischen und der britischen Militärregierung ein Gesetz Nr. 20 verkündet, das die Richter, Beamten und Angestellten des öffentlichen Dienstes zum Ausscheiden zwingt, wenn sie in den ersten Bundestag gewählt werden.[1] Dieser Schritt ist eine bittere Enttäuschung für all diejenigen, die sich um die deutsche Demokratie bemühen und die glaubten, mit dem Grundgesetz einen entscheidenden Schritt zur deutschen Souveränität gemacht zu haben. Es will mir scheinen, daß die Militärgouverneure bei dem Erlaß dieses Gesetzes schlecht beraten waren.

Die Besatzungsmächte hatten bereits in einem aide memoire vom 22. November 1948[2] dem Parlamentarischen Rat nahegelegt, in das Grundgesetz eine Bestimmung aufzunehmen, wie sie das jetzt verkündete Militärregierungsgesetz Nr. 20 enthält. Der Parlamentarische Rat hat diese Empfehlung reiflich erwogen. Er hat an dem Grundsatz festgehalten, daß der Beamte wie jeder andere Stand die Möglichkeit der politischen Betätigung haben muß.[3] Er folgte damit einer durch Jahrzehnte hindurch bewährten Tradition. Richter und Beamte waren die Zierde der deutschen Parlamente in den Jahren 1871–1933 gewesen.[4] In den Konflikten zwischen Bismarck und dem Reichstag hatten die aus dem Richterstand gewählten Abgeordneten ein hohes Maß an Mut und Überlegenheit bewiesen. Der Parlamentarische Rat hat sich der Gefahr, daß zwischen der Aufgabe des Abgeordneten und des Beamten Konflikte entstehen können, nicht verschlossen. Es ist schwer tragbar, daß ein städtischer Angestellter als Stadtrat gewissermaßen Herr des Oberbürgermeisters wird. Es ist auch unerquicklich und nicht unbedenklich, wenn ein Beamter im Landtag oder im Bundestag über den Etat seines Ressorts abstimmt. Das Grundgesetz hat deswegen die Möglichkeit der Beschränkung der Wählbarkeit von Beamten vorgesehen;[5] das Wahlgesetz zum ersten Bundestag hat davon Gebrauch gemacht und verlangt, daß die Beamten des Bundes und der öffentlichen Körperschaften auf Bundesebene den Antrag auf Versetzung in den Wartestand stellen müssen, bevor sie das Mandat zum Bundestag annehmen. Damit war allen verständigen Wünschen Rechnung getragen.[6] Die Besatzungsmächte haben das Grundgesetz und damit die Lösung dieses Problemes anerkannt. Es ist unbegreiflich, daß sie trotzdem mit ihrer Forderung wieder hervortreten.[7] Die Ministerpräsidenten haben in ihrem Schreiben vom 1. Juni darauf hingewiesen, daß die von den Militärgouverneuren beabsichtigte gesetzliche Regelung im Widerspruch zum Grundgesetz stehen würde.[8] Sie haben sich durch diese Warnung nicht beirren lassen.

Sie sind bei ihrer Erwägung anscheinend von einer doktrinären Vorstellung über die Teilung der Gebiete bestimmt. Sie verkennen dabei, daß der Parlamentarismus die strenge Teilung zwischen der gesetzgebenden und verwaltenden Gewalt gar nicht kennt, weil die Spitze der Exekutive, die Regierung, aus der gesetzgebenden Körperschaft herauswächst. Gerade der durch das Grundgesetz im Sinne der Föderalisten geschaffene Bundesrat verwischt weitgehend die Grenze zwischen Legislative und Exekutive, weil er die Länderregierungen entscheidend bei der Bundesgesetzgebung einschaltet. Das Dogma des unpolitischen Beamten ist wirklichkeitsfern. Es galt nur der Kollisionsgefahr zu begegnen; diesem Erfordernis war Rechnung getragen worden.

Auf diesen Zweckmäßigkeitsfragen liegt aber nicht das entscheidende Gewicht. Die Besatzungsmächte haben das Grundgesetz anerkannt[9] und setzen sich schon bei der ersten Frage in schroffen Gegensatz zu diesem Grundgesetz. Sie geben damit denen recht, die dem Bonner Versuch mit Skepsis gegenüberstanden, weil sie dem Worte der Alliierten nicht vertrauten, daß sie uns ein hohes Maß von Selbstverantwortung und Selbstbestimmung zugestehen wollten. Niemand würde es den Besatzungsmächten verargen, wenn sie Fragen regelten, die den unmittelbaren Besatzungszweck und ihre Sicherheit betreffen. Niemand wird es verstehen, daß sie uns bei der Entscheidung des Problems der Wählbarkeit von Beamten ihren Willen aufzwingen und den im Grundgesetz niedergelegten deutschen Willen mißachten wollen. Sie haben kein Empfinden dafür, wie sehr sie durch diese Maßnahme das Grundgesetz in den Augen der Deutschen entwerten und die junge deutsche Demokratie belasten.

Freie Deutsche Presse, 25. Juni 1949, S. 1

THOMAS DEHLER

Die Einheit Deutschlands

2. Juli 1949

Die Spannung, unter der die Arbeiten an dem Bonner Grundgesetz litten, wuchs aus der verschiedenen staatsrechtlichen und politischen Beurteilung der deutschen Situation. Die offizielle bayerische Auffassung – von Dr. *Hoegner*[1] begründet, von dem Staatsrechtler Dr. *Nawiasky*[2] wissenschaftlich unterbaut, von der CSU begeistert aufgenommen, von der Bayern-Partei zum Glaubenssatz erhöht, – sieht Deutschland, den deutschen Staat, das deutsche Reich durch den Zusammenbruch der Naziherrschaft untergegangen; es gibt hiernach keine deutsche Souveränität mehr; die Staatsmacht liegt – im wesentlichen durch die Gnade der Sieger – bei den Ländern, bei den gewachsenen mehr als bei den nach 1945 mehr oder minder zufällig entstandenen; ein deutscher Staat muß erst durch diese Länder neu geschaffen werden. Bayern hat in seiner Verfassung und in der Politik seiner Regierungspartei stets den Standpunkt verfochten, daß es nur freiwillig einem deutschen Bundesstaat beitreten werde;[3] wenn es unter dem Druck der Londoner Beschlüsse[4] sich äußerlich der Einrichtung des Parlamentarischen Rates mit der Zuständigkeit einer deutschen Nationalversammlung beugte, so änderte sich nicht das geringste an seiner Grundeinstellung; nur so ist das Nein der CSU und der Regierung zum Grundgesetz zu verstehen, obwohl es den bayerischen Forderungen im weitesten Maße entgegenkommt;[5] auf dieser offensichtlichen Zwiespältigkeit gründet sich unser Zweifel an der inneren Bindung Dr. *Hundhammers*[6] und seiner Freunde, die in klarem Widerspruch zu ihrer staatsrechtlichen und politischen Verneinung des Bundes sich dem Zweidrittelbeschluß der Länder zu unterwerfen versprachen, und an ihrer Loyalität, wenn dieser Bund den unausweichlich kommenden schweren Belastungsproben ausgesetzt sein wird.

Die bayerische Auffassung ist falsch

Der deutsche Staat ist durch die bedingungslose Kapitulation nicht untergegangen; er ist vielmehr durch den staatlichen Zusammenbruch lediglich desorganisiert worden. Die Souveränität wurde zunächst durch die Besatzungsmächte treuhänderisch ausgeübt; sie wird – das entspricht einer völkerrechtlichen Pflicht – dem deutschen Volk zurückgegeben; diesem obliegt es, seinen Staat neu zu organisieren.[7] Hinter der staatsrechtlichen Theorie verbergen sich aber sehr handgreifliche politische Ziele; die einen wollen Deutschland, die anderen wollen es nicht; darum geht es und darüber kann keine Ausflucht hinwegtäuschen.

Wer Bonn wählt, wählt Moskau, so unkte ein Überkluger. Nach seiner Ansicht stärkt schon jedes jetzt forcierte Gespräch über Gesamtdeutschland Moskau. Und andere warnen davor, daß jeder Zusammenschluß der deutschen Länder die politischen Gewichte in die norddeutschen und ostelbischen Gebiete verschieben werde. Das wäre noch tragbar gewesen – so sagen sie – wenn man das westdeutsche Schiff mit festen haltbaren Schotten versehen – das heißt, als einen reinen Staatenbund errichtet – hätte: jetzt würde das kleinste Loch das ganze Boot gefährden. Die Verbindung mit dem deutschen »Osten« würde eine sozialistische Mehrheit und am Ende den Kommunismus bedeuten. Der Bürger Westdeutschlands müßte die Vereinigung mit dem ausgeplünderten Osten mit einer wesentlichen Verschlechterung seiner Lebenshaltung bezahlen, das Preisgebäude und unser ganzes wirtschaftliches Fundament würden ins Schwanken kommen und hinter allem lauerten Uniform und Seydlitzpolizei.[8] – Die SED wisse, warum sie nach der Einheit rufe!

Den Bürger schrecken diese Töne

Das Rezept ist alt und in seiner Wirksamkeit erprobt. Der Herrscher Bayerns in der Weimarer Zeit, der Bauerndoktor *Georg Heim*,[9] hat damit seine unheilvolle Politik bestritten: für ihn war die Weimarer Verfassung das Instrument zur Sozialisierung Deutschlands, die Reichsregierung ein marxistischer Popanz; mit diesem antimarxistischen Komplex, der sich mit gegenreformatorischen und preußenfeindlichen Affekten verband, untergrub er die deutsche Demokratie, verband er sich mit allen Kräften, die gegen Reich und Demokratie standen, betrieb er den ständigen Kampf Bayerns gegen das

»rote Berlin«, bis der demokratische Staat, geschwächt und verraten, eine billige Beute der Abenteurer und Verbrecher wurde.

Gewiß, die Lage ist ungleich schwieriger, als sie 1919 oder 1929 war. Sowjet-Rußland hat die von ihm besetzten Gebiete in brutaler Weise ausgeplündert und unter sein Wirtschaftssystem gezwungen.[10] Die Gefahr, daß es sein Besatzungsgebiet zum Sprungbrett nach dem Westen Deutschland zu machen versucht, ist nicht zu verkennen. Möglich, daß manche Deutschen, die in der Irredenta[11] leben müssen, der russischen politischen Infektion erlegen sind – ich glaube annehmen zu dürfen, daß sie auf Grund ihrer Erfahrungen überwiegend gegen marxistische Einflüsse immunisiert worden sind. – Richtig, daß die paar Jahre getrennte Besatzung verschiedenartige Entwicklungen tiefgreifender Art verursacht haben. Zugestanden, daß die Wiedervereinigung der Zonen sehr schwierige politische und wirtschaftliche Probleme aufwerfen wird. Sind solche »realpolitische Bedenken« und »vernünftige Erwägungen« ernstlich genug, um das Ziel der Einheit des deutschen Volkes aufzugeben? Gibt es einen Preis für die Einheit, der zu hoch ist?

Es obliegt der Entscheidung des einzelnen, wie hoch er den Wert eines Gutes ansetzt. Ich meine, der Einheit Deutschlands zuliebe muß man bereit sein, große Gefahren in Kauf zu nehmen. Es geht nicht nur um den Osten Deutschlands, es geht auch um *Meiningen, Weimar* und *Dresden,* um *Magdeburg* und *Wittenberg,* um *Schwerin* und *Greifswald.* Daß wir größte Opfer werden bringen müssen, um die ausgeblutete Wirtschaft dieser Zone wieder zum Pulsieren zu bringen, daß Währung und Preise bedroht werden, daß wir auf Jahre hinaus die Gebenden sein werden, es kann uns keinen Augenblick irre machen in dem Ziele, sobald als möglich die Grenze zum Fallen zu bringen, die von der Elbe zur Werra gezogen ist und den deutschen Volkskörper zerreißt.[12]

Es besteht die Gefahr, daß die Vereinigung den Parteiapparat der Sozialdemokraten stärkt, daß Bundestag und Bundesrat sozialistische Mehrheiten bekommen und planwirtschaftlich experimentieren. Nur politischer Kleinmut kann wähnen, man könne einer solchen Entscheidung durch Abschirmung durch eiserne Schotten, die nach dem Osten keine Türen haben, ausweichen. Mir erscheint es klein und verächtlich in der Vorstellung der deutschen Menschen, den eisernen Vorhang zu einem cordon sanitaire[13] zu machen. *Die Dinge müssen durchgestanden werden.* Unser Volk, das ganze Volk muß vor die Frage gestellt werden, ob es sein wirtschaftliches und politisches Schicksal in die Hand der Sozialisten geben will. Wir werden einen unerbittlichen Kampf um die Seele unseres Volkes zu führen haben.

Was bis zu jenem Tag im Westen und Süden Deutschlands geschieht, dient nur der Vorbereitung dieser Auseinandersetzung. Hier schon müssen sich die Geister scheiden.

Die Flucht in die konfessionelle Partei oder in die Idylle des Partikularismus führt die Menschen von dem Eigentlichen ab. Alles wird davon abhängen, *wirkliche Demokraten* zu schaffen, die gelöst von Dogmen und Doktrinen, in heiliger Nüchternheit[14] sich dem Dienste weihen, Deutschland in Freiheit und Gerechtigkeit zu erneuern.

Das Bonner Grundgesetz stellt einen wesentlichen Schritt auf unserem Wege zum demokratischen Rechtsstaat dar. Nur böser Wille kann diese geschichtliche Leistung zu verschleiern versuchen. Es ist kein Zufall, daß die Stimmen, die sich gegen Bonn erhoben, die Männer begreifen, die an Deutschland glauben, und die sich mit der ganzen Kraft ihres Herzens gegen die Zumutung wehren, die deutschen Gebiete zwischen Eisenach und Breslau, zwischen Plauen und Königsberg abzuschreiben. Die Vorwände, hinter die sie sich verstecken, sind löcherig, ihr engstirniger Partikularismus und Konfessionalismus scheinen durch ihre Eigensucht und Engherzigkeit. Sie schelten uns Nationalisten und Zentralisten und werfen uns vor, die Ziele der Kominform[15] zu betreiben; sie erreichen uns mit solchen Schmähungen nicht. Wir brauchen uns für unsere Forderungen nicht zu legitimieren, weil wir sie nicht erst seit gestern, sondern von je erhoben haben. Und es ist alles andere als Nationalismus, was uns dabei bewegt, sondern ein Recht, das alle Völker für sich in Anspruch nehmen, das Recht auf freie Selbstbestimmung.

In Paris[16] ist ohne uns über die deutsche Einheit verhandelt worden. Wir sind uns bewußt, daß die Vorschläge *Wyschinskijs*[17] eitle Schaumschlägerei sind; sein Einheitsschalmei[18] hat falsche Töne. Rußland will keine echte deutsche Einheit, es will sie nur als Mittel zur Sowjetisierung Deutschlands. *Wir müssen uns die Einheit sauer verdienen.* Der Weg ist in Bonn vorgezeichnet: eine politisch und wirtschaftlich gefestigte Bundesrepublik Deutschland, die stark genug sein wird, das unerlöste Deutschland an sich zu ziehen und zu retten. Der Tag wird kommen.

Freie Deutsche Presse, 2. Juli 1949, S. 1–2

Beigabe

THEODOR HEUSS

Das ABC des Parlamentarischen Rates

23. Mai 1949[1]

A
Der Anton pfeift aus dem ff[2]
adagio jetzt und jetzt andante
die Arien des Ochsenseph,[3]
der Aloys[4] schnalzt die Älplervariante.

B
In Bayerns Garten wächst ein Baum,[5]
sein Schatten ist ein Albdrucktraum.
Wer hilft? Vielleicht die Bierbilanz[6]
des bieder-schlauen Ringelmanns.[7]

C
Der Carlo[8] celebriert wie ein Gedicht[9]
die hohen Worte seines Staatsfragments,[10]
auf jedem Comma wuchtet sein Gewicht –
jetzt die Cäsur, dann fühlsam die Cadenz.[11]

D
Wie darf denn dauernd Bamberg München so betrüben?[12]
Der Dehler muß sich doch devot in Demut üben.

E
Das Elternrecht[13], Vermessener, rühr es doch nicht an,
ein ganzes Erzkapitel[14] rückt heran
und hinter ihm, elementar
erregt, und schon erprobt, die alte Einsatzschar,
ergib dich, Elender, eh du verdammt,
dein kecker Kahn vom dunklen Schiff gerammt.

F
Fidel und fromm – vielleicht das rheinische Glück!
Der frohe Finck[15] besorgt die pfälzer Beimusik.

G
Von Grafen stammt der Greve[16] nicht,
ein Bürgereigenvollgewicht,
mit dem er, auf den Grund gesetzt,
die Para-Grafen schlanker hetzt.[17]

H
Der Heile[18] stammt von Herzog Widukind[19]
und kann's dem großen Karl[20] bis heute nicht verzeihn.
Wenn elf Jahrhunderte ein Irrtum sind,
dann gilt dem Irrtum auch ein heilig Nein.

I
Vom Irrtum soll uns der Jurist befrein:
Was hilfts – die Isar fließt halt doch nicht in den Rhein.

K
Kurt[21] und Konrad[22], diese beiden,
keiner konnte keinen leiden,[23]
kracht der eine wie in Bern,[24]
kommt das Echo rasch von fern,[25]
Komponisten im Krakehlen.
Kinder, lasset Euch empfehlen,
kürzet, da nun jeder funkte,
Eure Kunst der Kontrapunkte.

L
In langen Linien läuft die Sitzung fort,
skandiert von Laforet[26]: »Ich bitt ums Wort.«

M
Der Mangoldt[27] macht die Menschenrechte,
Der Menzel[28] meint, sie sei'n nicht schlechte,
doch muß man mager sie massieren,[29]
damit sie auch bei Kurt passieren.[30]

N
Naturrecht[31], Sohn, studiere nur nach Noten,
sie sind zwar ungenau, doch folgst du neuen Moden.[32]

O
Wer wird beim Wettsang im Odeon[33] siegen?
Der Ollenhauer ist zu uns herabgestiegen.[34]

P
Das P – ist ein Paradestück
Proporz, Partei und Politik,
Präsidium und Parlament,
Pastor, Prälat und Pergament,
Prinzip, Protest, Pilot, Prolet,
Persilschein[35], Pünder[36] und Prophet,
Parademarsch, Peter, Paul,
und Pegasus[37], ein schäbiger Gaul,
doch sein Poete prahlend pries
die Primadonnen des Parla-dies.

Q
Die Quadratur des Kreises mocht uns nicht gelingen,
doch braucht der Querulant auch seinen Stoff zum Singen.

R
Rauschend rollt der rauhe Ton,
das R hält es seit je mit der Revolution,
Reimann[38] mit der Trompete,
Renner[39] nur mit der Flöte –
Wer rast und rüttelt so an der Tür?
Der Reuter[40] und Reif,[41] die sind gar nicht dafür.

S
Der Schäfer[42] steht in seinen schönen Feldern,
sieht sinnend, sorgend seiner Lämmer Hauf.
Wer soll solid den Saft der Weisheit keltern?
Sacht schleicht die Meerkatz[43] an dem Seebohm[44] rauf.

T
Der Theodor[45] steht im Fußballtor,[46]
der Theophil[47] trainiert davor,
wie er mit Tücke und Talent
den Toto-Satz zum Siege wend.[48]

U
Der Überleitungsausschuß[49] ist ein schönes Wort,
ein Wort nur, unsere hohen Landesherrn,
die haben sich, doch haben uns nicht gern.[50]
Der deutsche Unfug, wie gehabt, geht fort
und fröhlich Urständ feiert, was gewesen
– das Urteil mögt im spätern Buch ihr lesen.

V
Das Wort Verfassung soll man ja vermeiden[51]
doch die Verfasser selbst sind nicht ganz so bescheiden.
Vornehm im Volkstribunenfesttagsfeierkleid
verschreiben sie sich gern dem Ruhm der Ewigkeit.

W
O Weiberweh – und nun zugleich gedoppelt,
gewebt[52], gewesselt[53] – W als ein Symbol,
freundfeindlich wirkungsvoll gekoppelt.
Auf Wiedersehn, die Wahl will beiden wohl.

Z
Die SPD hängt sich zum Abschluß dran,
wenn auch das Zentrum zagend sich zum Z bekennt.
Der zorn'ge Zinn,[54] der zahme Zimmermann.[55]
– Paßt auf – steckt nicht zum guten End
in dem zwiefachen Temperament
das ganze Parlament?
Ein Alphabet
von A bis Zet
steckt Zweifel, steckt auch Zuspruch drin
vom Adenauer bis zum Zinn.

Anmerkungen

Einleitung
1 Vgl. dazu auch den Beitrag von Dehler, der am 25. September 1948 feststellte, daß die Resonanz auf die Bonner Arbeiten »in unserem müde und skeptisch gewordenen Volke« gering sei; Dok. 5, S. 58 in diesem Band. Dehler unterstrich angesichts starker alliierter Einflußnahme, daß es schwer sei, »die innere Anteilnahme unseres Volkes für ein Werk zu wecken, das nicht so sehr seinen Zielen als denen der Sieger« diene; Dok. 15, S. 95 in diesem Band, vgl. auch Dok. 27, Anm. 22.
2 Die Beiträge von Heuss erschienen in: *Rhein-Neckar-Zeitung,* Dok. 1–4, 7, 10–12, 14, 18, 19, 21, 23, 24, 26, 30, 33, 38, 40, 41, 43–45, 48; *Christ und Welt,* Dok. 9; *Die Neue Zeitung,* Dok. 46. Die Beiträge von Dehler erschienen in: *Informationsdienst der FDP Landesverband Bayern,* Dok. 5, 6, 8, 13, 16, 17, 20, 22, 25, 27–29, 31, 32, 34–37, 39; *Fränkischer Tag,* Dok. 15; *Freie Deutsche Presse,* Dok. 42, 47, 49, 50.
3 Der britische Verbindungsoffizier Chaput de Saintonge urteilte im Mai 1949 über Dehler: »Dehler's charakter is not particularly sympathetic but it is admittedly strong.« POMMERIN, Die Mitglieder, S. 566.
4 Der britische Verbindungsoffizier Chaput de Saintonge urteilte im Mai 1949 über Heuss: »He prefers to talk politics on a general and philosophical basis rather than relating it in detail to the work of the Parliamentary Council and has been known in the presence of members of other parties to steer them skillfully away from their subject when they showed signs of being politically indiscreet.« POMMERIN, Die Mitglieder, S. 570.
5 Aus der umfangreichen Literatur zu Heuss vgl. für die Nachkriegsjahre die noch heute lesenswerte Studie VON BRACHER, Theodor Heuss, sowie MÖLLER, Theodor Heuss.
6 Zum »Ermächtigungsgesetz« vgl. jetzt ausführlich MORSEY, »Ermächtigungsgesetz«, zu Heuss vgl. HESS, »Die deutsche Lage...«.
7 THEODOR HEUSS, Hans Poelzig. Bauten und Entwürfe. Das Leben eines deutschen Baumeisters, Berlin 1939; hierzu auch HESS, Erkundungsflug, S. 44.
8 Zum Fünferausschuß vgl. bes. Dok. 19 und Dok. 20.
9 Der Parl. Rat. Bd. 11, S. 126.
10 Heuss selbst bezeichnete sich am 8. Mai 1949 in der 10. Plenarsitzung als eine »irenische Natur«. Vgl. Der Parl. Rat, Bd. 9, S. 536.
11 Vgl. Dok. 37, Anm. 14.
12 Der Parl. Rat Bd. 1, S. XXVIII.

13 Deutscher Bundestag, Parlamentsarchiv, Bestand 5, Parlamentarischer Rat, Umdruck Nr. S 18.
14 THEODOR HEUSS, 1848. Werk und Erbe, Stuttgart 1948. Spätere Auflagen enthielten als Ergänzung ein Kapitel über die Arbeit des Parlamentarischen Rates. Vgl. zuletzt die Neuausgabe unter dem Titel: 1848. Die gescheiterte Revolution. Mit einem Geleitwort von RICHARD VON WEIZSÄCKER, Stuttgart 1998.
15 SCHMID, Erinnerungen, S. 406.
16 Vgl. WENGST, Dehler.
17 Hierzu und zum folgenden WENGST, Dehler, S. 31–75.
18 WENGST, Dehler, S. 222–234.
19 Vgl. dazu Dok. 13, Anm. 11.
20 Vgl. dazu unten S. 34 f.
21 Dok. 13, S. 86 in diesem Band.
22 Deutscher Bundestag, Parlamentsarchiv, Bestand 5, Parlamentarischen Rat, Umdruck Nr. S 41.
23 Zu den Biographien der Abgeordneten des Parlamentarischen Rates vgl. FELDKAMP, Parl. Rat, S. 185–198.
24 Vgl. die Rede von HERMANN HÖPKER ASCHOFF beim FDP-Gründungstag am 11. Dezember 1948, S. 23.
25 Vgl. dazu Dok. 2.
26 Vgl. dazu Dok. 36.
27 Der Parl. Rat, Bd. 1, S. 31.
28 FELDKAMP, Parl. Rat, S. 45.
29 ANTONI, Sozialdemokratie, Bd. 1, S. 211 und 233.
30 Schwalber (CSU) am 11. August 1948 auf dem Verfassungskonvent in Herrenchiemsee; Der Parl. Rat, Bd. 2, S. 98.
31 Der Parl. Rat, Bd. 9, S. 31.
32 Der Parl. Rat, Bd. 9, S. 106.
33 Vgl. dazu die erste Strophe des Gedichts »Hälfte des Lebens« von Friedrich Hölderlin: »Mit gelben Birnen hänget/Und voll mit wilden Rosen/Das Land in den See,/ihr holden Schwäne,/und trunken von Küssen/tunkt ihr das Haupt/ins heilig nüchterne Wasser.« FRIEDRICH HÖLDERLIN, Sämtliche Werke, Bd. 2, S. 117.
34 Der Parl. Rat, Bd. 9, S. 105. Vgl. auch Dok. 5.
35 Vgl. Dok. 5, S. 61 in diesem Band.
36 *Die Neue Zeitung* vom 25. September 1948, S. 8.
37 Dok. Nr. 31, S. 162 in diesem Band.
38 Vgl. Dok. 7, S. 65 in diesem Band.
39 Dok. 3.
40 Dok. 6, Zitat S. 63 in diesem Band.
41 Dok. 19, S. 113 in diesem Band.
42 Dok 9, S. 71 in diesem Band.
43 Dok. 27.
44 Dok. 9.
45 Dok. 7, S. 64 in diesem Band.
46 Der Parl. Rat, Bd. 5, S. 156 f.
47 Ebd., S. 260–287 u. 333 f.
48 FELDKAMP, Parl. Rat, S. 61 f.
49 Der Parl. Rat. Bd. 9, S. 115.

50 Ebd., Bd. 9, S. 193
51 Ebd., Bd. 9, S. 194.
52 Ebd., Bd. 9, S. 195.
53 Dok. 4, S. 56 in diesem Band.
54 Dok. 4, ebd.
55 Dok. 4, S. 57 in diesem Band.
56 Dok. 28.
57 Vgl. Artikel 109: »Männer und Frauen haben grundsätzlich dieselben staatsbürgerlichen Rechte und Pflichten«. Die Verfassung des Deutschen Reichs vom 11. August 1919; Reichsgesetzblatt 1919, S. 1404.
58 Ebd., Bd. 5, S. XXXVIII.
59 Ebd., Bd. 5, S. XXXVIIf.
60 Ebd., Bd. 5, S. XXXIX.
61 Parl. Rat, Verhandlungen, S. 543.
62 Der Parl. Rat, Bd. 9, S. 579.
63 Dok. 20, S. 118 in diesem Band.
64 Dok. 20.
65 FELDKAMP, Parl. Rat, S. 115 f.
66 Dok. 25.
67 Dok. 34, S. 174 in diesem Band.
68 Dok. 34, ebd.
69 Dok. 34.
70 Dok. 32, S. 167 in diesem Band.
71 Dok. 25, S. 135 in diesem Band.
72 Dok. 1 und 12.
73 Dok. 12.
74 Vgl. dazu FELDKAMP, Parl. Rat, S. 102 und 111.
75 FELDKAMP, Parl. Rat, S. 103.
76 Dok. 13, S. 86 in diesem Band.
77 Dok. 8, Zitate S. 68 in diesem Band.
78 Vgl. das Schreiben von Dehler an Ehard vom 26. Januar 1949. Darin führte Dehler ferner aus: »Ich habe meine politisch bestimmenden Eindrücke in der Zeit nach dem ersten Weltkrieg empfangen. Die Entwicklung unseres Volkes zum Nationalsozialismus ist für mein Erlebnis untrennbar mit einem unglückseligen bayerischen Partikularismus, der wie immer in der Geschichte gleichzeitig ein Kampf gegen die Demokratie war, verbunden. Es führt eine Linie von Eisner mit seinen staatsbündlerischen Vorstellungen, über die Abspaltung der Bayerischen Volkspartei vom Zentrum, über das Bamberger Programm der Bayerischen Volkspartei vom September 1920, über Kahr, die durch Dr. Heim veranlaßte Hindenburg-Wahl und manches Ähnliche zu Hitler«. Bayerisches Hauptstaatsarchiv, Nachlaß Schwend, Bd. 2.
79 Dok. 35.
80 Beigabe, S. 234 in diesem Band.
81 SALZMANN, Die CDU/CSU, S. 461.
82 Der Parl. Rat, Bd. 11, S. 77.
83 Dok. 16.
84 Dok. 16, S. 100 in diesem Band.
85 Dok. 16, S. 101 in diesem Band.

86 Dok. 27.
87 Dok. 27. Vgl. auch Der Parl. Rat, Bd. 12, S. XXXVIII.
88 Dok. 31, S. 160 in diesem Band.
89 Dok. 1, S. 43 in diesem Band.
90 Der Parl. Rat, Bd. 1, S. 30f.
91 Der Parl. Rat, Bd. 8, S. 37f.
92 Dok. 10 und Dok. 39.
93 Dok. 26.
94 Dok. 31.
95 Dok. 31, S. 161 in diesem Band.
96 Dok. 31, ebd.
97 Dok. 37, S. 185 in diesem Band.
98 Dok. 31.
99 So betitelte Heuss am 11. Juni 1949 seine Kolumne, Dok. 46.
100 Zu den verschiedenen Wahlrechtssystemen vgl. Dok. 44.
101 Dok. 23.
102 Dok. 46.
103 Vgl. Parl. Rat, Bd. 9, 688–690.
104 Die Verabschiedung erfolgte am 24. Februar 1949.
105 Der Parl. Rat. Bd. 6, S. XI.
106 Der Parl. Rat, Bd. 6, S. XXXV; ebd., Bd. 8, S. 145.
107 Der Parl. Rat, Bd. 4, S. 127, Anm. 27a.
108 Vgl. dazu näher Dok. 44.
109 Dok. 47.
110 Vgl. dazu Der Parl. Rat, Bd. 9, S. 537.
111 Dok. 40.
112 Z.B. in der zwölften Sitzung des Ausschusses für Grundsatzfragen am 15. Oktober 1948. Der Parl. Rat, Bd. 5, S. 324.
113 Dok. 24. Heuss stellt sich hier möglicherweise in die Tradition von Naumann, dessen redliches Bemühen um »volksverständliche« Grundrechte Heuss herausstellte. Vgl. Dok. 4, Anm. 3.
114 Der Parl. Rat Bd. 9, S. 605 und 608.
115 Dok. 42.
116 Dok. 37, S. 186f in diesem Band.
117 Dok. 15 und 16.
118 Dok 15.
119 Vgl. MENSING, Theodor Heuss und Konrad Adenauer, S. 72f.
120 Zitiert nach WENGST, Dehler, S. 121.
121 Presseerklärung der FDP vom März 1949; Deutscher Bundestag, Parlamentsarchiv, Bestand 5, Umdruck des Parlamentarischen Rates Nr. S 41.
122 THEODOR HEUSS, Vom Ich und Wir. Rede am 6.1.1949 auf der Dreikönigskundgebung der Demokratischen Volkspartei, in: Der Demokrat. Beilage zu: Das neue Vaterland, Januar 1949, Nr. 2, S. 1.
123 Der Parl. Rat, Bd. 9, S. 542.
124 Dok. 1.
125 Dok. 50, S. 233 in diesem Band.

1 Theodor Heuss: »Föderalismus«

1   Die Londoner Sechsmächtekonferenz (23. Februar bis 6. März und 20. April bis 2. Juni 1948) veröffentlichte am 7. Juni 1948 ein Schlußkommuniqué, in dem der Rahmen für eine von den Westdeutschen auszuarbeitende Verfassung vorgegeben wurde. Die Ministerpräsidenten wurden bevollmächtigt, eine verfassunggebende Versammlung einzuberufen. Die Verfassung sollte »so beschaffen sein, daß sie es den Deutschen ermöglicht, [...] die augenblickliche Teilung Deutschlands wieder aufzuheben, allerdings nicht durch die Wiedererrichtung eines zentralistischen Reiches, sondern mittels einer föderativen Regierungsform, die die Rechte der einzelnen Staaten angemessen schützt und gleichzeitig eine angemessene zentrale Gewalt vorsieht und die Rechte und Freiheiten des Individuums garantiert.« Der Parl. Rat, Bd.1, S.1–17, hier S.12.
2   Für einen föderalistischen Staat sprachen sich in Bayern insbesondere die CSU, aber auch die Bayernpartei sowie in Niedersachsen die Deutsche Partei (DP) aus.
3   Alexander Hamilton (1755–1804), US-amerikanischer Politiker und Verfassungstheoretiker.
4   Heuss bezieht sich auf das 1788 erschienene Buch »The Federalist. A Collection of Essays, Written in Favour of the New Constitution«, in dem Hamilton, James Madison (1751–1836) sowie John Jay (1745–1829) zentrale Verfassungsfragen erörterten.
5   Pierre Joseph Proudhon (1809–1865), französischer Sozialist, Begründer des föderalistischen Anarchismus.
6   Gustav Adolph Constantin Frantz (1817–1891), Staatsphilosoph, Politiker und Publizist. Der Schüler von Hegel sah im Föderalismus das Grundprinzip einer Neuordnung Europas und Deutschlands. Vehement bekämpfte er die Reichsschöpfung Bismarcks, die seiner Ansicht nach dem föderalistischen Prinzip widersprach.
7   Vermutlich handelt es sich um die anarchistischen Theoretiker Michail Bakunin (1814–1876) und Peter Kropotkin (1842–1921). Beide entwarfen Konzepte eines Föderalismus, wobei ersterer sich eher an Marx, letzterer an Proudhon anlehnte.
8   Otto von Bismarck (1815–1898), preußischer Ministerpräsident und Reichskanzler.
9   Hugo Preuß (1860–1925), Staatsrechtslehrer und Politiker. Als Reichsminister des Innern (Februar bis Juni 1919) legte Preuß den Abgeordneten der Nationalversammlung in Weimar einen Verfassungsentwurf vor, in dem das Reich gestärkt und Preußen in mehrere Länder aufgeteilt werden sollte.
10 Die Verfassung des Deutschen Reichs vom 11. August 1919, Reichsgesetzblatt 1919, S.1383–1418.
11 Eigentlich: »durch Elektrolyse mit Metall überziehen«, hier: »übernehmen«, »überstülpen«.
12 Matthias Erzberger (1875–1921), Führer der Zentrumspartei. Als Reichsminister der Finanzen schuf er 1919 durch die auf ihn zurückgehende Steuerreform u.a. eine Reichsfinanzverwaltung sowie ein Reichssteuersystem und beendete damit die finanzielle Abhängigkeit des Reiches von den Ländern.
13 Matrikularbeiträge sind Umlagen, die die Länder in einem Bundesstaat der Zentrale zuweisen. Die Länder sind dabei die überwiegenden oder gar ausschließ-

lichen Inhaber der Finanzhoheitsrechte. Das Besteuerungssystem der Matrikularbeiträge wurde im Deutschen Kaiserreich praktiziert, vgl. dazu Dok. Nr. 10.

2 Theodor Heuss: Neugliederung der Länder

1 Die drei westalliierten Militärgouverneure übergaben im Frankfurter Hauptquartier der US-Streitkräfte am 1. Juli 1948 den westdeutschen Ministerpräsidenten die drei »Dokumente zur künftigen Entwicklung Deutschlands« (sog. Frankfurter Dokumente), die auf den Beschlüssen der »Londoner Empfehlungen« (vgl. Dok. 1, Anm. 1) basierten. Dokument Nr. I bestimmte, daß bis zum 1. September 1948 die darin vorgesehene verfassunggebende Versammlung zusammentreten solle, die »eine Regierungsform des föderalistischen Typs« schafft. Für einen Auszug vgl. Dok. 7, Anm. 1. In Dokument Nr. II wurden die Ministerpräsidenten aufgefordert, die Ländergrenzen zu überprüfen. Dokument Nr. III umriß die Grundzüge eines Besatzungsstatuts. Der Parl. Rat, Bd. 1, S. 30–35.

2 Die Länder Rheinland-Pfalz, Baden und Württemberg-Hohenzollern waren alle drei künstliche Produkte oder – wie im Fall Badens – Fragmente der französischen Besatzungsmacht und wirtschaftlich schwach. Heuss plädierte wiederholt für die Gründung eines Südweststaates, zu dem sich nicht nur das in der amerikanischen Zone gelegene Württemberg-Baden und das in der französischen Zone gelegene Württemberg-Hohenzollern sowie Baden, sondern auch die Pfalz zusammenschließen sollten, vgl. hierzu auch Heuss' Leitartikel »Schicksal der Pfalz«, *Rhein-Neckar-Zeitung* v. 13. Juli 1948 u. »Stilles Tauziehen um die Rheinpfalz«, ebd. v. 20. August 1948. Zur Frage der Länderneugliederung vgl. KLÖCKLER, Abendland.

3 Die Reformvorschläge zielten mehrheitlich darauf ab, leistungsfähigere Länder durch die Beseitigung der Kleinstaaten und die Aufteilung Preußens zu schaffen sowie die Reichsgewalt zu stärken. Die Reform scheiterte endgültig am Veto Bayerns vom 5./6. Juli 1929.

4 Vgl. Artikel 18 der Verfassung des Deutschen Reichs vom 11. August 1919: »Die Gliederung des Reichs in Länder soll unter möglichster Berücksichtigung des Willens der beteiligten Bevölkerung der [...] Höchstleistung des Volkes dienen.« Reichsgesetzblatt 1919, S. 1387.

5 Die Vorabstimmung über die Bildung eines Landes Hannover durch die Sezession von Preußen, beantragt von der Deutsch-Hannoverschen Partei am 18. Mai 1924, scheiterte, weil das notwendige Quorum von einem Drittel an Ja-Stimmen aller Stimmberechtigten verfehlt wurde.

6 Danaergeschenk: ein Unheil bringendes Geschenk; Vergils Aeneis zufolge warnte Laokoon die Trojaner vor dem hölzernen Pferd, das die Danaer (Griechen) vor Troja zurückließen.

7 In diesem Sinne äußerte sich der württemberg-badische Ministerpräsident Reinhold Maier (1889–1971), FDP, auf der Koblenzer Ministerpräsidentenkonferenz vom 8. bis 10. Juli 1948: »Wir glauben, Tatsache ist, daß das Dokument II entstand, weil sich die Alliierten nicht einigen konnten [...], wobei der eine oder andere Alliierte sich innerlich sagen wird, auch die Deutschen werden sich nicht einigen, also bleibt der Zankapfel unter ihnen liegen, und wir können uns immer wieder einschalten und die Deutschen in ihrer Not weiter spalten.« Der Parl. Rat, Bd. 1, S. 78 f.

8 Leo Wohleb (1888–1955), CDU, Staatspräsident von Baden.

9 Lorenz Bock (1883–1948), CDU, Staatspräsident von Württemberg-Hohenzollern. Bock starb zwei Tage nach Erscheinen dieses Artikels am 4. August 1948.
10 Am 3. August 1948 wurden in der in Freiburg erscheinenden *Badischen Zeitung* die »nicht gerade sehr glücklichen Äußerungen« von Wohleb kritisiert.
11 Auf der zweiten Ministerpräsidentenkonferenz in Niederwald vom 21. bis 22. Juli 1948 wurde ein Ausschuß zur Überprüfung der Ländergrenzen eingesetzt. Er blieb fast ohne Ergebnis, weil einerseits die unterschiedlichen alliierten Besatzungsinteressen, andererseits die sich widersprechenden Standpunkte der Länder, insbesondere in der Südweststaatsfrage, einen Kompromiß erschwerten. Denn die beabsichtigte Reform sollte Länder schaffen, die über die Zonengrenzen hinausgriffen und diese somit in Frage gestellt hätten. Der Parl. Rat, Bd. 1, S. LXIff.
12 Otto I. (912–973), 936 deutscher König und 962 römischer Kaiser.
13 Im Gesetz über Groß-Hamburg und andere Gebietsbereinigungen vom 26. Januar 1937 hieß es in Artikel II, § 6: »Das Land Lübeck mit Ausnahme seiner im Lande Mecklenburg gelegenen Gemeinden [...] geht auf das Land Preußen über.« Reichsgesetzblatt 1937, Teil I, S. 92.

3 Theodor Heuss: Bonn

1 Die konstituierende Sitzung wurde in der Aula der Pädagogischen Akademie in Bonn am 1. September 1948 um 15.24 Uhr eröffnet. Vgl. Der Parl. Rat, Bd. 9, S. 1–17.
2 Die Ministerpräsidenten lehnten in den Koblenzer Beschlüssen vom 10. Juli 1948 angesichts der faktischen deutschen Teilung die Einberufung einer Verfassunggebenden Nationalversammlung ab. Statt dessen sollte ein Parlamentarischer Rat ein provisorisches Statut (Grundgesetz) ausarbeiten. Der Parl. Rat, Bd. 1, S. XXXVIII u. S. 146–147.
3 Die 65 Abgeordneten wurden – gemäß den Bestimmungen des Frankfurter Dokuments Nr. I – in der Zeit vom 6. bis 31. August 1948 von den Landtagen gewählt. Berlin entsandte außerdem fünf nicht stimmberechtigte Gäste. Der Parl. Rat, Bd. 9, S. VII. Vgl. auch die Kurzbiographien bei FELDKAMP, Parl. Rat, S. 185–198.
4 Am 20. Juni 1948 wurde in den drei Westzonen – am 25. Juni 1948 schließlich auch in Berlin (West) – auf Anordnung des amerikanischen, britischen und französischen Militärgouverneurs die Währungsreform durchgeführt. Vgl. erstes Gesetz zur Neuordnung des Geldwesens (Währungsgesetz) vom 20. Juni 1948; Gesetzblatt des Wirtschaftsrates des Vereinigten Wirtschaftsgebietes, Beilage Nr. 5, S. 1. Zweites Gesetz zur Neuordnung des Geldwesens (Emissionsgesetz) vom 20. Juni 1948; ebd. S. 13. Drittes Gesetz zur Neuordnung des Geldwesens (Umstellungsgesetz) vom 20. Juni 1948; ebd., S. 13.
5 Hundert Jahre zuvor, am 18. Mai 1848, trat in der Frankfurter Paulskirche das erste in ganz Deutschland gewählte Parlament zusammen, welches bis zum 28. März 1849 eine Reichsverfassung ausarbeitete.
6 In der *Wirtschaftszeitung* vom 27. August 1948 wurde in einem Kommentar auf der Titelseite unter der Überschrift »Die Herren vom Chiemsee« u. a. angemerkt: »Wieviele wissen in Deutschland, um was es in Herrenchiemsee ging? Wer interessiert sich wirklich dafür, daß zweiundzwanzig Staatsjuristen, Delegierte der elf westdeutschen Länder, auf jener Insel in einem oberbayrischen See sich die Köpfe um etwas heiß geredet haben, das eine Art provisorischer Verfassung [...]

darstellen soll und das doch nicht Verfassung geheißen werden kann, weil es aus mancherlei Gründen so nicht geheißen werden darf? Fragt man den gemeinen Mann auf der Straße [...], so erhält man meist einen verständnislosen Blick, dem sich nach einigem Besinnen Mitleid beimischt, zur Antwort.«

7 Die Zeitung erschien seit 1946 in Stuttgart und galt, so Theodor Eschenburg, als industrienah. Nicht wenige Mitarbeiter kamen von der *Frankfurter Zeitung.* Unter dem Titel *Deutsche Zeitung und Wirtschaftszeitung,* inzwischen in Köln herausgegeben, ging sie 1964 im *Handelsblatt* in Düsseldorf auf. ESCHENBURG, Jahre, S. 161.

8 Der von den westdeutschen Ministerpräsidenten einberufene Verfassungskonvent erarbeitete in Herrenchiemsee in der Zeit vom 10. bis 23. August 1948 einen Entwurf des Grundgesetzes. Der Parl. Rat, Bd. 2.

9 Vgl. Dok. 1, Anm. 8.

10 »Jemandem Hekuba sein«: Jemanden nicht interessieren (nach Shakespeares *Hamlet,* in dem auf die Stelle bei Homer angespielt wird, wo Hektor zu seiner Gattin Andromache sagt, ihn bekümmere seiner Mutter Hekuba Leid weniger als das ihre).

11 Der Artikel wurde mit »JT« gezeichnet; als Redaktionsmitglied kommt Jürgen Tern in Frage, der später Chefredakteur der *Wirtschaftszeitung* und Mitherausgeber der *Frankfurter Allgemeinen Zeitung* wurde. Er war bereits 1948 ein renommierter Journalist. Nach seinem Geschichtsstudium bei Hermann Oncken und Friedrich Meinecke begann er seine journalistische Tätigkeit 1931. 1936 bis 1942 gehörte er der Wirtschaftsredaktion der *Frankfurter Zeitung* an.

12 Auf der Londoner Sechsmächtekonferenz im Frühjahr 1948 hatte Frankreich lange Zeit nur der Errichtung eines westdeutschen Staatenbundes, also einem ausgeprägt föderalen Gebilde, seine Zustimmung geben wollen. Die beiden angelsächsischen Mächte erreichten erst nach der Berücksichtigung der französischen Sicherheitsinteressen (u. a. durch die internationale Kontrolle der Ruhr) das Einlenken Frankreichs.

13 Die in Dokument III der sog. Frankfurter Dokumente (vgl. Dok. 2, Anm. 1) enthaltenen Grundsätze zum Besatzungsstatut wurden von deutscher Seite als Rückschritt und Verewigung der bedingungslosen Kapitulation empfunden. Deshalb legten sich die Ministerpräsidenten auf ihrer Koblenzer Konferenz vom 8. bis 10 Juli 1948 auf die von Carlo Schmid (1896–1979), SPD, Justizminister von Württemberg-Hohenzollern, verfaßten »Leitsätze für ein Verfassungsstatut« fest. Demnach sollte das Besatzungsstatut als eigentliche Verfassung Deutschlands vor den Beginn der Beratungen zum Grundgesetz erlassen werden, um so dem Parlamentarischen Rat eine »sichere Arbeitsgrundlage zu schaffen«. Dies lehnten die Alliierten jedoch ab, akzeptierten die Gegenvorschläge aber gleichzeitig als Diskussionsbeitrag für weitere inneralliierte Beratungen, vgl. Der Parl. Rat, Bd. 1, S. LXIXf. und WEBER, Schmid, S. 330ff.

14 Die überwiegend kritischen Kommentare der verschiedenen Gremien, Interessengruppen und Parteien über den Bericht des Verfassungskonvents auf Herrenchiemsee reichten von der Einschätzung, daß dem Beratungsergebnis keine überhöhte Bedeutung beizumessen sei, bis zu der Bewertung, es handle sich höchstens um Vorarbeiten, denen der Parlamentarische Rat einige Anregungen entnehmen oder die er in den Papierkorb werfen könne. Der Parl. Rat, Bd. 2, S. CXV-CXX.

15 Von den Mitgliedern des Verfassungskonvents von Herrenchiemsee waren im Parlamentarischen Rat vertreten: Anton Pfeiffer (1888–1957), CSU, Carlo Schmid, SPD, Josef Schwalber (1902–1969), CSU, Adolf Süsterhenn (1905–1974), CDU, Otto Suhr (1894–1957), SPD. Vgl. Der Parl. Rat, Bd. 9, S. VIII.
16 Vgl. Anm. 3.
17 Vgl. Dok. 2.
18 Die drei Mitglieder der Nationalversammlung waren Wilhelm Heile (1881–1969), DP, Paul Löbe (1875–1967), SPD, und Helene Weber (1881–1962), CDU. Heile, ein enger Mitarbeiter von Friedrich Naumann, war Mitglied der DDP und auch nach 1945 zunächst ein Liberaler von Bedeutung in seiner Eigenschaft als Vorsitzender bzw. »Präsident« des FDP-Zonenverbandes in der britischen Zone. Erst aufgrund seiner umstrittenen Annäherungspolitik an die DP wurde ihm im November 1946 diese Parteifunktion entzogen und er verließ daraufhin die FDP.
19 In der badischen Verfassung heißt es in Artikel 52: »Die Zustimmung zu einer Bundesverfassung der deutschen Länder bedarf eines verfassungsändernden Gesetzes«, in: Verfassung des Landes Baden, Villingen 1947, S. 15.

4 Theodor Heuss: Von den Grundrechten

1 Die Grundrechtsartikel des Grundgesetzes wurden seit dem 15./16. September 1948 im Ausschuß für Grundsatzfragen, dessen Mitglied Heuss war, erarbeitet. Der Parl. Rat, Bd. 5/1, S. XXI.
2 Verfassung des Deutschen Reichs vom 11. August 1919, Reichsgesetzblatt 1919, S. 1404 ff.
3 Friedrich Naumann (1860–1919), Mitbegründer der DDP. Den Anteil seines »Mentors« Naumann an der Weimarer Grundrechtsdebatte und dessen »Versuch volksverständlicher Grundrechte« hat Heuss in dessen Biographie beschrieben: THEODOR HEUSS, Friedrich Naumann. Der Mann, das Werk, die Zeit, Stuttgart/Berlin 1937, S. 612–616.
4 Konrad Beyerle (1872–1933), Bayerische Volkspartei. Der Rechtshistoriker war federführend an der Ausarbeitung der Grundrechte der Weimarer Verfassung beteiligt.
5 Friedrich Ebert (1871–1925), SPD. Erster Reichspräsident der Weimarer Republik.
6 Die Verfassung der IV. Republik trat am 24. Dezember 1946 in Kraft.
7 Die Landeshoheit im Schulwesen war in der Weimarer Verfassung beschränkt. Die verschiedenen von 1919 bis 1928 erarbeiteten Entwürfe eines Reichsschulgesetzes scheiterten.
8 ALFRED VOIGT, Geschichte der Grundrechte, Stuttgart 1948.
9 Im Jahre 1215 gelang es dem englischen Adel, dem König Johann I. (1167–1216) die Magna Charta Libertatum abzuringen, in deren 63 Artikeln die Lehenspflichten gegenüber der Krone beschränkt und Schutzrechte definiert wurden.
10 Thomas von Aquin (ca. 1225–1274), Theologe und Philosoph.
11 Bericht über den Verfassungskonvent auf Herrenchiemsee vom 10. bis 23. August 1948. Entwurf eines Grundgesetzes I. Grundrechte. Der Parl. Rat, Bd. 2, S. 511–516.
12 Mit der Gründung der »Amalgamated Society of Engineers, Machinists, Smiths, Millwrights and Pattern-makers« 1851 gelang in Großbritannien der Durchbruch zur Gründung dauerhafter überregionaler Gewerkschaften.

13 Weder England noch Großbritannien kennen eine geschriebene Verfassung, wohl aber eine Reihe von einzelnen Rechtssetzungen, die als Verfassungsgesetze angesehen werden, darunter: Magna Charta Libertatum (1215), Habeas Corpus Act (1679), Bill of Rights (1689), Act of Settlement (1701), Representation of the People Acts (1832, 1918, u. a.) und Parliament Acts (1911, 1949) sowie ferner Gerichtsentscheidungen über Verfassungsfragen.

5 Thomas Dehler: Die politischen Aufgaben in Bonn

1 Zur Eröffnung des Parlamentarischen Rates vgl. Dok. 3, bes. Anm. 1.
2 Der Grundgesetzentwurf des Verfassungskonventes von Herrenchiemsee diente als Diskussionsgrundlage in den Fachausschüssen des Parlamentarischen Rates. Einige Artikel wurden sogar wörtlich übernommen.
3 Die Fachausschüsse wurden erst am 15. September 1948 einberufen.
4 Hugo Paul (1905–1962), der den Parlamentarischen Rat am 6. Oktober 1948 verließ, und Max Reimann (1892–1977) waren die beiden Mitglieder, die die KPD zu diesem Zeitpunkt stellte.
5 Die Rede von Paul in der dritten Plenarsitzung vom 9. September 1948 mit seinem klassenkämpferischen Vokabular wirkte »wie ein Beitrag aus einer anderen Welt«. WERNER, in: Der Parl. Rat, Bd. 9, S. XVI.
6 Heuss legte in der dritten Sitzung des Plenums am 9. September 1948 seine Grundsätze einer liberalen Verfassungspolitik dar. Der Parl. Rat, Bd. 9, S. 103–119.
7 Bereits die Teilnehmer des Verfassungskonventes in Herrenchiemsee sprachen sich mehrheitlich für die schwarz-rot-goldene Fahne aus. Hierdurch bestärkt, veranlaßte der nordrhein-westfälische Ministerpräsident Karl Arnold (1901–1958), CDU, daß die schwarz-rot-goldene Flagge auf der Pädagogischen Akademie in Bonn, dem Versammlungsort des Parlamentarischen Rates, gehißt wurde. Der Parl. Rat, Bd. 2, S. 518–519 u. Bd. 5/1, S. 489 f.
8 Johann Christian Friedrich Hölderlin (1770–1843), deutscher Dichter. Das Oxymoron »heilig-nüchtern« entstammt Hölderlins Gedicht »Hälfte des Lebens« (1805). In der Plenarsitzung am 9. September 1948 führte Heuss aus: »Wir wollen beginnen in der Gesinnung, die Hölderlin mit dem Wort ›heilige Nüchternheit‹ bezeichnet«. Der Parl. Rat, Bd. 9, S. 104; zum Zusammenhang s. auch die Einleitung in diesem Band, S. 22.
9 Konrad Adenauer (1876–1967), Vorsitzender der CDU in der britischen Besatzungszone, Landtagsabgeordneter von Nordrhein-Westfalen.
10 Adolf Schönfelder (1875–1966), SPD, Präsident der Hamburger Bürgerschaft.
11 Hermann Schäfer (1892–1966), stellvertretender Vorsitzender des Zonenverbandes der FDP.
12 Hannover war Sitz des SPD-Parteivorstands und dessen Vorsitzenden Kurt Schumacher (1895–1952).
13 Walter Menzel (1901–1963), SPD, Mitglied des Rechts- und Verfassungsausschusses des Zonenbeirates, 1946–1950 Innenminister und stellvertretender Ministerpräsident in Nordrhein-Westfalen.
14 Josef Seifried (1893–1965), SPD, 1945–1947 Innenminister in Bayern.
15 Wilhelm Hoegner (1887–1980), SPD, September 1945 von der amerikanischen Militärregierung als bayerischer Ministerpräsident eingesetzt, ab Dezember 1946 Justizminister.

16 Vgl. zu Süsterhenn Dok. 3, Anm. 15.
17 Vgl. Dok. 4, Anm. 10.
18 Süsterhenn führte am 8. September 1948 im Plenum aus: »Wir bekennen uns vielmehr zu dem schon von der christlichen Staatslehre des Mittelalters ausgesprochenen Grundsatz, daß jedes Volk einen von Gott gegebenen Anspruch auf politische Selbstorganisation und eigene politische Repräsentation besitzt. Schon der große europäische Staatsphilosoph Thomas von Aquin, der wirklich ein Europäer war, der in Italien geboren, in Köln studiert, in Paris gelehrt hat, bekennt sich zu dem Grundsatz, daß das Volk der naturrechtliche Träger der Staatsgewalt ist, daß diese Staatsgewalt also wesenhaft beim Volke liegt.« Der Parl. Rat, Bd. 9, S. 47 f.
19 Vgl. Schwalber Dok. 3, Anm. 15.
20 Die FDP verfügte über fünf der insgesamt 65 stimmberechtigten Mitglieder. Dehler spielt hier auf den für die FDP günstigen Umstand an, daß sich SPD- und CDU-Fraktion mit jeweils 27 Mandaten paralysierten. Weil von den beiden KPD-Delegierten keine konstruktive Mitarbeit zu erwarten war, waren die FDP-Stimmen entscheidend für die beiden großen Parteien, da sie die jeweils zwei Stimmen von DP und Zentrum majorisieren konnten.
21 Ferdinand Lassalle (1825–1864), Organisator sowie Theoretiker der deutschen Arbeiterbewegung, Gründer und erster Präsident des Allgemeinen Deutschen Arbeitervereins.

6 Thomas Dehler: Gegen das Staatsfragment

1 Hans Nawiasky (1880–1961), Verfassungsrechtler, Teilnehmer der Verfassungsberatungen des Ellwanger Kreises, Sachverständiger auf dem Verfassungskonvent in Herrenchiemsee.
2 Vgl. zu Hoegner Dok. 5, Anm. 15.
3 Im »Bayerischen Entwurf eines Grundgesetzes für den Verfassungskonvent«, an dessen Ausarbeitung Nawiasky maßgeblich beteiligt war, hieß es: »Die deutschen Länder in den drei westlichen Besatzungszonen vereinigen sich zur Wahrung der gemeinsamen Angelegenheiten ihrer Bevölkerung zu einem Bundesstaat, dem beizutreten allen übrigen deutschen Ländern offensteht.« Der Parl. Rat, Bd. 2, S. 1.
4 Auf dem Verfassungskonvent von Herrenchiemsee wurde dazu festgestellt: »Nach Auffassung der überwiegenden Mehrheit des Konvents ist das Deutsche Reich als Staat und Rechtssubjekt nicht untergegangen, sondern lediglich desorganisiert und seiner Geschäftsfähigkeit beraubt worden.« Der Parl. Rat, Bd. 2, S. 509.
5 Der Fraktionsvorsitzende der SPD, Carlo Schmid, führte dazu in der Plenarsitzung am 8. September 1948 aus: »Das Grundgesetz für das Staatsfragment muß gerade aus diesem seinen inneren Wesen heraus seine zeitliche Begrenzung in sich tragen. Die künftige Vollverfassung Deutschlands darf nicht durch Abänderung des Grundgesetzes dieses Staatsfragments entstehen müssen, sondern muß originär entstehen können.« Der Parl. Rat, Bd. 9, S. 31.
6 Unter Führung von Sardinien-Piemont gelang 1860 die nationale Einigung Italiens. Die durch patriotische Aufstände »befreiten« Staaten Mittelitaliens erklärten ihren Anschluß per Volksabstimmung an Sardinien-Piemont, das so zum Kernstaat Italiens wurde.

7   In seiner Rede vom 9. September 1948 (Vgl. Dok. 5, Anm. 6) plädierte Heuss für die Verwendung des Begriffes »Bundesrepublik Deutschland«, vgl. Der Parl. Rat, Bd. 9, S. 107. Ferner führte er aus: »Jeder Staat, auch der demokratische Staat, ruht auf Befehlsgewalt und Gehorsamsanspruch [...]«. Ebd. S. 115.

7 Theodor Heuss: Die Präambel

1   In Dokument Nr. I der sog. Frankfurter Dokumente heißt es: »Die Verfassunggebende Versammlung wird eine demokratische Verfassung ausarbeiten, die für die beteiligten Länder eine Regierungsform des föderalistischen Typs schafft«. Der Parl. Rat, Bd. 1, S. 31. Zu den Frankfurter Dokumenten vgl. bereits Dok. 2, Anm. 1.

2   Die Präambel der Verfassung des Deutschen Reichs vom 11. August 1919 lautete: »Das Deutsche Volk, einig in seinen Stämmen und von dem Willen beseelt, sein Reich in Freiheit und Gerechtigkeit zu erneuern und zu festigen, dem inneren und dem äußeren Frieden zu dienen und den gesellschaftlichen Fortschritt zu fördern, hat sich diese Verfassung gegeben«. Vgl. Reichsgesetzblatt 1919, S. 1383.

3   Die erste Ministerpräsidentenkonferenz fand auf dem Rittersturz bei Koblenz vom 8. bis 10. Juli 1948 statt. Vgl. Der Parl. Rat, Bd. 1, S. XXXIII-XLII und S. 60-142.

4   Auf der zweiten Ministerpräsidentenkonferenz vom 21. bis 22. Juli 1948 im Jagdschloß Niederwald bei Rüdesheim wurden die Koblenzer Beschlüsse vom 10. Juli 1948 revidiert. Vgl. Der Parl. Rat, Bd. 1, S. XLIX-LI u. S. 172-270.

5   Die Ministerpräsidenten und die Militärgouverneure einigten sich am 26. Juli 1948 in Frankfurt über die strittigen Punkte in den Frankfurter Dokumenten, vgl. Der Parl. Rat, Bd. 1, S. LI-LIV u. S. 273-282.

6   Der Begriff »Grundgesetz« anstelle von »Verfassung« wurde auf der Ministerpräsidentenkonferenz in Koblenz vom 8. bis 10. Juli 1948 gewählt.

7   Heuss führte in seiner Plenarrede am 9. September 1948 aus: »Aber ich habe ein bißchen die Sorge, daß wir uns [...] angewöhnen, das Wort ›provisorisch‹ etwas zu oft auszusprechen. Wir begreifen dieses Wort ›provisorisch‹ natürlich vor allem im geographischen Sinne [...]. Aber strukturell wollen wir etwas machen, was nicht provisorisch ist [...]. Wir müssen vielmehr strukturell schon etwas Stabileres hier fertigzubringen versuchen, auch etwas, was eine gewisse Symbolwirkung hat«. Der Parl. Rat, Bd. 9, S. 106.

8   Auf der Konferenz von Casablanca (14.–25. Januar 1943) hatten Roosevelt und Churchill das alliierte Kriegsziel der »bedingungslosen Kapitulation« (»unconditional surrender«) der Achsenmächte und Japans verkündet. Am 7./8. Mai 1945 kapitulierte die deutsche Wehrmacht in Reims und Berlin-Karlshorst.

9   Zum Abkommen vom 18. Oktober 1907 über die Gesetze und Gebräuche des Landkriegs (Haager Landkriegsordnung) vgl. Reichsgesetzblatt 1910, S. 107-151.

10 Vgl. Dok. 6, Anm. 4.

11 Der Parl. Rat, Bd. 5, S. 166.

12 In ihren Vorschlägen vom 16. Juli 1948 verwandte die »Süddeutsche Sachverständigenkommission für eine deutsche Verfassung« bereits den Ausdruck »Bundesrepublik Deutschland«. Die Kommission setzte sich u. a. aus Mitgliedern des Deutschen Büros für Friedensfragen zusammen, das 1947 vom Länderrat der amerikanischen Zone eingesetzt worden war. Vgl. FELDKAMP, Parl. Rat, S. 14 f.

Heuss bemerkte 1948 im Ausschuß für Grundsatzfragen, der Begriff »Bundesrepublik Deutschland« käme »von einem meiner Freunde«. 1956 erinnerte er sich gegenüber Anton Pfeiffer, »daß der Namensvorschlag ›Bundesrepublik Deutschland‹ von mir kommt und auch die ›Bundesversammlung‹ meine ›Erfindung‹ ist«. Der Parl. Rat, Bd. 5/I, S. 171, Anm. 22.

13 Der Berliner Delegierte Jakob Kaiser (1888–1961), CDU, hatte im Ausschuß für Grundsatzfragen am 6. Oktober 1948 u. a. vorgeschlagen, mit Rücksicht auf die Ostzone nur von »Republik Deutschland« zu sprechen. Der Parl. Rat. Bd. 5/I, S. XXVIII, S. 174–185.

8 Thomas Dehler: Bayern in Bonn

1 Die »Dienststelle Bonn der Bayerischen Staatskanzlei« wurde Anfang September 1948 eingerichtet, um die bayerischen Abgeordneten etwas »bayerische Gemütlichkeit« spüren zu lassen. Ferner bot die Dienststelle bis zu ihrer Auflösung am 4. Juni 1949 den Ratsmitgliedern Räume, Schreibkräfte und Kraftfahrzeuge. Der Parl. Rat, Bd. 3, S. XXI u. Bd. 8, S. XXIIIf.

2 Der bayerische Ministerpräsident Hans Ehard (1887–1980), CSU, forderte, daß die Mitglieder der künftigen Länderkammer (Bundesrat) nur von den Landesregierungen bestellt werden sollten bzw. aus Mitgliedern der Landesregierung bestehen müßten. In der SPD sowie in Teilen der CDU/CSU-Fraktion – darunter Adenauer, der einen SPD-dominierten Bundesrat fürchtete – wurde jedoch befürwortet, die Mitglieder von den Landtagen wählen zu lassen (Senatsprinzip). Für letztere Gruppe war auch eine Kombination beider Varianten vorstellbar (»Bundesrat mit senatorialer Schleppe«). Als sich abzeichnete, daß der bayerische Standpunkt abgelehnt werden würde, erläuterte Ehard am 7. Oktober 1948 in der CDU/CSU-Fraktion seine Auffassungen, erlitt aber eine deutliche Abstimmungsniederlage. Vgl. GELBERG, Ehard, S. 202f.

3 Vgl. Dok. 2, Anm. 1.

4 Mit den Friedensschlüssen zu Münster und Osnabrück vom 24. Oktober 1648, die den Dreißigjährigen Krieg beendeten, setzte sich in Deutschland die fürstliche »Libertät« gegenüber der kaiserlichen Zentralgewalt durch. Damit wurde das »Heilige Römische Reich« zu einem lockeren Staatenbund.

5 Ludwig XIV. (1638–1715), König von Frankreich, versuchte in mehreren Eroberungskriegen den Rhein als Ostgrenze Frankreichs zu etablieren und das Reich zugunsten der Einzelterritorien zu schwächen.

6 Napoleon Bonaparte (1769–1821), Kaiser der Franzosen, bewirkte die Auflösung des »Heiligen Römischen Reichs Deutscher Nation« 1806.

7 Georges Clemenceau (1841–1929), französischer Politiker, forderte auf der Konferenz von Versailles, deren Vorsitz er innehatte, die dauerhafte Schwächung Deutschlands.

8 In der Vorlage: »Schumann«. Robert Schuman (1886–1963), französischer Politiker und seit dem 26. Juli 1948 (bis 8. Januar 1953) Außenminister.

9 Dehler bezieht sich wohl auf eine Rede Schumans vor der Generalversammlung der UNO am 28. September 1948.

10 Charles de Gaulle (1890–1970), französischer General, Führer des freien Frankreichs während der deutschen Okkupation, 1944–46 Chef der »provisorischen Regierung der Republik Frankreich«, Vorsitzender des »Rassemblement du Peuple Français« (RPF).

11 Am 1. Oktober 1948 erklärte de Gaulle auf einer Pressekonferenz anläßlich einer Sitzung des RPF u. a: »Vous savez quelle position j'ai prise, au moment des lamentables accords de Londres. Ces accords prétendaient trancher la question de l'avenir de l'Allemagne, dans des conditions où il était absurde de prétendre la trancher. [...] Il faut donc commencer cela à partir des États allemands. On peut et on doit refaire une Bavière, un Wurtemberg, un Bade, une Rhénanie, un Palatinat, une Westphalie, un Hanovre, des Hesse, etc. [...] Quand cela serait refait, rien n'empêchera que ces États deviennent une fédération«. DE GAULLE, Discours, S. 210–211.

12 Die elf Landesparlamente in den drei Westzonen.

13 Josef Schwalber (vgl. Dok. 3, Anm. 15) sprach in der dritten Plenarsitzung am 9. September 1948 über die Zuständigkeitsabgrenzung zwischen Bund und Ländern. Vgl. Der Parl. Rat, Bd. 9, S. 89–103.

14 Otto Heinrich Greve (1908–1968) war 1926 bis 1933 Mitglied der linksliberalen DDP (später Deutsche Staatspartei) und von 1945 bis 1948 Mitglied der FDP, von Februar 1946 bis Juni 1947 als Vorstandsmitglied des Zonenverbandes in der britischen Zone. Greve trat im Mai 1948 zur SPD über, weil die niedersächsische FDP – wie er gegenüber Dehler schon im Mai 1947 klagt – sich immer mehr nach rechts orientierte. HEIN, Milieupartei, S. 131. Zwar kamen die meisten Zwischenrufe zu Schwalbers Ausführungen von der SPD, sie stammten jedoch – laut Protokoll – von Carlo Schmid und nicht von Greve, den Dehler nennt. Allerdings wurden eine Reihe von Zwischenrufen im stenographischen Wortprotokoll nicht namentlich zugeordnet.

15 Alois Hundhammer (1900–1974), CSU, 1946–1950 bayerischer Staatsminister für Unterricht und Kultus. Hundhammer war der Führer des traditionalistischen, katholischen und partikularistischen Flügels der CSU, der 1948/49 ein Überschwenken zur Bayernpartei erwog.

16 Josef Baumgartner (1904–1964), Mitbegründer der CSU und 1945–1947 bayerischer Landwirtschaftsminister. Er vertrat einen föderalistischen Kurs ähnlich dem von Hundhammer, trat jedoch im Unterschied zu diesem am 26. Januar 1948 von der CSU zur Bayernpartei über, zu deren Landesvorsitzenden er am 19. Juni 1948 gewählt wurde.

17 Das Haus Wittelsbach stellte bis zum Untergang der Monarchie im November 1918 die Herzöge, Kurfürsten und Könige von Bayern.

18 Gustav Ritter von Kahr (1862–1934), 1920/21 bayerischer Ministerpräsident, 1923/24 »Generalstaatskommissar« von Bayern, 1934 im Zuge des sog. Röhm-Putsches ermordet.

19 Heinrich Held (1868–1938), BVP, 1924–1933 bayerischer Ministerpräsident, Verfechter einer entschieden föderalistischen Politik.

20 Franz Xaver Ritter von Epp (1868–1946), NSDAP, 1933/34 Reichskommissar und Reichsstatthalter in Bayern.

21 Vgl. zu Hoegner Dok. 5, Anm. 15.

22 Vgl. Anm. 2.

9 Theodor Heuss: Über das Vorläufige ...

1 Gemäß Frankfurter Dokument Nr. I. erfolgte die Nominierung der Abgeordneten des Parlamentarischen Rates durch die Landtage. Zu den Frankfurter Dokumenten vgl. Dok. 2, Anm. 1; zur Haltung der Bevölkerung vgl. auch Dok. 3, S. 51 in diesem Band sowie Dok. 17.
2 Zum Besatzungsstatut vgl. bereits Dok. 3, Anm. 13.
3 Die Ministerpräsidenten lehnten auf ihrer Konferenz in Koblenz am 8. bis 10 Juli 1948 die Gründung eines westdeutschen Staates ab. Sie forderten gegenüber den alliierten Militärgouverneuren, »daß bei der bevorstehenden Neuregelung alles vermieden wird, was geeignet sein könnte, die Spaltung zwischen West und Ost weiter zu vertiefen.« Der Parl. Rat, Bd. 1, S. 144.
4 Im Oktober 1948 bezeichnete der SED-Vorsitzende Otto Grotewohl (1894–1964) in einer Sitzung des Deutschen Volksrates den Parlamentarischen Rat als »Ausdruck der vollendeten Kapitulation deutscher Menschen vor den Annektionsgelüsten der westlichen Besatzungsmächte«. Der Parl. Rat, Bd. 5, S. XXV.
5 Carlo Schmid forderte von Seiten der SPD wiederholt die Bildung eines »Staatsfragments«; vgl. dazu seine Reden auf dem Verfassungskonvent von Herrenchiemsee am 11. August 1948 sowie in der zweiten Plenarsitzung des Parlamentarischen Rates am 8. September 1948. Der Parl. Rat, Bd. 2, S. 68 u. Bd. 9, S. 30, vgl. dazu bereits Dok. 6.
6 Heuss hatte in einem Präambelentwurf vom 6. Oktober 1948 den Begriff »Teillösung« verwandt. Der Parl. Rat, Bd. 5/I, S. 158. Vgl. dazu auch die Bemerkungen von Schmid, ebd. S. 159 f.
7 Die Verfassungen der Länder Württemberg-Baden, Bayern, Hessen, Baden, Württemberg-Hohenzollern, Rheinland-Pfalz und Bremen wurden in Volksabstimmungen angenommen.
8 Lykurgos, sagenhafter Begründer der Verfassung von Sparta im 8. Jh. v. Chr.
9 Solon (ca. 640–561 v. Chr.), Gesetzgeber in Athen.
10 Sic!
11 Vermutlich: »nun«.
12 Im Ausschuß für Grundsatzfragen wurde am 21. September 1948 beschlossen, daß die Grundrechte unmittelbar geltendes Recht sein sollten. Der Parl. Rat, Bd. 5/I, S. 42 f.
13 Vgl. dazu die Tätigkeit des Ausschusses für Zuständigkeitsabgrenzung. Der Parl. Rat., Bd. 3, S. XXIV.

10 Theodor Heuss: Die Finanzgewalt im Bundesstaat

1 Im Parlamentarischen Rat blieb die Frage einer künftigen Bundes- oder Länderfinanzverwaltung lange unentschieden, vgl. dazu insbesondere die Tätigkeit des Ausschusses für Finanzfragen. Der Parl. Rat, Bd. 12; vgl. auch unten Anm. 26.
2 Vgl. zu Bismarck Dok. 1, Anm. 8.
3 Art. 70 der Verfassung des Norddeutschen Bundes vom 16. April 1867 und Art. 70 des Gesetzes, betreffend die Verfassung des Deutschen Reiches vom 16. April 1871; Bundesgesetzblatt des Norddeutschen Bundes, 1867, S. 20 f. und Bundesgesetzblatt des deutschen Bundes 1871, S. 83. Vgl. auch HUBER, Dokumente zur deutschen Verfassungsgeschichte, Bd. 2, S. 284 u. S. 400.
4 Johannes v. Miquel (1828–1901), Oberbürgermeister in Osnabrück und Frankfurt am Main, 1890–1901 preußischer Finanzminister.

5 Nach der sog. »clausula Miquel«, die 1870 auf Antrag einer liberalen Mehrheit im Reichstag in die Verfassung aufgenommen wurde, wurden Matrikularbeiträge nur erhoben, »so lange Reichssteuern nicht eingeführt sind«, HUBER, Dokumente, Bd. 2, S. 400.
6 Akzessorisch: »nebensächlich«, »untergeordnet«.
7 In Bayern, Württemberg und Baden blieb aufgrund des Art. 35 der Reichsverfassung von 1871 die Besteuerung von Branntwein und Bier der Landesgesetzgebung vorbehalten. Für das Gesetz, betreffend die Verfassung des Deutschen Reichs vom 16. April 1871, Art. 35, vgl. Bundesgesetzblatt des Deutschen Bundes 1871, S. 73. Im Zuge der Finanzreform des Reichsfinanzministers Matthias Erzberger von 1919/20 wurden die süddeutschen Staaten Bayern, Baden und Württemberg in die Biersteuergemeinschaft des Reiches integriert.
8 Mit der Fanckensteinschen Klausel in § 8 des Gesetzes, betreffend den Zolltarif des Deutschen Zollgebiets und den Ertrag der Zölle und der Tabaksteuer vom 15. Juli 1879 wurde festgelegt: »Derjenige Ertrag der Zölle und der Tabaksteuer, welcher die Summe von 130 000 000 Mark in einem Jahre übersteigt, ist den einzelnen Bundesstaaten [...] zu überweisen [...]«, Reichsgesetzblatt 1879, S. 211. Dieser Paragraph war ein Kompromiß zwischen Bismarck, der den Übergang von der Freihandels- zur Schutzzollpolitik einleiten, und dem Zentrum, das aus föderalistischem Impetus die finanzielle Unabhängigkeit der Länder stärken wollte. Die Regelung führte dazu, daß einerseits das Reich Einnahmen an die Länder abführte, andererseits die Länder weiter verpflichtet waren, Matrikularbeiträge zu leisten.
9 PAUL LABAND, Direkte Reichssteuern. Ein Beitrag zum Staatsrecht des Deutschen Reiches, Berlin 1908.
10 Ernst v. Heydebrand und der Lase (1851–1924), Deutschkonservativer Politiker.
11 Das preußische Dreiklassenwahlrecht wurde dem preußischen Abgeordnetenhaus von König Friedrich Wilhelm IV. durch das Wahlgesetz vom 30. Mai 1849 oktroyiert und blieb bis 1918 gültig. Die Urwähler jeder Gemeinde, die die Abgeordneten über Wahlmänner indirekt wählten, wurden nach ihrer Steuerleistung in drei Klassen eingeteilt. Auf jede Klasse, die ein Drittel der Wahlmänner bestimmte, entfiel ein Drittel des gesamten Steueraufkommens. Die wenigen Höchstbesteuerten der ersten Klasse (1908: 4% der Bevölkerung) verfügten damit über genauso viele Stimmen wie die zweite Klasse (1908: 14%) und die dritte (1908: 82,6%).
12 Wilhelm Gerloff (1880–1954), 1947/48 Mitarbeiter in der Sonderstelle Geld und Kredit der Verwaltung für Finanzen des Vereinigten Wirtschaftsgebietes.
13 GEORG WAITZ, Das Wesen des Bundesstaates (1853), in: DERS., Grundzüge der Politik, Kiel 1862, S. 153 ff. Zitiert nach: WILHELM GERLOFF, Die Finanzgewalt im Bundesstaat, Frankfurt a. M. 1948, S. 13. Gerloff verstand – wie er im Vorwort (S. 7) schreibt – seine Schrift als Beitrag zu den Erörterungen über die künftige deutsche »Reichsverfassung«.
14 LORENZ V. STEIN, Lehrbuch der Finanzwissenschaft, 5. Auflage 1885/1886, Nachdruck Hildesheim 1975.
15 Vgl. Dok. 1, Anm. 12.
16 Aufgrund der Finanznöte des Reiches, die weder durch Matrikularbeiträge noch durch Anleihen zu decken waren, beschloß der Reichstag 1913 eine direkte Vermögenszuwachssteuer.

17 Hermann Höpker Aschoff (1883–1954), FDP, 1925 bis 1931 preußischer Finanzminister (DDP).
18 Im Januar 1949 empfahl auch Höpker Aschoff die Schrift von Gerloff zur Vorbereitung der Beratungen über das Finanzwesen im Hauptausschuß. Der Parl. Rat, Bd. 12, S. 35.
19 23 Sachverständige, so viele wie in keinem Ausschuß sonst, wurden bis zum 7. Oktober 1948 gehört. Der Parl. Rat, Bd. 12, S. XXVI-XXVIII.
20 In der interfraktionellen Besprechung am 14. Oktober 1948 wurde angegeben, daß sich 90 Prozent der Sachverständigen für eine Bundesfinanzverwaltung ausgesprochen hätten. Der Parl. Rat, Bd. 11, S. 17.
21 Sibyllen: In der griechischen Mythologie Wahrsagerinnen und Priesterinnen des Apollon.
22 Mit den widersprüchlichen Äußerungen und Verlautbarungen von Vertretern der Arbeitsgemeinschaft der Industrie- und Handelskammern beschäftigte sich der Ausschuß für Finanzfragen am 7. Oktober 1948. Der Parl. Rat, Bd. 12, Dok. Nr. 15.
23 Im Ausschuß für Finanzfragen wurden die Finanzminister Günther Gereke (Niedersachsen), Werner Hilpert (Hessen), Hans Hoffmann (Rheinland-Pfalz), Johann-Georg Kraus (Bayern) und Heinrich Weitz (Nordrhein-Westfalen) angehört.
24 In der britischen Besatzungszone gab es verschiedene Finanz- und Vermögensverwaltungseinrichtungen, die in der unmittelbaren Nachfolge vergleichbarer Einrichtungen des Deutschen Reiches standen, darunter: Rechnungshof des Deutschen Reiches, Zentralamt für Vermögensverwaltung, Leitstelle der Finanzverwaltung, Zentral-Schuldenverwaltung. Insofern wurde in der britischen Zone – im Unterschied zur amerikanischen und französischen Zone – eine einheitliche und länderübergreifende Finanz- und Steuerverwaltung praktiziert. Vgl. VOGEL, Westdeutschland, Bd. 1, S. 105, Bd. 3, S. 55, 59, 76.
25 Heinrich Köhler (1878–1949), CDU, 1945–1949 stellvertretender Ministerpräsident, 1946 Wirtschaftsminister und 1946–1949 Finanzminister von Württemberg-Baden, Präsident des Landesbezirks Nordbaden. 1927–1928 Reichsminister der Finanzen.
26 SPD und FDP sprachen sich im Ausschuß für Finanzfragen am 7. Oktober 1948 für eine Bundesfinanzverwaltung aus, die von der CDU/CSU, die sich für eine Länderfinanzverwaltung aussprach, abgelehnt wurde. Die CDU stellte nach dieser Abstimmung als Kompromiß den Antrag auf Auftragsverwaltung, nach dem eine Steuerverwaltung durch die Länder im Auftrag des Bundes erfolgen sollte. Der Kompromißantrag wurde jedoch abgelehnt, woraufhin die CDU/CSU im Hauptausschuß ein Minderheitenvotum unterbreitete, in dem wiederum die Länderfinanzverwaltung gefordert wurde. Der Parl. Rat, Bd. 12, S. XXXVI.
27 Der Oberfinanzpräsident von München, Alexander Prugger (1887–1962), wies bei seiner Anhörung in der 5. Sitzung des Ausschusses für Finanzfragen am 22. September 1948 darauf hin, daß unterschiedliche Steuertarife in den Ländern zur Bildung von »Steueroasen« führen würden. Vgl. Der Parl. Rat, Bd. 12, S. 83.

11 Theodor Heuss: Bonner Sorgen

1 Im September 1948 wurde als Abschluß für die Beratungen des Grundgesetzes der Dezember 1948 angestrebt. Obwohl sich die Verhandlungen in den Ausschüssen als recht langwierig erwiesen, rechneten die Abgeordneten des Parla-

mentarischen Rates noch Anfang November 1948 damit, die Arbeiten im Dezember 1948 beenden zu können. Vgl. Der Parl. Rat, Bd. 11, S. XXIV.
2 § 30 der Geschäftsordnung des Parlamentarischen Rates sah zwar eine einfache Stimmenmehrheit vor. Der Parl. Rat, Bd. 10, S. 196. Dennoch bestand auf Seiten der CDU/CSU und der SPD die Absicht, ohne die Zustimmung der jeweils anderen großen Fraktion das Grundgesetz nicht zu verabschieden. Der Parl. Rat, Bd. 12, S. XLVIII.
3 Da die UdSSR wiederholt die Einstellung der Grundgesetzarbeit zur Beendigung der Berlin-Blockade und zur Aufnahme von diplomatischen Gesprächen gefordert hatte, war jederzeit mit einem kurzfristigen Abbruch der Grundgesetzarbeiten zu rechnen.
4 Die Sitzungen des Hauptausschusses waren für Vertreter der Presse zugänglich. FELDKAMP, Parl. Rat, S. 107.
5 Am 11. November 1948 begann der Hauptausschuß mit der ersten Lesung des Grundgesetzes.
6 Innerhalb der CDU/CSU-Fraktion war lange die Gestaltung der Länderkammer als Bundesrat oder Senat umstritten. Die SPD-Fraktion hatte sich hingegen schon am 26./27. Oktober 1948 für einen Bundesrat entschieden. Vgl. FELDKAMP, Parl. Rat, S. 103. Am 9. November 1948 hatte Adenauer einen völlig neuen Vermittlungsvorschlag unterbreitet, der ein Abgeordnetenhaus, einen Senat und eine Ländervertretung vorsah. Heuss bemerkte dazu in einer interfraktionellen Besprechung am darauffolgenden Tag: »Die SPD ist der CDU entgegengekommen und hat deren Lieblingskind aufgenommen, den Bundesrat. Jetzt adoptiert die CDU das Lieblingskind und die SPD verstößt ihr Kind.« Zu Recht erwiderte Robert Lehr (1883–1953), CDU, daß die CDU/CSU in dieser Frage gar kein Lieblingskind habe. Vgl. Der Parl. Rat, Bd. 11, S. XXIII u. 53.
7 Weil die Bayernpartei erst am 29. März 1948 zugelassen wurde, konnte sie erstmals nach den Landtagswahlen 1950 in den bayerischen Landtag einziehen. Ihr Einzug in den Parlamentarischen Rat in der Stärke, in der die Bayernpartei bei den Kommunalwahlen 1948 abschnitt, wurde verhindert.
8 Vgl. zu Hundhammer Dok. 8, Anm. 15.

12 Theodor Heuss: »... des föderativen Typs«

1 Zu den Londoner Empfehlungen und dem darin enthaltenen Begriff der »Regierungsform des föderalistischen Typs« vgl. Dok. 2, Anm. 1.
2 Mit dem Memorandum vom 22. November 1948 übermittelten die drei westalliierten Militärgouverneure die auf der Londoner Außenministerkonferenz verabschiedeten Grundsätze über die westdeutsche Verfassung, die als »Annex« zu den Frankfurter Dokumenten bis dahin geheim blieben. Vgl. FELDKAMP, Parl. Rat, S. 109–112. Für den Wortlaut des Memorandums vgl. Der Parl. Rat, Bd. 8, S. 37–39.
3 Die Wahlen zur Stadtverordnetenversammlung in Berlin (West) am 6. Dezember 1948 standen unmittelbar bevor.
4 Vgl. Dok. 11.
5 Vgl. dazu Dok. 2, Anm. 1.
6 Der Länderrat des amerikanischen Besatzungsgebietes wurde am 6. November 1945 als Kollegium der Ministerpräsidenten von Bayern, Hessen, Württemberg-Baden und des Präsidenten des Senats von Bremen in Stuttgart errichtet. In diesem Gremium erfolgte die Abstimmung der Gesetzgebung und Verwaltung der

süddeutschen Länder nach den Richtlinien der Besatzungsmacht hinsichtlich der über das Gebiet des einzelnen Landes hinausreichenden Fragen wie einer Angleichung der Entwicklungen der Länder auf den Gebieten des politischen, sozialen, wirtschaftlichen und kulturellen Lebens.

7   Der Zonenbeirat wurde im März 1946 errichtet, nachdem es bereits seit Oktober 1945 für die britische Besatzungszone eine Konferenz der Länderchefs gab. Der Zonenbeirat beriet die britische Militärregierung »auf allen Gebieten des öffentlichen Lebens«, ohne jedoch exekutive oder legislative Vollmachten zu haben.
    Im November 1946 erhielt der Zonenbeirat auch beratende Befugnis für die britische Kontrollkommission bei Gesetzentwürfen, soweit sie nicht den Ländern oblagen.

8   Der Begriff »Volkskammer« wurde im September 1948 vom Organisationsausschuß des Parlamentarischen Rats zunächst für das Parlament gewählt. Im Dezember 1948 sah der Hauptausschuß für das Parlament den Begriff »Bundestag« vor, bis man sich im Februar 1949 auf den Begriff »Volkstag« einigte. Erst im Mai 1949 entschieden sich Hauptausschuß und Plenum – gegen ein Votum von Heuss – für den Terminus »Bundestag«. Vgl. auch Dok. 24 sowie FELDKAMP, Parl. Rat, S. 69, 174 und Der Parl. Rat, Bd. 9, S. 465 f. Daß parallel der ostzonale sog. Verfassungsausschuß des Deutschen Volksrats durchgehend den Ausdruck »Volkskammer« verwendete, mag die Mitglieder des Parlamentarischen Rats dazu bewogen haben, ihrerseits auf diesen Begriff zu verzichten.

9   Vgl. dazu einen entsprechenden Antrag von Dehler im Ausschuß für die Organisation des Bundes am 23. September 1948, der am 24. November 1948 in der 8. Sitzung des Hauptausschusses beraten wurde. Vgl. Parl. Rat, Verhandlungen des Hauptausschusses, S. 103.

10 Vgl. dazu bereits Dok. 6 u. 9.

11 Katz schloß sich dem Antrag der FDP an, modifizierte ihn jedoch dahingehend, daß bei Stimmengleichheit das Los entscheiden sollte. Vgl. Parl. Rat, Verhandlungen des Hauptausschusses, S. 103. Der Antrag wurde in dieser Fassung endgültig in der 10. Sitzung dieses Gremiums am 30. November 1948 angenommen. Vgl. Parl. Rat, Verhandlungen des Hauptausschusses, S. 113–118.

12 Die CDU favorisierte den Vorschlag des Organisationsausschusses, der die Teilnahme der Bundesratsmitglieder in der Bundesversammlung vorsah, und beantragte, die Beschlußfassung zur Zusammensetzung der Bundesversammlung auszusetzen. Vgl. Parl. Rat, Verhandlungen des Hauptausschusses, S. 103 f und SALZMANN, CDU/CSU, S. 172.

13 Im alliierten Memorandum vom 22. November 1948 wurde festgelegt: »Die Militärgouverneure [...] werden das Grundgesetz (die vorläufige Verfassung) als Ganzes betrachten, um festzustellen, ob die wesentlichen Forderungen des Dokumentes Nr. I erfüllt worden sind oder nicht«. Der Parl. Rat, Bd. 8, S. 39.

13 Thomas Dehler: Der Endspurt in Bonn

1   Im Oktober 1948 stellte sich heraus, daß die verschiedenen Auffassungen über die Ausgestaltung des Verhältnisses von Bund und Ländern in den Ausschußberatungen kaum miteinander zu vereinbaren waren. Deshalb trafen sich seit dem 13. Oktober 1948 die Fraktionsführer und Verfassungsexperten der Fraktionen zu interfraktionellen Besprechungen, um die politischen Entscheidungen zu fällen. Vgl. Der Parl. Rat, Bd. 11, S. XIX.

2 Circulus vitiosus: Teufelskreis, Irrkreis.
3 Erst am 26. November 1948 einigte sich die CDU/CSU in einer Fraktionssitzung auf einen Bundesrat mit gestaffeltem Stimmrecht, der dem Parlament gegenüber gleichberechtigt sein sollte. Der Antrag wurde mit 13: 9 Stimmen angenommen. Vgl. SALZMANN, CDU/CSU, S. 211–225.
4 Vgl. Dok. 5, Anm. 13.
5 Rudolf Katz (1895–1961), SPD, Justizminister von Schleswig-Holstein.
6 Pfeiffer (vgl. Dok. 3, Anm. 15) vermittelte ein Treffen zwischen Menzel und dem bayerischen Ministerpräsidenten Ehard (vgl. Dok. 8, Anm. 2) am 26. Oktober 1948 im Hotel Königshof in Bonn. In dem Gespräch einigten sich beide auf einen Bundesrat mit suspensivem Vetorecht. Der Bundesrat war demnach dem Bundestag nicht gleichgestellt, die künftige Ausgestaltung des Bundesrates aber noch nicht entschieden. Eine Vorentscheidung war insofern gefallen, als Mischformen zwischen Bundesrat und Senat nunmehr obsolet waren. Menzel unterrichtete die SPD-Fraktion über die Vereinbarung. Pfeiffer hingegen hatte darauf verzichtet, die CDU/CSU-Fraktion davon in Kenntnis zu setzen, so daß in der interfraktionellen Besprechung am 27. Oktober 1948 die CDU/CSU-Fraktion von der von Menzel und Katz vorgeschlagenen Bundesratslösung völlig überrascht wurde. Vgl. Der Parl. Rat, Bd. 11, S. 32–37.
7 Adenauer erklärte in der Sitzung der CDU/CSU-Fraktion am 28. Oktober 1948, er »habe seit drei Jahren keinmal menschlich ein solches Bedauern empfunden wie über die Vorgänge der letzten Tage, wie ich es jetzt empfunden habe.« SALZMANN, CDU/CSU, S. 90.
8 Adenauer beriet am 8. November 1948 mit der CSU-Fraktion des bayerischen Landtags die im Parlamentarischen Rat umstrittenen Themen Bundesrat, Finanzverfassung und Zuständigkeitsabgrenzung zwischen Bund und Ländern. Vgl. dazu seinen Bericht in der CDU/CSU-Fraktion des Parlamentarischen Rates. SALZMANN, CDU/CSU, S. 144–147.
9 Georg August Zinn (1901–1976), Justizminister in Hessen.
10 Heinrich von Brentano (1904–1964), CDU, Abgeordneter im hessischen Landtag.
11 Bereits am 26. Oktober 1948 schlug Adenauer die Einrichtung einer Arbeitsgruppe vor, die die Grundgesetzentwürfe »redaktionsmäßig überarbeitet«. SALZMANN, CDU/CSU, S. 87. Am 1. November 1948 wurde zu diesen Zwecken der Allgemeine Redaktionsausschuß eingerichtet. Vgl. Der Parl. Rat, Bd. 11, S. 44. Zur Aufgabe des Allgemeinen Redaktionsausschusses vgl. den Beschluß des Ältestenrates vom 11. November 1948. Der Parl. Rat, Bd. 10, S. 34.
12 Der *Tagesspiegel* vom 20. November 1948 kommentierte unter der Überschrift »Die Chance für Bonn«: »Ein höchst zweifelhafter Versuch, den Kampf um die strittigen Punkte in Bonn (der in Wahrheit ein Kampf zwischen dem zentralistischen und dem föderalistischen Prinzip ist) zu entscheiden, scheint sich durch das Bemühen der FDP anzudeuten, das Zünglein an der Waage bilden zu wollen. In den letzten Tagen sollen sich die Vertreter der FDP nach Agenturmeldungen mit der SPD über die »unitarische« Grundlinie geeinigt haben, und nun strecke die FDP ihre Fühler nach der CDU/CSU-Seite aus. Eine groteskere Wiederholung der Zustände von Weimar ist kaum noch denkbar. Niemand wird die Bedeutung der demokratischen Fraktion in Bonn unterschätzen, deren führender Kopf Theodor Heuss wesentliches zur Förderung der Arbeiten beigetragen hat. Es

wäre aber verhängnisvoll, wenn die Uneinigkeit über grundsätzliche Fragen zwischen den beiden, die gleiche Abgeordnetenzahl aufweisenden, großen Parteien die FDP in eine Rolle lavierte, die es ihr ermöglichte, über die zukünftige Struktur Westdeutschlands die Entscheidung zu treffen«.

13 Zum Antrag von Dehler vom 23. September 1948 vgl. bereits Dok. 12, Anm. 9.

14 In der Sitzung der CDU/CSU-Fraktion am 24. November 1948 wurde festgestellt, daß bei Frage der Wahl des Bundespräsidenten »die Linke geschlossen zusammengestanden [habe] mit der FDP.« Von Brentano beklagte, daß – entgegen einer Vereinbarung – Zinn und Dehler ohne ihn im Redaktionsausschuß tätig geworden seien. Weiter heißt es: »Abg. Dr. Pfeiffer teilt mit, daß er heute mit Dr. Dehler von der FDP gesprochen habe, der ihm mitteilte, daß zweimal Besprechungen zwischen SPD und FDP stattgefunden haben und die heutige Sache sei eine einmalige Angelegenheit«. SALZMANN, CDU/CSU, S. 173.

15 Vgl. Dok. 11, Anm. 3.

16 Schon die Einberufung des Ausschusses für Wahlrechtsfragen war umstritten, da die Abgeordneten darüber uneins waren, ob der Parlamentarische Rat oder die Ministerpräsidenten befugt seien, ein Wahlgesetz für die Wahl des ersten Bundestages zu erlassen. Am 3. November 1948 wurden die Verhandlungen des Wahlrechtsausschusses vorerst abgebrochen, weil eine Entscheidung für ein Mehrheits- oder ein Verhältniswahlrecht nicht erzielt werden konnte. Seit Ende November 1948 führten der Präsident des Parlamentarischen Rates, Konrad Adenauer (vgl. Dok. 5, Anm. 9), und Süsterhenn (vgl. Dok. 3, Anm. 15) für die CDU/CSU mit Dehler und Heuss (FDP) Gespräche, um eine Einigung für ein Mehrheitswahlrecht herbeizuführen. Vgl. Der Parl. Rat, Bd. 6, S. XXXII–XXXIV u. SALZMANN, CDU/CSU, S. 252.

17 Max Becker (1888–1960), FDP, Landtagsabgeordneter in Hessen und Vorsitzender des Ausschusses für Wahlrechtsfragen. Vgl. Der Parl. Rat, Bd. 6, S. XX–XXI.

18 Der bayerische Ministerpräsident Ehard (vgl. Dok. 8, Anm. 2) kritisierte die seiner Ansicht nach zu unitarisch ausgerichteten Arbeitsergebnisse des Ausschusses für Zuständigkeitsabgrenzung am 27. November 1948 in einer Radioansprache. Vgl. Der Parl. Rat, Bd. 3, S. XXXIIf.

19 Vgl. Artikel 112 in der Stellungnahme des Allgemeinen Redaktionsausschusses vom Dezember 1948. Der Parl. Rat, Bd. 7, S. 71.

20 Vgl. Artikel 116 in der Stellungnahme des Allgemeinen Redaktionsausschusses vom Dezember 1948. Der Parl. Rat, Bd. 7, S. 72.

21 Zum Memorandum der alliierten Militärgouverneure vom 22. November 1948 vgl. Dok. 12, Anm. 2.

22 Im Ältestenrat bedauerte Carlo Schmid (vgl. Dok. 3, Anm. 15), daß die Presse über den Inhalt des Memorandums vom 22. November 1948 informiert worden war, bevor die Abgeordneten des Parlamentarischen Rates den Text erhielten. Der Parl. Rat, Bd. 10, S. 35–37.

23 Die Denkschrift der Militärgouverneure vom 22. November 1948 war mit »letter of guidance« überschrieben. Der Parl. Rat, Bd. 8, S. 37, Anm. 1.

24 Der Leiter des Büros der Ministerpräsidenten in Wiesbaden, Außenstelle Bad Godesberg, berichtete am 22. November 1948 an das Büro in Wiesbaden über das Memorandum vom 22. November 1948: »Man hat von alliierter Seite größ-

ten Wert darauf gelegt, daß diese Demarche nicht als Versuch gewertet wird, Einfluß auf den Arbeitsgang des Parlamentarischen Rates zu nehmen.« Der Parl. Rat, Bd. 8, S. 45.

25 Der Hauptausschuß nahm in der 9. Sitzung am 25. November 1948 gegen die Stimme der KPD den Antrag der SPD an, die alliierte Denkschrift vom 22. November 1948 als eine Erläuterung zum Frankfurter Dokument Nr. 1 anzuerkennen. Vgl. Parl. Rat, Verhandlungen, S. 111 f.

26 Fast 50 von 65 Mitgliedern des Parlamentarischen Rates waren während des »Dritten Reiches« entweder beruflich oder politisch beeinträchtigt worden oder aktive Gegner des Regimes gewesen. Vgl. Der Parl. Rat, Bd. 9, S. VIII. Vgl. dazu auch FELDKAMP, Parl. Rat, S. 41 f.

27 1946 wurde mit der Demontage der ehemaligen Kriegsmarinewerft Wilhelmshaven begonnen. Am 25./26. November 1948 sprengten britische Marineeinheiten das sog. Dock VII, ein 80 000-Tonnen-Trockendock. Etwa 8000 Einwohner aus den umliegenden Gefahrenzonen wurden evakuiert, 2200 Arbeitsplätze in Frage gestellt, vgl. »Riesendock in Wilhelmshaven gesprengt«, in: *Unsere Zeit* vom 27. November 1948, S. 2. Noch bis 1950 fanden Sprengungen statt, vgl. HARMSSEN, Abend der Demontage, S. 58. Hingegen verzichtete die britische Militärregierung nach deutschen Protesten auf die geplante Zerstörung des »Neuen Hafens« in Borkum, welcher während des Zweiten Weltkrieges von der deutschen Kriegsmarine genutzt worden war. Bis Ende der 40er Jahre sprengten die Briten lediglich die umfangreichen Befestigungsanlagen auf der Insel, darunter Bunker und Stellungen von Marineartillerie und -flak des vormaligen Seefliegerhorstes der Luftwaffe, denn Borkum spielte im Luftkrieg gegen England eine wichtige Rolle als Vorposten. In seiner Rede im Plenum am 8. September 1948 kritisierte Süsterhenn die Demontagepolitik. Jede Verfassung werde sinnlos, wenn die wirtschaftliche Not ein Volk zur politischen Verzweiflung treibe. Vgl. Der Parl. Rat, Bd. 9, S. 68.

28 Vgl. dazu die Abschnitte e), g) und h) des Memorandums der Alliierten Militärgouverneure vom 22. November 1948. Der Parl. Rat, Bd. 8, S. 38–39.

14 Theodor Heuss: Nach der ersten Lesung

1 Zum ursprünglich geplanten Abschluß der Grundgesetzarbeit im Dezember 1948 vgl. Dok. 11, Anm. 1.

2 Vom 11. November bis 10. Dezember 1948 beriet der Hauptausschuß in erster Lesung den gesamten Grundgesetzentwurf. Vgl. FELDKAMP, Parl. Rat, S. 107 f.

3 CDU/CSU und DP gaben im Ausschuß für Finanzfragen in einem Fall ihre Ja-Stimmen unter dem Vorbehalt, daß Bundesrat und Bundestag gleichberechtigte Kammern würden. Vgl. Der Parl. Rat, Bd. 7, S. 33. Vgl. auch Parl. Rat, Verhandlungen des Hauptausschusses, S. 178.

4 Nach der Besprechung am 10. November 1948 wurden zunächst keine interfraktionellen Gespräche geführt. Ungeklärt blieben weiterhin die Gestaltung der Zweiten Kammer (Bundesrat/Senat), die Finanzverwaltung durch Bund oder Länder sowie »weltanschauliche Fragen« (Elternrecht, Schulfrage). Der Parl. Rat, Bd. 11, S. 53 f.

5 Ende November 1948 kam es zu interfraktionellen Absprachen zwischen SPD und FDP. U. a. einigten sich die Fraktionen gemeinsam mit dem Zentrum, ein Wahlgesetz mit einem Verhältniswahlrecht zu verabschieden. FELDKAMP, Parl. Rat,

S. 88. In Gesprächen zwischen FDP und CDU am 30. November 1948 über das Elternrecht wurden keine Übereinkünfte getroffen. Ebd., S. 66.

6 Zum Bundespräsidenten vgl. Art. 75–85 der 1. Lesung des Hauptausschusses. Der Parl. Rat, Bd. 7, S. 109–111. Zum Bundestag vgl. Art. 45–63 der 1. Lesung des Hauptausschusses. Der Parl. Rat, Bd. 7, S. 104–107. Zu Zuständigkeiten von Bund und Ländern hinsichtlich der ausschließlichen Gesetzgebung bzw. der Vorranggesetzgebung vgl. Art. 35 und 36 der 1. Lesung des Hauptausschusses. Der Parl. Rat, Bd. 7, S. 101–103.

7 Die 2. Lesung des Grundgesetzentwurfes im Plenum fand erst am 6. Mai 1949 statt.

8 Zu den im Ausschuß für Finanzfragen angehörten Finanzministern vgl. bereits Dok. 10, Anm. 23.

9 Die Fraktionen von CDU/CSU, Deutsche Partei und Zentrum beantragten am 4. Dezember 1948, einen eigenen Artikel im Grundrechtskatalog einzufügen, in dem das Recht auf Glaubensfreiheit, Gewissensfreiheit, »Freiheit des religiösen und weltanschaulichen Bezirks« und das Recht auf Freiheit der Religionsausübung ausdrücklich aufgenommen wird. Der Antrag wurde am 4. Dezember 1948 vom Ausschuß für Grundsatzfragen an den Hauptausschuß verwiesen. Für den Wortlaut des Antrags vgl. SALZMANN, CDU/CSU, S. 242 f u. Der Parl. Rat, Bd. 5/II, S. 835 f.

10 U. a. waren Bischof Theophil Wurm, Vorsitzender des Rats der Evangelischen Kirche in Deutschland, am 9. November 1948 (Parlamentarischer Rat, Drucksache 275) und der Erzbischof von Köln, Josef Kardinal Frings, Vorsitzender der Fuldaer Bischofskonferenz, am 20. November 1948 (Parlamentarischer Rat, Drucksache 319) mit Eingaben an den Parlamentarischen Rat herangetreten. Vgl. SÖRGEL, Konsensus, S. 315–318 u. Der Parl. Rat, Bd. 5/I, S. XLI–XLVI.

11 Das von der CDU/CSU, der DP und dem Zentrum geforderte sog. Elternrecht stellte die Sorge und Erziehung der Kinder durch ihre Eltern über das Recht des Staates. So sollten die Eltern z. B. über die Wahl der Schulform entscheiden, was nur möglich war, wenn der Staat private Schulen und somit auch Bekenntnisschulen zulassen würde. Dagegen wandte sich u.a. auch Heuss, der provozierend in der 8. Sitzung des Ausschusses für Grundsatzfragen am 7. Oktober 1948 die rhetorische Frage stellt: »Was heißt denn das Elternrecht als Grundrecht? – Kinder zu kriegen! Was denn sonst?« Vgl. Der Parl. Rat, Bd. 5/I, S. XLII–XLIII u. S. 218. Zur Kulturpolitik von Heuss vgl. WURTZBACHER-RUNDHOLZ, Verfassungsgeschichte, S. 149 ff.

12 Am 7. Dezember 1948 begründete Heuss vor dem Hauptausschuß ausführlich seine Ablehnung der CDU/CSU-Vorschläge bezüglich des Elternrechts. Vgl. Parl. Rat, Verhandlungen des Hauptausschusses, S. 246–249.

13 In Artikel 109 der Verfassung des Deutschen Reichs vom 11. August 1919 hieß es u. a.: »Orden und Ehrenzeichen dürfen vom Staat nicht verliehen werden. Kein Deutscher darf von einer ausländischen Regierung Titel oder Orden annehmen.« Reichsgesetzblatt 1919, S. 1404.

14 Die Abgeordneten von Brentano, Zinn und Dehler redigierten die Artikelentwürfe der einzelnen Fachausschüsse für die erste Lesung des Grundgesetzes im Hauptausschuß. Vgl. Dok. 13, Anm. 11.

15 Thomas Dehler: Die Gefahren für Bonn

1 Vgl. Dok. 14, Anm. 10.
2 Zu den verfassungspolitischen Interessen des Deutschen Gewerkschaftsbundes (britische Zone) vgl. Sörgel, Konsensus, S. 201–213 u. 321–323.
3 Am 20. Oktober 1948 übermittelten die alliierten Verbindungsoffiziere dem Parlamentarischen Rat eine Erklärung »über die Verteilung der Machtbefugnisse auf dem finanziellen Gebiet«. Vgl. Der Parl. Rat, Bd. 8, S. 21–23. Für den Wortlaut der Erklärung vom 19. Oktober 1948 vgl. ebd. S. 18–20. Zu dem Memorandum vom 22. November 1948 vgl. Dok. 12, Anm. 2.
4 Auf Vorschlag von Adenauer traf am 16. und 17. Dezember 1948 in Frankfurt am Main eine Delegation des Parlamentarischen Rates mit den Militärgouverneuren zusammen. Adenauer wies in dieser Besprechung auf die im Parlamentarischen Rat umstrittenen Fragen hin und bat um eine Klarstellung bezüglich des Memorandums vom 22. November 1948. Im Anschluß an die Sitzung warfen insbesondere FDP und SPD Adenauer vor, er habe die Alliierten zu »Schiedsrichtern« angerufen. Die in Folge entstandene sog. Frankfurter Affäre wurde erst am 5. Januar 1949 beigelegt, vgl. dazu Der Parl. Rat, Bd. 8, S. XXXV–XXXIX und Bd. 10, S. XV–XVIII.
5 Höpker Aschoff, der als Delegierter der FDP an der Besprechung mit den Militärgouverneuren am 16. Dezember 1948 teilnahm, äußerte sich in einem Schreiben an die Landesverbände der FDP vom 22. Dezember 1948 »tief bestürzt« über Adenauers Vorgehen: »Es hat sich aber gezeigt, daß es falsch ist, einen Mann zum Präsidenten eines Parlamentes zu wählen, der gleichzeitig der Führer seiner Fraktion und seiner Partei ist und außerhalb seiner eigenen Partei kein menschliches Vertrauen genießt«. Das Schreiben vom 22. Dezember 1948 wurde am 27. Dezember 1948 als Informationsdienst Nr. 6 der FDP-Fraktion des Parlamentarischen Rates vervielfältigt. Vgl. Bundesarchiv Koblenz, Nachlaß 129 (Höpker Aschoff), Bd. 50. Auszugsweise veröffentlicht in: Der Parl. Rat, Bd. 10, S. 59, Anm. 14.
6 Am 18. Dezember 1948 sprach die SPD-Fraktion Adenauer ihr Mißtrauen aus, jedoch nicht in dessen Eigenschaft als Präsident des Parlamentarischen Rats, sondern als Delegationsleiter. Für den Wortlaut des Schreibens von Schmid an Adenauer vgl. Der Parl. Rat, Bd. 10, S. 61, Anm. 5.
7 Am 1. Dezember 1948 lehnte der Hauptausschuß mit zwölf zu neun Stimmen den Antrag der CDU/CSU auf eine Gleichberechtigung des Bundesrats mit dem Bundestag ab. Parl. Rat, Verhandlungen, S. 141. Von der bayerischen Staatsregierung wurde diese Entscheidung kritisiert.
8 Vgl. den entsprechend überschriebenen Artikel von Heinz Medefind, in: *Die Neue Zeitung* v. 21. Dezember 1948.
9 Vgl. unten Anm. 23.
10 In einer Pressekonferenz am 18. Dezember 1948 bemerkte Adenauer zur Situation im Parlamentarischen Rat, daß er daran »zweifle«, »daß wir zu irgend einem Ergebnis kommen werden«. Daraufhin wurde Adenauer in Untertiteln verschiedener Zeitungsartikel zitiert: »Arbeit des Rates gefährdet«, »Grundgesetz gefährdet?« oder »Erfolg der Arbeit gefährdet?« Vgl. *Welt am Sonntag* v. 19. Dezember 1948, *Der Tag* v. 19. Dezember 1948 und *Aachener Volkszeitung* v. 21. Dezember 1948.
11 Geront: Mitglied der Gerusia, dem Ältestenrat im antiken Sparta.

12 Vgl. Dok. 1, Anm. 1 u. Dok. 2, Anm. 1.
13 Adenauer bemerkte in einer Pressekonferenz am 18. Dezember 1948, daß sich Abgeordnete von den Verbindungsoffizieren aushorchen lassen würden. Der Parl. Rat, Bd. 8, S. 82. Diesem Hinweis zufolge konnte nun geschlossen werden, daß umgekehrt Abgeordnete die Gespräche bei den Verbindungsstäben dazu nutzen könnten, ihre politischen Grundhaltungen den Alliierten zu übermitteln, die wiederum diese Standpunkte zu ihren eigenen machen würden.
14 Vgl. Anm. 4.
15 In der zweiten Besprechung der Delegation des Parlamentarischen Rats mit den Militärgouverneuren am 17. Dezember 1948 dementierte Adenauer, die Alliierten um Entscheidungen in den strittigen Fragen gebeten zu haben. Vgl. Der Parl. Rat, Bd. 8, S. 69, Anm. 7.
16 Zur Bayernpartei vgl. Dok. 11, Anm. 7.
17 Zu de Gaulle vgl. Dok. 8, Anm. 10.
18 Armand Jean du Plessis Herzog v. Richelieu (1585–1642), Kardinal und leitender Minister Ludwig XIII. (1601–1643). Begründer der expansiven französischen Rheinpolitik.
19 Zu Clemenceau vgl. Dok. 8, Anm. 7.
20 Zu Ehard vgl. Dok. 8, Anm. 2. Ehard sprach am 30. November 1947 im Prinzregententheater auf einer Versammlung der Münchner CSU.
21 Artikel 178 lautete: »Bayern wird einem künftigen deutschen demokratischen Bundesstaat beitreten. Er soll auf einem freiwilligen Zusammenschluß der deutschen Einzelstaaten beruhen, deren staatsrechtliches Eigenleben zu sichern ist.« Vgl. Nawiasky/Leusser, Verfassung des Freistaates Bayern, S. 21. Die amerikanische Militärregierung erklärte in ihrem Genehmigungsschreiben vom 25. Oktober 1946 ausdrücklich, daß Bayern nicht das Recht habe, einer deutschen Staatsgründung nicht beizutreten.
22 Vgl. dazu den Entwurf zum Grundgesetz in der vom Allgemeinen Redaktionsausschuß redigierten Fassung vom 13. bis 18. Dezember 1948. Vgl. Der Parl. Rat, Bd. 7, S. 133–201.
23 »Warum Bayern dagegen ist«, in: *Süddeutsche Zeitung* v. 23. Dezember 1948, S. 1. In dem Kommentar wurde dem Parlamentarischen Rat in Bonn ein »Hang des Westens, über die eigenen Verhältnisse zu leben«, unterstellt, weiter hieß es u. a.: »Die Lastwagenzüge, die aus unseren Dörfern unter Umgehung der Gesetze und Hinterlassung einer verführten Moral Geflügel, Eier und Getreide abschleppten, lassen nicht den geringsten Zweifel darüber, daß morgen in einem deutschen Bund die hohe Steuerkraft genau so gegen unsere bescheidenen Verhältnisse zum Einsatz gebracht wird, wie es schon bisher mit einer überhöhten Kaufkraft geschieht.«
24 Der bayerische Ministerpräsident Ehard bekräftigte, vermutlich aufgrund der Lektüre des Beitrags, gegenüber Dehler die tiefe »Sorge um unser gemeinsames deutsches Schicksal und um das Gedeihen unseres bayerischen Heimatlandes«. Zit. n. Kock, Bayerns Weg, S. 302.
25 Der Artikel wurde erneut am 8. Januar 1949 im *Informationsdienst der Freien Demokratischen Partei Landesverband Bayern*, Nr. 61, S. 2–5 veröffentlicht.

16 Thomas Dehler: FDP fordert Präsidialregierung

1 In der am 13. Oktober 1946 durch Volksbefragung gebilligten Verfassung der IV. französischen Republik erhielt die Nationalversammlung eine gestärkte Stellung. Vgl. Dok 4, Anm. 6.
2 Der Verfassungskonvent von Herrenchiemsee hatte in Artikel 90 seines Grundgesetzentwurfes ein konstruktives Mißtrauensvotum vorgesehen. Die Bestimmungen wurden vom Parlamentarischen Rat im wesentlichen bestätigt. Vgl. Der Parl. Rat, Bd. 2, S. 598.
3 De Gaulle (vgl. Dok. 8, Anm. 10 u. 11) trat am 20. Januar 1946 als Chef der provisorischen Regierung zurück, weil er sich mit seiner Forderung nach einer vom Parlament unabhängigen Exekutive nicht durchsetzen konnte. Die von ihm 1947 gegründete Rassemblement du Peuple Français erhielt bei den Gemeindewahlen am 19. und 26. Oktober 1947 über 40 Prozent der Stimmen.
4 Auf der Konferenz von Jalta im Februar 1945 wurde Frankreich auf Drängen des britischen Premierministers Churchill als vierte Besatzungsmacht in Deutschland in die alliierte Nachkriegspolitik eingebunden.
5 Vgl. Dok. 15, Anm. 4, 5, u. 6.
6 In den Ältestenratssitzungen am 4. und 5. Januar 1949 wies Dehler wiederholt auf eine notwendige Verständigung zwischen CDU/CSU und SPD im Streit um das Verhalten von Präsident Adenauer während der Besprechung mit den alliierten Militärgouverneuren in Frankfurt am 16./17. Dezember 1948 hin, um die Arbeit am Grundgesetz erfolgreich abzuschließen. Vgl. Der Parl. Rat, Bd. 10, S. 63, 74 u. 77. Zur »Frankfurter Affäre« vgl. bereits Dok. 15 mit Anm. 4 u. 5.
7 Couloir: eingezäunter, ovaler Sprunggarten für junge Pferde.
8 Noch in den Beratungen über die bayerische Verfassung von Juli bis November 1946 lehnte Dehler eine »Regierung auf Zeit« nachdrücklich ab und sprach sich für eine parlamentarische Demokratie aus. Am 23. September 1948 schlug Dehler in der 5. Sitzung des Organisationsausschusses des Parlamentarischen Rats eine »Regierung auf Zeit« vor, die für die Dauer von vier Jahren gewählt sein sollte – ähnlich wie in der Bayerischen Verfassung –, um so konstante Regierungen zu schaffen. Ursache für diesen Meinungswechsel war die Tatsache, daß Dehler im Parlamentarischen Rat mit seinem Vorschlag, das Mehrheitswahlrecht einzuführen, scheiterte. Nur ein auf diese Weise gewähltes Parlament garantierte aber seiner Ansicht nach eine stabile Regierung, vgl. WENGST, Dehler, S. 124.
9 Dehler und Becker stellten am 7. Januar 1949 im Hauptausschuß den Antrag auf Einführung einer Präsidialregierung. Sie glaubten, daß bei einem Verhältniswahlrecht nur ein Präsidialsystem nach US-amerikanischem Vorbild die notwendige politische Stabilität ermögliche. Zum Scheitern dieses Antrags vgl. Dok. 20, Anm. 11, ferner WENGST, Dehler, S. 125. Im Antrag heißt es u. a.: »Bundespräsident und Bundeskanzler sind eine Person. [...] Diese Bundesversammlung wählt den Präsidenten. Seine Wahlzeit beträgt 4 Jahre, d. h. genau so lange wie die Wahlperiode eines Bundestages«. Vgl. Deutscher Bundestag, Parlamentsarchiv, Bestand 5, Parlamentarischer Rat, Drucksache Nr. 486

17 Thomas Dehler: Das rechte Maß

1 In der Mitteilung über die Dreimächtekonferenz von Berlin (sog. Potsdamer Abkommen) vom August 1945 hieß es unter Abschnitt IV/3: »Die Reparationsansprüche der Vereinigten Staaten, des Vereinigten Königreiches und anderen zu

Reparationsforderungen berechtigten Staaten [außer der Sowjetunion] werden aus den westlichen Zonen [...] befriedigt«. Vgl. Amtsblatt des Alliierten Kontrollrats in Deutschland, Ergänzungsblatt Nr. 1, S. 16.

2 Am 10. November 1945 wurde den französischen Militärbehörden in Berlin ein ca. 615 Hektar umfassendes Gebiet in der sowjetischen Besatzungszone um Stolpe zum Bau eines Flugplatzes überlassen. Am 18. Dezember 1948 wurde das Abkommen von der sowjetischen Militärverwaltung aufgelöst. Die französische Militärverwaltung räumte daraufhin unter großer Anteilnahme der Westberliner Öffentlichkeit das Gelände.

3 Am 15./16. März 1939 marschierten deutsche Truppen in die Tschechoslowakei ein. Am 16. März 1939 wurde das »Reichsprotektorat Böhmen und Mähren« errichtet.

4 Das Abkommen über die Errichtung einer Internationalen Ruhrbehörde (Ruhrstatut) ging auf die Empfehlungen der Sechs-Mächte-Konferenz in London vom 7. Juni 1948 zurück. Das Abkommen wurde am 28. Dezember 1948 fertiggestellt und am 28. April 1949 von den drei Westmächten und den Benelux-Staaten unterzeichnet. Aufgabe der Internationalen Ruhrbehörde war u. a. die Verteilung der Kohle-, Koks- und Stahlproduktion im Ruhrgebiet hinsichtlich des Exports und des Eigenbedarfs der zukünftigen Bundesrepublik Deutschland.

5 Unmittelbar nach Ende des Ersten Weltkrieges entstand bei den deutschen Militärs die Dolchstoßlegende, derzufolge die deutsche Niederlage verursacht worden sei, weil dem »im Felde unbesiegten Frontheer« die Heimat durch die Revolution 1918 in den Rücken gefallen sei. Nach dem Zweiten Weltkrieg wurde u. a. jener aufkommenden Dolchstoßlegende entgegengewirkt, daß die militärischen Widerstandskreise vom 20. Juli 1944 die bedingungslose Kapitulation herbeigeführt hätten.

6 Großbritannien befand sich seit 1947 in einer Wirtschaftskrise, die durch die Finanzierung der Besatzungstruppen in Deutschland verschärft wurde. So gab es auch in Großbritannien Nahrungsmittelrationierungen. In Frankreich konnte die Inflation nicht aufgehalten werden. Das Wirtschaftswachstum blieb in Frankreich seit Ende der vierziger Jahre hinter dem in Deutschland zurück.

7 Der württemberg-badische Ministerpräsident Reinhold Maier bemerkte dazu aus der Rückschau: »Die Frage, Luftbrücke oder nicht und ob weiterhin, war in der USA-Innenpolitik außerordentlich umstritten. [...] Aber das Pendel konnte umschlagen. Noch in einem ganz späten Zeitpunkt schwankte die Regierung in Washington. General [Lucius D.] Clay, [Militärgouverneur der amerikanischen Besatzungszone] mußte in jedem Stadium seiner Luftbrücke auch nach innen kämpfen«. Vgl. MAIER, Erinnerungen, S. 131.

8 Das im US-Finanzministerium unter der Leitung des Finanzministers Henry Morgenthau (1891–1967) entwickelte »Suggested Post-Surrender Program for Germany« vom 5. September 1944 (sog. Morgenthau-Plan) empfahl eine weitgehende Deindustrialisierung Deutschlands. Das Programm wurde bald modifiziert und schließlich ganz verworfen.

9 Im Gesetz über den Friedensschluß zwischen Deutschland und den alliierten und assoziierten Mächten vom 16. Juli 1919 (sog. Versailler Vertrag) hieß es im Artikel 231: »Die alliierten und assoziierten Regierungen erklären, und Deutschland erkennt an, daß Deutschland und seine Verbündeten als Urheber für alle Verluste und Schäden verantwortlich sind, die die alliierten und assoziierten

Regierungen und ihre Staatsangehörigen infolge des ihnen durch den Angriff Deutschlands und seiner Verbündeten aufgezwungenen Krieges erlitten haben«. Vgl. Reichsgesetzblatt 1919, S. 985. Die als einseitig erfahrene Schuldzuweisung war auch in demokratischen Gruppierungen der Weimarer Republik auf Ablehnung gestoßen, daher der Begriff »Schuldlüge« bei Dehler.

18 Theodor Heuss: Nach der zweiten Lesung

1 Die am 15. Dezember 1948 begonnene zweite Lesung des Grundgesetzentwurfes im Hauptausschuß wurde am 20. Januar 1949 abgeschlossen.
2 Zur Errichtung des Allgemeinen Redaktionsausschusses vgl. Dok. 13, Anm. 11.
3 Zur »Frankfurter Affäre« vgl. Dok. 15, Anm. 4, 5 u. 6.
4 In der Frage des Bundesrats, der Finanzverwaltung, der Zuständigkeitsabgrenzung, der kirchlichen Fragen sowie der Ratifizierung des Grundgesetzes bestanden weiterhin gravierende Meinungsunterschiede zwischen CDU/CSU und SPD.
5 In den am 9. Januar 1949 auf der Tagung der CDU/CSU in Königswinter verabschiedeten »Entschließungen von Königswinter« wurde u.a. vereinbart: »Neben dem vom Volk gewählten Bundestag soll ein echter Bundesrat als Vertretung der Länder gleichberechtigt bei der Gesetzgebung mitwirken«. Vgl. SALZMANN, CDU/CSU, S. 333; sowie KAFF, Unionsparteien, S. 368.
6 Zum Gespräch zwischen dem Abgeordneten Menzel (SPD) und Ministerpräsident Ehard (CSU), das auf Vermittlung von Anton Pfeiffer (CSU) am 26. Oktober 1948 im Bonner Hotel Königshof stattfand, vgl. Dok. 13, Anm. 6.
7 Am 10./16. November 1948 schlug Präsident Adenauer vor, die Länderkammer als »Halbsenat« zu gestalten. Der Parl. Rat. Bd. 11, S. 48 f.
8 Vgl. Dok. 8, Anm. 2.
9 Im Kaiserreich entsandten die Regierungen der Mitgliedstaaten des Reiches Vertreter in den Bundesrat. Die Mitglieder des Bundesrates hatten kein freies Mandat, sondern waren an die Weisungen der Länderregierungen gebunden. Vgl. Gesetz, betreffend die Verfassung des Deutschen Reiches vom 16. April 1871, Bundesgesetzblatt des Deutschen Bundes, 1871, S. 67 ff. Vgl. auch HUBER, Dokumente zur deutschen Verfassungsgeschichte, Bd. 2, S. 387.
10 Vgl. Artikel 65 nach der vom Hauptausschuß des Parlamentarischen Rats in zweiter Lesung beschlossenen Fassung vom 20. Januar 1949: »Durch den Bundesrat wirken die Länder bei der Gesetzgebung und Verwaltung des Bundes mit«. Der Parl. Rat, Bd. 7, S. 239.
11 Rudolf Smend (1882–1975), Staats- und Kirchenrechtler, Mitglied des Rates der EKD; vertrat in der Weimarer Republik eine am Begriff der »Integration« ansetzende Staatsrechtslehre.
12 Charles de Montesquieu (1689–1755), französischer Schriftsteller und Staatstheoretiker. Nach dem von ihm entwickelten theoretischen Modell sollte die staatliche Gewalt in judikative, exekutive und legislative Gewalt dreigeteilt werden.
13 Der Kongreß, die US-amerikanische Legislative, besteht aus zwei gleichberechtigten Häusern, dem Senat und dem Repräsentantenhaus. Lediglich bei Haushaltsgesetzen steht allein dem Repräsentantenhaus das Initiativrecht zu.
14 In der Schweiz wird die Legislative von der Bundesversammlung, bestehend aus einem direkt gewählten Nationalrat und einem Ständerat, der Vertretung der Kantone, ausgeübt.

15 Vgl. Anm. 5.
16 Für die SPD war die Beschränkung der Befugnisse des Bundesrats eine conditio sine qua non.
17 Vgl. Dok. 1, Anm. 12.
18 Auf Drängen der CSU floß die Forderung nach einer Länderfinanzverwaltung auch in die Königswinterer Entschließungen (vgl. Anm. 5) ein.
19 Vgl. Constitution de la République Française vom 27. Oktober 1946; Journal officiel de la République Française 1946, S. 9166–9175.
20 Die USA kennen hinsichtlich der Steuerhoheit ein Konkurrenzsystem. Gemäß der Bundesverfassung hat der Bund das Recht, Abgaben aller Art zu erheben. Die Einzelstaaten besitzen dieses Recht ebenfalls. Nur die Exportsteuern und Zölle stehen alleine dem Bund zu.
21 Vgl. hierzu Heuss' Stellungnahme im Ausschuß f. Grundsatzfragen; Der Parl. Rat Bd. 5, S. 636f u. 695–698.
22 Vgl. Dok. 14.
23 Mit dem Begriff »Lebensordnung« wurden in den Beratungen im Parlamentarischen Rat anfangs die kulturellen und sozialen Grundrechte bezeichnet. Vgl. Der Parl. Rat, Bd. 5/I, S. XXXIV.
24 Der Grundrechtsausschuß kam überein, sich auf die klassischen Grundrechte zu beschränken und die Frage der sozialen und wirtschaftlichen nicht zu berühren, vgl. Der Parl. Rat, Bd. 5/I, S. XXXIV, 36–42, 116 und 215 sowie Dok. 4.
25 In dem Konkordat zwischen dem Deutschen Reich und dem Heiligen Stuhl vom 20. Juli 1933 wurden der katholischen Kirche das Recht auf Erteilung des Religionsunterrichts (Art. 21), die Beibehaltung und Neuerrichtung von Bekenntnisschulen (Art. 23) sowie zahlreiche weitere Rechte zugesprochen. Darin lag der besondere Wert für den Heiligen Stuhl, nachdem es ihm bis dahin gelungen war, mit den deutschen Ländern Bayern 1924, Preußen 1929 und Baden 1932 Konkordate abzuschließen. Die katholische Kirche hielt nach 1945 an den Bestimmungen des Reichskonkordats fest, auch wenn Kritiker betonten, daß das Reichskonkordat mit dem verbrecherischen NS-Regime unterzeichnet, aber nicht vom Reichstag ratifiziert worden war. Zum Wortlaut des Reichskonkordats vgl. Reichsgesetzblatt 1933, Teil II, S. 679–690.

19 Theodor Heuss: Um die Termine

1 Vgl. Dok. 1, Anm. 1.
2 Zu den Konferenzen vgl. Dok. 7, Anm. 3, 4 u. 5.
3 Der 1. September 1948 zur Einberufung einer verfassunggebenden Versammlung war als Termin im Kommuniqué der Londoner Außenministerkonferenz sowie im Frankfurter Dokument Nr. I vorgeschrieben. Vgl. Dok. 2, Anm. 1.
4 Zur Agitation der KPD gegen die Grundgesetzarbeit und Gründung eines westdeutschen Staates vgl. Der Parl. Rat, Bd. 9, S. XXXI–XXXVIII.
5 Vgl. dazu das Modellgesetz der Ministerpräsidenten vom 27. Juli 1948 über die Einberufung eines Parlamentarischen Rates; Der Parl. Rat, Bd. 1, S. 286–290.
6 Vgl. dazu auch Der Parl. Rat, Bd. 8, S. XXIX, 8 f. u. 11–15.
7 Im Frankfurter Dokument Nr. III vom 1. Juli 1948 kündigten die Militärgouverneure ein Besatzungsstatut an und stellten in Aussicht, es vor seiner Verabschiedung den Ministerpräsidenten zu übermitteln. Im Parlamentarischen Rat wurde eigens ein Ausschuß für das Besatzungsstatut eingerichtet. Verschiedene Ankün-

digungen, das Besatzungsstatut bald vorlegen zu wollen, konnten nicht eingehalten werden, weil die Alliierten sich nicht auf einen Text einigten. Vgl. Der Parl. Rat, Bd. 4, S. XIff. u. Dok. 2, Anm. 1.

8 Bereits am 2. November 1948 erklärte die amerikanische Militärregierung allerdings, das Besatzungsstatut werde vermutlich erst dann veröffentlicht, wenn das Grundgesetz vorliege. Vgl. Der Parl. Rat, Bd. 4, S. XV.

9 In der 26. Sitzung des Hauptausschusses vom 10. Dezember 1948 nahmen – außer der KPD – alle Fraktionen die Thesen zum Besatzungsstatut an, die den Militärgouverneuren übermittelt werden sollten. Vgl. Parl. Rat, Verhandlungen, S. 311–312 u. Der Parl. Rat, Bd. 4, S. XVII. u. S. 46–49.

10 Das Memorandum der Militärgouverneure vom 22. November 1948 forderte, »daß die Befugnisse der Bundesregierung auf dem Gebiet der öffentlichen Finanzen auf die Verfügung über Geldmittel, einschließlich von Einnahmen für Zwecke, für die sie verantwortlich ist, beschränkt sind; daß die Bundesregierung Steuersätze bestimmen darf und über die allgemeinen Grundsätze der Veranlagung bei anderen Steuern, für die Einheitlichkeit nötig ist, Gesetze erlassen darf, daß aber die Einbeziehung und Nutznießung solcher Steuern den einzelnen Ländern überlassen bleiben; daß sie Mittel nur für Zwecke, für die sie verfassungsmäßig verantwortlich ist, an sich ziehen darf«. Vgl. Der Parl. Rat, Bd. 8, S. 38.

11 Am 26. Januar 1949 wurde auf Vorschlag von Präsident Adenauer ein aus fünf Abgeordneten bestehender »Unterausschuß der interfraktionellen Konferenz« (sog. Fünferausschuß) eingerichtet. Ihm gehörten an: Für die CDU von Brentano (vgl. Dok. 13, Anm. 10) und Kaufmann (1888–1961), für die SPD Menzel (vgl. Dok. 5, Anm. 13) und Schmid (vgl. Dok 3., Anm. 15) sowie für die FDP Schäfer (vgl. Dok. 5, Anm. 11), der je nach Sujet durch Dehler, Heuss oder Höpker Aschoff (vgl. Dok. 10, Anm. 17) vertreten wurde. Vgl. Der Parl. Rat, Bd. 11, S. XXVI u. 74f.

20 Thomas Dehler: Der Kompromiß in Bonn

1 Am 5. Februar 1949 führte der Fünferausschuß in allen strittigen Fragen einen mehrheitsfähigen Kompromiß herbei. Zum Fünferausschuß vgl. bereits Dok. 19, Anm. 11.

2 Vgl. Dok. 18, Anm. 9.

3 Vgl. dazu die entsprechenden Formulierungen des Fünferausschusses. Der Parl. Rat, Bd. 7, S. 358–360 u. 412f.

4 Vgl. dazu die Mitschrift der Sitzungen des Fünferausschusses vom 26./27. Januar 1949. Der Parl. Rat, Bd. 11, S. 69f.

5 Zur Haltung der französischen und amerikanischen Militärregierungen vgl. Dok. 19 u. 20.

6 Vgl. Einleitung, S. 30f.

7 Zum Reichskonkordat vom 20. Juli 1933 vgl. bereits Dok. 18, Anm. 25.

8 In einem fünfseitigen Manuskript mit dem Titel »Das Reichskonkordat« bezweifelte Dehler erneut die Kompetenz des Reiches in Schulfragen und bemängelte die fehlende Zustimmung des Reichstages zum Reichskonkordat. Ferner gelte für das Konkordat der Rechtsgrundsatz Clausula rebus sic stantibus, wonach ein Vertrag bei einer grundlegenden Veränderung der Verhältnisse seine bindende Wirkung verliert. Die Niederschrift des undatierten Manuskripts erfolgte vermutlich nach dem 11. Februar 1949, da Dehler darin Bezug nimmt auf eine Erklärung

der deutschen Bischöfe zum Grundgesetzentwurf. Vgl. Bundesarchiv Koblenz, Nachlaß 129 (Höpker Aschoff), Bd. 50.
9   Vgl. dazu die Formulierung des Artikel 7b; Der Parl. Rat, Bd. 7, S. 342 u. 399.
10 Der Gleichheitsgrundsatz war nicht umstritten, es wurde lediglich die Frage seines Niederschlags im Grundgesetz kontrovers diskutiert. Schließlich wurde in der 2. Lesung des Hauptausschusses entschieden, einen eigenen Absatz einzubringen mit der Formulierung: »Männer und Frauen sind gleichberechtigt. Die Gesetzgebung hat dies auf allen Rechtsgebieten zu verwirklichen.« Vgl. Der Parl. Rat, Bd. 7, S. 206. Vgl. auch die Diskussion in der 42. Sitzung des Hauptausschusses am 18. Januar 1949; Parl. Rat, Verhandlungen des Hauptausschusses, S. 538–544.
11 Zu dem Antrag von Dehler und Becker vom 29. Januar 1949, der dem Antrag vom 7. Januar 1949 entspricht, vgl. bereits Dok. 16, Anm. 9. Am 9. Februar 1949 wurde der Antrag in der dritten Lesung im Hauptausschusses mit 11 zu zwei Stimmen bei mehreren Enthaltungen abgelehnt. Vgl. Parl. Rat, Verhandlungen des Hauptausschusses, S. 637–641.

21 Theodor Heuss: Wer legitimiert?

1   Zum interfraktionellen Fünferausschuß vgl. bereits Dok. 19, Anm. 11, sowie Dok. 20. Zum Wortlaut des Entwurfes des Fünferausschusses vom 5. Februar 1949 vgl. Der Parl. Rat, Bd. 7, S. 339–395.
2   Zum Wortlaut der in dritter Lesung vom Hauptausschuß angenommenen Fassung des Grundgesetzentwurfes vom 10. Februar 1949 vgl. Der Parl. Rat, Bd. 7, S. 396–444.
3   Das Schlußkommuniqué der Londoner Außenministerkonferenz vom 7. Juni 1948 kündigte an, nach Genehmigung der Verfassung »die Bevölkerung in den betreffenden Staaten zur Ratifizierung zu ermächtigen«. Im Frankfurter Dokument Nr. I wurde diese Bestimmung von den Militärgouverneuren dahingehend präzisiert, daß für das Referendum im jeweiligen Land eine einfache Mehrheit der Abstimmenden ausreichend sei. Vgl. Der Parl. Rat, Bd. 1, S. 12 u. 22. Zum Schlußkommuniqué und den Frankfurter Dokumenten vgl. bereits Dok. 1, Anm. 1 und Dok. 2, Anm. 1.
4   In ihrer Stellungnahme zu den Frankfurter Dokumenten vom 10. Juli 1948 (sog. Koblenzer Beschlüsse) sprachen sich die Ministerpräsidenten gegen einen Volksentscheid über das Grundgesetz aus und favorisierten stattdessen eine Abstimmung durch die Landtage. Vgl. Der Parl. Rat, Bd. 1, S. XXXVIII u. 147.
5   Zur Nominierung der Abgeordneten des Parlamentarischen Rates durch die Landtage vgl. Dok. 3, Anm. 3.
6   Heuss wendet sich hier vermutlich gegen den Publizisten und Politologen Dolf Sternberger (1907–1989), der in Reaktion auf Heuss' Artikel »Nach der ersten Lesung« vom 11.12.1948 (Dok. 14) Heuss unter dem Titel »Demokratie auf der Flucht oder Demokratie der Courage« (in: Die Wandlung 4 (1949), S. 3–15) scharf kritisierte; die Kontrahenten führten ihre Auseinandersetzung in der »Wandlung« fort, vgl. Theodor Heuss, Ein Intermezzo, ebd., S. 243–246, sowie Dolf Sternberger, Replik, S. 246–249.
7   Ad notam nehmen: zur Kenntnis nehmen, sich gut merken.
8   Artikel 148e in der Fassung der ersten Lesung im Hauptausschuß vom 10. Dezember 1948 lautete: »Dieses [Grund-]Gesetz bedarf der Annahme durch Volks-

entscheid in mindestens zwei Dritteln der beteiligten Länder. In jedem Lande entscheidet die einfache Mehrheit der Abstimmenden.« Vgl. Der Parl. Rat, Bd. 7, S. 132.

9 Am 16. Dezember 1948 stellte Adenauer in der Besprechung der Delegation des Parlamentarischen Rats mit den Militärgouverneuren die Frage, ob die Zustimmung zum Grundgesetz durch Plebiszit oder durch Abstimmung in den Landtagen erfolgen solle. In der Antwort der Militärgouverneure vom darauffolgenden Tag hieß es: »The Basic Law (Provisional Constitution) could be ratified either by popular referendum in each Land, or by the Landtage in the several Laender. Article 148 (e) of the present draft of the Basic Law (Provisional Constitution) called for a popular referendum as method of ratifying the Basic Law (Provisional Constitution). This solution was in accordance with the London Agreement and was contained in Document No. 1 [...]«. Vgl. Der Parl. Rat, Bd. 8, S. 71.

10 Vgl. die Diskussion im Ausschuß für Grundsatzfragen in der 10. Sitzung vom 13. Oktober 1948; Der Parl. Rat, Bd. 5/I, S. 271.

11 Mächle(n): schwäbisch für »allerlei kleinere kunstreiche Holzarbeiten als Dilettant verrichten«.

12 Alfred Hugenberg (1865–1951), Mitbegründer des Alldeutschen Verbandes, Eigner eines einflußreichen Medienkonzerns, übernahm am 20. Oktober 1928 den Vorsitz der Deutschnationalen Volkspartei und führte sie in ein Bündnis mit der NSDAP.

13 Die Deutschnationale Volkspartei verstand sich als »christlich-völkisch-nationale Opposition« zur Weimarer Republik und zum Versailler Vertrag. Sie bildete bis zum Aufkommen der NSDAP 1930 den parlamentarischen Kern der rechten Opposition.

14 Malaise: Unbehagen, Unglück, Misere.

22 Thomas Dehler: Der Bund und die Länder

1 Vgl. dazu u. a. Dok. 10 (Schlußsatz) und Dok. 18.

2 Artikel 35 in der vom Hauptausschuß am 10. Februar 1949 in dritter Lesung angenommenen Fassung des Grundgesetzentwurfes vgl. Der Parl. Rat, Bd. 7, S. 423 f. Auch die im folgenden angeführten Artikel beziehen sich auf diese Fassung.

3 In Artikel 36 wurden die Bereiche der Vorranggesetzgebung des Bundes angeführt, vgl. Der Parl. Rat, Bd. 7, S. 424 f.

4 Am 9. Februar 1949 begründete Walter Strauß (1900–1976), CDU, seinen Antrag im Hauptausschuß auf Schluß der Debatte damit: »Nachdem einmal der Artikel Gegenstand des Kompromisses war, ist es nicht mehr möglich, sich über den Inhalt jetzt zu unterhalten.« Die im Fünferausschuß nicht vertretenen Fraktionen DP und KPD protestierten gegen diese Behauptung, da sie sich an die Abmachungen dieses Ausschusses nicht gebunden fühlten. Vgl. Parl. Rat, Verhandlungen, S. 650.

5 Vgl. Artikel 40; Der Parl. Rat, Bd. 7, S. 407.
6 Vgl. Artikel 41, Absatz 2; Der Parl. Rat, Bd. 7, S. 407.
7 Vgl. Artikel 30; Der Parl. Rat, Bd. 7, S. 406.
8 Vgl. Artikel 116, 117, 118 und 118 a; Der Parl. Rat, Bd. 7, S. 431 f.
9 Vgl. Artikel 112/2; Der Parl. Rat, Bd. 7, S. 429 f.
10 Vgl. Dok. 13, Anm. 6.

11 Vgl. Artikel 65; Der Parl. Rat, Bd. 7, S. 412.
12 Vgl. Artikel 103, Absatz 2; Der Parl. Rat, Bd. 7, S. 413.
13 Vgl. Artikel 105; Der Parl. Rat, Bd. 7, S. 426 f.
14 Vgl. Artikel 104; Der Parl. Rat, Bd. 7, S. 425 f.
15 Vgl. Artikel 111und 111z; Der Parl. Rat, Bd. 7, S. 428 f.
16 Nach Artikel 105 umfaßten die Bestimmungen, denen der Bundesrat zustimmen mußte, elf Bereiche. Vgl. Der Parl. Rat, Bd. 7, S. 426 f.
17 Die Ausweitung der Zustimmungsgesetzgebung im Januar 1949 war eine Konzession von SPD und FDP an die CSU und Bayern, um die Zustimmung der bayerischen Staatsregierung zum Grundgesetz zu erhalten, auch wenn der Grundgesetzentwurf weiterhin eine Bundesfinanzverwaltung vorsah.
18 Artikel 122 benannte die Ausgaben und Einnahmen des Bundes. Vgl. Der Parl. Rat, Bd. 7, S. 433.
19 Vgl. Artikel 122b; Der Parl. Rat, Bd. 7, S. 433 f.
20 In Artikel 138c-4 wurde eine vorläufige Regelung der Aufteilung der Steuern zwischen Bund und Ländern festgesetzt, bis zum 31. Dezember 1955 ein Bundesfinanzausgleichsgesetz geschaffen ist. Vgl. Der Parl. Rat, Bd. 7, S. 437.
21 Vgl. Dok. 10, Anm. 9.

23 Theodor Heuss: »Wahlfreiheit«

1 Zum Schlußkommuniqué der Londoner Außenministerkonferenz vom 7. Juni 1948 vgl. Dok. 1 mit Anm. 1.
2 Der Parlamentarische Rat nahm für sich die Kompetenz in Anspruch, neben dem Grundgesetz ein Gesetz für die Wahl des ersten Deutschen Bundestages vorzulegen, da seiner Ansicht nach außer ihm kein Gremium existiere, welches dazu in der Lage sei. Am 15. September 1948 konstituierte sich der Ausschuß für Wahlrechtsfragen. Vgl. Der Parl. Rat, Bd. 6, S. VII, X u. XXVI.
3 Zum Begriff »Volkstag« vgl. Dok. 12, Anm. 8.
4 Hans Luther (1879–1962), 1925/1926 Reichskanzler, 1927 Mitglied der DVP, wurde am 5. Oktober 1948 in der 7. Sitzung des Ausschusses für Wahlrechtsfragen angehört. Vgl. Der Parl. Rat, Bd. 6, S. 163 f.
5 Richard Thoma (1874–1957), Staatsrechtler, wurde am 22. September 1948 in der 2. Sitzung des Ausschusses für Wahlrechtsfragen angehört. Vgl. Der Parl. Rat, Bd. 6, S. 3 ff.
6 Panaschieren: bei einer Wahl seine Stimmen auf Kandidaten verschiedener Parteien verteilen.
7 Der Vorschlag wurde am 18. Januar 1949 eingebracht. Auf seiner Grundlage wurde ein neuer Wahlgesetzentwurf am 24. Februar 1949 im Hauptausschuß beraten und gegen die Stimmen von CDU/CSU und DP verabschiedet. Vgl. Der Parl. Rat, Bd. 6, S. XXXIV f und 650–704.
8 Für das Parlament waren 400 Abgeordnete vorgesehen. Vgl. Der Parl. Rat, Bd. 7, S. 709.
9 Zur Tätigkeit der Deutschen Wählergesellschaft vgl. Der Parl. Rat, Bd. 6 (Register).
10 Einpeitscher: englisch »Whipper«, im britischen Unterhaus derjenige Abgeordnete seiner Fraktion, welcher u. a. bei wichtigen Abstimmungen für die Anwesenheit seiner Fraktionskollegen zu sorgen hat.
11 Subaltern: unterwürfig, untertänig, unselbständig.

12 Die Frage einer Wahlpflicht wurde in der letzten Phase der Beratungen des Ausschusses für Wahlrechtsfragen von der CDU/CSU im Januar 1949 eingebracht. Die SPD lehnte diesen Vorschlag ab und auch die CDU/CSU ließ ihn bald, in ihrer Fraktionssitzung vom 16. Februar 1949, wieder fallen, vgl. Der Parl. Rat, Bd. 6, S. XLVI–XLVII u. S. 656–660 sowie Salzmann, CDU/CSU, S. 347 und 403.

13 Am 1. Februar 1949 erklärte der Wahlrechtsausschuß in einer Stellungnahme an den Hauptausschuß, daß Artikel 18, Absatz 2 des Entwurfes des Grundgesetzes (nach dem Stand vom 25. Januar 1949) den Zweck verfolge, ein Einparteiensystem zu verhindern. Dieser Absatz 2 besagte, der Wähler müsse zwischen mehreren Kandidaten und Parteien entscheiden können. Vgl. Der Parl. Rat, Bd. 6, S. 650–655.

14 Der Wahlrechtsausschuß sprach sich gegen die Einführung einer Sperrklausel aus, da dies eine Beschränkung der »Wahlfreiheit« gemäß Artikel 18 (vgl. Anm. 13 (oben)) bedeute. Vgl. Der Parl. Rat, Bd. 6, S. XLVI und S. 652–656.

24 Theodor Heuss: »Der Volkstag«

1 Vgl. dazu auch die Beiträge von Heuss in der Sitzung des Hauptausschusses am 22. Februar 1949 sowie in der Plenardebatte am 24. Februar 1949. Vgl. Parl. Rat, Verhandlungen des Hauptausschusses, S. 695 f und Der Parl. Rat, Bd. 9, S. 335–339.

2 Vgl. zur Verwendung des Begriffs »Volkstag« Dok. 12, Anm. 8.

3 Zur Diskussion um die Länderkammer vgl. Dok. 13.

4 Vgl. dazu den Beitrag von Lehr (CDU) in der 48. Sitzung des Hauptausschusses am 9. Februar 1949; Parl. Rat, Verhandlungen, S. 629.

5 Der am 5. September 1816 in Frankfurt eröffnete Bundestag des Deutschen Bundes war ein ständiger Gesandtenkongreß der 41 Mitgliedsstaaten unter österreichischem Vorsitz.

6 Zu Bismarck vgl. Dok. 1, Anm. 8.

7 Der Bundesrat des Norddeutschen Bundes war – wie später der Bundesrat des Deutschen Reiches – eine Vertretung der einzelnen Bundesstaaten. Vgl. die Verfassung des Norddeutschen Bundes vom 16. April 1867. Huber, Dokumente, Bd. 2, S. 274 f.

8 Der sog. II. Deutsche Volkskongreß für Einheit und gerechten Frieden, der am 17./18. März 1948 in Ostberlin tagte, benannte den am 12. Dezember 1947 gegründeten »Ständigen Ausschuß« des I. Volkskongresses in »Deutschen Volksrat« um. Außerdem wurde die Zahl der Mitglieder des neuen Volksrats um 40 auf 400 erhöht, darunter befanden sich 100 Delegierte aus den Westzonen, vgl. Dok. 12, Anm. 8.

9 Zur Frankfurter Nationalversammlung in der Paulskirche 1848/49 vgl. Dok. 3, Anm. 5.

10 Die Verfassung des Deutschen Reichs vom 28. März 1849 sah ein Abgeordnetenhaus (»Volkshaus«) vor sowie eine Vertretung der Mitgliedsstaaten im sog. Staatenhaus. Beide Häuser sollten den Reichstag bilden. Vgl. Huber, Dokumente, Bd. 1, S. 383 f.

11 Der Ausschuß für Wahlrechtsfragen sah am 4. Februar 1949 400 Abgeordnete vor. Der Entwurf zum Wahlgesetz vom 24. Februar 1949 sah 410 Abgeordnete vor, von denen 205 in Einzelwahlkreisen und 205 auf Landesliste und Bundesliste gewählt werden. Vgl. Der Parl. Rat, Bd. 6, S. 750 u. 754.

12 Vgl. die Anträge der CDU/CSU zum Wahlgesetz vom 23. sowie vom 24. Februar 1949; Der Parl. Rat, Bd. 6, S. 754 und Bd. 9, S. 361; Parl. Rat, Verhandlungen des Hauptausschusses, S. 718.
13 In der interfraktionellen Beratung vom 17. Februar 1949 erklärte sich die SPD vorübergehend zu einer Herabsetzung der Mandatszahl auf 300 bereit. Vgl. Der Parl. Rat, Bd. 11, S. 103.
14 Zur Behandlung der Frage des passiven Wahlrechts für Beamte im Ausschuß für Wahlrechtsfragen vgl. auch Der Parl. Rat, Bd. 6, S. XLVf.
15 Am 22. Februar 1949 sprach sich Heuss im Hauptausschuß für die Schaffung von Wahlkreisen »von halbwegs übersehbarer Größe« aus, weil diese einerseits auch »jüngeren Menschen« eine Kandidatur ermöglichen und andererseits eine engere Bindung zwischen Volk und potentiellem Volksvertreter schaffen würden. Vgl. Parl. Rat, Verhandlungen, S. 696.
16 Syndikus: Von einer Körperschaft zur Besorgung ihrer Rechtsgeschäfte bestellter Bevollmächtigter. Leitender Kommunal- oder Staatsbeamter.

25 Thomas Dehler: Staat und Kirche im Grundgesetz

1 In der ersten Sitzung des FDP-Gesamtvorstandes am 12./13. Februar 1949 bemerkte Dehler hierzu: »Die Haltung der FDP-Fraktion sei in den katholischen Kreisen völlig entstellt wiedergegeben worden. [...] Die Ansicht der FDP hierzu würde bleiben, daß man einen subjektiven Anspruch einer Gruppe auf die Gestaltung der Schule niemals anerkennen könne. Es sei der Vorschlag der FDP gewesen, den Religionsunterricht als Pflichtfach in allen Schulen aufzunehmen. Ein neuer Konflikt sei dadurch entstanden, daß nach der Bremer Verfassung in den Volksschulen Bremens nur biblischer Unterricht erteilt werde [...]; in den Übergangsbestimmungen ist festgelegt, daß an dieser Rechtslage nichts geändert werden soll. Das Bestreben der Kirchen sei klar, auf dem Umweg über das Grundgesetz sollen die Länder vergewaltigt werden. [...] Dieser Kampf muß ausgefochten werden. Die Bischöfe, die am Freitag und Samstag im Kloster Pützchen gemeinsam mit der CDU getagt hätten, wollten diesen Kampf auf jeden Fall weiterführen«. Vgl. FDP-Bundesvorstand, Sitzungsprotokolle, S. 21 und Anm. 3.
2 Vgl. hierzu auch den Antrag von Heuss im Ausschuß für Grundsatzfragen am 11. Januar 1949. Der Parl. Rat, Bd. 5/II, S. 936.
3 Am 11. Februar 1949 wurde nach der außerordentlichen Bischofskonferenz in Pützchen (vgl. Anm. 1) eine »Erklärung zum geplanten Grundgesetz der Bundesrepublik Deutschland« verabschiedet. Darin verwiesen die Bischöfe u. a. auf das »gottgegebene Elternrecht«, welches, ebenso wie das Reichskonkordat, nicht übergangen werden könne. Vgl. Der Parl. Rat, Bd. 11, S. 101–103. Für einen Auszug vgl. Dok. 34, Anm. 24 u. 29.
4 Die katholisch-soziale Wochenzeitung *Rheinischer Merkur* wurde im April 1946 in Koblenz von dem Publizisten Franz Albert Kramer gegründet. Er übernahm den Titel von der vom Schriftsteller Joseph von Görres von 1814 bis 1816 ebenfalls in Koblenz herausgegebenen katholischen politischen Zeitung.
5 Süsterhenn (vgl. Dok. 3, Anm. 15) engagierte sich im Parlamentarischen Rat wiederholt in kulturellen und kirchlichen Belangen.
6 Im Februar 1949 wurde die Behandlung des Elternrechts im Parlamentarischen Rat im *Rheinischen Merkur* thematisiert. Am 12. Februar 1949 schrieb Süsterhenn

selbst den Leitartikel »Schwere Entscheidung« (S. 1f.). In der gleichen Ausgabe erschien ein weiterer Artikel »Protest zum Bonner Kompromiß« (S. 2). Am 19. Februar trug der Leitartikel (S. 1f.) die Überschrift »Der Staat gegen die Eltern?«. In der gleichen Nummer hieß es in einem Kommentar mit der Überschrift »Demokratie ohne Volk ...« (S. 1): »Die Bischöfe und Kirchenleitungen beider Konfessionen sprechen im Namen von Millionen gläubiger Christen. [...] Dies alles imponiert den ›Demokraten‹ von der SPD und FDP in Bonn nicht. Die Tradition eines materialistischen Freidenkertums und eines letztlich in die Staatsomnipotenz einmündenden Rechtspositivismus erweist sich stärker als die Fähigkeit, zu einem echt freiheitlichen Denken vorzustoßen.«

7   Artikel 182 der Verfassung des Freistaates Bayern vom 2. Dezember 1946 besagt: »Die früher geschlossenen Staatsverträge, insbesondere die Verträge mit den christlichen Kirchen vom 24. Januar 1925 bleiben in Kraft«. Vgl. NAWIASKY/LEUSSER, Verfassung des Freistaats Bayern, S. 22.

8   Vgl. ebd., S. 15, 15–17 u. 17f.

9   Pyrrhussieg: Erfolg, der mit großen Opfern verbunden ist. Benannt nach dem verlustreichen Sieg des Königs Pyrrhus von Epirus (319–272 v. Chr.) über die Truppen des römischen Konsuls P. Valerius Laevinus 280 v. Chr.

10 Zu Heussens Stellungnahme zur Erklärung der Deutschen Bischöfe zum geplanten Grundgesetz, die hier vollständig zitiert ist, vgl. Bundesarchiv Koblenz, Nachlaß 129 (Höpker Aschoff), Bd. 50.

11 Scribifaces: Plural zu »Scribifax«, scherzhafte Neubildung für Schreiberling, Vielschreiber.

12 Am 8. Februar 1949 in der dritten Lesung des Grundgesetzentwurfes im Hauptausschuß teilte Süsterhenn namens der CDU/CSU, DP und Zentrum u.a. mit: »Alsdann ist der Antrag gestellt worden, in das Staatsgrundgesetz den Artikel 26, Absatz 3 der Charta der Menschenrechte der Vereinten Nationen aufzunehmen, der wie folgt lautet: ›Die Eltern haben das erste Recht, die Art der Schulerziehung zu bestimmen, die ihren Kindern zu gewähren ist.‹ Diese Bestimmung der Charta der Vereinten Nationen, die in Paris von allen Kulturstaaten der Welt mit Ausnahme Sowjetrußlands und seiner ›volksdemokratischen‹ Satellitenstaaten angenommen worden ist, hat im Parlamentarischen Rat bedauerlicherweise keine Mehrheit gefunden«. Vgl. Parl. Rat, Verhandlungen, S. 615.

13 Vgl. dazu jedoch Artikel 26 Absatz 3 der Allgemeinen Erklärung der Menschenrechte vom 10. Dezember 1948: »Parents have a prior right to choose the kind of education that shall be given to their children«. Vgl. BROWNLIE, Basic Documents, S. 26.

14 Die Allgemeine Erklärung der Menschenrechte vom 10. Dezember 1948 wurde in der UN-Vollversammlung mit 48 Stimmen bei acht Enthaltungen angenommen. Vgl. BROWNLIE, Basic Documents, S. 21.

15 Zu Hundhammer vgl. Dok. 8, Anm. 15.

26 Theodor Heuss: Die Denkschrift der Besatzungsmächte

1   Am Aschermittwoch, dem 2. März 1949, übermittelten die Alliierten einer Delegation des Parlamentarischen Rates ein Memorandum, in dem sie ihre Forderungen in Form von Entwürfen zu Grundgesetzartikeln vorlegten, die aber aufgrund einer ungenauen Übersetzung zum Teil mißverständlich waren. Vgl. Der Parl. Rat, Bd. 8, S. XLIV und 120–146.

2   Am 11. Februar 1949 übermittelte der Parlamentarische Rat den Grundgesetzentwurf in der Fassung der dritten Lesung des Hauptausschusses den Alliierten. Gleichzeitig erläuterte der Fünferausschuß den Alliierten in einer Denkschrift den »föderativen Charakter des Grundgesetzes«. In der Erwartung auf baldige Zustimmung der Militärgouverneure rechneten die Abgeordneten des Parlamentarischen Rates damit, am 25. Februar 1949 mit der zweiten Lesung im Plenum die Schlußphase der Grundgesetzverhandlungen einleiten zu können. Die Alliierten konnten zunächst untereinander keine Einigung erzielen und ließen am 18. Februar 1949 mitteilen, daß die Prüfung des Grundgesetzentwurfes zu zeitlichen Verzögerungen führen würde. Im Parlamentarischen Rat wurde deshalb mit der Lesung des Wahlrechts im Hauptausschuß und im Plenum begonnen. Vgl. Der Parl. Rat, Bd. 8, S. XLII–XLIII, 101–105 und 109.
3   Die Forderung nach einer föderativen Regierungsform war bereits Bestandteil des Londoner Schlußkommuniqués vom 7. Juni 1948, vgl. Dok. 1 Anm. 1. Vgl. auch Dok. 12.
4   Mit Übergabe des Memorandums vom 2. März 1949 teilten die Militärgouverneure mit, daß ihre Verbindungsbeamten und Finanzsachverständigen für Gespräche mit Abgeordneten zur Verfügung stünden. Die Verhandlungen bereitete seit dem 3. März 1949 der interfraktionelle Siebenerausschuß vor, bestehend aus den bisherigen Mitgliedern des Fünferausschusses (von Brentano, Kaufmann, Menzel, Schmid und Schäfer) sowie Johannes Brockmann (1888–1975), Zentrum, und Hans-Christoph Seebohm (1903–1967), DP. Vgl. Der Parl. Rat, Bd. 8, S. XLIV. Bd. 10, S. 95 u. Bd. 11, S. XXX–XXXII und 117 f.
5   Zur Konferenz von Potsdam vgl. Dok. 17, Anm. 1.
6   Bereits am 27. Juli 1945 beschloß die am 9. Juni 1945 in Berlin gebildete Sowjetische Militäradministration in Deutschland (SMAD) die Errichtung von elf ihr zugeordneten Zentralverwaltungen für die gesamte sowjetische Besatzungszone.
7   Charles Maurice de Talleyrand (1754–1838), französischer Staatsmann, sicherte als Außenminister 1814/15 auf dem Wiener Kongreß erfolgreich die Großmachtstellung Frankreichs.
8   Vgl. Dok. 19, Anm. 7.
9   Vgl. dazu bereits Anm. 4.
10 In dem Memorandum der Militärgouverneure zum Grundgesetzentwurf vom 2. März 1949 wurde beanstandet, daß Artikel 36 die Zuständigkeiten der Bundesregierung nicht ausreichend klar definiere. Vgl. Der Parl. Rat, Bd. 8, S. 131–133.
11 Vgl. Der Parl. Rat, Bd. 2, S. 585.
12 Vgl. Dok. 12, Anm. 6.
13 Vgl. dazu bereits Dok. 19.
14 Der Parlamentarische Rat kam mit den Ministerpräsidenten am 4. Februar 1949 überein, daß die Ausarbeitung des Wahlgesetzes in die Kompetenz des Parlamentarischen Rats falle. Bezüglich des Entwurfs des Wahlgesetzes, den der Parlamentarische Rat am 24. Februar 1949 verabschiedete, erklärten die Militärgouverneure am 2. März 1949, daß der Parlamentarische Rat die Zahl der Abgeordneten und deren Aufschlüsselung auf die Länder bestimmen könne. Die Ministerpräsidenten sollten jedoch »die nötige Gesetzgebung in jedem Landtag vorbereiten«. Vgl. Der Parl. Rat, Bd. 6, S XI–XII u. Bd. 8, S. 145.
15 Zur Bayernpartei vgl. Dok. 8, Anm. 16.

27 Thomas Dehler: Der deutsche Staat im Werden

1 Zur Rolle der kommunistischen Abgeordneten im Parlamentarischen Rat vgl. bereits Dok. 5, Anm. 5.
2 Die Grundrechte wurden anders als in der Weimarer Reichsverfassung von 1919 an den Anfang des Grundgesetzentwurfes gestellt. Vgl. Der Parl. Rat, Bd. 7, S. 397 ff. Zur Bedeutung der Grundrechte vgl. auch Dok. 4.
3 Vgl. Dok. 16.
4 Artikel 90 der vom Hauptausschuß in dritter Lesung angenommenen Fassung vom 10. Februar 1949. Vgl. Der Parl. Rat, Bd. 7, S. 417 f. Zum konstruktiven Mißtrauensvotum vgl. auch Dok. 16, Anm. 2.
5 Vgl. Artikel 124 a in der vom Hauptausschuß in dritter Lesung angenommenen Fassung. Der Parl. Rat, Bd. 7, S. 434 f. Höpker Aschoff schlug die Einführung eines solchen Artikels in die deutschen Verfassungen bereits 1928 vor. Er stammt aus der englischen Verfassungstradition und gilt seit seiner Einführung in das Grundgesetz (Artikel 112) als »Lex Höpker Aschoff«. Vgl. Der Parl. Rat, Bd. 12, S. XXXVIII.
6 Zur Haltung Dehlers vgl. bereits Dok. 22.
7 Zu Ehard vgl. Dok. 8, Anm. 2.
8 Vgl. dazu das Treffen zwischen dem bayerischen Ministerpräsidenten Ehard (CSU) und dem Abgeordneten Menzel (SPD), bei dem die Schaffung eines Bundesrates vereinbart wurde. Vgl. Dok. 13, Anm. 6.
9 Ehard erklärte auf der Vorstandssitzung des Bezirksverbandes Oberfranken der CSU am 26. Februar 1949 u. a., daß im Parlamentarischen Rat für das wichtigste Gebiet einer föderalistischen Staatsgestaltung, die Finanzen, noch keine Lösung gefunden sei. Ebensowenig sah er die Auftragsverwaltung durch die Landesfinanzbehörden gewährleistet. Ferner führte Ehard aus:»Die Haltung, die ich in voller Übereinstimmung mit dem bayerischen Kabinett in der Verfassungsfrage eingenommen habe, war immer so klar und eindeutig, daß daran nicht gedeutelt werden kann. Wir verfolgen eine realistische Linie, die in unseren deutschen und bayerischen Auffassungen begründet ist«. Vgl. »Bayerns Standpunkt zu Bonn«, in: *Fränkischer Tag* vom 1. März 1949, S. 1–2.
10 In der Vorlage »Schumann«. Zu Schuman vgl. Dok. 8, Anm. 8.
11 Am 1. März 1949 erklärte Schuman vor dem Rat der Republik das Londoner Schlußkommuniqué zitierend (vgl. Dok 1, Anm. 1):»En effet, dans sa teneur actuelle, le projet attribue aux organismes centraux une compétence législative et financière prépondérante, au détriment des Länder c'est à dire des Etats confédéraux. [...] La France ne saurait accepter la reconstitution, même à terme, d'un nouveau Reich; fût-il à base démocratique et fût-il limité à l'Allemagne occidentale«. Vgl. Journal officiel de la République Française. Débats parlementaires, Conseil de la République 1949, S. 422.
12 Zum Memorandum der Militärgouverneure vom 2. März 1949 vgl. Dok. 26.
13 Zum Elternrecht vgl. Dok. 14, Anm. 11.
14 Zum Reichskonkordat vom 20. Juli 1933 vgl. Dok. 18, Anm. 25.
15 Vgl. dazu die Erklärung der Deutschen Bischöfe vom 11. Februar 1949 zum geplanten Grundgesetzentwurf; Dok. 25.
16 Vgl. das in Anmerkung 12 genannte Memorandum vom 2. März 1949.
17 Zum sog. Frankfurter Dokument Nr. II, vgl. Dok. 2, Anm. 1.
18 Der »getreue Eckart«: deutsche Sagengestalt, die in verschiedenen Überlieferun-

gen als Ratgeber- und Mahnerfigur, oder, wie im Nibelungenlied und in der Tannhäusersage, als Wächter auftritt.
19 Wilhelm Laforet (1877–1959), CSU, Ordinarius für deutsches und bayerisches Verwaltungs- und Staatsrecht in Würzburg.
20 Vgl. Dok. 23 und Dok. 26, Anm. 2 sowie 14.
21 Vgl. dazu bereits Dok. 20, Anm. 8.
22 Dehlers Optimismus, das Ende der Beratungen des Parlamentarischen Rats stünde unmittelbar bevor, wurde u. a. von Menzel (vgl. Dok. 5, Anm. 13) geteilt. Da die Verhandlungen zwischen Mitgliedern des Siebenerausschusses und den Alliierten vom 8. bis 10. März 1949 wiederum ergebnislos blieben und auch nachfolgende Besprechungen unbefriedigend verliefen, sank »die Stimmung unter den Deutschen auf den Nullpunkt«. Vgl. FELDKAMP, Parl. Rat, S. 156. Nach demoskopischen Untersuchungen standen im März 1949 40% der Deutschen in den Westzonen der künftigen Verfassung gleichgültig gegenüber. Weitere 33% zeigten sich mäßig interessiert und nur 21% sehr interessiert. Vgl. Jahrbuch der öffentlichen Meinung 1947–1955, hg v. NOELLE/NEUMANN, Allensbach 1956, S. 157.

28 Thomas Dehler: Das Grundgesetz und die Wirtschaft

1 Vgl. Dok. 4, Anm. 3.
2 Vgl. Artikel 151, 152 und 153 der Verfassung des Deutschen Reichs vom 11. August 1919; Reichsgesetzblatt 1919, S. 1412.
3 Artikel 154 der Verfassung des Deutschen Reichs vom 11. August 1919 besagt: »Das Erbrecht wird nach Maßgabe des bürgerlichen Rechtes gewährleistet. Der Anteil des Staates am Erbgut bestimmt sich nach den Gesetzen«. Vgl. Reichsgesetzblatt 1919, S. 1413.
4 Artikel 165 der Verfassung des Deutschen Reichs vom 11. August 1919 sah außer der Einrichtung von Betriebsarbeiterräten auch einen Reichsarbeiterrat vor. Diese sollten u. a. »zur Mitwirkung bei der Ausführung der Sozialisierungsgesetze mit den Vertretungen der Unternehmer und sonst beteiligter Volkskreise zu Bezirkswirtschaftsräten und zu einem Reichswirtschaftsrat« zusammentreten. Vgl. Reichsgesetzblatt 1919, S. 1415.
5 In Artikel 157 der Verfassung des Deutschen Reichs vom 11. August 1919 heißt es: »Die Arbeitskraft steht unter dem besonderen Schutz des Reichs. Das Reich schafft ein einheitliches Arbeitsrecht«. Vgl. Reichsgesetzblatt 1919, S. 1413.
6 Vgl. Artikel 164 der Verfassung des Deutschen Reichs vom 11. August 1919; Reichsgesetzblatt 1919, S. 1414. Zitiert in Dok. 29, Anm. 3.
7 Vgl. Artikel 155 der Verfassung des Deutschen Reichs vom 11. August 1919; Reichsgesetzblatt 1919, S. 1413.
8 Vgl. zu Lykurgos Dok. 9, Anm. 8.
9 Am 1. Dezember 1946 wurde die Verfassung von Groß-Hessen per Referendum mit 71% bestätigt. Den darin enthaltenen Artikel 41 über die Sozialisierung, über den eigens abgestimmt wurde, beließ die amerikanische Militärregierung zwar in der Verfassung, suspendierte jedoch seine Ausführung.
10 Die Bestimmungen über die Sozial- und Wirtschaftsordnung waren in sämtlichen Landesverfassungen ähnlich formuliert und schufen einen gesetzlichen Rahmen für die Einführung einer Bedarfsdeckungs- und Planwirtschaft. Am weitesten gingen die Verfassungen von Hessen und Bremen.

11 Der im ursprünglichen Entwurf der bayerischen Verfassung enthaltene Passus, die Volkswirtschaft nach einem einheitlichen Plan zu lenken, wurde von der US-Militärregierung nicht nur wegen ihrer grundsätzlichen Abneigung gegen die Planwirtschaft, sondern auch, um nicht die Kompetenzen späterer Zentralorgane zu blockieren, abgelehnt.
12 Vgl. Dok. 18, Anm. 23 u. 24.
13 Am 12./13. März 1949, auf der Sitzung des SPD-Vorstandes über das Thema »SPD-Vorstand zu Grundgesetz und Memorandum« in Köln, konnte Schmid (vgl. Dok. 3, Anm. 15) nur mit Mühe verhindern, daß die SPD negativ zum Gang der Beratungen des Parlamentarischen Rats Stellung bezog. Der Parteivorstand um den Vorsitzenden Schumacher (vgl. Dok. 5, Anm. 12) zeigte sich weniger kompromißgeneigt und schien bereit, den vorliegenden Grundgesetzentwurf abzulehnen. Adenauer berichtete der CDU/CSU-Fraktion am 17. März 1949, daß Zinn (vgl. Dok. 13, Anm. 9) beim Parteivorstand der SPD den Antrag gestellt habe, das Grundgesetz abzulehnen. Vgl. Der Parl. Rat, Bd. 8, S. XLVIII, Bd. 11, S. XXXIII, 122 und 125, sowie SALZMANN, CDU/CSU, S. 432 f.
14 Vgl. Artikel 12 der vom Hauptausschuß in dritter Lesung angenommenen Fassung vom 10. Februar 1949; Der Parl. Rat, Bd. 7, S. 400.
15 Vgl. Artikel 9, Absatz 3 der Fassung vom 10. Februar 1949. Der Parl. Rat, Bd. 7, S. 400.
16 Vgl. Artikel 14 der Fassung vom 10. Februar 1949. Der Parl. Rat, Bd. 7, S. 401.
17 Der Allgemeine Redaktionsausschuß legte in seiner Fassung vom 16. November 1948 zu den Formulierungen der Fachausschüsse zwei Varianten vor. Die durch von Brentano (vgl. Dok. 13, Anm. 10) und Dehler vorgeschlagene Variante lautete: »(1) Jede Enteignung von Bodenschätzen und ganzen Produktionszweigen zum Zwecke der Überführung in Gemeineigentum bedarf eines förmlichen Gesetzes. (2) Sie ist nur zulässig, wenn es das Wohl der Allgemeinheit erfordert [...]«. Vgl. Der Parl. Rat, Bd. 7, S. 41.
18 Vgl. Artikel 35 der Fassung des Hauptausschusses vom 10. Februar 1949. Der Parl. Rat, Bd. 7, S. 423 f. Vgl. auch Artikel 96 der Fassung des Siebenerausschusses vom 17. März 1949. Der Parl. Rat, Bd. 7, S. 457 f.
19 Vgl. Artikel 36 der Fassung des Hauptausschusses vom 10. Februar 1949. Der Parl. Rat, Bd. 7, S. 424 f. Vgl. auch Artikel 97 der Fassung des Siebenerausschusses vom 17. März 1949. Der Parl. Rat, Bd. 7, S. 458 f.
20 Vgl. Artikel 128–4 der Fassung des Hauptausschusses vom 10. Februar 1949. Der Parl. Rat, Bd. 7, S. 420. Vgl. auch Artikel 95 c der Fassung des Siebenerausschusses vom 17. März 1949. Der Parl. Rat, Bd. 7, S. 457.
21 Vgl. Artikel 105 der Fassung des Hauptausschusses vom 10. Februar 1949. Der Parl. Rat, Bd. 7, S. 426.
22 Vgl. Artikel 116 a der Fassung des Hauptausschusses vom 10. Februar 1949. Der Parl. Rat, Bd. 7, S. 431.
23 Vgl. Artikel 117 der Fassung vom 10. Februar 1949. Der Parl. Rat, Bd. 7, S. 431.
24 Vgl. Artikel 118 der Fassung vom 10. Februar 1949. Der Parl. Rat, Bd. 7, S. 432.
25 Vgl. Artikel 124c der Fassung vom 10. Februar 1949. Der Parl. Rat, Bd. 7, S. 435.
26 Vgl. Artikel 122, 122a, 122b und 123 der Fassung des Hauptausschusses vom 10. Februar 1949. Der Parl. Rat, Bd. 7, S. 433–434. Vgl. auch Artikel 122 und 123 der Fassung des Siebenerausschusses vom 17. März 1949. Der Parl. Rat, Bd. 7, S. 460–461.

27 Vgl. Artikel 138c-5 der Fassung des Hauptausschusses vom 10. Februar 1949. Der Parl. Rat, Bd. 7, S. 437.

29 Thomas Dehler: Bonn und das Handwerk

1 Der von den Alliierten mißverstandene Begriff »Vorranggesetzgebung« wurde in den Änderungsvorschlägen des Siebenerausschusses vom 17. März 1949 durch den Ausdruck »konkurrierende Gesetzgebung« ersetzt. In Artikel 97 heißt es unter Absatz 10: »Die konkurrierende Gesetzgebung erstreckt sich auf [...] das Recht der Wirtschaft (Bergbau, Industrie, Energiewirtschaft, Handwerk, Gewerbe, Handel, Bank- und Börsenwesen, privatrechtliches Versicherungswesen)«. Vgl. Der Parl. Rat, Bd. 7, S. 458.
2 Zum Memorandum der Militärgouverneure vom 2. März 1949 vgl. Dok. 26.
3 In Artikel 164 der Verfassung des Deutschen Reichs vom 11. August 1919 heißt es wörtlich: »Der selbständige Mittelstand in Landwirtschaft, Gewerbe und Handel ist in Gesetzgebung und Verwaltung zu fördern und gegen Überlastung und Aufsaugung zu schützen«. Vgl. Reichsgesetzblatt 1919, S. 1414.
4 Artikel 153 der Verfassung des Freistaates Bayern vom 2. Dezember 1946 besagt: »Die selbständigen Kleinbetriebe und Mittelstandsbetriebe in Landwirtschaft, Handwerk, Handel, Gewerbe und Industrie sind in der Gesetzgebung und Verwaltung zu fördern und gegen Überlastung und Aufsaugung zu schützen. Sie sind in ihren Bestrebungen, ihre wirtschaftliche Freiheit und Unabhängigkeit sowie ihre Entwicklung durch genossenschaftliche Selbsthilfe zu sichern, vom Staat zu unterstützen [...]« Vgl. NAWIASKY/LEUSSER, Verfassung des Freistaates Bayern, S. 19.
5 Zu den Biographien der Abgeordneten des Parlamentarischen Rates vgl. FELDKAMP, Parl. Rat, S. 41 u. 185–198.
6 Dehlers Vater Georg Dehler (1850–1921) war Metzgermeister, Bierbrauer und Gastwirt. Vgl. dazu auch WENGST, Dehler, S. 13–15.
7 Karl Reichsfreiherr vom und zum Stein (1757–1831), preußischer Staatsmann, reformierte und modernisierte nach der preußischen Niederlage gegen Frankreich 1806/07 Staat und Gesellschaft in Preußen.
8 Karl August von Hardenberg (1750–1822), preußischer Staatsmann, setzte die Reformen von Stein fort.
9 Vgl. das Edikt vom 2. November 1810 betreffend der Einführung einer allgemeinen Gewerbesteuer. In vier weiteren zwischen dem 7. und 14. September 1811 erlassenen Gesetzen wurde die Gewerbefreiheit in Preußen detailliert geregelt und erfaßte nun auch die Landbevölkerung.
10 In der Akte des Rheinbunds erklärten 16 süd- und westdeutsche Fürsten zum 1. August 1806 ihre Trennung vom »Heiligen Römischen Reich Deutscher Nation« sowie ihre Souveränität und unterstellten sich dem Protektorat des französischen Kaisers Napoleon, dem sie sich zur Heeresfolge verpflichteten. Dem Rheinbund traten 1806/07, nach der Niederlage Preußens gegen Napoleon, weitere Staaten bei. Innenpolitisch erfolgten Reformen nach französischem Vorbild. 1813 löste sich der Rheinbund im Zuge der Befreiungskriege auf.
11 In der Vorlage: Rudolf Kamphausen. Ludolf Camphausen (1803–1890), Bankier und Politiker, 29. März bis 20. Juni 1848 preußischer Ministerpräsident. Das neu eingeführte Handelsministerium leitete in dieser Zeit Robert Freiherr von Patow (1804–1890).

12 Die von Gottfried Kinkel (1815–1882) verfaßte »Petition der Bonner Handwerker« an Ministerpräsident Camphausen vom 18. April 1848 wurde unter dem Titel veröffentlicht: »An unsere Brüder im Handwerk! Achtundzwanzig Artikel. Als Petition der Handwerksmeister in der Stadt Bonn dem Staatsminister Herrn Camphausen übersandt im April 1848«, Bonn 1848. Vgl. dazu auch SCHLOSSMACHER, »Die Aufregung ...«.
13 Vom 14. Juli bis 18. August 1848 tagte in Frankfurt am Main ein Handwerker- und Gewerbekongreß.
14 Wörtlich heißt es im Aufruf der Handwerker: »Wer möchte es [...] dem deutschen Handwerkerstande verargen, wenn er, dem nur noch einige Athemzüge vergönnt sind, die letzten Kräfte zusammenrafft und im Angesicht Deutschlands, unter den Augen seiner Vertreter im deutschen Parlamente, einen feierlichen, von Millionen Unglücklichen besiegelten Protest ausruft gegen die Gewerbefreiheit«. Vgl. Appell des Deutschen Handwerker- und Gewerbekongresses »An die hohe verfassunggebende National-Versammlung« vom 15. August 1848, in: DOWE/OFFERMANN, Deutsche Handwerker- und Arbeiterkongresse, S. 180.
15 Die amerikanische Militärregierung führte mit der Direktive vom 29. November 1948 die Gewerbefreiheit ein. Die Direktive richtete sich u. a. gegen Lizenzen durch Konzessionen oder Befähigungsnachweise, die aus amerikanischer Sicht ein Relikt des Zunftwesens darstellte. Daraufhin plädierte Ludwig Erhard (1897–1977), Direktor der Verwaltung für Wirtschaft, am 15. Dezember 1948 gegenüber dem amerikanischen und dem britischen Militärgouverneur zunächst für die Aufrechterhaltung des großen Befähigungsnachweises und des Meistertitels in allen Besatzungszonen. Vgl. Akten zur Vorgeschichte der Bundesrepublik Deutschland, Bd. 4, S. 1013 u. 1026 sowie Bd. 5, S. 24.
16 Vgl. die Gewerbeordnung für den Norddeutschen Bund vom 21. Juni 1869; Bundesgesetzblatt des Norddeutschen Bundes 1869, S. 242–282.
17 Vgl. das Gesetz, betreffend die Abänderung der Gewerbeordnung vom 26. Juli 1897; Reichsgesetzblatt 1897, S. 663–703.
18 Vgl. das Gesetz, betreffend die Abänderung der Gewerbeordnung vom 30. Mai 1908; Reichsgesetzblatt 1908, S. 356–360.
19 Zu Maier vgl. Dok. 2, Anm. 7.
20 Am 13. Dezember 1948 protestierte die Arbeitsgemeinschaft des württembergbadischen Handwerks in Stuttgart auf ihrer Kundgebung gegen das Gesetz zur Einführung der Gewerbefreiheit (vgl. Anm. 15). Ministerpräsident Maier bezeichnete das Gesetz als widersinnig und warf der Militärregierung Einmischung in eine »rein innerdeutsche Angelegenheit« vor. Vgl. »Protest gegen schrankenlose Gewerbefreiheit«, in: *Stuttgarter Zeitung* vom 14. Dezember 1948, S. 5. MATZ, Reinhold Maier, S. 219–221, stellt bezüglich dieses Konflikts fest, daß Maier seine Stimme gegen einen Befehl der Besatzungsmacht nie lauter erhoben habe. Am 15. Dezember 1948 beschloß der württemberg-badische Ministerrat, den Befehl nicht auszuführen. Erst einem Befehl vom 11. Januar 1949 leistete er Folge.
21 Im »Manifest der Kommunistischen Partei«, von Karl Marx (1818–1883) und Friedrich Engels (1820–1895) 1848 veröffentlicht, heißt es u. a.: »Die bisherigen kleinen Mittelstände, die kleinen Industriellen, Kaufleute und Rentiers, die Handwerker und Bauern, alle diese Klassen fallen ins Proletariat hinab [...]«. Vgl. MARX/ENGELS, Werke, Bd. 4, S. 469.

22 Am 15. Februar 1949 beriet der Wirtschaftsrat den sog. Gesetzentwurf zur Besteuerung besonderen Aufwandes (Drucksache 1949/Nr. 945) in erster Lesung. Waren, die nicht der einfachen Lebensführung dienen, sollten demnach erhöht besteuert werden. Die FDP-Fraktion lehnte den Entwurf ab. Vgl. Wörtliche Berichte und Drucksachen des Wirtschaftsrates, Bd. 3, S. 1391–1400. Am 11. März 1949 erklärte der Vorsitzende der FDP-Fraktion im Wirtschaftsrat Franz Blücher (1896–1959) in der gemeinsamen Sitzung des FDP-Gesamtvorstandes und der liberalen Fraktionen des Wirtschaftsrats sowie des Parlamentarischen Rats, die Fertigung von Qualitätsgütern sei dringend notwendig. England baue die Luxussteuer ab. Die FDP müsse dafür sorgen, daß die Steuer falle. Vgl. FDP-Bundesvorstand, Sitzungsprotokolle, S. 28f.

30 Theodor Heuss: Politische Gespräche

1 Der Artikel erschien erneut am 2. April 1949 im *Informationsdienst der Freien Demokratischen Partei Landesverband Bayern* Nr. 73.
2 Der von 1949 bis 1953 bestehende Nauheimer Kreis, gegründet von dem Würzburger Historiker Ulrich Noack (1899–1974), trat für die Wiedervereinigung Deutschlands ein, die durch eine Neutralisierung der ost- und westdeutschen Zonen unter Preisgabe der deutschen Ostgebiete erreicht werden sollte.
3 Der sog. Studienkreis Traunstein, die örtliche Vereinigung der Deutschen Wählergesellschaft, veröffentlichte u. a. den Vortrag des ehemaligen Reichskanzlers Hans Luther vom 5. Oktober 1948 im Ausschuß für Wahlrechtsfragen. Vgl. Der Parl. Rat, Bd. 6, S. 163 und Dok. 23, Anm. 4 u. 9. Luther wohnte nach dem Zweiten Weltkrieg in der Nähe von Traunstein. Heuss wird den 1947 gegründeten »Freien Traunsteiner Künstlerkreis« nicht gemeint haben.
4 Der Laupheimer Kreis geht auf die Initiative von Ulrich Steiner (1908–1951), stellvertretender CDU-Landesvorsitzender von Württemberg-Hohenzollern, zurück.
5 Am 13. März 1949 berieten prominente Politiker, darunter Blücher (vgl. Dok. 29, Anm. 22) und Erhard (vgl. Dok. 29, Anm. 15) bei Andreas Hermes (1878–1964) in Bad Godesberg, wie die deutsche Einheit zu erhalten und das Deutsche Reich in den Grenzen von 1937 zu konservieren sei. Hermes war als Vorsitzender sowie Gründer der CDU in Berlin und der Ostzone von der sowjetischen Militäradministration im Dezember 1945 zum Rücktritt gezwungen worden. Vgl. »Die Godesberger Konferenz«, in: *Stuttgarter Zeitung* v. 15. März 1949, S. 2. Zu Nadolnys politischer Konzeption vgl. RUDOLF NADOLNY, Völkerrecht und Deutscher Friede, Osnabrück 1949.
6 Rudolf Nadolny (1873–1953), Diplomat, strebte während der Weimarer Republik die Leitung des Auswärtigen Amtes an, unterhielt nach 1945 intensive Kontakte zu den Besatzungsmächten, darunter bis Herbst 1947 auch zur sowjetischen Militäradministration. Er verfaßte mehrere Denkschriften zur deutschen Frage, darunter NADOLNY, Völkerrecht.
7 Nadolny wurde im Herbst 1933 zum deutschen Botschafter in Moskau ernannt. Schon im Juni 1934 trat er wieder von diesem Amt zurück, weil er sein Konzept eines Ausbaus und einer Vertiefung der deutsch-sowjetischen Beziehungen nicht gegen die zu diesem Zeitpunkt gegenläufigen Intentionen des Außenministers Konstantin Freiherr von Neurath (1873–1956) und vor allem des Reichskanzlers und »Führers« Adolf Hitler (1889–1945) durchsetzen konnte.

8 Vgl. dazu auch Der Parl. Rat, Bd. 10, S. XXV.
9 Vgl. den Besuch des Vorsitzenden der CDU in der Ostzone und Präsidenten des Volksrats, Otto Nuschke (1883–1957), der am 1. März 1949 mit Adenauer zusammentraf. Vgl. Der Parl. Rat, Bd. 10, S. XVIII f, 92 und FELDKAMP, Parl. Rat, S. 142–147.
10 Am 21. März 1949 schlug das Präsidium des Deutschen Volksrats in der Ostzone eine gemeinsame Besprechung mit Delegierten des Frankfurter Wirtschaftsrats und des Parlamentarischen Rats vor, mit dem Ziel einer Wiedervereinigung der vier Besatzungszonen. Vgl. Der Parl. Rat, Bd. 10, S. XXIII f. und 96 f.
11 Der »I. Deutsche Volkskongreß für Einheit und gerechten Frieden« trat am 6./7. Dezember 1947 auf Initiative der SED in Berlin zusammen, vgl. Dok. 24, Anm. 8.
12 Der Verfassungsentwurf für die Ostzone vom Oktober 1948 beruhte auf dem Grundsatz der parlamentarisch verfaßten Volkssouveränität und der Gewalteneinheit. Die Volkskammer war nach Artikel 50 des Entwurfes der Regierung übergeordnet.
13 Der Ältestenrat des Parlamentarischen Rats lehnte am 6. April 1949 die Einladung zu Gesprächen mit Vertretern des Deutschen Volksrates ab, »da er die Gleichwertigkeit in der demokratischen Legitimation der Einladenden anzuerkennen nicht in der Lage ist«. Heuss beteiligte sich an der Formulierung dieser Verlautbarung maßgeblich. Vgl. Der Parl. Rat Bd. 10, S. 96 f.

31 Thomas Dehler: Die Lage in Bonn

1 Für den Wortlaut des Schlußkommuniqués der Londoner Sechsmächte-Konferenz vom 7. Juni 1948 vgl. Der Parl. Rat, Bd. 1, S. 12. Vgl. dazu auch Dok. 1, Anm. 1.
2 Vgl. Dok. 7, Anm. 8.
3 Zum Memorandum der alliierten Militärgouverneure vom 2. März 1949 vgl. Dok. 26.
4 Am 2./3. April 1949 stellte der FDP-Gesamtvorstand fest: »Die Besatzungsmächte müssen erkennen, daß eine deutsche Verfassung der demokratischen Legitimation entbehren würde, wenn den deutschen Abgeordneten die Freiheit verantwortlicher Entscheidung genommen und dem deutschen Volke eine von ihm nicht gewollte Verfassung aufgezwungen wird«. Vgl. FDP-Bundesvorstand, Sitzungsprotokolle, S. 36.
5 Zum Vertrag von Versailles vom 28. Juni 1919 vgl. Dok. 17, Anm. 9.
6 Am 25. März 1949 lehnten die alliierten Verbindungsoffiziere den Grundgesetzentwurf des Siebenerausschusses vom 17. März 1949 ab, da dieser dem alliierten Memorandum vom 2. März 1949 nicht genügend Rechnung getragen habe. Vgl. Der Parl. Rat, Bd. 8, S. XLVIII–XLIX u. 211–216.
7 Vgl. Dok. 22 u. Dok. 29, Anm. 1.
8 Der FDP-Gesamtvorstand stellte dazu am 2./3. April 1949 fest: »Die baldige erfolgreiche Verabschiedung des Grundgesetzes ist eine zwingende politische Notwendigkeit, weil nur so eine legitime Vertretung Deutschlands, auch in den internationalen Organen, möglich wird; weil nur so die Zonengrenzen überwunden [...] werden können.« Vgl. FDP-Bundesvorstand, Sitzungsprotokolle, S. 36.

32 Thomas Dehler: Die Schuld Bayerns

1 Walter von Cube (1906–1984), Publizist. Der gebürtige Stuttgarter (daher Dehler ironisch: »Urbajuware«) war in den zwanziger und dreißiger Jahren Volontär und Redakteur beim *Berliner Tagblatt*, dann freier Mitarbeiter der *Frankfurter Zeitung*. Nach 1945 wirkte von Cube als Redakteur der *Neuen Zeitung* und wurde erster Chefredakteur und Kommentator des am 10. August 1948 gegründeten Bayerischen Rundfunks. Im Januar 1948 übernahm von Cube die Zeitschrift »Der Ruf«, unter dessen Leitung die Kritik an der amerikanischen Besatzungspolitik auf eine moderatere Position einschwenkte.
2 Zu Ministerpräsident Ehard vgl. Dok. 8, Anm. 2.
3 Zu Baumgartner vgl. Dok. 8, Anm. 16.
4 Zum Junius-Kommentar vgl. Dok. 15, S. 98 in diesem Band.
5 Zu Hoegner vgl. Dok. 5, Anm. 15.
6 Zum Elternrecht vgl. Dok. 14, Anm. 11.
7 Zum Reichskonkordat vgl. Dok. 18, Anm. 25.
8 Für den Wortlaut des Grundgesetzentwurfes des Siebenerausschusses vom 17. März 1949 vgl. Der Parl. Rat, Bd. 7, S. 457–461. Vgl. dazu auch Dok. 33.
9 Zur Ablehnung des Entwurfes durch die alliierten Verbindungsoffiziere am 25. März 1949 vgl. bereits Dok. 31, Anm. 6.
10 Am 5. März 1949 erklärte Ehard (vgl. Dok. 8, Anm. 2) gegenüber der *Süddeutschen Zeitung*, daß die von den Alliierten vorgeschlagenen Korrekturen hinter den föderalistischen Forderungen der bayerischen Staatsregierung zurückblieben. Trüge der Parlamentarische Rat dem Memorandum Rechnung, gäbe es eine Verfassung, »die den äußersten Kompromiß darstellen würde«. Vgl. Kock, Bayerns Weg, S. 311.
11 Vgl. dazu Dok. 8, Anm. 4.
12 Zum Föderalismus in den USA und der Schweiz vgl. Dok. 18, Anm. 13 u. 14.
13 Vgl. dazu den Kompromiß zwischen Ministerpräsident Ehard und dem SPD-Abgeordneten Menzel, Dok. 13, Anm. 6.
14 In der Vorlage: Schumann. Zu Schuman vgl. Dok. 8, Anm. 8.
15 Am 26. März 1949 erklärte von Cube im Bayerischen Rundfunk: »Ob wir einen deutschen Staat bekommen werden oder nicht, hängt, um es zugespitzt zu sagen, davon ab, wie weit Herr Höpker Aschoff, der böse Geist von Bonn, seinen Reichsfinanzehrgeiz zu zügeln in der Lage ist«. von Cube, Widerspruch, S. 262.
16 Zum Kompromiß des Fünferausschusses vom 5. Februar 1949 vgl. Dok. 12.
17 Reservatio mentalis: gedanklicher Vorbehalt.
18 Zu Pfeiffer vgl. Dok. 3, Anm. 15.
19 Am 25. März 1949 berichtete der britische Verbindungsoffizier Chaput de Saintonge (geb. 1912) hinsichtlich der Frage des Föderalismus und der Bundesfinanzverwaltung: »The CDU fears that the SPD will re-open the whole political compromise [...] They now hesitate to be party to presenting an unsatisfactory basic law which risks being disapproved both by the Military Governors and their own CSU wing«. Vgl. Der Parl. Rat, Bd. 8, S. 215. Vgl. dazu auch Pfeiffers Aktenvermerk für den bayerischen Ministerpräsidenten Ehard vom 15. März 1949, ebd. S. 197–202.
20 Vgl. zu Baumgartner Dok. 8, Anm. 16.
21 Don Quichotte, Phantast und abenteuersüchtiger Narr eines satirischen Romans

des spanischen Dichters Miguel de Cervantes Saavedra (1547–1616) aus dem Jahre 1605/1615.
22 Kartoffelkrieg: scherzhafte Bezeichnung für den bayerischen Erbfolgekrieg 1778/79.
23 Zu Frantz vgl. Dok. 1, Anm. 6.
24 Vgl. zu Richelieu Dok. 15, Anm. 18.
25 Edmund Jörg (1819–1901), Historiker, katholischer Politiker und Publizist. Jörg war von 1866 bis 1881 der Fraktionsführer der Patriotenpartei im bayerischen Landtag. 1870/71 sprach er sich für ein neutrales und selbständiges Bayern aus.
26 Georg Heim (1865–1938), Agrarpolitiker. 1918/19 Mitbegründer der föderalistischen Bayerischen Volkspartei, die sich 1920 aus der Fraktionszugehörigkeit zum Zentrum löste. Heim stimmte als einziger seiner Fraktion in der Weimarer Nationalversammlung gegen die Reichsverfassung von 1919, die er wegen der Finanzreformen von Matthias Erzberger (vgl. Dok. 1, Anm. 12) für zu zentralistisch hielt.
27 Justament: nun gerade, erst recht.
28 Zum Reichskonkordat vgl. Dok. 18, Anm. 25.

33 Theodor Heuss: Prestige

1 Gegenüber der Presse erläuterte ein alliierter Vertreter kurz nach Übergabe der Erklärung der Außenminister der drei Westmächte vom 5. April 1949, »daß man sich im Ausland darüber wundere, wie offensichtlich das Schicksal des deutschen Volkes bei den maßgeblichen Politikern in ihren Entscheidungen von parteipolitischen Prestigegesichtspunkten abhängig gemacht« werde. Vgl. Der Parl. Rat, Bd. 8, S. 221.
2 Richard von Kühlmann (1873–1948), vom 7. August 1917 bis 9. Juli 1918 Staatssekretär des Auswärtigen Amtes, versuchte vergeblich, einen auf den Status-quo-ante beruhenden Verständigungsfrieden anzubahnen.
3 RICHARD VON KÜHLMANN, Erinnerungen, Heidelberg 1948.
4 Vgl. dazu zuletzt Dok. 31. Auf der Außenministerkonferenz in Washington vom 5. bis 8. April 1949 verfaßten die Außenminister der drei Westmächte am 5. April 1949 ein kurzes Memorandum, in dem sie ihr »Vertrauen« bekundeten, »daß der Parlamentarische Rat und die verantwortlichen deutschen Parteiführer den Empfehlungen der Militärgouverneure die nötige Beachtung schenken werden, die im Einklang stehen mit den Bestimmungen des Londoner Abkommens«. Vgl. Der Parl. Rat, Bd. 8, S. 218.
5 Am 5. April 1949 zitierte der in Berlin erscheinende *Telegraf* aus einem Interview mit dem SPD-Parteivorsitzende Schumacher (vgl. Dok. 5, Anm. 12): »Dr. Schumacher bedauerte, daß die alliierte Erklärung nicht auf die deutschen Gegenvorschläge zu den Empfehlungen der Militärgouverneure eingeht, die als Kompromiß der Parteien unter dem Namen ›Beschluß der Siebener-Kommission‹ bekannt sind. Die Erklärung der Außenminister bewege sich in allgemeinen Formulierungen und drücke keine konkreten Wünsche aus. Zur Frage der veränderten Einstellung der CDU zum Kompromiß der Siebenerkommission meinte Dr. Schumacher, daß die CDU seit Tagen versucht habe, sich von dem Kompromiß zu lösen. [...] Die von der CDU angeführten deutschen Opfer, um ein gutes Verhältnis mit den Alliierten zu erreichen, seien ›merkwürdige Opfer‹, denn sie würden nur der nicht föderalistischen Mehrheit des deutschen Volkes zugemutet.

[...] Die CDU vertritt eine Tradition der Politik des klerikalen Partikularismus, der den französischen Wünschen entgegenkommt. Diese Franzosen möchten Deutschland so schwach sehen, daß es ständig um sein Leben ringt und sich auch wirtschaftlich nicht erholt. Diese Politik richtet sich gegen die Lebensinteressen Deutschlands«. Vgl. SALZMANN, CDU/CSU, S. 473f. sowie Der Parl. Rat, Bd. 4, S. 89.

6 Am 23. März 1949 erklärte Adenauer in einer Rede vor der schweizerischen Gruppe der Interparlamentarischen Union in Bern, die auch international (nicht zuletzt aufgrund falscher Wiedergabe) für starkes Aufsehen sorgte: »Die bedingungslose Kapitulation der deutschen Wehrmacht im Mai des Jahres 1945 ist von den Alliierten dahin ausgelegt worden, daß infolgedessen ein vollständiger Übergang der gesamten Regierungsgewalt auf die Alliierten stattgefunden habe. Diese Auslegung war völkerrechtlich falsch. [...] Meines Erachtens war diese Maßnahme der Alliierten ein schwerer Fehler. [...] Es mußte ein Fehlschlag eintreten, der das Ansehen der Alliierten stark im deutschen Volk beeinträchtigt hat«. ADENAUER, Briefe 1947–1949, S. 434–439. Teildruck in: ADENAUER, Erinnerungen 1945–1953, S. 182–190. Vgl. dazu auch SALZMANN, CDU/CSU, S. 444 u. 447.

7 Die Gaullisten, als Bewegung und nicht als Partei gegründet, entfalteten in dieser ersten Phase ihres Bestehens eine populistische, antikommunistische und nationalistische Agitation. Vgl. Dok. 16, Anm. 3.

8 Am 7. April 1949 wurde der Siebenerausschuß aufgelöst, nachdem sein Entwurf vom 17. März 1949 durch die alliierten Verbindungsoffiziere abgelehnt worden war und danach ein Kompromißantrag der CDU/CSU vom 31. März 1949 keine Mehrheit gefunden hatte. Vgl. Der Parl. Rat, Bd. 11, S. 131–137. Vgl. auch Der Parl. Rat, Bd. 10, S. 98–103.

34 Thomas Dehler: Die Kirchen und die Politik

1 Flavius Theodosius I. (347–395), 379 (ost)römischer Kaiser, erhob 380 das Christentum zur Staatsreligion und untersagte 391 die Ausübung aller heidnischen Kulte, 394 Alleinherrscher im Gesamtreich.

2 Das Mailänder Toleranzedikt (313) proklamierte die Religionsfreiheit im Römischen Reich; seine Bedeutung ist in der Forschung umstritten.

3 Konstantin I. (288–337), 306 römischer Kaiser in der westlichen Reichshälfte, 324 Alleinherrscher im Gesamtreich.

4 Licinius (ca. 265–325), Schwager von Konstantin I. und seit 308 Herrscher über die östliche Hälfte des Römischen Reichs. Von Konstantin besiegt und getötet.

5 Die Bulle Unam Sanctam wurde am 18. November 1302 von Bonifatius VIII. (1294–1303 Papst) im Konflikt mit König Philipp IV. dem Schönen von Frankreich (1268–1314, 1285 König) erlassen. Im Schlußsatz der Bulle wurde erklärt, daß alle menschlichen Geschöpfe dem Papst in Rom untertan sein müssen.

6 Der »Syllabus errorum« von Papst Pius IX. (1792–1878, seit 1846 Papst), ist ein 1864 zusammengestelltes Verzeichnis von 80 »Irrtümern«, die Pius während seiner Amtszeit verurteilt hatte. Er zählt neben Häresien wie Pantheismus, Naturalismus und Rationalismus auch Zeitirrtümer auf, darunter die Forderung nach dem Ende einer weltlichen Herrschaft des Papstes, die Trennung von Kirche und Staat, Presse- und Meinungsfreiheit.

7 Vgl. Dok. 14, Anm. 10.

8 Am 23. Januar 1949 erklärte Josef Kardinal Frings (1887–1978, 1942 Erzbischof von Köln, 1946 Kardinal) in einem Fastenhirtenbrief über den Pontifikat von

Papst Pius XII. (1876–1958): »In seiner großen Rede vor den neuernannten Kardinälen Februar 1946 bezeichnete er [der Papst] die Kirche als das Lebensprinzip der menschlichen Gesellschaft. Er wollte damit ausdrücken, daß die Kirche von Christus nicht nur die Aufgabe habe, die einzelnen Menschen mit Gott zu verbinden [...], sondern daß sie auch berufen ist, wie ein Sauerteig die gesamte menschliche Gesellschaft umzugestalten«. Vgl. LÖHR, Hirtenbriefe, S. 278–279.

9   Josef Kardinal Frings trat im Oktober/November 1948 in die CDU ein. Präsident Adenauer begrüßte den Beitritt als »eine wirkliche Erleichterung von schweren Sorgen«, da damit die Entscheidung der katholischen Bischöfe für eine Unterstützung der CDU statt des Zentrums zusätzlich unterstrichen wurde. 1949 trat Frings auf Drängen des Vatikans aus der CDU aus. Vgl. ADENAUER, Briefe 1947–1949, S. 341, S. 450 und 616.

10 Otto Freiherr von Ritter zu Groenesteyn (1864–1940), bayerischer Gesandter beim Vatikan.

11 Vgl. das Telegramm vom 24. Juli 1914 an die Münchner Regierung: »Papst billigt scharfes Vorgehen Österreichs gegen Serbien und schätzt im Kriegsfalle mit Rußland russische und französische Armee nicht hoch ein. Kardinalsekretär hofft ebenfalls, daß Österreich diesmal durchhält und wüßte nicht, wann es sonst noch Krieg führen wollte, wenn es nicht einmal eine ausländische Agitation, die zum Morde des Thronfolgers geführt hat und außerdem bei jetziger Konstellation Österreichs Existenz gefährdet, entschlossen ist, mit den Waffen zurückzuweisen. Daraus spricht auch die große Angst der Kurie vor dem Panslawismus«. Vgl. DIRR, Bayerische Dokumente, S. 206.

12 Moritz Graf Pálffy (1869–1948), Legationsrat, seit 28. Dezember 1911 Geschäftsträger der k.u.k. Botschaft beim Heiligen Stuhl und Agent für die geistlichen Angelegenheiten.

13 Leopold Graf v. Berchtold (1863–1942), 1912–1915 österreichisch-ungarischer Minister des Äußeren.

14 Pius X. (1835–1914), seit 1903 Papst.

15 Raffaele Merry del Val (1865–1930), seit 1903 Kardinal, 1903–1914 Staatssekretär unter Papst Pius X.

16 In seinem Bericht vom 19. Juli 1914 an Berchtold bemerkte Pálffy zur Austrophilie und Serbophobie von Merry de Val und Pius X.: »Man könnte sich fragen, wie es denn erklärlich sei, dass sich die katholische Kirche zu einer Zeit, wo sie von einem heiligmäßigen, von wahrhaft apostolischen Ideen durchdrungenen Oberhaupte geleitet wird, so kriegerisch zeigt? Die Antwort ist sehr einfach. [...] Österreich-Ungarn ist und bleibt [...] das stärkste Bollwerk des Glaubens, das der Kirche Christi in unserem Zeitalter geblieben ist. Dieses Bollwerk stürzen, hieße daher für die Kirche, ihren mächtigsten Stützpunkt verlieren [...] sehen. [...] In diesem Lichte betrachtet, lässt sich zwischen apostolischer Gesinnung und kriegerischem Geiste sehr wohl eine Brücke schlagen«, vgl. Österreich-Ungarns Aussenpolitik, Bd. 26, S. 894.

17 Michael von Faulhaber (1869–1952), 1911–1917 Bischof von Speyer, 1917 Erzbischof von München und Freising, 1921 Kardinal.

18 Am 27. August 1922 sagte von Faulhaber in seiner Predigt auf dem Königsplatz in München zur Eröffnung des Katholikentags: »Die Revolution war Meineid und Hochverrat und bleibt in der Geschichte erblich belastet und mit dem Kainsmal

gezeichnet. Auch wenn der Umsturz ein paar Erfolge brachte, wenn er den Bekennern des katholischen Glaubens den Weg zu den höheren Ämtern weit mehr als früher erschloß, – ein sittlicher Charakter wertet nicht nach den Erfolgen, eine Untat darf der Erfolge wegen nicht heilig gesprochen werden«. Vgl. FAULHABER, Rufende Stimmen, S. 30f. Auf die Äußerungen von Faulhaber erklärte der Präsident des Deutschen Katholikentages, Konrad Adenauer, daß hinter Faulhabers politischen Bewertungen nicht die Gesamtheit der deutschen Katholiken stehe.

19 Martin Niemöller (1892–1984), evangelischer Theologe. Im September 1933 gründete Niemöller, obwohl er die »nationale Revolution« Hitlers anfänglich begrüßt hatte, den gegen die völkisch-orientierten sog. Deutschen Christen gerichteten »Pfarrernotbund«. Bis Januar 1934 traten diesem ein Drittel aller amtierenden Geistlichen (rund 7000) bei. Als Mitglied der »Bekennenden Kirche« (vgl. Anm. 25) war Niemöller von 1937 bis 1945 in den KZ Sachsenhausen und Dachau inhaftiert.

20 Clemens August Graf von Galen (1878–1946), 1933–1946 Bischof von Münster, 1945 Kardinal. Galen protestierte in seinen Predigten 1941 gegen die Ermordung Geisteskranker und Behinderter im Rahmen der sog. Euthanasie.

21 Alfred Delp (1907–1945), Jesuitenpater, wirkte im »Kreisauer Kreis« an der Ausarbeitung einer christlichen Sozialordnung mit, wurde im Juli 1944 verhaftet und im Februar 1945 hingerichtet.

22 Vgl. dazu Dok. 18, Anm. 25.

23 Am 20. Juli 1944 scheiterten das Attentat von Oberst Claus Schenk Graf von Stauffenberg (1907–1944) auf Adolf Hitler und der geplante Staatsstreich des militärischen Widerstands.

24 Am 11. Februar 1949 äußerten die deutschen Bischöfe in ihrer Erklärung zum geplanten Grundgesetz: »Die Angriffe, die in Presse und Parlament bei den Auseinandersetzungen um das Reichskonkordat gegen den Heiligen Stuhl gerichtet worden sind, weisen wir Bischöfe auf das entschiedenste zurück. Sie haben uns und das katholische Volk aufs tiefste verletzt. [...] Wir erwarten, daß die Bundesverfassung eine Garantie für die Aufrechterhaltung des vom Heiligen Stuhl mit dem Deutschen Reich abgeschlossenen Konkordats enthält«. Vgl. LÖHR, Hirtenbriefe, S. 289f. u. Dok. 25, Anm. 3.

25 Am 30./31. Mai 1934 ging auf der Reichsbekenntnissynode in Wuppertal-Barmen mit der Verabschiedung des Barmer Bekenntnisses aus dem »Pfarrernotbund« die »Bekennende Kirche« hervor. Sie wendete sich gegen den völkischen »artgemäßen Christus-Glauben« und die Gleichschaltungspolitik der regimetreuen »Deutschen Christen« und gegen den NS-Totalitätsanspruch.

26 Hans Meiser (1881–1956), evangelischer Theologe, 1933–1955 Landesbischof der evangelisch-lutherischen Kirche in Bayern.

27 Hans Schemm (1891–1935), NSDAP, ab Dezember 1932 Gauleiter der »Bayerischen Ostmark«. Gründer und Leiter des NS-Lehrerbundes und seit 1933 bayerischer Staatsminister für Unterricht und Kultus. Schemm verunglückte bei einem Flugzeugabsturz tödlich.

28 Am 11. Februar 1949 wiesen die deutschen Bischöfe in ihrer Erklärung zum geplanten Grundgesetz darauf hin: »Die Kämpfe und Leiden der vergangenen Jahre wären umsonst gewesen, wenn die Bundesverfassung nicht ein für allemal der Staatsgewalt die Möglichkeit zur Vergewaltigung des christlichen Gewissens

nimmt, sondern in der Schulerziehung unserer Jugend von neuem Staatsgewalt über Elternrecht stellt. Wir jedenfalls lehnen jetzt schon jede Verantwortung für die damit beginnende Entwicklung ab«. Vgl. Löhr, Hirtenbriefe, S. 289f. u. Dok. 25, Anm. 3.

29 Vgl. dazu die Erwiderung von Heuss auf die Erklärung der deutschen Bischöfe vom 11. Februar 1949; Dok. 25.

35 Thomas Dehler: Dr. Hans Ehard und Bonn

1 Zu Ehard vgl. Dok. 8, Anm. 2.
2 Ehard kritisierte am 2. April 1949 in einer Rundfunkansprache »parteistrategische Versuche, den Blick von Tatsachen und Voraussetzungen abzulenken, die gegeben waren seit der Parlamentarische Rat auf Grund der Londoner Vereinbarungen und auf Grund eines gemeinsamen Beschlusses der Ministerpräsidenten der elf deutschen Länder ins Leben gerufen worden war«. Weiter führte er aus: »Aber leider ist das Maß, das Bayern angegeben hat, um dem Ganzen zum Gelingen zu verhelfen, etwas zu kurz genommen worden. Hätte man nur noch ein paar Zentimeter hinzugenommen, dann hätten wir jetzt ein fertiges und brauchbares deutsches Kleid! Um diese paar Zentimeter, nicht um himmelweite Ellenlängen geht es in Bonn!« Vgl. »Zur Lage in Bonn«, in: Bayerischer Staatsanzeiger vom 8. April 1949, S. 1. Zu weiteren Auszügen vgl. Anm. 9, 14 u. 15. Ehard griff auf eine Aufzeichnung Pfeiffers vom 15. März 1949, »Bayern und die deutsche Bundesverfassung«, zurück. Vgl. Dok. 32, Anm. 19 u. Kock, Bayerns Weg, S. 313f.
3 Vgl. Dok. 15, Anm. 10.
4 Gemeint ist wohl das Schlußkommuniqué der Londoner Sechsmächtekonferenz. Vgl. Dok. 1, Anm. 1.
5 Zur Frage eines Referendums vgl. Dok. 21, Anm. 3.
6 Vgl. dazu das Schlußkommuniqué der Londoner Sechsmächtekonferenz in Dok. 1, Anm. 1.
7 Zum Memorandum der Militärgouverneure vom 22. November 1948 vgl. Dok. 12, Anm. 13.
8 Zum Memorandum vom 2. März 1949 vgl. Dok. 26.
9 Ehard äußerte wörtlich: »Ich darf daran erinnern, daß dieses von Bayern her vertretene deutsche Verfassungsprogramm älter ist als die Londoner Empfehlungen und älter als die verschiedenen Mahnungen der Militärgouverneure, die den Parlamentarischen Rat mit zunehmender Deutlichkeit an den Ausgangspunkt seiner Tätigkeit erinnerten!« Vgl. »Zur Lage in Bonn«, zitiert in Anm. 2. Seit März 1947 erarbeitete unter maßgeblicher Beteiligung von CSU-Politikern der »Ellwanger Kreis« »Grundsätze für eine deutsche Bundesverfassung« vom 13. April 1948. Vgl. Der Parl. Rat, Bd. 1, S. XXIXf. Für den Wortlaut der »Grundsätze« vgl. Feldkamp, Entstehung, S. 49–53.
10 Vgl. zu Richelieu Dok. 15, Anm. 18.
11 Vgl. Dok. 8, Anm. 4.
12 Vgl. Dok. 29, Anm. 10.
13 Die CSU wurde am 13. Oktober 1945 gegründet.
14 Vgl. dazu die Bemerkung von Ehard: »Die Antwort auf die Frage, wie sich die verfahrene Situation mit ihrer schlechten Optik hätte vermeiden lassen, ist gerade für den bayerischen Ministerpräsidenten leicht und einfach. Man hätte nur etwas

mehr den Ratschlägen folgen brauchen, die von Anfang an aus Bayern gekommen sind«. Artikel »Zur Lage in Bonn«; wie Anm. 2.

15 Ehard sagte: »Die siebenmonatige Arbeit des Parlamentarischen Rates droht ergebnislos in ein Nichts zu zerfließen, da die Parteien, deren Zusammenwirken für die Annahme des Grundgesetzes durch den Parlamentarischen Rat notwendig wäre, sich nicht zusammenfinden können«. Vgl. den Artikel »Zur Lage in Bonn«; wie Anm. 2.

16 Ehard hatte im Hitler-Prozeß vor dem Volksgericht München I die Anklage als II. Staatsanwalt vertreten und in dieser Eigenschaft Hitler im November/Dezember 1923 verhört. Vgl. Hitler-Prozeß, S. 299–307.

17 Im November 1918 wurden die bayerischen Volksgerichte von der neuen »Regierung des Volksstaates Bayern« zur schnellen Bekämpfung von Gewalttaten errichtet. Die konservativen Regierungen Bayerns funktionierten die Volksgerichte zu politischen Gerichten um, die nun auch Hoch- und Landesverratsvergehen aburteilten. Entgegen den Bestimmungen der Weimarer Verfassung und des Republikschutzgesetzes des Reichs vom 21. Juli 1922 setzten die Volksgerichte in diesen beiden Bereichen ihre Tätigkeit fort, und zwar bis zu ihrer Auflösung (durch die bayerische Regierung) im Mai 1924. Vgl. Hitler-Prozeß, S. XIXff.

18 Erich Ludendorff (1865–1937) bildete zusammen mit Hindenburg im Ersten Weltkrieg die 3. Oberste Heeresleitung.

19 Am 1. April 1924 wurden Hitler und drei Mitangeklagte wegen Hochverrats zu fünf Jahren Festungshaft verurteilt. Nach sechs Monaten wurde ihnen eine Bewährungsfrist für die restliche Strafzeit in Aussicht gestellt. Fünf weitere Putschisten erhielten Bewährungsstrafen. Ludendorff wurde freigesprochen. Vgl. Hitler-Prozeß.

36 Thomas Dehler: Das Besatzungsstatut

1 Immanuel Kant (1724–1804), Philosoph.

2 Vgl. Abschnitt 1, Paragraph 5 der aus dem Jahr 1795 stammenden Abhandlung, zitiert nach IMMANUEL KANT, Zum ewigen Frieden. Ein philosophischer Entwurf, Offenburg/Mainz 1948, S. 5; vgl. auch Anm. 7.

3 Kant lebte in Königsberg. Die Stadt wurde mit dem Kommuniqué vom 2. August 1945 über die Konferenz von Potsdam (Potsdamer Abkommen) zum Gebiet der Sowjetunion erklärt. Vgl. Dokumente zur Deutschlandpolitik, II. Reihe, Bd. 1, S. 2115.

4 Für den Wortlaut des Besatzungsstatuts vom 10. April 1949 vgl. Der Parl. Rat, Bd. 4, S. 54–61.

5 Am 12. April 1949 trafen die Ministerpräsidenten zu einer Besprechung mit dem Präsidenten des Parlamentarischen Rates und dem Ausschuß für das Besatzungsstatut zusammen. Vgl. Der Parl. Rat. Bd. 4, S. 93–111.

6 Am 12. April 1949 werteten die Ministerpräsidenten in einem Pressekommuniqué das Besatzungsstatut als »bedeutsamen Fortschritt auf dem Wege zur Wiedererlangung der Souveränität des deutschen Volkes«. Ausdrücklich begrüßten sie, daß Deutschland die Möglichkeit bekomme zur »gleichberechtigten Einordnung in die europäische Völkerfamilie«. Vgl. Der Parl. Rat, Bd. 4, S. XXIX–XXX u. 108 f.

7 In Abschnitt 1, Paragraph 5 heißt es: »Kein Staat soll sich in die Verfassung und Regierung eines andern Staates gewalttätig einmischen. [...] Dahin würde zwar

nicht zu ziehen sein, wenn ein Staat sich durch innere Veruneinigung in zwei Teile spaltete, derer jeder für sich einen besonderen Staat vorstellt, der auf das Ganze Anspruch macht; wo einem derselben Beistand zu leisten einem äußeren Staat nicht für Einmischung in die Verfassung des andern (denn es ist alsdann Anarchie) angerechnet werden könnte. Solange aber dieser innere Streit noch nicht entschieden ist, würde diese Einmischung äußerer Mächte Verletzung der Rechte eines nur mit seiner inneren Krankheit ringenden, von keinem andern abhängigen Volkes, selbst also ein gegebener Skandal sein und die Autonomie aller Staaten unsicher machen«. Vgl. KANT, Zum ewigen Frieden, S. 5f.

8   Zum Abkommen vom 28. April 1949 über die Errichtung einer Internationalen Ruhrbehörde (Ruhrstatut) vgl. Dok. 17, Anm. 4.
9   Zur Haager Landkriegsordnung vgl. Dok. 7, Anm. 9.
10 In einer Besprechung bemängelten die Mitglieder des Ausschusses für das Besatzungsstatut und des Besatzungsstatut-Ausschusses der Ministerpräsidenten am 11. April 1949 u. a., daß im Besatzungsstatut ein Schiedsgericht nicht vorgesehen war, eine Mindesthöhe der Besatzungskosten nicht festgeschrieben war und die Souveränitätsrechte der zukünftigen Bundesrepublik nicht ausgedehnt wurden. Vgl. Der Parl. Rat, Bd. 4, S. XXX u. S. 62–74.

37 Thomas Dehler: Frühling in Bonn

1   Vom 3. bis 9. Februar 1949 bereisten die Mitglieder der am 27. Januar 1949 gebildeten »Kommission zur Prüfung der Angaben der Städte Bonn – Frankfurt – Kassel – Stuttgart betr. vorläufigen Sitz des Bundes« die in Frage kommenden Städte. In ihrem Abschlußbericht vom März 1949 lehnte die Kommission es ab, eine Empfehlung auszusprechen. Am 10. Mai 1949 entschied sich der Parlamentarische Rat mit 33 Stimmen für Bonn, während 29 Stimmen auf Frankfurt entfielen. Vgl. Der Parl. Rat, Bd. 9, S. 677–684; ebd. Bd. 10, S. XIVf u. SALZMANN, CDU/CSU, S. 446.
2   Am 21. April 1949 traf der CDU/CSU-Fraktionsvorsitzende Pfeiffer (vgl. Dok. 3, Anm. 15) zu einer Besprechung mit Heuss, Dehler und Höpker Aschoff zusammen. Vgl. SALZMANN, CDU/CSU, S. 498f. Möglicherweise äußerte bei dieser Gelegenheit die FDP den Wunsch, die »verunglimpfenden Presseerklärungen einzustellen«.
3   Für den Wortlaut der Erklärung der CDU/CSU-Fraktion vom 22. April 1949 vgl. SALZMANN, CDU/CSU, S. 499f.
4   Vgl. dazu bereits Dok. 13. Auch Adenauer hatte mit einem weitaus zügigeren Abschluß der Beratungen gerechnet. Vgl. dazu den Bericht des politische Beraters der amerikanischen Militärregierung, Robert D. Murphy (1894–1978) über sein Gespräch mit Adenauer am 24. November 1948: »We discussed the work of the Parliamentary Council at Bonn and I inquired regarding Dr. Adenauer's estimate of timing: He said that he thought the work of the Council would be finished before Christmas.« Der Parl. Rat, Bd. 8. S. 50f.
5   Am 5. Februar 1949 legte der auf Initiative von Adenauer einberufene Fünferausschuß einen mehrheitsfähigen Kompromiß der umstrittenen Artikel vor, die daraufhin in der 3. Lesung des Hauptausschusses akzeptiert wurden. Vgl. dazu bereits Dok. 20.
6   Vgl. Dok. 25.
7   Am 26. April 1949 beschloß der FDP-Gesamtvorstand: »In der Frage des Eltern-

rechtes wird Dr. Heuss eine scharfe Abrechnung mit beiden Kirchen vornehmen, um die Verlogenheit der Propaganda zu dokumentieren«. Vgl. FDP-Bundesvorstand, Sitzungsprotokolle, S. 42.
8   Erst mit dem alliierten Memorandum vom 22. November 1948 wurde der bis dahin geheimgehaltene Anhang zum Londoner Schlußkommuniqué bekanntgegeben. Vgl. Dok. 12, Anm. 2.
9   Vgl. Dok. 36.
10 Vgl. dazu zuletzt Dok. 20.
11 Zu Schmid vgl. Dok. 3, Anm. 15.
12 Auf dem »kleinen Parteitag« der Sozialdemokraten am 20. April 1949 in Hannover bezog der SPD-Parteivorsitzende Schumacher (1895–1952) eine kompromißlose Haltung gegenüber den alliierten Forderungen und setzte einen »verkürzten« Grundgesetzentwurf durch, der nur bezüglich der Finanzverwaltung alliierte Wünsche aufgriff. Der Entwurf entsprach der bekannten SPD-Forderung nach einem »Organisationsstatut« unter weitestgehendem Verzicht auf die Grundrechte (vgl. dazu Der Parl. Rat, Bd. 11, S. 175, Anm. 18). Die SPD drohte mit der Ablehnung des Grundgesetzes, sollten ihre Forderungen nicht berücksichtigt werden. Vgl. die Resolution des SPD-Parteitages, veröffentlicht in »Neuer Vorwärts« vom 23. April 1949. Vgl. auch Der Parl. Rat, Bd. 8, S. LIIf.
13 Am 22. April 1949, als die Positionen zwischen den Parteien unüberbrückbar schienen, übermittelten die Militärgouverneure ein Schreiben der westalliierten Außenminister vom 7. April 1949, in dem es hieß: »Auf dem Gebiet der Finanzen wird jede vom Parlamentarischen Rat vorgeschlagene Bestimmung wohlwollende Würdigung erfahren, die darauf abzielt, sowohl den Länderregierungen als auch der Bundesregierung finanzielle Unabhängigkeit und angemessene Finanzkraft bei der Ausführung ihrer Befugnisse innerhalb ihrer Zuständigkeiten sicherzustellen«. Vgl. Der Parl. Rat, Bd. 8, S. 244. Das Memorandum ebnete den Weg zum Abschluß der Verhandlungen um das Grundgesetz.
14 Heuss faßte am 26. April 1949 in einer Sitzung des FDP-Gesamtvorstandes, »die politische Bedeutung speziell der FDP-Fraktion dahingehend zusammen, daß die FDP mit Erfolg den Versuch gemacht habe, das Auseinanderbrechen zu verhindern«. Vgl. FDP-Bundesvorstand, Sitzungsprotokolle, S. 41.

38 Theodor Heuss: Abschluß-Arbeit

1   Zur Terminsetzung vgl. Dok. 11, Anm. 1 und zuletzt Dok. 37, Anm. 4.
2   Zu den Sibyllen vgl. Dok. 10, Anm. 21.
3   In der Plenarsitzung am 8. Mai 1949 erläuterte Heuss die Einflüsse auf die Grundgesetzarbeit durch den Vorsitzenden der Bayernpartei Baumgartner (vgl. Dok. 8, Anm. 16) und den Bayerischen Ministerpräsidenten Ehard in München, den SPD-Parteivorsitzenden Schumacher (vgl. Dok. 5, Anm. 12) in Hannover und den Erzbischof von Köln, Frings (vgl. Dok. 34, Anm. 8). Vgl. Der Parl. Rat, Bd. 9, S. 534–536. Vgl. dazu auch Dok. 41, Anm. 4.
4   Zu Clay vgl. Dok. 17, Anm. 7.
5   In der Besprechung mit den Militärgouverneuren am 25. April 1949 stellte Adenauer den 15. Mai 1949 als Abschluß der Grundgesetzberatungen in Aussicht. Vgl. Der Parl. Rat, Bd. 8, S. 257.
6   Zur Verwendung der Begriffe »Volkstag« und »Bundestag« vgl. Dok. 12, Anm. 8 sowie Dok. 24.

7   Am 24. April 1949 einigten sich Adenauer und Schmid (vgl. Dok. 3, Anm. 15), worauf die SPD den »verkürzten« Grundgesetzentwurf zurückzog. So konnte noch am gleichen Tag durch einen Unterausschuß ein mehrheitsfähiger Entwurf verabschiedet werden, der die Bereiche konkurrierende Gesetzgebung und Finanzverwaltung regelte. Die Kompetenzen des Bundesrats wurden im Sinne von SPD und FDP erheblich eingeschränkt, dafür lenkten SPD und FDP hinsichtlich der Regelung des Finanzwesens ein; ein erheblicher Teil der Steuern, ausgenommen die Umsatzsteuer, sollte von den Ländern eingezogen werden. Vgl. Der Parl. Rat, Bd. 11, S. XXXVI–XXXVII u. 179 ff.
8   In der Besprechung einer Delegation des Parlamentarischen Rats mit den Militärgouverneuren am 25. April 1949 in Frankfurt gaben die Alliierten ihre grundsätzliche Zustimmung zu einer Bundesfinanzverwaltung, erklärten aber, daß sie die Überweisung weiterer Steuern an die Länder begrüßen würden. Vgl. Der Parl. Rat, Bd. 8, S. LVIIf. u. 248–259.
9   Am 28. April 1949 erklärte Ministerpräsident Ehard auf einer Pressekonferenz in München, »dem augenblicklichen Stand der Bonner Arbeiten könne er als Föderalist nicht zustimmen«. Es gäbe keinen Kompromiß, »wenn der Bund die Möglichkeit erhalten soll, von den Einkommen aus der Körperschaftssteuer Länderanteile an sich zu ziehen, um sie dann beispielsweise für Schul- und Wohlfahrtswesen zugunsten steuerschwacher Länder zu verwenden«. Vgl. »Bayerns CSU droht mit Ablehnung«, in: *Die Neue Zeitung* vom 30. April 1949, S. 1 f.
10 Zum »kleinen Parteitag« der SPD am 20. April 1949 in Hannover vgl. bereits Dok. 37, Anm. 12. Für den Wortlaut des Grundgesetzentwurfes der SPD vgl. Der Parl. Rat, Bd. 7, S. 462–494.
11 Im Grundrechtskatalog des vereinfachten Grundgesetzentwurfs der SPD fehlten u. a. Artikel 1 (Menschenwürde), Artikel 7a und 7b über Ehe, Familie und Schulwesen, außerdem Artikel 148/1 (Fortgeltung der Kirchenartikel der Weimarer Verfassung) und Artikel 148/2 Religionsunterricht. Vgl. ANTONI, Sozialdemokratie, S. 93 f sowie die Aufstellung bei SALZMANN, CDU/CSU, S. 500–502.
12 Am 22. April 1949 unterbreitete Heuss den Vorschlag, daß die SPD gegen die einen und die CDU gegen die anderen Artikel stimmen solle und man danach mit einem Gentleman's Agreement zu einem Grundgesetz käme. Vgl. dazu den Bericht von Adenauer in der CDU/CSU-Fraktionssitzung am 22. April 1949; SALZMANN, CDU/CSU, S. 506 f.
13 Zu Naumann vgl. Dok. 4, Anm. 3.
14 Am 8. April 1919 hatte Naumann in der Nationalversammlung den Antrag gestellt, daß im fünften Jahr nach dem Inkrafttreten eine Beratung der Gesamtverfassung stattfinden solle, deren Ergebnis einer Volksabstimmung unterbreitet wird. Vgl. HEUSS, Naumann, S. 611.
15 Am 13. Oktober 1948 in der 13. Sitzung des Organisationsausschusses erinnerte Dehler an Naumanns Forderung während der Verfassungsberatungen in Weimar 1919 und schlug vor, für die ersten drei Jahre die Möglichkeit einer einfachen Verfassungsänderung einzuräumen. Diesen Vorschlag griff Heuss am 4. Mai 1949 in einer interfraktionellen Besprechung auf. Abgeordnete der CDU hielten dagegen, dem Grundgesetz werde mit einer solchen Bestimmung der Verfassungscharakter genommen. Vgl. Der Parl. Rat, Bd. 11, S. 260–262.

39 Thomas Dehler: Die Finanzgewalt im Bunde

1 Dehler greift in diesem Beitrag zum Teil wörtlich zurück auf die Schrift von WILHELM GERLOFF, Die Finanzgewalt im Bundesstaat, Frankfurt 1948 und auf die Rezension zu diesem Werk von HÖPKER ASCHOFF, in: Weltwirtschaftliches Archiv, Bd. 1 (1949), S. 27–29.
2 Alle In- und Exportsteuern entfielen nach der Verfassung der Vereinigten Staaten von 1787 auf den Bund, gleichgültig, ob sie auf die Gesetzgebung des Bundes oder seiner Bundesstaaten zurückgingen. Seit der Einführung des XVI. Amendments zur Verfassung im Jahre 1913 mußte die Einkommenssteuer nicht mehr wie die übrigen durch den Bund erhobenen direkten Steuern unter den Bundesstaaten im Verhältnis zur Bevölkerung aufgeteilt werden.
3 Vgl. GERLOFF, Finanzgewalt, S. 29 f.
4 Vgl. ebd., S. 21.
5 Die verfassungsmäßig anerkannte Steuerhoheit des Bundes in der Schweiz erfuhr in der Praxis die Einschränkung, daß die Kantone die Steuerhoheit für den Bund ausüben. Deswegen wurden während des Ersten Weltkriegs die Kriegssteuern als Bundessteuern durch Volksbeschluß vom 6. Juni 1915 und 4. Mai 1919 angenommen. Daneben hatte der Schweizer Bundesrat allerdings von sich aus kraft der ihm erteilten außerordentlichen Vollmachten mit Beschluß vom 18. September 1916 eine Kriegsgewinnsteuer eingeführt. Ferner hatte die Bundesversammlung ohne eine verfassungsmäßige Grundlage in ihren sog. Finanzprogrammen von 1933, 1936 und 1938 neue Bundessteuern durch dringenden Bundesbeschluß eingeführt, darunter Krisenabgaben und Getränkesteuern.
6 Vgl. dazu bereits Dok. 10, Anm. 13.
7 In der Verfassung des Deutschen Reichs vom 28. März 1849 heißt es in Artikel X, § 49: »Zur Bestreitung seiner Ausgaben ist das Reich zunächst auf seinen Antheil an den Einkünften aus den Zöllen und den gemeinsamen Produktions- und Verbrauchs-Steuern angewiesen«. § 50: »Die Reichsgewalt hat das Recht, insoweit die sonstigen Einkünfte nicht ausreichen, Matrikularbeiträge aufzunehmen«. § 51 »Die Reichsgewalt ist befugt, in außerordentlichen Fällen Reichssteuern aufzulegen und erheben zu lassen, so wie Anleihen zu machen oder sonstige Schulden zu contrahiren«. Vgl. HUBER, Dokumente, Bd. 1, S. 380.
8 Vgl. Dok. 10, Anm. 5.
9 Vgl. Dok. 10, Anm. 8.
10 Zur Finanzreform des Reichsministers der Finanzen Erzberger vgl. Dok. 1, Anm. 12.
11 Am 1. Januar 1834 traten die Verträge des Deutschen Zollvereins in Kraft, in dem sich der »Preußisch-Hessische Zollverein« mit dem »Süddeutschen Zollverein« verband. Bis 1854 schlossen sich die meisten deutschen Staaten, außer Österreich, dem Zollverein an.
12 Vgl. dazu den Vorschlag der alliierten Militärgouverneure zu Art. 122b vom 2. März 1949: »Der Bund übt die Vorranggesetzgebung über gemeinsame Steuern nur insofern aus, wie er den Gesamtbetrag oder irgend einen Teilbetrag irgendeiner gemeinsamen Steuer oder gemeinsamer Steuern braucht, um seine Verpflichtung zu erfüllen [...]«. Vgl. Der Parl. Rat, Bd. 8, S. 134.
13 Der alliierte Kontrollrat wurde mit der Erklärung der vier Siegermächte vom 5. Juni 1945 (sog. Berliner Erklärung) eingerichtet. Er übernahm die oberste

Regierungsgewalt in Deutschland. Vgl. die Feststellung [...] über das Kontrollverfahren in Deutschland vom 5. Juni 1945, in: Amtsblatt des Alliierten Kontrollrats in Deutschland, Ergänzungsblatt Nr. 1, S. 10.
14 Am 25. Juni 1947 konstituierte sich in Frankfurt der Wirtschaftsrat als die Spitzenorganisation der Bizone. Vgl. Dok. 29, Anm. 22.
15 Vgl. Artikel 105 im Entwurf des Grundgesetzes in der Fassung der zweiten Lesung des Parlamentarischen Rats vom 6. Mai 1949, S. 598.
16 Vgl. Artikel 106, Absatz 2 des Grundgesetzentwurfes vom 6. Mai 1949: »Die Biersteuer, die Verkehrssteuern mit der Ausnahme der Beförderungssteuer und der Umsatzsteuer, die Einkommen- und Körperschaftssteuer, die Vermögenssteuer, die Erbschaftssteuer, die Realsteuern und die Steuern mit örtlich bedingtem Wirkungsbereich fließen den Ländern und nach Maßgabe der Landesgesetzgebung den Gemeinden (Gemeindeverbänden) zu.« Der Parl. Rat, Bd. 7, S. 599.
17 Am 15. Januar 1949 in der 41. Sitzung des Hauptausschusses nannte Höpker Aschoff fast gleichlautende Zahlen für das Jahr 1947, nämlich ca. 13 Mrd. DM Gesamtsteuermasse, 5,5 Mrd. DM für den Bund und 8,2 Mrd. DM für die Länder und Gemeinden, vgl. Parl. Rat, Verhandlungen, S. 518.
18 Am 26. April 1949 wurde in der Sitzung des FDP-Gesamtvorstandes hinsichtlich der Finanzfragen betont: »Wichtig sind in diesem Artikel (122) vor allem die Bestimmungen, die dem Bund die Möglichkeit geben, durch Gesetz einen Teil der Einkommen- und Körperschaftssteuer notfalls in Anspruch zu nehmen und einen »common-pool« als Lastenausgleich zwischen den Ländern zu bilden, bei dem allerdings eine direkte Überweisung von Land zu Land vorzunehmen ist«. Vgl. FDP-Bundesvorstand, Sitzungsprotokolle, S. 40.
19 Vgl. dazu den Formulierungsvorschlag zu Art. 123 im Memorandum der Militärgouverneure vom 2. März 1949, in: Der Parl. Rat, Bd. 8, S. 134.
20 Der Beitrag wurde erneut gedruckt in: *Rheinisch-pfälzische Rundschau* vom 21. Juni 1949.

40 Theodor Heuss: Vor vier Jahren

1 Zum Begriff der »bedingungslosen Kapitulation« vgl. Dok. 7, Anm. 8.
2 Auf Vorschlag von Adenauer wurde am 8. Mai 1949, dem vierten Jahrestag der Kapitulation der Deutschen Wehrmacht (Anm. 7), das Grundgesetz verabschiedet. Nachdem die Plenarsitzung zur dritten und abschließenden Lesung bereits um 15.16 Uhr begonnen hatte, wurde die laufende Diskussion kurz vor Mitternacht unterbrochen, um den symbolträchtigen Termin einzuhalten. Um 23.55 Uhr verabschiedete das Plenum des Parlamentarischen Rats das Grundgesetz mit 53 zu 12 Stimmen. Vgl. Der Parl. Rat, Bd. 9, S. XX–XXIV u. Feldkamp, Parl. Rat, S. 174.
3 Am 8. Mai 1949 führte Heuss in seiner Rede vor dem Plenum aus: »Ich weiß nicht, ob man das Symbol greifen soll, das in solchem Tag liegen kann. Im Grund genommen bleibt dieser 8. Mai 1945 die tragischste und fragwürdigste Paradoxie der Geschichte für jeden von uns. Warum denn? Weil wir erlöst und vernichtet in einem gewesen sind«. Der Parl. Rat, Bd. 9, S. 542.
4 Die Nationalsozialistische Deutsche Arbeiterpartei (NSDAP) samt ihrer Untergliederungen war von allen Besatzungsmächten sofort verboten und mit dem Kontrollratsgesetz Nr. 2 vom 10. Oktober 1945 aufgelöst worden. Vgl. Amtsblatt des Alliierten Kontrollrats in Deutschland, Nr. 1 vom 29. Oktober 1945, S. 19.

ANMERKUNGEN ZU DOKUMENT 40, SEITEN 197–198

5   Am 25. September 1944 verfügte Hitler durch den »Erlaß des Führers über die Bildung des Deutschen Volkssturms« die Mobilisierung aller »waffenfähigen« Männer zwischen 16 und 60 Jahren. Die »Volkssturmsoldaten« wurden denen der Wehrmacht gleichgestellt. Vgl. Reichsgesetzblatt 1944, Teil I, S. 253–254 u. 343–344. Schlecht ausgebildet und bewaffnet erlitt der »Volkssturm« besonders im Kampf gegen die Rote Armee große Verluste. Die unzureichend uniformierten Angehörigen des »Volkssturms« wurden vom Kriegsgegner häufig für Partisanen gehalten.
6   Bereits auf der Konferenz von Jalta vom 3. bis 11. Februar 1945 hatten die vier Siegermächte erklärt: »Es ist unser unbeugsamer Wille, [...] die Nationalsozialistische Partei, die nationalsozialistischen Gesetze, Organisationen und Einrichtungen zu beseitigen, alle nationalsozialistischen und militärischen Einflüsse aus den öffentlichen Dienststellen sowie dem kulturellen und wirtschaftlichen Leben des deutschen Volkes auszuschalten«. Vgl. Amtsblatt des Kontrollrats in Deutschland, S. 4. Im »Potsdamer Abkommen« vom 2. August 1945 ordneten sie konkrete Maßnahmen an. Vgl. Amtsblatt des Alliierten Kontrollrats in Deutschland, S. 14f.
7   Am 9. Mai 1945 unterzeichneten im sowjetischen Hauptquartier in Berlin-Karlshorst für das Oberkommando der Wehrmacht Generalfeldmarschall Wilhelm Keitel (1882–1946), General-Admiral Hans-Georg von Friedenburg (1895–1945) und General-Oberst Hans-Jürgen Stumpff (1889–1968) die Kapitulationsurkunde vom 8. Mai 1945. Vgl. Amtsblatt des Alliierten Kontrollrats in Deutschland, Ergänzungsblatt Nr. 1, S. 6.
8   Vgl. zu Erzberger Dok. 1, Anm. 12.
9   Vgl. zu Ludendorff Dok. 35, Anm. 18.
10 Am 9. November 1918 unterzeichnete eine deutsche Delegation unter dem Vorsitz Matthias Erzbergers die alliierten Waffenstillstandsbedingungen in einem Eisenbahn-Salonwagen des französischen Marschalls Ferdinand Foch (1851–1929) in der Nähe der nordöstlich von Paris gelegenen Kleinstadt Compiègne.
11 Heinrich Himmler (1900–1945), 1929 Leiter der SS (später »Reichsführer-SS«), 1936 Chef der Deutschen Polizei, 1943 Reichsminister des Innern. Himmler wurde am 5. Mai 1945 von Dönitz aus allen Ämtern entlassen.
12 Karl Dönitz (1891–1980), 1943 Oberbefehlshaber der Kriegsmarine, von Hitler in dessen Testament zum Nachfolger als Reichspräsident und Oberbefehlshaber der Wehrmacht bestimmt.
13 Johann Ludwig Graf Schwerin von Krosigk (1887–1977), 1932–1945 Reichsminister der Finanzen.
14 Am 2. Mai 1945 beauftragte Dönitz Schwerin von Krosigk, eine geschäftsführende Reichsregierung (in Plön, ab 3. Mai in Mürwik bei Flensburg) zu bilden. Durch Teilkapitulationen außer an der Ostfront versuchte Dönitz, Zeit zu gewinnen. Am 23. Mai 1945 wurde seine Regierung von den Alliierten abgesetzt und verhaftet.
15 Zum Westfälischen Frieden vgl. Dok. 8, Anm. 4.
16 Zum Wiener Kongreß vgl. Dok. 26, Anm. 7.
17 Zum Versailler Friedensvertrag vgl. Dok. 17, Anm. 9. Als »erstes Versailles« werden die Friedenspräliminarien am 26. Februar 1871 sowie die zuvor erfolgte Kaiserproklamation im Spiegelsaal des Versailler Schlosses am 18. Januar 1871 bezeichnet.

18 Die Atlantik-Charta vom 14. August 1941 war eine Grundsatzerklärung des britischen Premierministers Winston Churchill (1874–1965) und des Präsidenten der Vereinigten Staaten Franklin D. Roosevelt (1882–1945) zur politischen und wirtschaftspolitischen Neuordnung nach dem Zweiten Weltkrieg. Zu den wesentlichen Forderungen gehörten der Verzicht auf jede Art von Machterweiterung, keine Gebietserweiterungen ohne Berücksichtigung der frei zum Ausdruck gebrachten Wünsche der betroffenen Völker, Anerkennung des Rechts an alle Völker, ihre zukünftige Regierung frei zu wählen. Vgl. Kraus/Heinze, Völkerrechtliche Urkunden, S. 6.
19 Vom 14. bis 24. August 1943 und erneut vom 11. bis 16. September 1944 besprachen Roosevelt und Churchill in Quebec Fragen der politischen Zukunft Deutschlands nach dem Krieg.
20 In Teheran erörterten Roosevelt, Churchill und Stalin vom 28. November bis 1. Dezember 1943 u. a. die Frage der polnischen Grenzen und der territorialen Neugliederung Deutschlands.
21 Auf der Konferenz in Jalta vom 4. bis 11. Februar 1945 rückten Churchill, Roosevelt und Stalin von einer Aufteilung Deutschlands in mehrere Staaten ab. Vgl. den Bericht über die Krimkonferenz vom 3. bis 11. Februar 1945; Amtsblatt des Alliierten Kontrollrats in Deutschland, Ergänzungsblatt Nr. 1, S. 5.
22 Zum Potsdamer Abkommen vgl. Dok. 17, Anm. 1.
23 Vgl. Dok. 26, Anm. 6.
24 Zu Kant und Königsberg vgl. Dok. 36, Anm. 1 u. 3.

41 Theodor Heuss: Der Ausklang in Bonn

1 Am 8. Mai 1949 in der dritten Lesung des Grundgesetzes und damit zugleich in der Schlußabstimmung votierten von acht CSU-Abgeordneten im Parlamentarischen Rat sechs gegen und nur zwei für das Grundgesetz. Schwalber (vgl. Dok. 3, Anm. 15) räumte jedoch für die CSU-Abgeordneten, die ihre Zustimmung versagten, ein, daß diese sich trotz der »Einwendungen gegen das Grundgesetz dem neuen Staat und Gesamtdeutschland aus tiefstem Empfinden verpflichtet fühlen«. Vgl. Der Parl. Rat, Bd. 9, S. 614 f.
2 Am 7. Mai 1949 lehnte die CSU-Landtagsfraktion in einer Sitzung unter Einschluß des Kabinetts und der CSU-Fraktion im Wirtschaftsrat die Annahme des Grundgesetzes in der Fassung vom 8. Mai 1949 ab. Vgl. Gelberg, Ehard, S. 266–268 u. Salzmann, CDU/CSU, S. 555.
3 Zu Ehard vgl. Dok. 8, Anm. 2.
4 Im April und Mai 1949 protestierte die Bayernpartei in zahlreichen Kundgebungen gegen die Annahme des Grundgesetzes. Am 1. Mai 1949 erklärte ihr Vorsitzender Baumgartner (vgl. Dok. 8, Anm. 16), das Volk müsse selbst bestimmen, welche Staatsform es haben wolle. Er sah mit dem Grundgesetz Einschränkungen der Bayerischen Landesverfassung und betonte deshalb, daß niemand außerhalb Bayerns dessen Verfassung antasten dürfe. Vgl. »Bundesrepublik ohne Bayern« in: Süddeutsche Zeitung v. 3. Mai 1949 und Kock, Bayerns Weg, S. 319–320. Am 8. Mai 1949 wies Heuss im Plenum auf die Aktivitäten der Bayernpartei hin: »Es gibt eine Optik, die nach München weist. Manchmal konnte man das Gefühl haben, daß der Mann, der gar nicht in unserem Raum ist, als Machtfaktor [...] durch die Säle wandere, der Dr. Baumgartner«. Vgl. Der Parl. Rat, Bd. 9, S. 534 u. Dok. 38, Anm. 3.

5   In der Vorlage; »interbayerischen«.
6   Im Frankfurter Dokument Nr. I, das auf die Londoner Empfehlungen (vgl. Dok. 1, Anm. 1) zurückging, hieß es dazu: »Sobald die Verfassung von zwei Dritteln der Länder ratifiziert ist, tritt sie in Kraft und ist für alle Länder bindend«. Vgl. Der Parl. Rat, Bd. 1, S. 32 u. Dok. 2, Anm. 1. Die Ratifizierung sollte durch Volksabstimmung erfolgen. Das lehnten die Ministerpräsidenten wiederholt ab und plädierten stattdessen für eine Annahme in den Landtagen. Vgl. Dok. 21.
7   Für die DP begründete Seebohm (vgl. Dok. 26, Anm. 4) die ablehnende Haltung seiner Partei zum Grundgesetz; vgl. Der Parl. Rat, Bd. 9, S. 567–569.
8   In der Plenarsitzung am 6. und erneut am 8. Mai 1949 beantragte von Brentano (vgl. Dok. 13, Anm. 10) mit Unterstützung von Dehler, das Grundgesetz durch Referendum zu ratifizieren. Dehler erklärte, daß die bayerische Regierung angekündigt habe, Bayern werde das Grundgesetz ablehnen und gemäß der bayerischen Verfassung eine Volksabstimmung durchführen. Der Antrag erhielt nur 16 Stimmen. Vgl. Der Parl. Rat, Bd. 9, S. 596–598.
9   Zu Schmid vgl. Dok. 3, Anm. 15.
10 Vgl. dazu Der Parl. Rat, Bd. 9, S. 597.
11 Am 24. November 1946 fand in Württemberg-Baden die erste Landtagswahl und gleichzeitig eine Volksabstimmung über die neue Verfassung statt.
12 Vgl. dazu bereits Dok. 37, Anm. 1.
13 In der Fraktionssitzung der CDU/CSU am 10. Mai 1949 votierten 21 Abgeordnete für Bonn, sechs für Frankfurt. Vgl. SALZMANN, CDU/CSU, S. 562.
14 Am 10. Mai 1949 beantragte Greve (vgl. Dok. 8, Anm. 14) eigens eine Änderung der Geschäftsordnung, derzufolge bis zur Eröffnung der Abstimmung geheime Abstimmung beschlossen werden kann, wenn sie von 10 Mitgliedern beantragt wird. Damit sollte den Abgeordneten ermöglicht werden, ohne Rücksicht auf ihre regionale Herkunft ihre eigentliche Meinung vertreten zu können. Der Antrag wurde mit den Stimmen der CDU/CSU, SPD, FDP und DP angenommen. Vgl. Der Parl. Rat, Bd. 9, S. 631, und Bd. 10, S. XLVIII.
15 Wenige Stunden vor der Abstimmung über den Bundessitz im Plenum am 10. Mai 1949 kursierte das Gerücht, Schumacher (vgl. Dok. 5, Anm. 12) habe sich in »in provokativer Form« gegen die Wahl Bonns erklärt. Eine angebliche Pressemitteilung Schumachers, nach der die Wahl Frankfurts als Bundessitz für die Christdemokraten eine Niederlage bedeuten würde, verbreitete Adenauer in der zweiten Fraktionssitzung der CDU/CSU am gleichen Tag. Vgl. Der Parl. Rat, Bd. 9, S. 683 u. SALZMANN, CDU/CSU, S. 563–565.
16 Für den Wortlaut des Antrags der FDP-Fraktion, gezeichnet von Dehler und Schäfer, vom 26. April 1949 vgl. Der Parl. Rat, Bd. 10, S. 203–205. Vgl. dazu weiter Dok. 44, Anm. 3.
17 Vgl. dazu Dok. 44, Anm. 3 u. 4.
18 Seit dem 30. April 1949 trafen die Ministerpräsidenten eigene Überleitungsmaßnahmen zur Vorbereitung der Einrichtung der Bundesorgane. Am 3. Mai 1949 unterrichteten die Ministerpräsidenten den Parlamentarischen Rat darüber, daß auch die Militärgouverneure der Meinung seien, daß diese Aufgaben von ihnen durchzuführen seien. Am 12. Mai 1949 übertrugen die Militärgouverneure den Ministerpräsidenten die Verantwortung zur Schaffung der Bundesorgane. Am 13. Mai 1949 beschlossen die Ministerpräsidenten, drei Kommissionen bestehend aus einem Vertreter jeden Landes sowie jeweils fünf Abgeordne-

ten des Parlamentarischen Rats zu bilden. Vgl. Akten zur Vorgeschichte der Bundesrepublik Deutschland, Bd. 5, S. 429–433 u. Der Parl. Rat, Bd. 8, S. 271 u. Bd. 10 LXI–LXVIII.

42 Thomas Dehler: Wir Franken sagen »Ja« zum Grundgesetz

1 Die Redaktion der *Freien Deutschen Presse* versah den Artikel mit Zwischenüberschriften und kommentierte in einer Einleitung die Kritik der SPD im bayerischen Landtag an den »Bemühungen monarchistisch-separatistischer Kreise in Bayern« sowie schließlich Dehlers »leidenschaftliches Bekenntnis zu Deutschland, zu dessen Neugestaltung und Neuwerdung auf dem Fundament des Bonner Grundgesetzes«. Dehlers »mitreißenden Ausführungen« in seiner Rede im bayerischen Landtag am 13. Mai 1949 »gipfelten in einem beschwörenden Appell an das Gewissen, die Einsicht und die Vernunft der Abgeordneten von der CSU, deren Meinungen unter dem Einfluß des Ministerpräsidenten Dr. Ehard und des CSU-Fraktionsvorsitzenden Dr. Hundhammer mit einem ›Nein‹ fixiert zu sein schienen«; zu Dehlers Rede, die im bayerischen Landtag zu Tumulten führte, vgl. Stenographischer Bericht über die Verhandlungen des Bayerischen Landtags, Nr. 108 v. 13. 5. 1949, S. 20–27.
2 Vgl. Dok. 3, Anm. 5.
3 Maximilian (Max) II. (1811–1864), seit 1848 König von Bayern.
4 Ludwig von der Pfordten (1811–1880), April 1849 Staatsminister des Königlichen Hauses und des Auswärtigen, Dezember 1849 Vorsitzender im Ministerrat. Von der Pfordten hatte beide Ämter bis 1859 und von 1864 bis 1866 inne.
5 Das *Tagblatt der Stadt Bamberg* berichtete am 1. Mai 1849 von einem konfiszierten Aufruf des Demokratenkongresses.
6 In dem Aufruf des Kongresses der fränkischen Demokraten in Bamberg vom 29. April 1849 für die Annahme der Reichsverfassung heißt es: »Franken hat jetzt eine große Aufgabe, es muß den Altbayern vorangehen im Kampfe für die Freiheit, für Deutschland. Vorwärts ihr Männer von Franken! Die Franken müssen Bayern deutsch und frei machen«. Vgl. Stadtarchiv Bamberg, HV Rep. 3 Nr. 1207.
7 Am 2. und 13. Mai 1849 fanden im Zuge der sog. Reichsverfassungskampagne auf dem damaligen »Judenbühl« (heute »Maxfeld«) vor den Toren von Nürnberg die demokratischen Versammlungen statt, die den bayerischen König und dessen Regierung zur Annahme der Verfassung bewegen sollten. Ferner wurde die Loslösung Frankens von Bayern gefordert, allerdings unter dem Vorbehalt, daß dies nur mit Zustimmung der »Nationalversammlung«, der sog. Reichsgewalt, geschehen könne. Bei Nichtannahme der Verfassung wurde eine neue Versammlung für den 13. Mai 1849 angekündigt. Die Versammlung vom 2. Mai 1849 wurde von ca. 10 000 bis 20 000 Menschen besucht.
8 Chevauleger: Angehöriger der leichten Kavallerie. Die Truppengattung existierte bis ins 19. Jahrhundert.
9 Auf der Versammlung vom 13. Mai 1849 schworen die fränkischen Demokraten auf die Reichsverfassung. Der Reichstagsabgeordnete August Vogt (1817–1895) forderte durch Steuerverweigerung zum passiven Widerstand auf. Obwohl sich Arbeiter mit Sensen bewaffneten und republikanische Kreise ein militärisches Eingreifen erwogen, ließen die starken um die Stadt zusammengezogenen Militärkontingente eine gewaltsame Aktion aussichtslos erscheinen.

10 Johann Dehler (1816–1890) war während der Revolution 1848/49 Führer eines bewaffneten freiwilligen Volkswehrkorps in Lichtenfels. Vgl. WENGST, Dehler, S. 15.
11 Die thüringische Kleinstadt Sonneberg in der sowjetischen Besatzungszone grenzt bei Coburg direkt an Franken.
12 Am 13. Mai 1949 erklärte Ministerpräsident Ehard vor dem bayerischen Landtag, seine Staatsregierung empfehle dem Landtag, das Grundgesetz abzulehnen, aber zugleich dessen Rechtswirksamkeit für Bayern anzuerkennen, unter der Voraussetzung, daß zwei Drittel der deutschen Landtage dem Grundgesetz zustimmen. Vgl. Stenographischer Bericht über die Verhandlungen des Bayerischen Landtags Nr. 108 v. 13. 5. 1949, S. 2–5, 13–17, sowie Dok. 41, Anm. 2.
13 Am 8. Mai 1949 stimmten von den CSU-Mitgliedern im Parlamentarischen Rat nur die beiden fränkischen Abgeordneten Mayr und Kaspar Schlör (1888–1964) dem Grundgesetz zu. Vgl. Dok. 41, Anm. 1.
14 Vgl. Dok. 18, Anm. 25.
15 Vgl. Dok. 14, Anm. 11.
16 In ihrem Antrag vom 7. Januar 1949 (vgl. Dok. 16, Anm. 9) befürworteten Dehler und Becker die Errichtung eines Senats: »Ein solcher Senat [...] bildet [...] für die Übergangszeit den ruhenden Pol in der Erscheinungen Flucht. Er bildet außerdem für die Senatoren die hohe Schule der Politik, so daß aus den Senatoren die künftigen Minister und Bundespräsidenten entnommen werden können [...]. Stellt man die Senatoren ferner finanziell so, daß sie in der Lage sind, sich geeignete Privatsekretäre zu halten, dann ist – nach englischem Vorbild – in diesen Privatsekretären ein guter Teil des politischen Nachwuchses für die künftigen Abgeordneten, Senatoren usw. gegeben«. Vgl. Deutscher Bundestag, Parlamentsarchiv, Bestand 5, Parlamentarischer Rat, Drucksache Nr. 486. Am 12. April 1949 brachte die FDP einen Antrag ein, der einen Senat in modifizierter Form vorsah. Dazu bemerkte Dehler gegenüber Heuss: »Um die verkrampften Fronten wieder etwas aufzulockern, haben Becker, Schäfer, Reif und ich gestern unseren Senatsantrag gestartet. Die Reaktion ist bisher nicht allzu groß«. HENNING, Theodor Heuss, S. 30.
17 Vgl. 24. Sitzung des Hauptausschusses vom 9. Dezember 1948; Parl. Rat, Verhandlungen, S. 287 u. 292.
18 Am 18. Januar 1949 begründete Heuss in der 43. Sitzung des Hauptausschusses die Ablehnung des Artikel 5, Absatz 5 (später Artikel 4, Absatz 3), wonach niemand gegen sein Gewissen zum Kriegsdienst mit der Waffe gezwungen werden dürfe. Der Antrag von Heuss wurde mit 15 gegen zwei Stimmen abgelehnt. Vgl. Parl. Rat, Verhandlungen, S. 545 u. Der Parl. Rat, Bd. 7, S. 613.
19 Artikel 178 der Bayerischen Verfassung vom 2. Dezember 1946 legte fest, daß Bayern einem demokratischen Bundesstaat beitreten werde (zum Wortlaut vgl. bereits Dok. 15, Anm. 21). Zu diesem Artikel heißt es in dem einschlägigen Kommentar: Ihm »liegt offensichtlich die Auffassung zugrunde, daß ein deutscher Gesamtstaatsverband nach dem Zusammenbruch des nationalsozialistischen großdeutschen Reiches nicht mehr besteht. Demgemäß muß ein deutscher Gesamtstaat erst wieder neu begründet werden. [...] Der Staat Bayern spricht seinen Willen aus, einem künftigen deutschen Gesamtstaat beizutreten. [...] Die Bedingungen sind: 1. daß der neue Gesamtstaat ein ›Bundesstaat‹ ist, 2. daß er ein ›demokratischer‹ (Bundes-)Staat ist. [...] Die Nichterfüllung der For-

derung stellt es Bayern frei, seine Beitrittserklärung wieder zurückzunehmen«. Vgl. NAWIASKY/LEUSSER, Verfassung des Freistaates Bayern, S. 258 f.

20 Zu Artikel 126 (Elternrecht), Artikel 135, 136 und 137 (Konfessionsschule), Artikel 182 (Fortbestand des Konkordats) der Verfassung des Freistaates Bayern vom 2. Dezember 1946; vgl. NAWIASKY/LEUSSER, Verfassung des Freistaates Bayern, S. 15 ff. u. Dok. 25.

21 Am 13. Mai 1949 sagte Dehler in der Landtagssitzung, wenn es einen »Sieger von Bonn« gebe, dann sei es Dr. Ehard, und wenn jemand dem Grundgesetz seinen Stempel aufgedrückt habe, dann allein er«, Stenographischer Bericht (wie Anm. 12), S. 23.

22 Vgl. zu Baumgartner Dok. 8, Anm. 16.

23 Ludwig Max Lallinger (1908–1992), Mitgründer der Bayernpartei.

24 Für den Wortlaut der Präambel des Grundgesetzes vom 23. Mai 1949 vgl. Der Parl. Rat, Bd. 7, S. 612.

43 Theodor Heuss: Bonn und Paris

1 Zu Clay vgl. Dok. 17, Anm. 7.

2 Die Besprechung von Vertretern des Parlamentarischen Rats mit den Militärgouverneuren fand am 25. April 1949 statt. Vgl. dazu bereits Dok. 38, Anm. 5.

3 Am 15. Mai 1949 verließ der amerikanische Militärgouverneur Clay Deutschland. Vgl. Der Parl. Rat, Bd. 8, S. IXf.

4 Courtoisie: Höflichkeit.

5 Gemäß dem Londoner Schlußkommuniqué war die Arbeit des Parlamentarischen Rates auf die Ausarbeitung einer Verfassung beschränkt. Nach Genehmigung des Grundgesetzes fiel somit aus Sicht der Ministerpräsidenten die Verabschiedung eines Wahlgesetzes und die Durchführung von vorbereitenden Maßnahmen zur Errichtung der Bundesorgane an die Ministerpräsidenten. Zum Londoner Schlußkommuniqué vgl. Dok. 1, Anm. 1 u. Dok. 2, Anm. 2. Zum Wahlgesetz vgl. Dok. 23. Zur Errichtung eines Überleitungsausschusses vgl. Dok. 44, Anm. 3.

6 Vgl. dazu Dok. 44, Anm. 1.

7 Unter anderem fand innerhalb der 1947 begründeten Demokratischen Partei Deutschlands zwischen ihren West- und Ostvorsitzenden Heuss und Wilhelm Külz (1875–1948) eine heftige Auseinandersetzung um den Sinn einer solchen Vertretung statt. Vgl. HESS, Fehlstart, S. 98–100. Von den USA wurde vergeblich vorgeschlagen, auf der Moskauer Außenministerkonferenz der vier Siegermächte vom 10. März bis 24. April 1947 eine Delegation von deutschen Vertretern zuzulassen. Vgl. dazu Akten zur Vorgeschichte der Bundesrepublik Deutschland, Bd. 2, S. 7–9 u. 256.

8 Schuman (vgl. Dok. 8, Anm. 8) erklärte im Februar 1949 gegenüber dem Westberliner Oberbürgermeister Ernst Reuter (1889–1953), SPD, daß u. a. die französische Regierung die deutsche Einheit und eine deutsch-französische Verständigung befürworte. Vgl. Foreign Relations of the United States 1949, Bd. III, S. 198 f.

9 Am 14. März 1947 sagte der französische Außenminister Georges Bidault (1899–1983) auf der Moskauer Außenministerkonferenz, daß die Demokratisierung Deutschlands erst langsam vonstatten gehen müsse, bevor es sich wieder selbst regieren könne. Am 9. April 1947 machte Bidault hinsichtlich der

deutschen Grenzen französische Sicherheitsinteressen an Rhein und Ruhr geltend. Vgl. Foreign Relations of the United States 1947, Bd. II, S. 252 u. 320–321.
10 Am 15. und 16. Mai 1949 fanden in der sowjetischen Besatzungszone die Wahlen zum sog. III. Deutschen Volkskongreß statt. Bei diesen Wahlen wurde erstmals das Prinzip der Einheitsliste angewandt, wonach für die SED 25%, für CDU und LDPD je 15%, NDPD und DBD je 7,5%, für den FDGB 10% und weiteren Organisationen und Einzelkandidaten 20% der Listenplätze reserviert waren. Vgl. dazu auch Dok. 30.
11 Am 7. Mai und noch einmal am 9. Mai 1949 forderte das »Sekretariat des Deutschen Volkskongresses« den Parlamentarischen Rat wiederum zu gesamtdeutschen Besprechungen auf (vgl. zur Einladung vom 21. März 1949 Dok 30, Anm. 10). Für die KPD beantragte Heinz Renner (1892–1964) am 8. Mai 1949 im Plenum, der Einladung Folge zu leisten. Vgl. Der Parl. Rat, Bd. 9, S. 504–507 u. Bd. 10, S. XXVIf.
12 Kaiser (vgl. Dok. 7, Anm. 13) bemerkte zum Antrag der KDP, der Einladung zu Gesprächen mit dem Deutschen Volkskongreß Folge zu leisten: »Für den Charakter des Volksrates und für die Methoden, mit denen er geschaffen wurde, ist die Vernichtung der Unabhängigkeit unserer Partei, der Christlich-Demokratischen Union in der Ostzone, die als letzte politische Gruppe ihre Freiheit zu wahren wußte, das geschichtliche Beispiel«. Der Parl. Rat, Bd. 9, S. 508.
13 *Die Neue Zeitung* meldete, »daß westalliierte Kreise die Möglichkeit der Entsendung einer deutschen Delegation zur Pariser Außenministerkonferenz erwägen. Man rechne außerdem damit, daß der sowjetische Außenminister Andrej Wyschinskij (1883–1954) die Zulassung einer Abordnung des ostzonalen Volkskongresses beantragen werde«. Vgl. »Sachliche Vorarbeiten in Paris«, in: *Die Neue Zeitung* v. 17. Mai 1949, S. 1 (Zitat) u. »Deutsche Politiker hoffen auf Paris«, in: *Die Neue Zeitung* v. 19. Mai 1949, S. 1.
14 Zur Konferenz von Jalta vgl. Dok. 40, Anm. 6 u. 21.
15 Vgl. zu Morgenthau Dok. 17, Anm. 8.
16 Vgl. zu Grotewohl Dok. 9, Anm. 4.
17 Hermann Kastner (1886–1957), 1947 bis 1949 stellvertretender Vorsitzender, 1949/50 Vorsitzender der LDPD.
18 Am 6. September 1946 bemerkte James F. Byrnes (1879–1972), 1945–1947 US-Außenminister, in seiner Stuttgarter »Rede der Hoffnung«: »Wenn eine völlige Vereinigung nicht erreicht werden kann, werden wir alles tun, was in unseren Kräften steht, um eine größtmögliche Vereinigung zu sichern. [...] Das Gebiet Deutschlands ist verkleinert worden. Die Bevölkerung Schlesiens zum Beispiel ist in ein verkleinertes Deutschland zurückgedrängt worden«. Ferner stellte Byrnes in Aussicht, daß die USA »dem deutschen Volke die Regierung Deutschlands zurückzugeben« wünsche und ihm helfen wolle, »seinen Weg zurückzufinden zu einem ehrenvollen Platz unter den freien und friedliebenden Nationen der Welt«. Vgl. VON SIEGLER, Dokumentation, S. 52, 57.

44 Theodor Heuss: Die nächsten Schritte

1 Die Ausfertigung und Verkündigung des Grundgesetzes erfolgte am 23. Mai 1949 in der Schlußsitzung des Parlamentarischen Rats. Mit Ablauf des Tages, um 24.00 Uhr, trat das Grundgesetz in Kraft. Vgl. Der Parl. Rat, Bd. 9, S. 692–701.
2 Vgl. Dok. 41, Anm. 16.

3   Zum Antrag der FDP-Fraktion zur Bildung eines vorläufigen Bundesexekutivorgans vom 26. April 1949 vgl. bereits Dok. 41, Anm. 14. Das Mißtrauen wurde durch den Begriff »Exekutive« hervorgerufen. In der Presse wurde aufgrund kommunistischer Propaganda sogar von einer »Interimsregierung« berichtet. Eine Übergangsregierung mit Exekutivgewalt war jedoch von Schäfer nicht vorgesehen und wurde von den Alliierten und den Ministerpräsidenten abgelehnt. Vgl. dazu Der Parl. Rat, Bd.10, S.LXV. Am 12. Mai 1949 berichtete *Die Neue Zeitung* (S. 1) unter der Überschrift »Bonn ist provisorische Hauptstadt«: »Die Kommunisten hatten es so dargestellt, als ob es sich bei diesem Ausschuß um eine westdeutsche Zwischenregierung handelte. Eine amerikanische Nachrichtenagentur hatte diesen Ausdruck übernommen, und er war in den Zeitungen der ganzen Welt gedruckt worden«. Der »Informationsdienst für die Abgeordneten des Parlamentarischen Rates« berichtete in seiner Ausgabe vom 10. Mai 1949: »Der Beschluß des Parlamentarischen Rates, ein Exekutivkomitee zu bilden, hat vor allem in Paris Aufsehen und Überraschung hervorgerufen. [...] Le Monde spricht von einem ›Staatsstreich‹ des Parlamentarischen Rates gegenüber den Alliierten, während L'Aube bemerkt, es sei ›keineswegs sicher, daß die alliierten Militärbefehlshaber, die immerhin bis auf weiteres die Herren Westdeutschlands seien, diesen Beschluß auch ratifizieren würden‹«. Vgl. Deutscher Bundestag, Parlamentsarchiv, Bestand 5, Bd.37.

4   Bereits am 10. Mai 1949 stellte Adenauer in der 11. Sitzung des Plenums über die Befugnisse des Überleitungsausschusses klar, daß dieser keinerlei politische Funktionen haben solle, da über »die Aufgaben und den Charakter dieses Überleitungsausschusses [...] in der inländischen und in der ausländischen Presse völlig falsche Mitteilungen erfolgt« seien. Vgl. Der Parl. Rat, Bd.9, S.601.

5   Adenauer lehnte den Vorschlag der Ministerpräsidenten, den diese auf ihrer Konferenz vom 13. Mai 1949 in Bad Godesberg ausgearbeitet hatten (vgl. Dok. 41. Anm. 16), ab. Innerhalb des Parlamentarischen Rats bestand die Sorge, von den Ministerpräsidenten vor vollendete Tatsachen gestellt zu werden. Vgl. Der Parl. Rat, Bd.10, S.LXVIIf u. 206ff.

6   Am 28. Mai 1949 unterbreitete Menzel (vgl. Dok. 5, Anm. 13) den Vorschlag, einen »gemeinsamen Vorbereitungsausschuß der Ministerpräsidenten und des Parlamentarischen Rats« zu bilden, der die technischen Voraussetzungen zur Aufnahme der Tätigkeit der Bundesorgane vorbereiten sollte. Vgl. Der Parl. Rat, Bd.10, S.206.

7   Nach Ansicht der SPD sollte zwischen Verabschiedung des Wahlgesetzes und der Wahl eine Frist von 90 Tagen liegen. Am 9. Mai 1949 verabschiedete der Hauptausschuß den Entwurf für ein Wahlgesetz, demnach gemäß § 23 das Präsidium des Parlamentarischen Rates den Wahltag bestimmen sollte. Vgl. Parl. Rat, Verhandlungen, S.788. Die Ministerpräsidenten sahen in der Festlegung des Wahltermins durch den Parlamentarischen Rat eine unzulässige Überschreitung seiner Kompetenzen. Erst am 15. Juni 1949, am Tag der Verkündigung des Wahlgesetzes durch die Ministerpräsidenten, legten diese den Wahltag auf den 14. August 1949 fest. Vgl. Verordnung über den Wahltag vom 15. Juni 1949, in: Bundesgesetzblatt 1949, S.24. Vgl. auch Der Parl. Rat, Bd.6, S.XLVIII-L.

8   Am 23./24. Mai 1949 wies Pfeiffer (vgl. Dok. 3, Anm. 15) auf der Ministerpräsidentenkonferenz in Bad Godesberg darauf hin, »daß die Genehmigung des Wahlgesetzes noch ausstehe, das aber aller Voraussicht nach von den Alliierten

nicht genehmigt werde, was ein Beauftragter Außenminister Schumans in den letzten 24 Stunden dem Präsidenten des Parlamentarischen Rates mitgeteilt habe. Es bestehen auf französischer Seite bedeutende Bedenken gegen das Wahlgesetz«. Erst am 28. Mai 1949 nahmen die westlichen Außenminister zum Wahlgesetz Stellung. Vgl. Akten zur Vorgeschichte der Bundesrepublik Deutschland, Bd. 5, S. 461 f.

9   Am 24. März 1949 forderten die Ministerpräsidenten auf ihrer Tagung in Königstein den Parlamentarischen Rat auf, ein Wahlgesetz auszuarbeiten und mit Zweidrittel-Mehrheit zu beschließen, vgl. Der Parl. Rat, Bd. 6, S. XLVII u. Akten zur Vorgeschichte der Bundesrepublik Deutschland, Bd. 5, S. 326. Am 2. März 1949 hatten die Alliierten hingegen die Ministerpräsidenten mit der Vorbereitung der erforderlichen Gesetzgebung beauftragt. Vgl. bereits Dok. 26, Anm. 2 u. 14. Am 10. Mai 1949 wurde das Wahlgesetz im Plenum vor allem gegen die Stimmen der CDU/CSU mit nur einfacher Mehrheit beschlossen.

10 Quisquilien: Belanglosigkeiten.

11 Zu Luther vgl. Dok. 23, Anm. 4.

12 Am 9. Mai 1949 in der 59. Sitzung des Hauptausschusses warnte der Ausschußvorsitzende Schmid (vgl. Dok. 3, Anm. 15) davor, die Ministerpräsidenten über den Wahltag entscheiden zu lassen: »Wenn sich die elf Herren nicht einigen, was dann? [...] Der eine ›fürstet‹ über einem mehr agrarischen Land, der andere über einem mehr industriellen Land. Es gibt so ganze bestimmte Perspektiven. Da bekommt zum Beispiel je nach dem einen oder anderen Falle der August eine besondere Bedeutung«. Vgl. Parl. Rat, Verhandlungen, S. 788.

45 Theodor Heuss: Das Tauziehen

1   Philipp Jessup (1897–1986), US-amerikanischer Völkerrechtler und Diplomat, 1948 bis 1953 amerikanischer Delegierter bei den Vereinten Nationen.

2   Seit dem 15. Februar 1949 beriet Jessup mit dem sowjetischen Chefdelegierten bei den Vereinten Nationen Jakob Malik (1906–1980) über eine Beendigung der Berlin-Blockade. Am 4. Mai 1949 gaben die vier alliierten Siegermächte bekannt, daß alle seit dem 1. März 1948 bezüglich Berlin bestehenden Beschränkungen zum 12. Mai 1949 aufgehoben würden. Ferner wurde vereinbart, bis zum 23. Mai 1949 in Paris eine Außenministerkonferenz der Vier Mächte zur Erörterung der Deutschland-Frage einzuberufen. Vgl. Der Parl. Rat, Bd. 9, S. 504.

3   Nach Abbruch der Berlin-Blockade am 12. Mai 1949 verfügte die Sowjetische Militärverwaltung wiederholt »technische Beschränkungen« im Interzonenverkehr nach Berlin.

4   Am 19. Mai 1949 forderten Westberliner Eisenbahner in einem Streik ihre Entlohnung in DM bei der ostzonalen Reichsbahndirektion. Während des Streiks kam es zu teilweise gewaltsamen Zusammenstößen der Streikenden mit kommunistischen »Streikbrechern« sowie der Bahnpolizei der sowjetischen Besatzungszone, die ihrerseits zahlreiche S-Bahnhöfe in den Westsektoren von Berlin besetzte.

5   Zur Potsdamer Konferenz vgl. Dok. 17, Anm. 1.

6   Zum Morgenthau-Plan vgl. Dok. 17, Anm. 8.

7   In Frankreich stieß im Frühjahr 1949 die bevorstehende Gründung eines deutschen Weststaats zunehmend auf Akzeptanz, da spätestens seit der Berlin-Blok-

kade das sowjetische Bedrohungspotential in den Mittelpunkt des Interesses und der Sorgen der Öffentlichkeit rückte.

8 Zur Verabschiedung des Grundgesetzes am 8. Mai 1949 vgl. Dok. 40, Anm. 2 sowie Dok. 41.
9 Der Satz ist vermutlich in der Setzerei der *Rhein-Neckar-Zeitung* verstümmelt worden. Vermutlich sollte die Stelle lauten: »das vom Parlamentarischen Rat verabschiedete Grundgesetz und jetzt die vom sog. Volkskongreß beschlossene Verfassung der DDR.« Am 30. Mai 1949 nahm der sog. III. Deutsche Volkskongreß in Berlin den Verfassungsentwurf für die Deutsche Demokratische Republik an.
10 Vgl. dazu die Vorschläge der westlichen Alliierten auf der Außenministerkonferenz der Vier Mächte in Paris vom 23. Mai bis 20. Juni 1949; Akten zur Vorgeschichte der Bundesrepublik Deutschland, Bd. 5, S. 475–477.
11 Der Artikel 23 des Grundgesetzes vom 23. Mai 1949, wonach das Grundgesetz in den Gebieten in Kraft tritt, die der Bundesrepublik beitreten, wurde im Ausschuß für Grundsatzfragen erörtert. Vgl. Der Parl. Rat, Bd. 5.
12 Zu Wyschinskij vgl. Dok. 43, Anm. 13.
13 Dean G. Acheson (1893–1971), 1949 bis 1953 US-amerikanischer Außenminister.
14 Vgl. dazu Akten zur Vorgeschichte der Bundesrepublik Deutschland, Bd. 5, S. 462 u. Foreign Relations of the United States 1949, Bd. 3, S. 939.
15 Rudolf Agricola (1900–1985), KPD bzw. seit 1946 SED. Agricola, während des »Dritten Reichs« wegen illegaler Parteiarbeit im Zuchthaus, war von 1945 bis 1948 wie Heuss Lizenzträger der *Rhein-Neckar-Zeitung*. 1948 folgte Agricola einem Ruf als Professor für Politische Ökonomie an die Martin-Luther-Universität Halle.
16 In der *Neuen Zeitung* hieß es über den Entwurf der Verfassung für die Deutsche Demokratische Republik: »Während das Bonner Grundgesetz bis in alle Einzelheiten von den Militärgouverneuren vorgeschrieben worden sei, so behauptete Prof. Rudolf Agricola von der Universität Halle, stelle dieser Entwurf ein ›wahrhaft deutsches Produkt‹ dar«. Vgl. »›Nationale Front‹ im Volkskongreß«, in: *Die Neue Zeitung* vom 31. Mai 1949, S. 1.
17 In dem Entwurf der Verfassung für die Deutsche Demokratische Republik war die Gewaltenteilung aufgehoben. Ausdrücklich erklärte der führende Staatsrechtler der SED Karl Polak (1905–1963) die Thesen von Montesquieu (vgl. Dok. 18, Anm. 12) für sachlich und politisch überholt. Im Unterschied zum Scheinparlamentarismus der Weimarer Republik gelte es sich für den Parlamentarismus zu entscheiden. Vgl. Lapp, Volkskammer, S. 13.
18 Mit dem »Gesetz zur Behebung der Not von Volk und Reich« (sog. Ermächtigungsgesetz) vom 24. März 1933 gab sich die Reichsregierung Hitler (vgl. Dok. 30, Anm. 7, sowie die Einleitung mit Anm. 6) die Möglichkeit, ohne Zustimmung des Reichstages und des Reichsrates und ohne Gegenzeichnung des Reichspräsidenten Gesetze zu erlassen. Vgl. Reichsgesetzblatt 1933, S. 141.
19 Zu Acheson vgl. Anm. 13.
20 Im Oktober 1945 beschlagnahmte die sowjetische Militäradministration das gesamte Staatseigentum des Deutschen Reichs in ihrer Zone. Daraus wurden vor allem im Bereich der Schwerindustrie die sowjetischen Aktiengesellschaften gebildet, die im Rahmen der Reparationszahlungen zeitweise ein Viertel bis ein

Drittel der Industrieproduktion der Ostzone umfaßten. Der übrige Teil wurde im März 1946 an deutsche Verwaltungsstellen zurückgegeben.

21 Ernest Bevin (1881–1951), von 1945 bis 1951 britischer Außenminister.
22 Im Washingtoner Abkommen über verbotene und beschränkte Industrien in der amerikanischen, britischen und französischen Besatzungszone von Deutschland vom 13. April 1949 reduzierten die drei Militärgouverneure die Zahl der zu demontierenden Betriebe erheblich. Für den Bereich der chemischen Industrie bedeutete das Abkommen jedoch eine Verschärfung, weil ganze Zweige der modernen Großchemie zu sog. verbotenen Industrien erklärt wurden. U. a. sollten die Gelsenberg Benzin AG und die Hydrierwerke Scholven AG, beide in Gelsenkirchen, demontiert werden. In der Gelsenberg AG streikten daraufhin die Arbeiter, die die Anlage demontieren sollten. Erst im Petersberger Abkommen vom 22. November 1949 stellten die Alliierten die Demontage dieser und anderer chemischer Betriebe ein. Vgl. HARMSSEN, Demontage, S. 29, 54f. sowie für den Wortlaut des Washingtoner und des Petersberger Abkommens, ebd. S. 168–176.

46 Theodor Heuss: Der Mythos vom Wahlrecht

1 Die Redaktion der *Neuen Zeitung* versah den Artikel mit Zwischenüberschriften und erläuterte in einer Vorbemerkung, daß sie den Beitrag von Heuss einem Aufsatz von Dolf Sternberger, in: *Die Neue Zeitung* vom 14. Mai 1949 entgegenstelle. Dolf Sternberger (1907–1989), Publizist und Herausgeber der Monatsschrift »Die Wandlung«, Vorsitzender der »Deutschen Wählergemeinschaft«, war am 14. Oktober 1948 als Sachverständiger im Ausschuß für Wahlrechtsfragen angehört worden. Am 15. Mai 1949 bemerkte Heuss zu dem Beitrag von Sternberger gegenüber Dehler: »Daß die Neue Zeitung noch den Sternberger losließ, war überflüssig«. Vgl. HENNING, Theodor Heuss, S. 31; zur Auseinandersetzung zwischen Heuss und Sternberger Dok. 21, Anm. 6.
2 KARL BRAUNIAS, Das parlamentarische Wahlrecht. Ein Handbuch über die Bildung der gesetzgebenden Körperschaften in Europa, 2 Bde. Berlin/Leipzig 1932.
3 Vgl. dazu die Bemerkung von Becker (vgl. Dok. 13, Anm. 17) im Plenum am 11. Mai 1949: »Die Folge dieses Mehrheitswahlrechts ist, daß es kein Mehrheitswahlrecht ist, sondern praktisch in vielen Fällen ein Minderheitswahlrecht«. Der Parl. Rat, Bd. 9, S. 641 f.
4 Am 24. Februar 1949 in der 8. Sitzung des Plenums wies Heuss darauf hin, daß nur ein Proporzsystem den Frauen die Möglichkeit gebe, in das Parlament zu gelangen. Vgl. Der Parl. Rat, Bd. 9, S. XXVIII u. 335–339 sowie zur Diskussion um die Wahl von Frauen Der Parl. Rat, Bd. 6, S. 421.
5 Zu Heuss' zeitgenössischer Einschätzung während der Weimarer Republik vgl. HESS, Heuss, S. 105 ff. Zum Reichswahlgesetz vom 30. November 1918 vgl. Reichsgesetzblatt 1918, S. 1345–1349. Zum Reichswahlgesetz vom 6. März 1924 vgl. Reichsgesetzblatt 1924, Teil I, S. 159–168.
6 Gentry: Niederer, grundbesitzender Landadel in England.
7 Stuarts: Adelsgeschlecht, stellte von 1371 bis 1688 die schottischen und 1603 bis 1688 die englischen Könige.
8 Carl Schmitt (1888–1985), Staatsrechtler. Die Unterscheidung von »Freund« und »Feind« bildete für Schmitt das Kriterium zur Bestimmung des Politischen.

9   Heuss wollte eine Verwechslung mit Carlo Schmid (vgl. Dok. 3, Anm. 15) ausschließen.
10 Andrew Jackson (1767–1845), 1829 bis 1837 Präsident der USA.
11 Spoils-System ist die Bezeichnung für das seit 1829 in den USA praktizierte Patronagesystem, bei dem die siegreiche Partei ihre Anhänger mit öffentlichen Ämtern belohnt. Der Ausdruck wurde 1832 geprägt, als Andrew Jackson 20 Prozent der Bundesämter mit seinen Anhängern besetzte.
12 Carl Schurz (1829–1906) emigrierte 1852 in die USA, 1877 bis 1881 amerikanischer Innenminister.
13 Die von Schurz aktiv geförderte Civil Service Reform von 1883, die Reform der öffentlichen Bundesverwaltung, schränkte die Patronagemöglichkeiten ein, indem sie mit Einführung des Verdienstsystems wieder vermehrt auf Berufsbeamte anstelle der Parteibeamten setzte.
14 Das Reichswahlgesetz von 31. Mai 1869 besagte in § 12: »Die Wahl ist direkt. Sie erfolgt durch absolute Stimmenmehrheit aller in einem Wahlkreise abgegebenen Stimmen. Stellt bei einer Wahl eine absolute Stimmenmehrheit sich nicht heraus, so ist nur unter den zwei Kandidaten zu wählen, welche die meisten Stimmen erhalten haben. [...]«. Vgl. Bundesgesetzblatt des Norddeutschen Bundes 1869, S. 145–148, hier S. 147 u. Bundesgesetzblatt des Deutschen Bundes 1871, S. 63–70.
15 Am 10. Mai 1949 warnte Heuss im Plenum vor der Sehnsucht nach einem Zweiparteiensystem, das für die Deutschen nicht ohne weiteres von den Engländern zu übernehmen sei. U. a. sagte er von Brentano (vgl. Dok. 13, Anm. 10) zugewandt: »Es ist die Situation entstanden, daß Sie uns erzählen, die Mehrheit des deutschen Volkes fordert das Mehrheitswahlsystem, wobei man heute nicht mehr ganz so weit geht, von ›Persönlichkeitswahlrecht‹ zu sprechen, weil es sich herumgesprochen hat, daß das Mehrheitswahlsystem mit den kleinen Wahlkreisen, wofür ich sehr bin, oft genug das Gegenteil dessen bringt, was man im politischen Sinn ›Persönlichkeiten‹ nennt«. Vgl. Der Parl. Rat, Bd. 9, S. 688 f.
16 Naumann (vgl. Dok. 4, Anm. 3) war von 1907 bis 1918 Reichstagsabgeordneter.
17 Gustav Stresemann (1878–1929), Nationalliberale Partei/DVP, 1907 bis 1912 und 1914 bis 1929 Reichstagsabgeordneter, 1923 Reichskanzler, 1923 bis 1929 Außenminister des Deutschen Reichs.
18 Hugo Lindemann (1867–1949), Reichstagsabgeordneter 1903–1907, 1918/19 Minister verschiedener Ressorts in der württembergischen Regierung.
19 Vgl. Dok. 48, Anm. 3.

47 Thomas Dehler: Wahltermin: 14. August
»Ein fataler Start der neuen Demokratie«

1   Die Redaktion der *Freien Deutschen Presse* setzte dem Artikel eine Einleitung voran. Darin wurde u. a. ausgeführt, daß der Beitrag von Dehler schon vor dem 15. Juni 1949 bei der Redaktion eingegangen sei. Ferner wurde betont: »Den Rechtsstandpunkt der FDP über die Zuständigkeit des Parlamentarischen Rates hinsichtlich der Änderungen des Wahlgesetzes hatte Dr. Dehler bereits in einem Telegramm dargelegt, das er am 8. Juni an Präsidenten Dr. Konrad Adenauer richtete. Er betonte darin, daß bis zur endgültigen Verabschiedung und Verkündung des Wahlgesetzes der Parlamentarische Rat fortbestehe. Die angeregten Änderungen des Wahlgesetzes würden zum Teil Verletzungen des verkündeten

Grundgesetzes darstellen. Unter diesem Gesichtspunkt sowie wegen der mangelnden Zuständigkeit würde ein von den Ministerpräsidenten verkündetes Wahlgesetz notwendig zur Anfechtbarkeit der Wahl zum 1. Bundestag führen. Nur der Parlamentarische Rat sei verfassungsmäßig in der Lage, über die Änderungen des Wahlgesetzes zu beschließen.«

2 Vgl. Dok. 44, Anm. 1.
3 Vgl. Der Parl. Rat, Bd. 7, S. 648.
4 Am 12. Mai 1949 genehmigten die Militärgouverneure den Grundgesetzentwurf des Parlamentarischen Rates und bevollmächtigten die Ministerpräsidenten, das Grundgesetz den Landtagen zur Ratifizierung vorzulegen. Ferner wurde die Hoffnung ausgedrückt, daß das Wahlgesetz bald von ihnen genehmigt werden könne. Vgl. Der Parl. Rat, Bd. 8, S. LIXf. u. 265 u. 273f.
5 Dehler am 7. Juni 1949 (das Schreiben ist identisch mit dem in Anm. 1 genannten und auf den 8. Juni 1949 datierten Telegramm), nachdem die Ministerpräsidenten den Wahlgesetzentwurf des Parlamentarischen Rates abgeändert hatten, gegenüber Adenauer: »Die ausschließliche Zuständigkeit des Parlamentarischen Rates für Änderungen des Wahlgesetzes ergibt sich zwingend aus Artikel 137 Absatz 2 des Grundgesetzes. Bis zur endgültigen Verabschiedung und Verkündung des Wahlgesetzes besteht der Parlamentarische Rat fort. Die Ansicht, der Parlamentarische Rat sei mit der Verabschiedung des Grundgesetzes aufgelöst, steht im Widerspruch mit dem Grundgesetz und ist deshalb rechtsirrig. Die angeregten Änderungen des Wahlgesetzes würden zum Teil Verletzungen des verkündeten Grundgesetzes darstellen.« Vgl. Deutscher Bundestag, Parlamentsarchiv Bestand 5, Parlamentarischer Rat, Sekretariatsumdruck Nr. S 84. Adenauer antwortete darauf am 14. Juni 1949: »Rechtlich ist die Sache wohl so, daß das Besatzungsstatut noch nicht in Kraft ist und daß daher nach dem bisherigen Besatzungsrecht die Alliierten das Wahlgesetz erlassen oder seinen Erlaß durch die Ministerpräsidenten vorschreiben können. Den letzteren Weg haben sie gewählt. Ich bin der Auffassung, wie Sie sich denken können, daß die Alliierten besser anders gehandelt hätten. Aber mir scheint, daß vom rein rechtlichen Standpunkt aus wohl nichts dagegen einzuwenden ist. Ich darf noch hinzufügen, daß der Leiter des französischen Verbindungsstabes mir am 4. Juni auch sagte, daß eine Einberufung des Parlamentarischen Rates trotz dieser Erklärung der Gouverneure eine sehr ernste Lage nach sich ziehen würde«. Vgl. LANGE, Wahlrecht, S. 407 f.
6 Der am 10. Mai 1949 im Plenum des Parlamentarischen Rats verabschiedete Wahlgesetzentwurf des Wahlrechtsausschusses vom 5. Mai 1949 sah vor, daß nur jeweils die Hälfte der Abgeordneten in den Wahlkreisen gewählt werden sollten, vgl. Der Parl. Rat, Bd. 6, S. 809f. Die Ministerpräsidenten modifizierten in ihren Konferenzen am 31. Mai/1. Juni sowie am 14./15 Juni 1949 in Bad Schlangenbad diesen Paragraphen. Unter § 8 des Wahlgesetzes vom 15. Juni 1949 hieß es nun: »(1) Der Bundestag besteht aus mindestens 400 Abgeordneten, die in den Ländern des Bundes [...] gewählt werden. [...] (2) Die Landesregierungen verteilen die ihren Ländern zugeteilten Sitze zwischen Wahlkreisen und Landesergänzungsvorschlägen im ungefähren Verhältnis von 60 zu 40«. Vgl. Bundesgesetzblatt 1949, S. 22 u. Der Parl. Rat, Bd. 6, S. 809f.
7 Am 28. Mai 1949 stellten die Militärgouverneure den Ministerpräsidenten die Genehmigung des Wahlgesetzes nach Berücksichtigung von Auflagen in Aus-

sicht. Dazu gehörte u.a., nicht mehr als acht Berliner Vertreter im Bundestag zuzulassen, die Reststimmen nur innerhalb eines Landes auszuwerten (vgl. Dok. 48, Anm. 4), die Bewerbung eines Kandidaten in mehreren Wahlkreisen zu untersagen. Ferner kündigten die Militärgouverneure an, in ihren Zonen Gesetze und Verordnungen zu erlassen, welche allen Beamten und Richtern im Falle einer Wahl in den Deutschen Bundestag die Niederlegung ihrer öffentlichen Stellungen auferlegen würden (vgl. dazu Dok. 49, Anm. 1). Vgl. Akten zur Vorgeschichte der Bundesrepublik Deutschland, Bd. 5, S. 489.

8   § 15 des Wahlgesetzes vom 15. Juni 1949 besagte:»Erklärt ein Bewerber, daß er die Wahl nicht annimmt, stirbt ein Abgeordneter oder verliert er seinen Sitz (vgl. § 7), so findet, wenn er auf einem Kreiswahlvorschlag gewählt war, Nachwahl statt, im anderen Fall rückt der nachfolgende Bewerber des gleichen Landesergänzungsvorschlages nach«. Vgl. Bundesgesetzblatt 1949, S. 23 u. Der Parl. Rat, Bd. 6, S. 815.

9   Zur Fünf-Prozent-Klausel vgl. § 10 Absatz 4 u. 5 des Wahlgesetzes vom 15. Juni 1949; vgl. Bundesgesetzblatt 1949, S. 22 u. Der Parl. Rat, Bd. 6, S. 812.

10 Vgl. Anm. 7.

11 Nach § 24 des Wahlgesetzes vom 15. Juni 1949 bestimmten die Ministerpräsidenten – und nicht das Präsidium des Parlamentarischen Rats wie im Entwurf des Wahlgesetzes vom 5. Mai 1949 festgelegt – die Aufschlüsselung der Delegiertenzahl für die Bundesversammlung. Ebenso entfiel die noch im Entwurf des Wahlgesetzes festgesetzte Zahl von 400 Delegierten für die Bundesversammlung sowie der Modus, die Bevölkerungszahl der Länder der Verteilung zugrundezulegen. Vgl. Bundesgesetzblatt 1949, S. 24 u. Der Parl. Rat, Bd. 6, S. 819 f.

48 Theodor Heuss: Präludien zur Bundeswahl

1   Vgl. dazu bereits Dok. 44, Anm. 8 sowie besonders Dok. 47.

2   Vgl. Dok. 23, Anm. 2.

3   Gemäß § 8 des Wahlgesetzes vom 15. Juni 1949 wurden die Listen unter der Bezeichnung »Landesergänzungsvorschläge« auf die Landesebene beschränkt. Bereits der Entwurf des Wahlrechtsausschusses vom 5. Mai 1949 verzichtete auf Drängen der Militärgouverneure auf eine Bundesliste. Vgl. Der Parl. Rat, Bd. 6, S. 809 f.

4   In ihrem Schreiben an die Ministerpräsidenten vom 28. Mai 1949 (vgl. dazu bereits Dok. 47, Anm. 7) stellten die Militärgouverneure fest: »[Es] wurde erklärt, daß ein die Auswertung von Reststimmen vorsehendes System in jedem Lande auf eine in dem betreffenden Lande aufgestellte Kandidatenliste beschränkt sein müßte. In Übereinstimmung mit dieser Bestimmung kann deshalb die Einbeziehung der letzten Klausel des § 12, welche vorsieht, daß ›er (jeder Bewerber) sich in mehreren Wahlkreisen und in verschiedenen Ländern bewerben kann‹, und die Einbeziehung der Worte ›in verschiedenen Ländern‹ in § 14, Abs. 2 nicht gebilligt werden.« Vgl. Akten zur Vorgeschichte der Bundesrepublik Deutschland, Bd. 5, S. 489.

5   Am 24. März 1949 baten die Ministerpräsidenten den Parlamentarischen Rat, »ein Wahlgesetz zu verabschieden, das mit mindestens 2/3 Mehrheit beschlossen, der Zustimmung der großen Mehrheit des Volkes gewiß ist«. Vgl. Akten zur Vorgeschichte der Bundesrepublik Deutschland, Bd. 5, S. 326 u. Dok. 44, Anm. 9.

6 Am 10. Mai 1949 wurde der Wahlgesetzentwurf mit einfacher Mehrheit im Plenum des Parlamentarischen Rats verabschiedet. Vgl. Dok. 44, Anm. 9.
7 Am 14. Juni 1949 teilte der FDP-Gesamtvorstand den Ministerpräsidenten mit, daß er deren Vorgehen »für unvereinbar mit Artikel 137, Absatz 2 in Verbindung mit Artikel 38 des Grundgesetzes [halte]. Er wendet sich gegen Bestrebungen der Ministerpräsidenten, sich im Gegensatz zu den Bestimmungen des Grundgesetzes gesetzgeberische Befugnisse übertragen zu lassen. Der Vorstand der Freien Demokratischen Partei bedauert, daß die Verkennung der verfassungsrechtlichen Lage sowohl die Ministerpräsidenten wie auf Grund von deren Vorschlägen die Militärgouverneure in das unbestreitbare Recht des Parlamentarischen Rates eingreifen in einem Augenblick, in dem alles darauf ankommt, den Glauben an die Wiedererstehung des Rechtsstaates in Deutschland im Bewußtsein seiner Bürger zu festigen«. Vgl. Bundesarchiv Koblenz, Z 5, Parlamentarischer Rat, Sekretariatsumdrucksache Nr. S 88. Vgl. auch FDP-Bundesvorstand, Sitzungsprotokolle, S. 43f. u. S. 46.
8 Vgl. Dok. 47, Anm. 6.
9 Am 14. Oktober 1948 schlug Becker in der 8. Sitzung des Wahlrechtsausschusses vor, von 400 Abgeordneten 230 in Einmann-Wahlkreisen im ersten Wahlgang nach dem absoluten und im zweiten Wahlgang nach dem relativen Mehrheitswahlrecht zu wählen. Die restlichen 170 Abgeordneten sollten über das Proporzsystem der Parteien bestimmt werden, vgl. Der Parl. Rat, Bd. 6, S. 229.
10 Vgl. Dok. 47, Anm. 9.
11 Vgl. Dok. 33.
12 Vgl. dazu die Bemerkung von Adenauer, Dok. 47, Anm. 5.
13 Querelles allemandes: deutsche Streitigkeiten.

49 Thomas Dehler: Ein Nackenschlag

1 Vgl. das Gesetz Nr. 20 über die Wahl von gewissen Angehörigen des öffentlichen Dienstes zum ersten Bundestag vom 2. Juni 1949: »Die Militärgouverneure und Oberbefehlshaber der britischen, der amerikanischen und der französischen Zone sind übereingekommen, gleichzeitig Rechtsvorschriften zu erlassen, durch die es untersagt wird, zugleich gewisse Stellungen im öffentlichen Dienst zu bekleiden. Es wird daher verordnet: Artikel 1 Wird ein Richter, ein Beamter oder ein Angestellter des öffentlichen Dienstes zum Mitglied des ersten Bundestages gewählt, so scheidet er mit der Annahme der Wahl ohne weiteres aus dem öffentlichen Dienst aus. Artikel 1 findet keine Anwendung auf a) Personen, die ein Ehrenamt bekleiden, b) Personen, die keine feste Besoldung beziehen, c) Hochschullehrer, d) Seelsorger und Beamte der Kirchen oder anderer Religionsgesellschaften des öffentlichen Rechts sowie ihrer Verbände, soweit sie nicht zugleich eine andere Stellung im öffentlichen Dienst bekleiden«. Vgl. Amtsblatt der Militärregierung – Deutschland (Britische Zone) vom 30. Juni 1949, S. 1.
2 Am 22. November 1948 hatten die Militärgouverneure in ihrem Memorandum (vgl. Dok. 12, Anm. 13) gefordert, das Grundgesetz solle vorsehen, »daß ein öffentlicher Bediensteter, sollte er in die Bundeslegislative gewählt werden, vor Annahme der Wahl von seinem Amt bei der ihn beschäftigenden Behörde zurücktritt. Die Militärgouverneure werden sich bei der endgültigen Prüfung des Grundgesetzes (der vorläufigen Verfassung) und etwaiger späterer Änderungen

von diesen Grundsätzen leiten lassen [...], um festzustellen, ob die wesentlichen Forderungen des Dokumentes Nr. I erfüllt worden sind oder nicht«. Vgl. Der Parl. Rat, Bd. 8. S. 39.

3 Am 1. Februar 1949 beschloß der Wahlrechtsausschuß, »daß es mit der Gleichheit aller Bürger vor dem Gesetz unvereinbar [sei], den Beamten vom passiven Wahlrecht auszuschließen«. Von britischer Seite wurde jedoch darauf hingewiesen, daß diese Entschließung gegen das Memorandum vom 22. November 1948 verstoße. Vgl. Der Parl. Rat, Bd. 6, S. XLVI u. 672.

4 Vgl. dazu auch Dok. 46.

5 Am 4. Mai 1949 schlug Höpker Aschoff in einer interfraktionellen Besprechung vor, die Wählbarkeit der Beamten nicht im Grundgesetz, sondern im Wahlgesetz zu regeln. Am 9. Mai 1949 wurde der Wahlgesetzentwurf im Hauptausschuß entsprechend modifiziert, nachdem der Grundgesetzentwurf bereits entsprechend geändert worden war. Vgl. Parl. Rat, Verhandlungen, S. 776 u. Der Parl. Rat, Bd. 6, S. 808 u. Bd. 11, S. 264f.

6 Vgl. § 5 Absatz 2 des Wahlgesetzes vom 15. Juni 1949; Bundesgesetzblatt 1949, S. 21 f. u. Der Parl. Rat, Bd. 6, S. 808.

7 Am 28. Mai 1949 teilten die Militärgouverneure den Ministerpräsidenten mit, sie seien »übereingekommen, in ihren Zonen Gesetze und Verordnungen zu erlassen, welche allen Beamten und Richtern die Niederlage ihrer öffentlichen Stellungen auferlegen, und zwar unmittelbar bevor sie die Mitgliedschaft im Bundestag übernehmen«. Vgl. Akten zur Vorgeschichte der Bundesrepublik Deutschland, Bd. 5, S. 489 u. Dok. 47 Anm. 7.

8 Am 1. Juni 1949 wiesen die Ministerpräsidenten die Militärgouverneure darauf hin, »daß die geplanten Gesetze und Verordnungen, welche für alle Beamten und Richter die Aufgabe ihres Amtes vor der Annahme eines Mandates im Bundestag in Aussicht nehmen, nach ihrer Auffassung in Widerspruch stehen würden zum Artikel 48, Absatz 2, des Grundgesetzes. Es erscheint ihnen nicht angängig, die Beamten bei der Übernahme eines Mandates im Bundestag in solchem Ausmaß schlechter zu stellen als die Angehörigen anderer Berufe. Sie würden es deshalb begrüßen, wenn die Oberbefehlshaber von den beabsichtigten Gesetzen und Verordnungen absehen und es bei der in § 5 Absatz 2 des Wahlgesetzes vorgesehenen Regelung belassen könnten«. Vgl. Akten zur Vorgeschichte der Bundesrepublik Deutschland, Bd. 5, S. 513.

9 Zur Genehmigung des Grundgesetzes am 12. Mai 1949 vgl. bereits Dok. 47, Anm. 4.

50 Thomas Dehler: Die Einheit Deutschlands

1 Zu Hoegner vgl. Dok. 5, Anm. 15.
2 Zu Nawiasky vgl. Dok. 6, Anm. 1.
3 Vgl. dazu den Wortlaut des Artikels 178 der Bayerischen Verfassung; Dok. 42, Anm. 19.
4 Zum Schlußkommuniqué der Londoner Außenministerkonferenz vgl. Dok. 1, Anm. 1.
5 Am 20. Mai 1949 lehnte der Bayerische Landtag in seiner Sitzung das Grundgesetz mit 101 zu 63 Stimmen bei neun Enthaltungen ab. Allerdings beschloß er gleichzeitig mit 97 gegen sechs Stimmen bei 70 Stimmenthaltungen, daß das Grundgesetz auch für Bayern rechtsgültig sein sollte, wenn es in zwei Dritteln

der deutschen Länder ratifiziert werde. Da außer Bayern alle übrigen Landtage in den drei westlichen Besatzungszonen in der Zeit vom 18. bis 21. Mai 1949 das Grundgesetz verabschiedeten, unterzeichneten sowohl Ministerpräsident Ehard (vgl. Dok. 8, Anm. 2) als auch Landtagspräsident Michael Horlacher (1888–1957), CSU, das Grundgesetz für Bayern. Vgl. Der Parl. Rat, Bd. 9, S. 696f. u. Dok. 42, Anm. 13.

6   Zu Hundhammer vgl. Dok. 8, Anm. 15.
7   Vgl. dazu bereits die Formulierung des Verfassungskonventes auf Herrenchiemsee; Dok. 6, Anm. 4.
8   Walther von Seydlitz-Kurzbach (1888–1976), Wehrmachtsoffizier, in sowjetischer Kriegsgefangenschaft, Präsident des Bundes deutscher Offiziere und Vizepräsident des Nationalkomitees Freies Deutschland. 1948 gab es Gerüchte, von Seydlitz-Kurzbach wolle in der sowjetischen Besatzungszone eine kasernierte Polizei aufbauen. Vgl. Der Parl. Rat, Bd. 3, S. 178 u. Bd. 9, S. 162.
9   Zu Heim vgl. Dok. 32, Anm. 23.
10 Vgl. Dok. 45, Anm. 20.
11 Irredenta: ursprünglich in der Epoche des Risorgimento Bezeichnung für die nicht zu Italien gehörenden, italienisch besiedelten und daher noch national »unerlösten« Gebiete; allgemein politische Bewegung, die den Anschluß der unter Fremdherrschaft stehenden Gebiete an die eigene Nation anstrebt.
12 Zu Dehlers Positionen hinsichtlich der deutschen Frage vgl. KLINGL, »Das ganze Deutschland«, S. 29 ff.
13 Cordon sanitaire: ursprünglich Sperrgürtel zum Schutz gegen epidemische Krankheiten; nach dem Ersten Weltkrieg politisches Schlagwort zur Bezeichnung für den 1919/1920 entstandenen Staatengürtel (Finnland, baltische Staaten, Polen, und Rumänien), welcher das übrige Europa von der Sowjetunion trennen und vor einem Vordringen der bolschewistischen Weltrevolution schützen sollte. Diese politische Verwendung des Begriffes wird auf Stephen Pichon (1857–1933) zurückgeführt, der als französischer Außenminister u. a. den Vertrag von Versailles unterzeichnete.
14 Zu dem von Heuss in die Debatte geworfenen Ausdruck »heilige Nüchternheit« vgl. die Einleitung, S. 22 in diesem Band, sowie Dok. 5, S. 60 in diesem Band.
15 Kominform: das sog. Informationsbüro der kommunistischen Arbeiterparteien wurde 1947 als Nachfolgeorganisation der Dritten Internationale mit Sitz in Belgrad gegründet. Ihm gehörten die kommunistischen Parteien Osteuropas sowie Frankreichs, Italiens und der Niederlande an. Seine offizielle Aufgabe war, die kommunistische Bewegung weltweit zu koordinieren, de facto suchte sie den Führungsanspruch Stalins durchzusetzen.
16 Zur Außenministerkonferenz der vier Mächte in Paris vgl. bereits Dok. 45 Anm. 2.
17 Zu Wyschinskij vgl. Dok. 43, Anm. 13.
18 Schalmei: Volkstümliches Blasinstrument mit doppeltem Rohrblatt, das in den zwanziger und frühen dreißiger Jahren insbesondere bei kommunistischen Kundgebungen gespielt wurde.

Theodor Heuss: Das ABC des Parlamentarischen Rates

1   »Das ABC des Parlamentarischen Rates« erschien anläßlich der abschließenden Plenarsitzung am 23. Mai 1949 zur Verkündung des Grundgesetzes als selbständige Veröffentlichung. Ein Exemplar in: Bundesarchiv Koblenz, Nachlaß 221

(Heuss), Bd. 418; jetzt auch als Broschüre der Stiftung Bundespräsident-Theodor-Heuss-Haus, Stuttgart 1999.

2 Anton Pfeiffer, Vorsitzender der CDU/CSU-Fraktion im Parlamentarischen Rat, vgl. Dok. 3, Anm. 15.
3 Josef Müller (1898–1979), 1946–1949 Landesvorsitzender des CSU. Zur Namengebung »Ochsensepp« vgl. MÜLLER, Bis zur letzten Konsequenz, S. 19–22.
4 Alois Hundhammer, bayerischer Staatsminister für Unterricht und Kultus, CSU, vgl. Dok. 8, Anm. 15.
5 Zu Joseph Baumgartner, Vorsitzender der Bayernpartei, vgl. Dok. 8, Anm. 16.
6 Heuss unterstellt, daß die CSU sich für einen weitgehenden Föderalismus und somit auch für die Biersteuer als Ländersteuer aussprach, um sich gegen die bei der Kommunalwahl 1948 erfolgreiche Bayernpartei zu behaupten. Die CSU hatte sich dafür ausgesprochen, daß die Biersteuer nicht dem Bund, sondern den Ländern zufließt. Vgl. Art. 106, Abs. 2 des Grundgesetzes vom 23. Mai 1949. Vgl. Der Parl. Rat, Bd. 7, S. 640.
7 Richard Ringelmann (1889–1965), seit dem 23. November 1948 Vertreter der bayerischen Staatsregierung beim Parlamentarischen Rat.
8 Carlo Schmid, SPD, Vorsitzender des Hauptausschusses im Parlamentarischen Rat. Vgl. Dok. 3, Anm. 15.
9 Schmid verfaßte eine »Parlamentarische Elegie im Januar« 1949, die als Umdrucksache des Parlamentarischen Rates Nr. S 18 vervielfältigt wurde. Wiederabdruck in: STRÄTLING, Parlamentarischer Rat, S. 15–24.
10 Vgl. dazu Dok. 7.
11 Zäsur, Kadenz: Fachtermini der Metrik; Schmid hatte seine »Parlamentarische Elegie« in die kunstvolle Form antiker Distichen gefaßt und dabei sorgsam Zäsuren und Kadenzen gesetzt.
12 Zu den Auseinandersetzungen zwischen dem aus Bamberg stammenden Dehler und dem bayerischen Ministerpräsidenten Ehard vgl. Dok. 15, 32, 35.
13 Zum Elternrecht vgl. Dok. 14, Anm. 11.
14 Metropolitankapitel des Erzbistums Köln. Zum Gespräch des Kölner Domkapitulars Wilhelm Böhler vgl. unten Anm. 32
15 Albert Finck (1895–1956), CDU, 1945 Gründungsmitglied der CDU Pfalz.
16 Otto Heinrich Greve, SPD, vgl. Dok. 8, Anm. 14.
17 Die SPD hatte während der gesamten Grundgesetzarbeit im Parlamentarischen Rat sich für ein »verkürztes« Grundgesetz (»Organisationsstatut«) eingesetzt, um den provisorischen Charakter des »Staatsfragments« zu unterstreichen. Vgl. auch Dok. 7 u. 8 sowie unten Anm. 29.
18 Wilhelm Heile, DP, seit 1946 Mitglied des Landtages von Niedersachsen, vgl. Dok. 3, Anm. 18.
19 Widukind, 777–785 Führer der Sachsen im Kampf gegen die von Karl dem Großen betriebene fränkische Expansion und Christianisierung.
20 Karl der Große (747–814), fränkischer König, seit 800 römischer Kaiser.
21 Kurt Schumacher, SPD, vgl. Dok. 5, Anm. 12.
22 Konrad Adenauer, CDU, vgl. Dok. 5, Anm. 9.
23 Anlehnung an die Dichtung von Wilhelm Busch: »Max und Moritz«, Vierter Streich: »Max und Moritz, diese beiden, Mochten ihn darum nicht leiden«.
24 Zu Adenauers Rede am 23. März 1949 vor der Interparlamentarischen Union in Bern vgl. Dok. 33, Anm. 6.

25 Vgl. dazu das Interview mit Schumacher am 5. April 1949 im *Telegraf*, Dok. 33, Anm. 5.
26 Wilhelm Laforet, CSU. Vgl. Dok. 27, Anm. 19.
27 Hermann von Mangoldt (1895–1953), CDU, Vorsitzender des Ausschusses für Grundsatzfragen.
28 Walter Menzel, SPD, vgl. Dok. 5, Anm. 13.
29 Die SPD setzte sich für einen kurzen Katalog der Grundrechte ein. Vgl. bereits oben Anm. 16. Vgl. auch Der Parl. Rat, Bd. 5/I, S. XXXIV–XXXVI.
30 Kurt Schumacher, der selbst nicht dem Parlamentarischen Rat angehörte, griff wiederholt in die Grundgesetzarbeit ein.
31 Die CDU forderte für den Grundrechtskatalog eine Berücksichtigung naturrechtlicher Begründungen. Vgl. u. a. Der Parl. Rat, Bd. 5/I, S. 64 f.
32 In der Besprechung einer Delegation des Paramentarischen Rates mit Kirchenvertretern am 14. Dezember 1948 wies Domkapitular Prälat Wilhelm Böhler darauf hin, daß das Naturrecht der Eltern zur Grundauffassung »der ganzen Welt zu werden« beginne. Vgl. FELDKAMP, Parl. Rat, S. 115.
33 Von der Antike bis zur Frühen Neuzeit üblicher Begriff für »Theater«.
34 Mitglieder des SPD-Parteivorstands waren zunächst im Parlamentarischen Rat nicht vertreten. Erst am 20. Mai 1949 wurde Erich Ollenhauer (1901–1963), seit 1946 stellvertretender Parteivorsitzender der SPD, anstelle von Greve Abgeordneter des Parlamentarischen Rates.
35 Persilschein: nach dem Waschmittel »Persil« (Warenname) benannte entlastende Bescheinigung, in der Nachkriegszeit insbesondere bei Entnazifizierungsverfahren.
36 Hermann Pünder, CDU, Direktor des Verwaltungsamtes für Finanzen im Vereinigten Wirtschaftsgebiet.
37 Pegasus: geflügeltes Zauberroß. Seit dem Humanismus das Roß der Musen und Dichter, vgl. auch das folgende Stichwort vom »schäbigen Gaul«, womit Heuss zugleich auf seine wiederholte Kritik am sprachlichen Niveau der Verhandlungen anspielt. – Vgl. auch die Einleitung, S. 39 in diesem Band.
38 Max Reimann, KPD, vgl. Dok. 5, Anm. 4. Zur Agitation der beiden kommunistischen Abgeordneten im Parlamentarischen Rat vgl. Dok. 19, Anm. 4 u. Dok. 27, Anm. 1.
39 Heinz Renner, KPD, vgl. Dok. 43, Anm. 11.
40 Ernst Reuter, SPD, vgl. Dok. 43, Anm. 8.
41 Hans Reif (1899–1984), FDP.
42 Hermann Schäfer, FDP, Vizepräsident des Parlamentarischen Rates.
43 Hans-Joachim von Merkatz (1905–1982), DP, Jurist und wissenschaftlicher Berater der DP-Fraktion im Parlamentarischen Rat.
44 Hans-Christoph Seebohm, DP, vgl. Dok. 26, Anm. 4.
45 Theodor Heuss.
46 Anspielung auf den Schlager »Der Theodor im Fußballtor«, gesungen von Will Höhne, erstmals produziert im Herbst 1948; 1949 wurde der Schlager von Erwin Hartung interpretiert.
47 Theophil Kaufmann, CDU, vgl. Dok. 19, Anm. 11.
48 Toto ist das Kurzwort für Sport- und Fußballgewinnspiele. Kaufmann hatte sich insbesondere im Siebenerausschuß engagiert. Kaufmann warf Heuss am 13. März 1949 vor, daß er nicht selbst im Fünferausschuß gewesen sei, sondern

Höpker Aschoff geschickt habe. Vgl. die Einleitung S. 16 in diesem Band, sowie Der Parl. Rat Bd. 11, S. 126, Anm. 11.
49 Zum Überleitungsausschuß vgl. Dok. 41, Anm. 16.
50 Zu den Maßnahmen der Ministerpräsidenten, einen eigenen Überleitungsausschuß einzurichten, vgl. Dok. 41, Anm. 18.
51 Zur Verwendung des Begriffs »Grundgesetz« anstelle von »Verfassung« vgl. Dok. 3, Anm. 2.
52 Helene Weber, CDU, vgl. Dok. 3, Anm. 18.
53 Helene Wessel (1898–1969), Zentrum.
54 Georg August Zinn, SPD, vgl. Dok. 13, Anm. 9.
55 Gustav Zimmermann (1901–1976), SPD.

Editorische Notiz

Die vorliegende Dokumentation von Texten, in denen Theodor Heuss und Thomas Dehler zwischen Juli 1948 und Juli 1949 den Entstehungsprozeß des Grundgesetzes kommentiert haben, beruht auf einer Auswertung der folgenden publizistischen Periodika: *Rhein-Neckar-Zeitung, Christ und Welt, Informationsdienst der FDP Landesverband Bayern, Neue Deutsche Presse* und *Fränkischer Tag*. Einige der Dehlerschen Artikel sind mit kurzem zeitlichen Abstand sowohl im *Informationsdienst* als auch in der *Neuen Deutschen Presse* oder im *Fränkischen Tag* erschienen. In der Regel wurde die Quelle angegeben, in der der jeweilige Beitrag zuerst publiziert wurde.

Bezüglich des Zeitrahmens wurde eine enge Beschränkung auf die Sitzungsdauer des Parlamentarischen Rats von seiner Konstituierung am 1. September 1948 bis zur Verkündung des Grundgesetzes am 23. Mai 1949 nicht angestrebt. So befassen sich die ersten drei Artikel mit der unmittelbaren Vorgeschichte der verfassunggebenden Versammlung, die letzten sieben Artikel mit der Übergangsphase bis kurz vor der ersten Bundestagswahl am 14. August 1949.

Die Artikel des *Informationsdienstes* weisen als parteiinternes Typoskript mit begrenzter Reichweite naturgemäß einen anderen redaktionellen Standard auf als diejenigen der *Rhein-Neckar-Zeitung*, die sich an ein weitaus größeres Publikum richteten.

Orthographie-, Satz- und Grammatikfehler wurden stillschweigend berichtigt, ebenso offensichtliche Sachfehler. So war beispielsweise der Vater von Thomas Dehler, Georg Dehler, nicht »Bauer«, sondern »(Bier-)Brauer« (vgl. Dok. 29). Desgleichen wurden falsch geschriebene Namen wie Erhard (statt Ehard) korrigiert (vgl. Dok. 8). Fettdrucke und Unterstreichungen wurden kursiv wiedergegeben.

Der Bearbeiter dankt für die Hilfe bei der Recherche nach den Originaltexten: Doris Klösel vom Archiv der *Rhein-Neckar-Zeitung* in

Heidelberg, Gerda Krampe vom Archiv des Deutschen Liberalismus für die Suche nach den Ausgaben des *Informationsdienstes* und den Mitarbeiterinnen und Mitarbeitern der Bayerischen Staatsbibliothek in München für Ermittlungen zur *Neuen Freien Presse*. Anita Wilke gebührt der Dank für die Erstellung der Abschrift. Außerdem danken die Bearbeiter all denjenigen, die ihnen bei der Kommentierung behilflich waren und diese zum Teil erst ermöglicht haben: Zu nennen sind hierbei insbesondere Volker Apfeld in Borkum, Charlotte Bühl in Nürnberg, Rüdiger Czieschla in Freiburg, der Leiter des Haus-, Hof- und Staatsarchivs in Wien, Hofrat Dr. Franz Dirnberger, Dr. Jürgen Frölich (Archiv des Deutschen Liberalismus der Friedrich-Naumann-Stiftung), Stadtarchivar Franz Haselbeck (Stadtarchiv Traunstein) sowie Archivdirektor Dr. Robert Zink (Stadtarchiv Bamberg).

Besonders wertvoll war die Zusammenarbeit mit Dr. Michael F. Feldkamp, der in sämtlichen Fragen bezüglich des Parlamentarischen Rats sachkundigen Rat erteilt hat.

Abschließend möchte ich Marion Freund in Freiburg für die Korrektur der Abschriften danken.

Freiburg im November 1998   *Patrick Ostermann*

Quellen und Literatur

ADENAUER, KONRAD, Erinnerungen 1945–1953, Stuttgart 1965.
Adenauer. Briefe 1947–1949, bearb. vom HANS PETER MENSING, Adenauer Rhöndorfer Ausgabe. Stiftung Bundeskanzler-Adenauer-Haus, hg. von RUDOLF MORSEY u. HANS-PETER SCHWARZ, Berlin 1984.
ADERS, THOMAS, Die Utopie vom Staat über den Parteien. Biographische Annäherungen an Hermann Höpker Aschoff (1883–1953), Fankfurt/Main u. a. 1994.
Akten zur Vorgeschichte der Bundesrepublik Deutschland 1945–1949, hg. vom Bundesarchiv und Institut für Zeitgeschichte:
Bd. 1: Sept. 1945 – Dez. 1946, bearb. von WALTER VOGEL u. CHRISTOPH WEISZ, München/Wien 1976.
Bd. 2: Jan. – Juni 1947, bearb. von WOLFRAM WERNER, München/Wien 1979.
Bd. 3: Juni – Dez. 1947, bearb. von GÜNTER PLUM, München/Wien 1982.
Bd. 4: Jan. – Dez. 1948, bearb. von CHRISTOPH WEISZ, HANS-DIETER KREIKAMP u. BERND STEGER, München / Wien 1983.
Bd. 5: Jan. – Sept. 1949, bearb. von HANS-DIETER KREIKAMP, München/Wien 1981.
Amtsblatt der Militärregierung Deutschland, Amerikanisches Kontrollgebiet. 1945–1949.
Amtsblatt der Militärregierung Deutschland, Britisches Kontrollgebiet. 1945–1949.
Amtsblatt des Alliierten Kontrollrats in Deutschland, hg. vom Alliierten Sekretariat, Berlin 1945–1953.
ANTONI, MICHAEL G. M., Sozialdemokratie und Grundgesetz, 2 Bde., Berlin 1991–1992.
Der Bayerische Landtag. Eine Chronik zusammengestellt von PETER JAKOB KOCK, hg. vom Bayerischen Landtag, 2 Bde., Bamberg 1991.

BENZ, WOLFGANG (Hg.), »Bewegt von der Hoffnung aller Deutschen«. Zur Geschichte des Grundgesetzes. Entwürfe und Diskussionen 1941–1949, München 1979.

DERS., Von der Besatzungsherrschaft zur Bundesrepublik. Stationen einer Staatsgründung, 1946–1949, Frankfurt am Main 1984.

DERS., Die Gründung der Bundesrepublik. Von der Bizone zum souveränen Staat, München 1984.

BRACHER, KARL DIETRICH, Theodor Heuss und die Wiederbegründung der Demokratie in Deutschland, Tübingen 1965.

BRAUNIAS, KARL, Das parlamentarische Wahlrecht. Ein Handbuch über die Bildung der gesetzgebenden Körperschaften in Europa, 2 Bde., Berlin/Leipzig 1932.

BROWNLIE, IAN (Hg.), Basic Documents on Human Rights, Oxford 1981.

Bundesgesetzblatt des Norddeutschen Bundes 1869.

Bundesgesetzblatt des Deutschen Bundes 1871.

Bundesgesetzblatt 1949 ff.

CUBE, WALTER VON, Ich bitte um Widerspruch. Fünf Jahre Zeitgeschehen kommentiert, Frankfurt 1952.

DIRR, PIUS, Bayerische Dokumente zum Kriegsausbruch und zum Versailler Schuldspruch, München 1925.

Documents on the Creation of the German Federal Constitution. Prepared by Civil Administration Division, Office of Military Government for Germany (US), Berlin 1949.

DOEMMING, KLAUS-BERTO VON / FÜSSLEIN, RUDOLF WERNER / MATZ, WERNER, Entstehungsgeschichte der Artikel des Grundgesetzes, in: Jahrbuch des öffentlichen Rechts der Gegenwart, Neue Folge/Bd. 1, hg. von GERHARD LEIBHOLZ u. HERMANN VON MANGOLDT, Tübingen 1951.

Dokumente zur Deutschlandpolitik, II. Reihe: Vom 9. Mai 1945 bis 4. Mai 1955. Bd. 1: Die Konferenz von Potsdam, hrsg. vom Bundesministerium des Innern, bearb. von GIESELA BIEWER, Neuwied 1992.

DOWE, DIETER / OFFERMANN, TONI (Hg.), Deutsche Handwerker- und Arbeiterkongresse 1848–1852. Protokolle und Materialien, Berlin u. a. 1983.

ESCHENBURG, THEODOR, Jahre der Besatzung 1945–1949 (= Geschichte der Bundesrepublik Deutschland, hg. v. Karl Dietrich Bracher u. a., Bd. 1), Wiesbaden 1983.

FAULHABER, MICHAEL, Rufende Stimmen in der Wüste der Gegenwart, Freiburg 1931.
FDP-Bundesvorstand. Die Liberalen unter dem Vorsitz von Theodor Heuss und Franz Blücher. Sitzungsprotokolle 1949–1954, 1.–26. Sitzung 1949–1952, bearb. von UDO WENGST, 1. Halbbd. Düsseldorf 1990.
FELDKAMP, MICHAEL F., Der Parlamentarische Rat 1948–1949, Göttingen 1998.
DERS., Die Entstehung des Grundgesetzes für die Bundesrepublik Deutschland 1949. Eine Dokumentation, Stuttgart 1999.
FISCHER, HEINZ JOACHIM, Parlamentarischer Rat und Finanzverfassung, Kiel 1970.
Foreign Relations of the United States. Diplomatic Papers (FRUS):
1948, Vol. II: Germany and Austria, Washington 1973.
1949, Vol. III: Council of Foreign Ministers. Germany and Austria, Washington 1974.
DE GAULLE, CHARLES, Discours et messages, Dans l'attente, Février 1946 – Avril 1958, Évreux 1970.
GELBERG, KARL ULRICH, Hans Ehard. Die föderalistische Politik des bayerischen Ministerpräsidenten 1946–1954, Düsseldorf 1992.
GERLOFF, WILHELM, Die Finanzgewalt im Bundesstaat, Frankfurt am Main 1948.
Gesetzblatt des Wirtschaftsrates des Vereinigten Wirtschaftsgebietes 1948.
HARMSSEN, GUSTAV W., Am Abend der Demontage. Sechs Jahre Reparationspolitik. Mit Dokumentenanhang, Bremen 1951.
HEIN, DIETER, Zwischen liberaler Milieupartei und nationaler Sammlungsbewegung. Gründung, Entwicklung und Struktur der Freien Demokratischen Partei 1945–1949, Düsseldorf 1985.
HENNING, FRIEDRICH (Hg.), Theodor Heuss: Lieber Dehler! Briefwechsel mit Thomas Dehler, München u. a. 1983.
HESS, JÜRGEN C., Theodor Heuss vor 1933. Ein Beitrag zur Geschichte des demokratischen Denkens in Deutschland, Stuttgart 1993.
DERS., »Die deutsche Lage ist ungeheuer ernst geworden.« Theodor Heuss vor den Herausforderungen des Jahres 1933, in: Jahrbuch zur Liberalismus-Forschung 5 (1993), S. 65–136.
DERS., Fehlstart. Theodor Heuss und die Demokratische Partei Deutschlands 1947/48, in: Jahrbuch zur Liberalismus-Foschung 9 (1997), S. 83–121.

Ders., Erkundungsflug. Konzeptionelle Überlegungen zur Arbeit der Stiftung Bundespräsident-Theodor-Heuss-Haus, in: Heuss im Profil. Vorträge und Diskussionen zum Eröffnungsfestakt der Stiftung Bundespräsident-Theodor-Heuss-Haus, hg. v. Thomas Hertfelder, Stuttgart 1997, S. 42–59.

Heuss, Theodor, Friedrich Naumann. Der Mann, das Werk, die Zeit, Stuttgart/Berlin 1937, 2. Aufl. Stuttgart/Tübingen 1949.

Ders., Hans Poelzig. Bauten und Entwürfe. Das Lebensbild eines deutschen Baumeisters, Berlin 1939.

Ders., 1848. Werk und Erbe, Stuttgart 1948. Neuausgabe u. d. Titel: 1848. Die gescheiterte Revolution, Stuttgart 1998.

Ders., Schicksal der Pfalz, in: Rhein-Neckar-Zeitung Nr. 75 v. 13.7.1948, S. 2.

Ders., Stilles Tauziehen um die Pfalz, in: Rhein-Neckar-Zeitung Nr. 99 v. 20.8.1948, S. 2.

Ders., Vom Ich und Wir. Rede am 6.1.1949 auf der Dreikönigs-Kundgebung der Demokratischen Volkspartei, in: Der Demokrat. Beilage zu: Das neue Vaterland, Nr. 2 v. Januar 1949.

Ders., Ein Intermezzo, in: Die Wandlung 4 (1949), S. 243–246.

Der Hitler-Prozeß 1924. Wortlaut der Hauptverhandlung vor dem Volksgericht München I, Teil 1, hg. von Lothar Gruchmann u. Rainer Weber, München 1997.

Höpker Aschoff, Hermann, [Rezension zu:] Gerloff, Wilhelm, Die Finanzgewalt im Bundesstaat, Frankfurt a. M. 1948, in: Weltwirtschaftliches Archiv 62 (1949), S. 27*–29*.

Ders., Werk und Wirken in Bonn. Aus der Rede über die FDP-Arbeit im Parlamentarischen Rat, in: Zeugnis liberaler Politik. 25 Jahre F.D.P. (1948–1973), hg. v. Bundesvorstand der Freien Demokratischen Partei, Bonn 1973, S. 21–30.

Hölderlin, Friedrich, Sämtliche Werke, Bd. 2, hg. v. Friedrich Beissner, Stuttgart 1951.

Huber, Ernst Rudolf (Hg.), Dokumente zur deutschen Verfassungsgeschichte Bde. 1 und 2, dritte neubearb. Aufl., Stuttgart u. a. 1978/1986.

Jahrbuch der öffentlichen Meinung 1947–1955, hg. v. Elisabeth Noelle u. Erich Peter Neumann, Allensbach 1956.

Journal officiel de la République Française 1946.

Journal officiel de la République Française, Débats parlementaires, Conseil de la République 1949.

JUNIUS, Warum Bayern dagegen ist, in: Süddeutsche Zeitung Nr. 119 v. 23.12.1948, S. 1.
KAFF, BRIGITTE (Bearb.), Die Unionsparteien 1946–1950. Protokolle der Arbeitsgemeinschaft der CDU/CSU Deutschlands und der Konferenz der Landesvorsitzenden, Düsseldorf 1989.
KANT, IMMANUEL, Zum ewigen Frieden. Ein philosophischer Entwurf, Offenburg/Mainz 1948.
KLESSMANN, CHRISTOPH, Die doppelte Staatsgründung. Deutsche Geschichte 1945–1955, Göttingen ⁵1991.
KLINGL, FRIEDRICH, »Das ganze Deutschland soll es sein!« Thomas Dehler und die außenpolitischen Weichenstellungen der fünfziger Jahre, München 1987.
KLÖCKLER, JÜRGEN, Abendland – Alpenland – Alemannien. Frankreich und die Neugliederungsdiskussion in Südwestdeutschland 1945–1947 (Studien zur Zeitgeschichte, Bd. 55), München 1998.
KOCK, PETER JAKOB, Bayerns Weg in die Bundesrepublik, Stuttgart 1983.
KRAUS, HERBERT / HEINZE, KURT, Völkerrechtliche Urkunden zur Europäischen Friedensforschung seit 1945, Bonn 1953.
KÜHLMANN, RICHARD VON, Erinnerungen, Heidelberg 1948.
LABAND, PAUL, Direkte Reichssteuern. Ein Beitrag zum Staatsrecht des Deutschen Reiches, Berlin 1908.
LAMBERTY, KARL-HEINZ, Die Stellung der Liberalen zum föderativen Staatsaufbau in der Entstehungsphase der Bundesrepublik Deutschland 1945–1949, Diss. Bonn 1983.
LANGE, ERHARD H. M., Wahlrecht und Innenpolitik. Entstehungsgeschichte und Analyse der Wahlgesetzgebung und Wahlrechtsdiskussion im westlichen Nachkriegsdeutschland 1945–1956, Meisenheim am Glan 1976.
DERS., Die Würde des Menschen ist unantastbar. Der Parlamentarische Rat und das Grundgesetz, Heidelberg 1993.
DERS., Theodor Heuss und die Entstehung des Grundgesetzes, in: Liberal 35 (1993), S. 61–69.
LAPP, PETER JOACHIM, Die Volkskammer der DDR, Opladen 1975.
LÖHR, WOLFGANG (Hg.), Hirtenbriefe und Ansprachen zu Gesellschaft und Politik 1945–1949. Dokumente deutscher Bischöfe, Bd. 1, Würzburg 1985.
LOTH, WILFRIED, Die Franzosen und die deutsche Frage 1945–1949, in: Die Deutschlandpolitik Frankreichs und die französische Zone 1945–1949, hg. von CLAUS SCHARF u. HANS-JÜRGEN SCHRÖDER, Wiesbaden 1983, S. 27–48.

MAIER, REINHOLD, Erinnerungen, 1948–1953, Stuttgart 1966.
MARX, KARL / ENGELS, FRIEDRICH, Werke, Bd. 4, hg. vom Institut für Marxismus-Leninismus beim ZK der SED, Berlin (Ost) 1972.
MATZ, JÜRGEN, Reinhold Maier (1889–1971). Eine politische Biographie, Düsseldorf 1989.
MEDEFIND, HEINZ: Offene Krise in Bonn ausgebrochen, in: Die Neue Zeitung Nr. 117 v. 21.12.1948, S. 1.
MENSING, HANS PETER, Theodor Heuss und Konrad Adenauer im Gespräch. Neue Erkenntnisse zu ihren amtlichen und persönlichen Kontakten, in: Heuss im Profil. Vorträge und Diskussionen zum Eröffnungsfestakt der Stiftung Bundespräsident-Theodor-Heuss-Haus, hg. v. THOMAS HERTFELDER, Stuttgart 1997, S. 60–79.
MÖLLER, HORST, Theodor Heuss. Staatsmann und Schriftsteller, Bonn 1990.
MORSEY, RUDOLF (Hg.): Das »Ermächtigungsgesetz« vom 24. März 1933. Quellen zur Geschichte und Interpretation des »Gesetzes zur Behebung der Not von Volk und Staat«, Düsseldorf 1992.
MÜLLER, JOSEF, Bis zur letzten Konsequenz. Ein Leben für Frieden und Freiheit, München 1975.
NADOLNY, RUDOLF, Völkerrecht und Deutscher Friede, Osnabrück 1949.
NAWIASKY, HANS / LEUSSER, CLAUS, Die Verfassung des Freistaates Bayern vom 2. Dezember 1946. Systematischer Überblick und Handkommentar, München 1948.
Österreich-Ungarns Außenpolitik. Diplomatische Aktenstücke des Österreichisch-Ungarischen Ministeriums des Äusseren, Bd. 26, bearb. v. LUDWIG BITTNER u. HANS UEBERSBERGER, Wien/Leipzig 1930.
Parlamentarischer Rat. Verhandlungen des Hauptausschusses, Bonn 1948/1949.
Der Parlamentarische Rat 1948–1949. Akten und Protokolle, hg. vom Deutschen Bundestag und vom Bundesarchiv:
Bd. 1: Vorgeschichte, bearb. von JOHANNES VOLKER WAGNER, Boppard 1975.
Bd. 2: Der Verfassungskonvent auf Herrenchiemsee, bearb. von PETER BUCHER, Boppard 1981.
Bd. 3: Ausschuß für Zuständigkeitsabgrenzung, bearb. von WOLFRAM WERNER, Boppard 1986.
Bd. 4: Ausschuß für das Besatzungsstatut, bearb. von WOLFRAM WERNER, Boppard 1989.

Bd. 5: Ausschuß für Grundsatzfragen, bearb. von EBERHARD PIKART u. WOLFRAM WERNER, Boppard 1993.

Bd. 6: Ausschuß für Wahlrechtsfragen, bearb. von HARALD ROSENBACH, Boppard 1994.

Bd. 7: Entwürfe, bearb. von MICHAEL HOLLMANN, Boppard 1995.

Bd. 8: Die Beziehungen des Parlamentarischen Rates zu den Militärregierungen, bearb. von MICHAEL F. FELDKAMP, Boppard 1995.

Bd. 9: Plenum, bearb. von WOLFRAM WERNER, München 1996.

Bd. 10: Ältestenrat, Geschäftsordnungsausschuß und Überleitungsausschuß, bearb. von MICHAEL F. FELDKAMP, München 1997.

Bd. 11: Interfraktionelle Besprechungen, bearb. von MICHAEL F. FELDKAMP, München 1997.

Bd. 12: Ausschuß für Finanzfragen, bearb. von MICHAEL F. FELDKAMP u. INEZ MÜLLER, München 1999.

POMMERIN, REINER, Die Mitglieder des Parlamentarischen Rates. Porträtskizzen des britischen Verbindungsoffiziers Chaput de Saintonge, in: Vierteljahrshefte für Zeitgeschichte 36 (1988), S. 557–588.

Reichsgesetzblatt 1879–1945.

SALZMANN, RAINER (Bearb.), Die CDU/CSU im Parlamentarischen Rat. Sitzungsprotokolle der Unionsfraktion, Stuttgart 1981.

SCHEWICK, BURKHARD VAN, Die katholische Kirche und die Entstehung der Verfassungen in Westdeutschland 1945–1950, Mainz 1980.

SCHLOSSMACHER, NORBERT, »Die Aufregung ist hier permanent und Bonn die unruhigste Stadt am Rhein«. Bonn 1848/49. Beiträge zum 150. Jahrestag der Deutschen Revolution (Veröffentlichungen des Stadtarchivs Bonn, Bd. 59), Bonn 1998.

SCHMID, CARLO, Erinnerungen, Bern 1979.

SIEGLER, HEINRICH VON (Hg.), Dokumentation zur Deutschlandfrage. Von der Atlantik-Charta 1941 bis zur Berlin-Sperre 1961, Bonn 1961.

SÖRGEL, WERNER, Konsensus und Interessen. Eine Studie zur Entstehung des Grundgesetzes für die Bundesrepublik Deutschland, Stuttgart 1969.

STEIN, LORENZ VON, Lehrbuch der Finanzwissenschaft, 5. Auflage 1885/1886, Nachdruck Hildesheim 1975.

Stenographischer Bericht über die Verhandlungen des Bayerischen Landtags, Nr. 108 v. 13. 5. 1949.

STERNBERGER, DOLF, Demokratie auf der Flucht oder Demokratie der Courage, in: Die Wandlung 4 (1949), S. 3–15.

DERS., Replik, in: Die Wandlung 4 (1949), S. 246–249.

STRÄTLING, ERICH, Der Parlamentarische Rat 1948/49 mit der »Parlamentarischen Elegie« von Carlo Schmid, Stuttgart 1989.

SÜSTERHENN, ADOLF, Schwere Entscheidung, in: Rheinischer Merkur Nr. 7 v. 12. 2. 1949, S. 1 f.

Verfassung des Landes Baden, Villingen 1947.

VOGEL, WALTER: Westdeutschland 1945–1950. Der Aufbau von Verfassungs- und Verwaltungseinrichtungen über den Ländern der drei Besatzungszonen, Bd. 1, Koblenz 1956; Bd. 2, Boppard 1964; Bd. 3, Boppard 1983.

VOIGT, ALFRED, Geschichte der Grundrechte, Stuttgart 1948.

WAITZ, GEORG, Das Wesen des Bundesstaates (1853), in: DERS., Grundzüge der Politik, Kiel 1862.

WEBER, PETRA, Carlo Schmid 1896–1976. Eine Biographie, München 1996.

WENGST UDO, Thomas Dehler 1897–1967. Eine politische Biographie, München 1997.

Wörtliche Berichte und Drucksachen des Wirtschaftsrates des Vereinigten Wirtschaftsgebietes 1947–1949, bearb. v. CHRISTOPH WEISZ u. HANS WOLLER, Bd. 3, München/Wien 1977.

WURTZBACHER-RUNDHOLZ, INGRID, Verfassungsgeschichte und Kulturpolitik bei Dr. Theodor Heuss bis zur Gründung der Bundesrepublik Deutschland durch den Parlamentarischen Rat 1948/49, Frankfurt am Main 1980.

Zeugnisse liberaler Politik. 25. Jahre F.D.P. (1948–1973), hg. v. Bundesvorstand der Freien Demokratischen Partei, Bonn 1973.

… 325

Personenindex

Kursiv gedruckte Seitenzahlen verweisen auf die Erläuterungen zur Person im Anmerkungsteil.

Acheson, Dean 216, *304*, 305
Adenauer, Konrad 9, 18, 19, 30, 33, 34, 39, 40, 41, 60, 86, 97, 102, 108, 168, 179, 184, 188, 208, 209, 235, 238, *248*, 251, 256, 258, 259, 262, 263, 264, 266, 268, 270, 278, 282, 285, 286, 287, 290, 291, 292, 294, 297, 302, 307, 309, 312
Agricola, Rudolf 15, 215, *304*
Aquin, Thomas von 56, 60, *247*, 248
Arnold, Karl *248*
Bakunin, Michail 243
Baumgartner, Josef 69, 163, 166, 199, 206, 234, *252*, 283, 291, 296, 300, 312
Becker, Max 20, 37, 88, 103, 225, *259*, 264, 269, 299, 305, 309
Berchtold, Leopold von 172, *286*
Bergsträsser, Ludwig 17, 24
Bevin, Ernest 216, *305*
Beyerle, Konrad 55, *247*
Bidault, Georges 209, *301*
Bismarck, Otto von 44, 52, 75, 109, 132, 227, *243*, 254, 272
Blücher, Franz *281*
Bock, Lorenz 48, *245*
Böhler, Wilhelm 312, 313
Bonifatius VIII. *285*
Braunias, Karl 217, 305
Brentano, Heinrich von 17, 18, 87, 94, 200, *258*, 259, 261, 268, 275, 278, 297, 306
Brentano, Lujo von 14
Brockmann, Johannes 16, 17, *275*
Brüning, Heinrich 34
Busch, Wilhelm 312

Byrnes, James F. 210, *301*
Camphausen, Ludolf 154, *279*
Cervantes Saavedra, Miguel de *284*
Chaput de Saintonge, Rolland 239, 283
Churchill, Winston 250, 264, *296*
Clay, Lucius D. 21, 188, 208, 265, 291, 300
Clemenceau, Georges 68, 97, *251*, 263
Cube, Walter von 163, 165, 166, *283*
Dehler, Georg *279*
Dehler, Johann *299*
Dehler, Thomas 9, 10, 11, 13, 16, 17, 18, 19, 20, 23, 24, 28, 29, 31, 32, 33, 34, 35, 36, 37, 38, 39, 40, 41, 42, 94, 200, 234, 239, *240*, 241, 248, 251, 257, 259, 261, 262, 264, 266, 268, 273, 276, 277, 279, 289, 290, 292, 297, 298, 299, 305, 306, 309, 310, 311
Delp, Alfred 173, *287*
Dönitz, Karl 197, *295*
Ebert, Friedrich 55, *247*
Ehard, Hans 32, 33, 34, 40, 68, 70, 98, 115, 176, 177, 178, 179, 199, 203, 205, 241, *251*, 257, 258, 263, 266, 276, 283, 288, 291, 296, 298, 299, 311
Eisner, Kurt 241
Engels, Friedrich *280*
Epp, Franz Xaver Ritter von 69, *252*
Erhard, Ludwig *280*
Erzberger, Matthias 45, 77, 110, 197, *243*, 254, 284, 293, 295
Eschenburg, Theodor 246
Faulhaber, Michael von 173, *287*

Finck, Albert 235, *312*
Foch, Ferdinand *295*
Franckenstein, Georg von und zu 192, 254
Frantz, Gustav Adolph Constantin 44, 166, *243*, 284
Friedeburg, Hans-Georg von *295*
Friedrich Wilhelm IV., König von Preußen 254
Frings, Josef 171, 172, 173, 174, 261, *286*, 291
Galen, Clemens August von 173, *287*
Gaulle, Charles de 68, 97, *251*, 263, 264
Gereke, Günther 255
Gerloff, Wilhelm 76, 77, *254*, 293
Görres, Joseph von 273
Greve, Otto Heinrich 69, 235, *252*, 297, *312*
Grotewohl, Otto 210, *253*, 301
Hamilton, Alexander 44, *243*
Hardenberg, Karl August von 153, *279*
Hartung, Erwin 313
Hegel, Georg Wilhelm Friedrich 243
Heile, Wilhelm 235, *247*, *312*
Heim, Georg 166, 231, 241, 284, 311
Held, Heinrich 69, *252*
Hermes, Andreas *281*
Heuss, Theodor 9, 10, 11, 13, 14, 15, 16, 17, 18, 19, 20, 22, 23, 24, 26, 27, 28, 29, 31, 34, 35, 36, 38, 39, 40, 41, 42, 59, 60, 63, 123, 137, 237, 239, 242, 243, 247, 248, 255, 256, 258, 260, 267, 268, 271, 272, *281*, 290, 291, 292, 294, 296, 299, 303, 304, 305, 311, *312*, 313
Heydebrand und der Lase, Ernst von 76, *254*
Hilpert, Werner 255
Himmler, Heinrich 197, *295*
Hindenburg, Paul von 241, 289
Hitler, Adolf 30, 31, 50, 147, 167, 179, 196, 197, 198, 215, 241, *281*, *287*, 289, 304
Hoegner, Wilhelm 60, 62, 70, 163, 230, *248*, 283, 310
Höhne, Will 313

Hölderlin, Johann Christian Friedrich 22, 60, 240, *248*
Höpker Aschoff, Hermann 10, 16, 18, 20, 35, 36, 40, 77, 116, 165, *255*, 262, 268, 276, 283, 290, 293, 310, 314
Hoffmann, Hans 255
Horlacher, Michael 311
Hugenberg, Alfred 122, *270*
Hundhammer, Alois 69, 81, 138, 230, 234, *252*, 256, 274, 298, 311
Jackson, Andrew 219, *306*
Jay, John 243
Jessup, Philipp 214, *303*
Jörg, Edmund 166, *284*
Johann I.. König von England 56, *247*
Kahr, Gustav Ritter von 69, 241, *252*
Kaiser, Jakob 9, 10, 210, *251*, 301
Kant, Immanuel 180, 182, 198, *289*, 296
Karl der Große, fränkischer König und römischer Kaiser 235, *312*
Kastner, Hermann 210, *301*
Katz, Rudolf 86, *257*
Kaufmann, Theophil 16, 237, *268*, 275, 313
Keitel, Wilhelm *295*
Kinkel, Gottfried *280*
Knorr, Hermann 15
Köhler, Heinrich 78, *255*
Koenig, Pierre 21
Konstantin I., römischer Kaiser 171, *285*
Kramer, Franz Albert 273
Kraus, Johann-Georg 255
Kroll, Gerhard 10
Kropotkin, Peter 243
Kühlmann, Richard von 168, *284*
Külz, Wilhelm 300
Laband, Paul 76
Laevinus, Valerius P. 274
Laforet, Wilhelm 146, 236, *277*, 313
Lallinger, Ludwig Max 206, *300*
Lassalle, Ferdinand 61, *249*
Lehr, Robert 108, *256*, 272
Licinius, römischer Kaiser 171, *285*
Lindemann, Hugo 220, *306*
Löbe, Paul *247*

Ludendorff, Erich 179, 197, *289*
Ludwig XIII., König von Frankreich 263
Ludwig XIV., König von Frankreich 68, *251*
Luther, Hans 129, 213, *271*, 281, 303
Lykurgos 73, 148, *253*
Madison, James 243
Maier, Reinhold 15, 155, *244*, 265, 280
Malik, Jakob *303*
Mangoldt, Hermann von 17, 24, 236, *313*
Marx, Karl 243, *280*
Maximilian II., König von Bayern 202, *298*
Mayr, Karl Sigmund 299
Meinecke, Friedrich 246
Meiser, Hans 31, 174, *287*
Menzel, Walter 17, 60, 86, 236, *248*, 258, 266, 268, 275, 276, 283, 302, 313
Merkatz, Hans-Joachim von 234, *313*
Merry del Val, Raffaele 172, *286*
Miquel, Johannes von 75, 192, *253*
Montesquieu, Charles de 109, 215, *266*, 304
Morgenthau, Henry 107, 210, 215, *265*, 303
Müller, Josef 234, *312*
Murphy, Robert D. *290*
Nadig, Friederike 29
Nadolny, Rudolf 157, *281*
Napoleon I., Kaiser der Franzosen 68, *251*, 279
Naumann, Friedrich 14, 17, 40, 55, 56, 148, 190, 220, 242, *247*, 292, 306
Nawiasky, Hans 62, 230, *249*, 310
Neurath, Konstantin von *281*
Niemöller, Martin 173, *287*
Noack, Ulrich *281*
Nuschke, Otto *282*
Ollenhauer, Erich 236, *313*
Oncken, Hermann 246
Otto I., deutscher König und römischer Kaiser 49, *245*
Pállfy, Moritz von 172, *286*

Patow, Robert von 279
Paul, Hugo *248*
Pfeiffer, Anton 24, 34, 60, 86, 165, 166, 234, *247*, 251, 258, 266, 283, 288, 290, 302, 312
Pfordten, Ludwig von der 202, 203, *298*
Philipp IV., König von Frankreich *285*
Pichon, Stephen *311*
Pius IX. 171, *285*
Pius X. 172, 173, *286*
Pius XII. *286*
Poelzig, Hans 14, 239
Polak, Karl *304*
Pollock, James K. 16
Preuß, Hugo 44, 55, *243*
Proudhon, Pierre Joseph 44, *243*
Prugger, Alexander *255*
Pünder, Hermann 236, 313
Pyrrhus I., König der Molosser 137, *274*
Reif, Hans 20, 237, 299, 313
Reimann, Max 237, *248*, 313
Renner, Heinz 237, *301*, 313
Reuter, Ernst 237, *300*, 313
Richelieu, Armand Jean du Plessis von 97, 166, 178, *263*, 288
Ringelmann, Richard 234, *312*
Ritter zu Groenesteyn, Otto von *172*
Robertson, Sir Brian 21
Roosevelt, Franklin Delano 250, *296*
Schäfer, Hermann 20, 60, 201, 211, 237, *248*, 268, 275, 297, 299, 302, 313
Schemm, Hans 174, *287*
Schlör, Kaspar 299
Schmid, Carlo 9, 10, 16, 17, 19, 22, 24, 30, 41, 60, 72, 186, 200, 234, *246*, 249, 252, 258, 262, 268, 275, 278, 292, 303, 306, 312
Schmitt, Carl 219, *305*
Schönfelder, Adolf 60, *248*
Schumacher, Kurt 168, 186, 201, 235, 236, *248*, 278, 284, 291, 297, 313
Schuman, Robert 68, 145, 165, 209, *251*, 276, 283, 300, 303
Schurz, Carl 219, *306*

Schwalber, Josef 61, 69, 70, 240, *247*, 252, 296
Schwerin von Krosigk, Johann Ludwig von 197, *295*
Seebohm, Hans-Christoph 237, *275*, 297, 313
Seifried, Josef 60, *248*
Selbert, Elisabeth 29
Seydlitz-Kurzbach, Walther von 231, 311
Shakespeare, William 246
Smend, Rudolf 109, *266*
Solon 73, *253*
Stalin, Iossif Wissarionowitsch 296, 311
Stauffenberg, Claus Schenk von *287*
Stein, Karl vom und zum 153, *279*
Stein, Lorenz von 76
Steiner, Ulrich *281*
Sternberger, Dolf *269*, 305
Stock, Christian 21
Strauß, Walter *270*
Stresemann, Gustav 220, *306*
Stumpff, Hans-Jürgen *295*
Süsterhenn, Adolf 17, 31, 39, 60, 136, 137, 138, 247, 259, 274

Suhr, Otto *247*
Talleyrand, Charles Maurice de 140, *275*
Tern, Jürgen *246*
Theodosius I., römischer Kaiser 171, *285*
Thoma, Richard 129, *271*
Vergil 244
Vogt, August *298*
Voigt, Alfred 56
Waitz, Georg 76
Weber, Helene 24, 29, 237, *246*, 314
Weitz, Heinrich 255
Wenger, Paul Wilhelm 39
Wessel, Helene 237, 314
Widukind 235, 312
Wohleb, Leo 48, *244*
Wurm, Theophil 261
Wyschinskij, Andrej 215, 233, *301*, 304, 311
Zinn, Georg August 18, 25, 87, 94, 238, *258*, 261, 278, 314
Zimmermann, Gustav 238, 314